Introduction to International Trade

무역학개론

강태구 · 김태기 · 박복재 공저

法 文 社

머 리 말

오늘날 전 세계 모든 국가들은 국경이 그 의미를 상실한 단일시장(single market) 시대를 맞이하여 그 어느 때보다도 개방적인 환경 하에서 자유로운 국제거래를 수행하면서 자국 경제를 이끌어가고 있다.

이즈음 세계경제경영환경은 국제경제 측면에서 WTO체제의 출범 이후 수많은 새로운 국제통상 이슈들이 등장하였고, 국제경영 측면에서는 기업의 해외진출 및 국제사업이 그 어느 때보다도 빈번하고 자유스럽게 이루어지고 있으며, 무역상무 측면에서는 Incoterms 2000이 제정 · 적용되는 등 여러 가지 측면에서 예측이 불가능할 정도로 급변하고 있다.

이러한 급격한 환경변화는 우리로 하여금 국가나 기업적 차원에서 지구적인 경쟁(global competition)에 대응할 수 있는 새로운 경쟁력을 갖추도록 요구하고 있으며, 대학에서는 이에 부응할 수 있는 자질을 갖춘 학생들을 교육하여 배출하도록 요구받고 있다.

저자들은 우리 학생들이 이와 같은 급변하는 시대에 지구적인 경쟁력을 갖추어 지혜 있게 대응해나가기 위해서는 무엇보다도 무역이론, 국제경영, 무역상무 등의 국제거래관련 학문을 두루 섭렵하고 연구하는 것이 중요하다는 전제 하에서 본서를 집필하게 되었다. 저자들은 학생들이 추후 관련 내용을 보다 더 심도 깊게 공부하게 될 것이라는 점을 전제로 이 책이 무역학의 입문서로서의 역할을 다 할 수 있도록 각 분야의 기본적인 내용을 가능한 한 쉽게 그리고 간략하게 서술하고자 노력하였다.

이 책을 교재로, 무역학개론을 강의하고자 하는 교수님께서는 이와 같은 저자들의 기본적인 의도를 감안하여, 강의의 특성이나 강의시간 등에 따라 특정 부분을 좀 더 상세하게 강의하거나 또는 간략하게 강의할 수도 있고, 또 세 분야 중 어떤 특정 분야를 생략하거나 또는 내용을 더 추가하는 등의 방법을 선택적으로 활용할 수 있을 것으로 사료된다.

본서는 공저자 각자의 전공에 따라서 제1편 무역이론은 김태기 교수, 제2편 국제경영은 강태구 교수, 제3편 무역상무는 박복재 교수가 분담하여 집필하였다. 필자들은 가능한 한 형식이나 표현 등에 일관성을 기하려고 노력하였으나, 각 전공의 특성이나 집필교수들의 개성으로 인해서 어느 정도는 독자성을 가질 수밖에 없었을 것으로 생각된다.

항상 그렇듯 원고를 마무리하고 다시 읽어보니 아직도 불만스러운 부분이나 수정하고 싶은 부분이 한 두 곳이 아니다. 또 저자들의 천학비재로 말미암아 본서의 내용에 미흡한 점이 적지 않으리라는 생각을 떨쳐버릴 수가 없다. 이러한 미비점들은 앞으로 독자제현의 지적을 받아 수정 · 보완해 갈 것을 약속하며 많은 지도편달을 바라는 바이다.

아무쪼록 본서의 출간이 무역학을 공부하고자 하는 상경계 학생들에게 다소나마 도움이 될 수 있다면 저자들로서는 더 이상 큰 보람이 없겠다.

이 책이 출판되기까지 여러 가지로 도움을 주시고 격려하여 주신 전남대학교 경영대학의 선후배 · 동료 교수님, 그리고 본서의 출판에 각별한 성의를 보여주신 법문사 사장님께 깊은 감사를 드린다.

2019년 7월

저자 일동

차 례

P·A·R·T

01

무역이론

P·A·R·T 03

무역상무

P·A·R·T

01 무역이론

제1편은 5개의 장으로 구성되어 있으며, 여기에서는 무역의 원인, 무역의 이익, 무역패턴을 설명하는 무역이론, 무역정책의 경제적 효과, 경제발전전략, 또 국제수지와 환율에 대해 설명하고 있다.

제1장에서는 세계경제는 어떻게 구성되어 있고, 세계 전체적으로 지역별, 상품별 무역의 특징은 무엇이며, 또 한국의 경제성장과정에서 수출입구조는 어떻게 변해왔는지 알아본다.

제2장에서는 리카도 모형과 헥셔-오린 모형을 통해 비교우위론의 주요 내용과 무역의 이익을 알아본다. 사람들이 교환을 통해 서로 이득을 얻듯이 모든 국가들은 무역을 통해 서로 이득을 얻음을 비교우위론을 이용해 설명한다.

제3장에서는 무역의 소득분배효과와 경제성장의 후생효과를 설명한다. 무역으로 누가 이익을 얻고 누가 손해를 보는지, 경제성장의 결과 후생수준은 어떻게 변하는지 알아본다. 그리고 규모의 경제와 제품차별이 있을 때 나타나는 산업내무역을 설명한다.

제4장에서는 무역정책의 수단인 관세, 수입쿼터, 수출자율규제, 수출보조금 등의 경제적 효과를 알아보고, 무역과 경제발전전략을 살펴본다. 그리고 경제통합의 경제적 효과, 또 1995년 출범한 WTO의 내용과 기본원칙에 대해 알아본다.

제5장에서는 국제수지의 정의와 내용, 그리고 국제수지가 다른 경제변수와 어떤 관련이 있는지 알아본다. 그리고 환율의 개념과 환율 결정이론을 설명한다.

CHAPTER 01

세계경제와 한국경제

세계가 점차 하나로 통합되어 감에 따라 국가경제는 세계경제로부터 더 많은 영향을 받고 있다. 세계경제는 어떻게 구성되어 있고, 세계 전체적으로 지역별, 상품별 무역의 특징은 무엇인가 알아보자. 한국은 1960년대 이후 무역을 통해 지속적인 성장을 달성해왔다. 한국의 경제성장과정에서 수출입구조는 어떻게 변해왔고, 무역과 국민소득과는 어떤 관계가 있는지 알아보자.

01 세계경제는 한국경제와 어떤 관련이 있는가?

한국과 같이 경제규모가 작고 자연자원이 부족한 국가일수록 대외거래가 자국경제에 미치는 영향은 크다. 대외교류를 확대해 온 한국은 급속한 성장을 달성하였으나, 세계와 고립된 북한은 식량마저 부족한 저소득 국가로 남아 있다. 이는 다른 국가와의 교류 확대가 경제 성장에 얼마나 중요한가를 보여주는 단적인 사례이다. 오늘날 국가 간 경제교류는 중요성을 더해가고 있으며, 어떤 국가도 다른 국가와 교류를 하지 않고는 경제를 원활하게 운영해 나갈 수 없다. 제2차 세계대전 이후 교통, 통신의 발달과 개방정책의 확대로 국가 간 교류의 장벽이 점차 완화되어 왔으며, 1995년 WTO 출범 이후 이러한 경향은 더욱 가속화되고 있다.

우리의 매일 매일 경제활동은 끊임없이 세계경제의 변화에 영향을 받고 있다. 환율의 변화는 수입 상품 가격을 변화시켜 국내 소비자의 구매력에 영향을 미칠 뿐만이 아니라 해외 여행객의 지출에도 영향을 미친다. 그리고 국제 석유 가격의 변화와 같은 경제적 요인만이 아니라 해외에서 발생하는 테러나 전쟁과 같은 정치적 요인도 우리의 주식시장과 우리 경제 전반에 크게 영향을 미친다.

과거에는 조용히 농사를 짓던 농민들이 요즘은 농산물 수입개방이나 자유무역 협정 반대 시위에 나서는 것을 쉽게 볼 수 있다. 또 1997년 외환위기 이후에는 많은 금융기관이 외국자본의 소유가 되었고, 주식시장에서도 외국인의 주식거래가 주식가격 변동의 주요 요인이 되고 있다. 그리고 불법체류 외국인 노동자가 사회 문제가 되고 있는 반면에 중소기업들은 외국인 노동자 고용의 필요성을 절감하고 있다.

개방경제에서는 수많은 경제현상이 다른 국가 또는 세계경제와 관련되어 있다. 자원이 풍부하고 경제규모가 큰 미국이나 일본과 같은 국가보다는 경제규모가 작고 자원이 부족한 한국과 같은 국가에서 세계경제의 영향력이 더욱 크다. 세계경제의 변화를 이해하지 않고서는 우리 경제를 이해할 수 없다.

오늘날 세계경제가 어떻게 돌아가고 있으며, 우리 국내경제가 세계경제와 어떤 관련성을 갖고 있는지를 체계적으로 이해할 필요가 있다. 특히, 대외의존도가 높은 우리는 세계경제의 변화가 우리 경제에 미치는 영향이 매우 크기 때문에 우리 경제를 이해하기 위해서는 세계경제와 한국경제와의 관련성을 설명해주는 국제경제학에 대한 공부가 꼭 필요하다.

02 세계경제의 특징

1. 세계경제의 구성

세계은행(World Bank)은 세계 전체 218개국을 소득수준에 따라 네 개의 그룹으로 구분한다. 2017년 기준으로 일인당 GNI가 12,055달러 이상인 81개국을 고소득 국가로 구분하고, 나머지 137개국을 개도국으로 분류한다. 개도국은 다시 소득수준에 따라 고중위소득, 저중위소득, 저소득 국가로 구분한다. 고소득 국가들은 대부분 유럽, 북미, 오세아니아 지역에 위치하고 있다.

[표 1-1]을 보면, 고소득 국가에는 세계 인구의 16.6%가 살고 있고, 이들이 세계 총생산량(GDP)의 63.8%를 생산하고 있다. 고소득 국가에서는 인구에 비해 생산량이 많아서 일인당 소득수준이 높다. 반면에 저소득 국가는 인구 비중은

9.7%인데 비해 생산량 비중은 0.7%에 불과하여 일인당 소득수준이 매우 낮다. 고소득 그룹의 일인당 평균소득은 40,142달러인데 비해, 저소득 그룹의 일인당 평균소득은 774달러에 불과하다. 세계 전체적으로 소득분배가 매우 불균등함을 알 수 있다.

각 소득 그룹별 무역이 전체 무역에서 차지하는 비중도 GDP 비중과 매우 유사하다. 고소득 그룹의 GDP 비중은 63.8%이고, 무역액 비중은 69.2%이다. 반면에, 세계경제에서 저소득 그룹의 GDP 비중은 0.7%에 불과하고, 이들의 무역액 비중도 0.9에 불과하다. 다른 소득그룹에서도 GDP 비중과 무역액 비중은 서로 유사하다. 그 결과 무역액/GDP의 값이 어느 소득 그룹에서나 유사하게 나타난다. 고소득 그룹에서는 61.0%, 저소득 그룹에서는 57.1%이고, 전 세계적으로는 56.4%이다. 무역액/GDP의 값이 크다는 것은 경제규모에 비해 무역을 많이 하고 있음을 나타낸다. 그래서 이 값을 개방도 또는 무역의존도라고 한다.

2017년 한국의 일인당 국민소득(GNI)은 28,380달러로 고소득 그룹에 속한다. 한국의 인구는 세계 인구의 0.7%, GDP 비중은 1.9%, 무역량은 2.7%이다. 한국의 개방도는 80.8%로 세계 평균 56.4%보다는 훨씬 높다.

제1편

표 1-1 세계경제의 구성(2017년)

	소득범위 (1인당 GNI, $)	국가수	일인당 GNI($)	인구 (%)	GDP (%)	무역액 (%)	무역액/ GDP(%)
고소득	12,055 이상	81	40,142	16.6	63.8	69.2	61.0
고중위소득	3,896-12,055	56	8,197	34.2	27.5	22.6	48.5
저중위소득	996-3,895	47	2,118	39.5	8.1	7.3	51.9
저소득	995 이하	34	774	9.7	0.7	0.9	57.1
세계 전체		218	10,371	100.0 (75억명)	100.0 ($80조)	100.0 ($45조)	56.4
한국			28,380	0.7	1.9	2.7	80.8

주: 일인당 GNI는 세계은행의 아틀라스(Atlas) 방법에 의한 달러 값이다. 아틀라스 방법이란 국가 간 소득비교에서 환율 변화의 영향을 줄이기 위해 지난 3년간 환율과 물가지수를 고려하여 환율을 조정하는 방법이다.

자료: World Bank, *World Development Indicators*, 2019.

2. 국가 간 상호의존성의 확대

1990년대 이후 국가 간 상호의존성이 급속히 확대되고 있다. 이를 세계화(globalization)라고 표현한다. 1990년대 이전에는 국가 간 개방이 상품 무역의 확대에 초점이 있었으나, 이후에는 상품만이 아니라 서비스 등 산업 전반으로 개방이 확대되어 왔다. 경제제도도 국가별 특성을 인정하기보다는 표준화를 추구하면서 세계경제가 하나의 경제단위로 통합되어 왔다.

그러나 이런 세계화 현상은 이미 19세기 중반 이후에 활발하게 전개된 바 있다. 흔히 세계화의 정도는 국가 간 재화 이동, 자본 이동, 인구 이동으로 평가한다. 이 기준에 따르면, 제1차 세계화 기간인 1870~1914년의 기간에는 무역은 물론 인구와 자본의 국가 간 이동이 매우 활발하였고, 무역과 국민소득도 빠르게 성장했다. 그러나 1914년 제1차 세계대전이 시작되면서 세계경제는 침체기에 들어가게 된다. 이후 대공황과 제2차 세계대전을 겪으면서 세계 각국들이 보호무역정책을 시행하였고, 이로 인해 세계경제는 극도로 위축되었다. 이 시기의 경험은 자유로운 무역과 개방정책이 세계경제의 성장을 위해 반드시 필요하다는 점을 일깨워주었다. 제2차 세계대전이 종료될 즈음에 주요 선진국들은 세계경제의 협력과 개방 확대를 위해 국제기구 설립을 논의하였다. 그 결과 IMF, IBRD, GATT 등 국제기구가 설립되었고, 이를 중심으로 1945년 이후 세계 각국은 지속적으로 개방을 확대해왔다. 따라서 세계무역은 다시 빠르게 성장하였고, 개방 확대에 적극 참여한 국가들의 국민소득도 빠르게 성장하였다.

제2차 세계대전 이후, 선진국들은 대부분 개방에 적극적이었으나, 일부 개도국들은 보호무역을 선호하였다. 남미와 아프리카의 개도국들은 개방정책이 자국경제에 도움이 되지 않을 것이라는 생각에서 보호무역정책을 채택하였다. 반면에 한국, 대만, 홍콩, 싱가포르와 같은 국가들은 수출확대정책을 통한 경제발전을 추구하였다. 오랜 시간이 지난 후, 두 국가 그룹의 경제적 성과는 크게 차이가 났다. 개방적인 정책을 실시한 동아시아 국가들은 빠르게 성장하였고, 보호무역정책을 실시한 남미 국가들은 거의 성장하지 못하였다. 이런 결과가 교훈이 되어 이후 폐쇄적인 정책을 실시하던 많은 개도국들도 1980년대 들어서는 개방적인 정책으로 전환하였다.

특히 1990년대 이후 개방이 크게 확대되었는데, 그 이유로는 다음을 들 수 있다. 첫째, 1980년대 후반 소련의 해체와 동구의 붕괴, 그리고 중국의 개방화가 냉전을 종식하고 정치적 긴장을 완화시킴으로써 국가 간 교류가 활발해질 수 있는 기반이 마련되었다. 둘째, 수입대체정책을 실시하였던 남미 국가들이 1990년대 들어 수출지향정책으로 전환하였고, 태국, 말레이시아, 인도네시아 등 아시아 개도국들이 적극적으로 세계 시장에 참여하였다. 셋째, 1986년 우루과이라운드에 이어 1995년 WTO가 출범함으로써 다자간무역협상이 강화되고 경제통합이 확산되면서 무역장벽이 더욱 완화되었다. 넷째, 선진국에서 개도국으로 기술이 이전됨에 따라 과거 선진국이 수출하던 상품을 개도국이 수출하게 되어 개도국의 무역이 확대되었다. 마지막으로 교통통신 비용과 수송비의 하락이 국가 간 교역을 확대하였다.

국가 간 경제교류의 확대로 자원배분 기능이 세계적인 범위에서 작동하고 있다. 기업의 경쟁력이 국내시장이 아니라 세계시장에서 결정되기 때문에 국내 기업들의 해외시장에 대한 의존도가 증가하고 있다. 특히 한국과 같이 시장규모가 크지 않은 국가에서는 규모의 경제의 이익을 얻기 위해서도 수출시장을 활용해야 한다. 한국이 경쟁력을 갖고 있는 자동차산업, 반도체산업, 조선산업 등은 생산량의 절반 이상을 해외에 수출하고 있다. 만일 해외시장으로 수출을 할 수 없다면 이들 산업의 성장은 불가능하다.

세계화의 진전으로 과거와는 달리 한 국가의 경제 변동은 다른 국가로 빠르게 파급된다. 1997년 아시아 금융위기는 태국에서 시작되어 인도네시아, 한국으로 번졌으며, 2008년 세계금융위기는 미국에서 출발하여 세계경제를 침체로 몰아넣었다. 그리고 중국이나 미국의 경제정책 변화는 한국은 물론 세계경제에 영향을 미치고 있다. 국가 간 상호의존성이 확대됨에 따라 국가 간 상호 협력이 더욱 중요해지고 있다.

3. 개방과 경제성장

국가가 개방적일수록 경제성장이 촉진되는가에 대해서는 학자마다 견해 차이가 있다. 하지만, 대부분의 실증분석 결과는 개방적인 국가에서 경제성장률이 더 높음을 보여준다. <그림 1-1>은 개방도가 높은 그룹과 낮은 그룹의 1990년대 경제성장률의 차이를 보여주고 있다. 여기서 보듯이 개방도가 높은 개도국들의 경제성장률이 개방도가 낮은 국가들은 물론 선진국들보다도 높았다. 하지만 개방 확대가 높은 경제성장률을 달성할 수 있는 유일한 요인이라고 할 수는 없다. 어느 국가든지 개방적인 정책 이외에도 경제성장에 긍정적인 다른 요인들이 복합적으로 작용하여야만 높은 경제성장률을 달성할 수 있다.

그림 1-1 개방도가 높은 그룹과 낮은 그룹의 경제성장률 차이(1990년대)

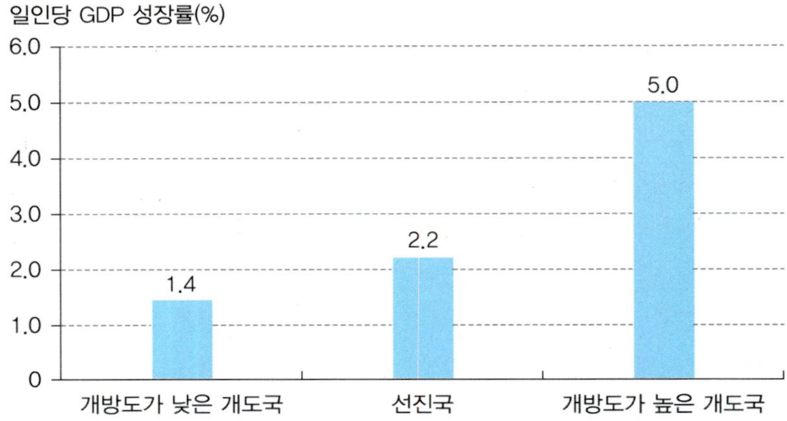

주: 1980년 이후 '무역량/GDP'의 값에 따라 순위를 부여한 다음, 상위 1/3의 순위에 해당하는 개도국들은 '개방도가 높은 개도국'으로, 나머지 개도국들은 '개방도가 낮은 개도국'으로 분류했다.
자료: Dollar, D. and A. Kraay, "Trade, Growth, and Poverty," *Policy Research Working Paper*, No. 2199(World Bank, Washington, D.C., 2001).

<그림 1-2>는 1970년과 2017년 주요국들의 개방도이다. 여기서 개방도는 GDP 대비 무역액(=수출+수입)의 비중(%)이다. 그림을 보면, 1970년과 2017년의 기간 동안 모든 국가에서 개방도가 증가하였다. 이는 대부분의 국가들이 개방적인 정책을 확대하였고, 그 결과 과거에 비해 국가 간 상호의존성이 높아져왔음을 말해준다.

한국의 개방도는 브라질보다 훨씬 높다. 이는 브라질은 수입대체형 성장정책으로 보호무역정책을 추진한 반면, 한국은 수출주도형 성장정책으로 개방적인 정책을 추진하였기 때문이다. 개방적인 정책을 실시한 한국의 경제성장률은 매우 높았던 반면, 폐쇄적인 정책을 추진한 브라질의 경제성장률은 매우 낮았다. 중국은 1970년과 2017년 사이에 개방도가 가장 많이 상승한 국가이다. 중국은 1970년 이후 지속적으로 개방적인 정책을 추진하였고, 그 결과 높은 경제성장률을 달성하

였다.

선진국 중에서는 영국이 미국이나 일본보다 개방도가 높다. 선진국들의 개방도 차이는 경제정책의 차이보다는 그 국가의 경제규모와 지리적 위치 때문이다. 미국이나 일본은 경제규모가 매우 커서 대외무역의 비중이 상대적으로 작은 편이다. 반면에 영국은 유럽지역 인근의 국가와 거래량이 많아서 개방도가 높아진 측면이 있다. 이와 같이 국가별 개방도의 차이는 경제정책의 차이뿐만이 아니라 경제규모와도 관계가 있다. 대체로 경제규모가 작은 국가일수록 개방도가 높고, 경제규모가 큰 국가일수록 개방도가 낮은 편이다. 홍콩과 싱가포르 같은 도시 국가는 2017년 기준으로 개방도 값이 300%가 넘는다.

한국과 같이 개방도가 높은 국가는 해외경제 변화의 영향을 많이 받는다. 세계적 불황, 보호무역주의의 강화, 원자재 가격의 상승, 금리와 환율의 변동 등 세계경제 환경 변화는 각 국가의 수출과 수입에 영향을 미치게 된다. 따라서 개방도가 큰 국가일수록 그 영향이 국내경제에 미치는 파급효과가 클 수밖에 없다. 세계화가 확대됨에 따라 한국만이 아니라 대부분의 국가에서 세계경제 환경 변화가 자국경제에 미치는 영향이 점차 확대되고 있다.

그림 1-2 주요 국가별 개방도 변화

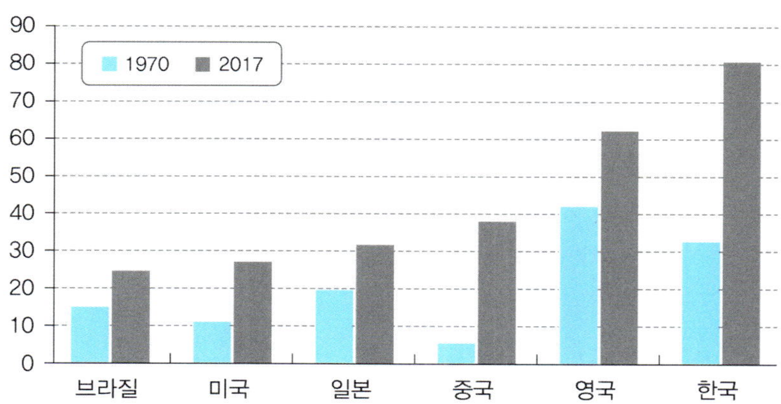

주: 표의 개방도 값은 '재화와 서비스의 수출액과 수입액의 합/GDP'(%)임.
자료: World Bank, *World Development Indicators*, 2019.

제1편

4. 세계경제의 특징

1) 지역별 무역비중

[표 1-2]는 2017년 세계무역의 지역별 비중과 지역 내 비중이다. 무역액의 지역별 비중을 보면, 유럽의 비중이 37.9%로 가장 크고, 다음으로 아시아 30.7%, 북미 18.5%의 순이다. 이 세 지역이 세계무역의 87.1%를 차지하고 있다. 유럽, 아시아, 북미의 세 지역을 제외한 나머지 지역의 무역비중은 각각 5% 이내이며, 네 지역의 합이 13%에 불과하다. 유럽, 아시아, 북미 지역의 무역비중이 큰 이유는 이 세 지역의 경제규모가 다른 지역보다 크기 때문이다. 경제규모가 클수록 사고 팔 것이 많아서 무역규모도 커진다.

지역 내 무역비중을 보면, 유럽 내의 거래 비중이 70.0%로 가장 높고, 다음으로 아시아 59.9%, 북미 38.1%의 순이다. 이 세 지역은 전체 무역량만이 아니라 지역 내 무역량도 많다. 이 세 지역에서 지역 내 무역비중이 큰 이유는 지역 내 국가들의 경제규모가 크고, 지역 내 국가들 간에 접근성이 좋으며, 지역 내에 자유무역협정(FTA)과 같은 경제통합체가 있기 때문이다. 북미에는 NAFTA, 서유럽에는 EU, 아시아에는 ASEAN 등의 경제통합체가 있고, 또 이 세 지역 내의 국가들은 대체로 경제규모가 크다.

표 1-2 세계무역의 지역별 비중과 지역 내 무역비중(2017년)

	지역별 무역비중(%)	지역 내 무역비중(%)
유럽	37.9	70.0
아시아	30.7	59.9
북미	18.5	38.1
중동	4.1	18.4
남미	3.5	22.4
아프리카	3.1	13.9
독립국가연합(CIS)	2.3	24.4
세계	100.0	100.0

주: 1) 지역별 무역비중은 세계 총무역에서 각 지역의 무역이 차지하는 비중임.
2) 지역 내 무역비중은 해당 지역의 총무역에서 지역 내 무역이 차지하는 비중임.

자료: WTO, *International Trade Statistics*, 2019.

이 세 지역을 제외한 다른 지역의 지역 내 무역비중은 10~25% 수준으로 크지 않다. 지난 50여 년간 아시아 지역의 무역은 다른 어느 지역보다 빠르게 증가했다. 아시아 지역에서는 무역의 증가로 인해 경제가 성장하고, 다시 경제성장으로 인해 경제규모가 커지면서 무역이 증가하는 선순환이 이루어졌다.

2) 산업별 무역비중

<그림 1-3>은 세계무역의 산업별 비중이다. 1980년보다 2017년에는 농업과 광업의 무역비중은 감소하고, 제조업과 서비스의 무역비중은 증가하였다. 농업과 광업의 비중은 각각 1980년 12.8%와 23.6%에서 2017년 7.9%와 12.1%로 감소하고, 제조업과 서비스업의 비중은 각각 1980년 46.0%와 17.6%에서 2017년 56.3%와 23.7%로 증가하였다. 산업별로는 제조업 무역이 전체 무역의 약 절반 정도로 그 비중이 가장 높다. 또 서비스 무역비중은 23.7%로 농업, 광업, 제조업을 합한 상품 무역비중 76.3%보다 훨씬 작다.

산업별 생산비중과 무역비중을 비교하면, 제조업 부문에서는 무역비중이 생산비중보다 더 크고, 서비스업 부문에서는 무역비중이 생산비중보다 더 작다. 세계 총생산에서 서비스의 비중은 약 70% 정도임에 비해 세계 총무역에서 서비스의 비중은 23% 정도에 불과하다. 이처럼 서비스재의 무역비중이 적은 것은 서비스재

그림 1-3 세계무역의 산업별 비중

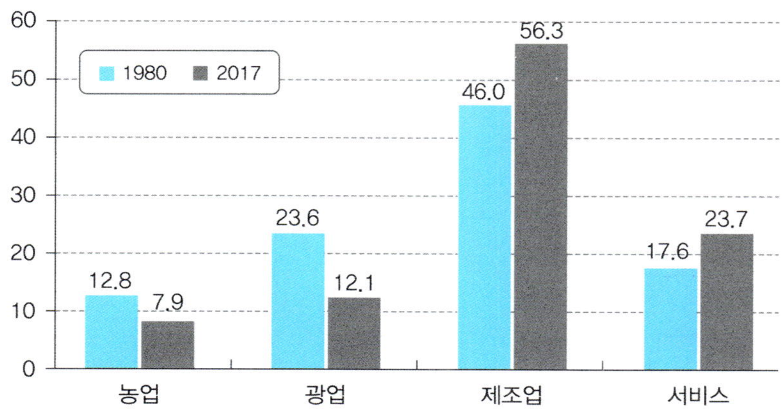

자료 : WTO, *International Trade Statistics*(2019)를 이용해 계산함.

제1편

가 상품과는 달리 운송이 어렵기 때문이다. 공산품의 경우는 보관과 운반이 쉬워서 무역이 활발하지만, 서비스의 경우는 운송이 어려워 무역이 잘 이루어지지 않는다.

3) 경제통합의 확대

몇몇 국가들이 서로 자유무역에 합의하는 것을 FTA(Free Trade Agreement, 자유무역협정) 또는 RTA(Regional Trade Agreement, 지역무역협정)라고 한다. FTA 협정 건수는 1948년 GATT 출범 이후 꾸준히 늘어왔다. 특히 1990년 이후 FTA 건수가 급속히 증가하였다. 이는 WTO를 중심으로 한 세계적인 무역자유화 추진과는 별개로 몇몇 국가들 간의 무역자유화가 활발히 진행되었기 때문이다.

<그림 1-4>에서 보듯이, 1990년대 들어 지역무역협정 체결 건수가 눈에 띄게 증가하고 있다. WTO 자료에 의하면, 2019년 1월 기준으로 발효 중인 지역무역협정의 누적 체결 건수는 472건이고, 이중 44건만이 1994년 이전에 체결되었고, 나머지 428건은 1995년 WTO 설립 이후에 체결되었다. 제2차 세계대전 이후

그림 1-4 세계 자유무역협정 체결 건수의 변화(1948~2019)

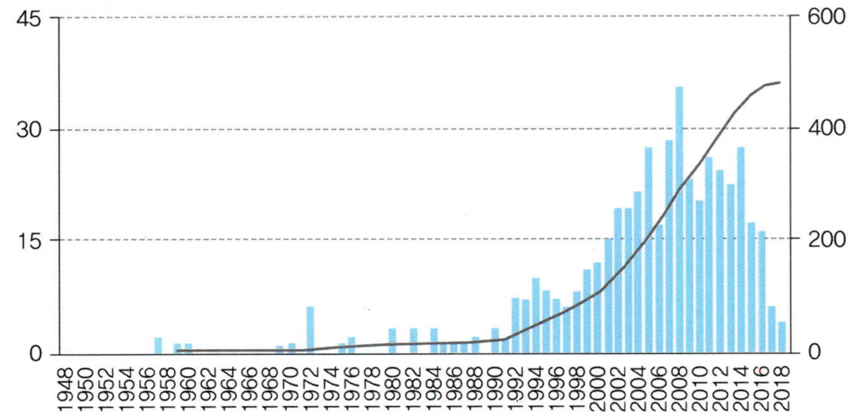

주: 1) 막대선은 당해연도 건수(좌측 축)이고, 꺾은선은 누적 건수(우측 축)이다.
2) FTA협정에는 상품, 서비스, 기존 RTA가입 등 세 가지 형태가 있는데, 하나의 FTA에 두 형태가 함께 포함되어 있는 경우에도 각각의 협정을 별개 건수로 계산함.

자료: WTO, http://rtais.wto.org/UI/Charts.aspx#, 2019.

세계화가 진행되어 왔지만, 1990년대 들어서 그 증가폭이 크게 확대되었음을 보여준다.

1995년 WTO 출범 이후 최초의 다자간 협상인 DDA의 타결이 지체되면서 범세계적인 자유무역 확대가 한계에 부딪혔다. 이에 개별 국가들은 자유무역 확대를 위해 몇몇 국가끼리 자유무역협정을 추진하였다. 자유무역협정에 참여하지 않은 국가들은 자유무역협정 참여국과의 무역에서 불이익을 겪게 되므로 많은 국가들이 적극적으로 자유무역협정에 참여하였다. 이런 이유로 자유무역협정은 지속적으로 증가하였고, 자유무역협정의 증가와 함께 세계무역도 빠르게 증가하였다.

4) 해외직접투자의 확대

1990년대 들어 자본자유화가 확대되면서 국가 간 자본이동, 특히 해외직접투자(FDI, Foreign Direct Investment)가 급속히 증가하였다. <그림 1-5>에서 보듯이 GDP대비 무역과 직접투자는 모두 1970년 이후 지속적으로 증가하고 있다. 특히 해외직접투자는 1990년 이후 눈에 띄게 빠르게 증가하고 있다. 1997년 아시아 외환위기와 2008년 세계금융위기 이후 직접투자가 일시적으로 위축되지만, 전반적으로 직접투자는 지속적으로 증가하고 있다.

그림 1-5 무역과 해외직접투자의 변화(1970~2019)

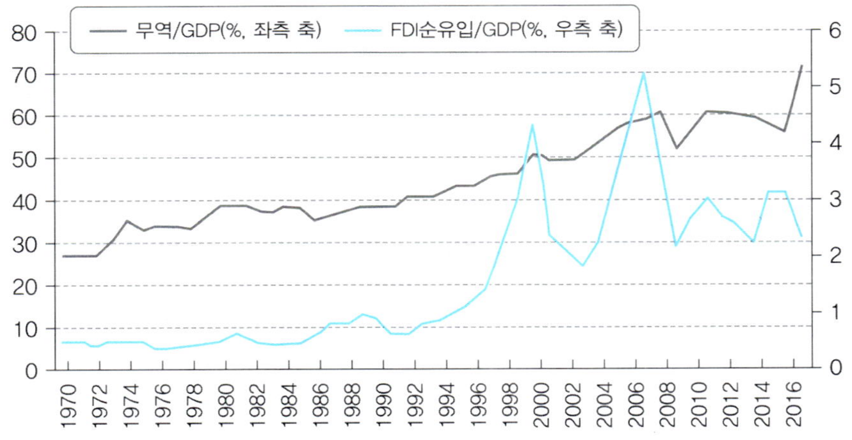

주: 그림에서 무역액은 재화와 서비스 무역의 합이다.
자료: World Bank, *World Development Indicators*, 2019.

제1편

1990년대에 직접투자가 급속히 증가한 것은 세계화의 진전에 따라 개도국들이 자본자유화를 확대하였기 때문이다. 해외직접투자는 대부분 선진국 간에 이루어지고 있지만, 1990년대 들어서는 수직적 통합을 목적으로 한 선진국과 개도국 간 해외직접투자도 크게 늘어났다. 이는 재화시장만이 아니라 요소시장에서도 국가 간 개방과 의존성이 확대되고 있음을 보여준다.

5) 무역과 지리적 요인

지리적 요인은 경제성과에 많은 영향을 미친다. 생산과 판매는 시장을 찾아 움직이기 때문에 인구가 많은 지역에 산업이 밀집되는 경향을 보인다. 수입대체정책을 실시하던 1980년 이전에는 멕시코의 산업생산지가 인구가 가장 많은 멕시코시티 주변에 밀집되었다. 그러나 1980년 후반 멕시코가 개방정책을 추진하면서 산업들이 멕시코시티에서 미국과의 국경지역인 북부로 이동하였다. 개방정책으로 멕시코의 주요 시장이 국내에서 미국으로 전환됨에 따라 산업 입지도 북쪽으로 이동한 것이다. 이처럼 산업의 입지는 시장을 찾아 이동하게 된다.

<그림 1-6>은 세계의 지역별 GDP밀도를 보여주고 있다. GDP밀도는 그 지역의 GDP를 그 지역의 넓이(㎢)로 나눈 값이다. 지도를 보면 일반적으로 적도지방 국가들보다는 온대지방 국가들의 소득수준이 높고, 내륙지역 국가들보다는 해안지역 국가들의 소득수준이 높다. 또 같은 국가 내에서도 지역별로 소득수준에 차이가 있다. <그림 1-6>을 보면, 중국도 동부 해안지역의 소득수준이 내륙 지역보다 훨씬 높음을 알 수 있다. 지역별로 소득수준에 차이가 나는 이유는 해안지역은 외국과 교류가 용이함에 비해, 내륙지역은 운송비 등의 문제로 외국과의 교류가 제한적이기 때문이다. 미국의 경우도 내륙지역보다는 동부와 서부의 해안지역의 소득수준이 더 높다. 이와 같이 지리적 위치는 지역의 소득수준에 영향을 미친다. 다른 지역과의 교류가 용이한 지역일수록 소득수준이 높다.

지역별로 소득수준에 차이가 나는 이유는 지역적 특성이 운송비, 질병, 농업생산성 등에 영향을 미치기 때문이다. 내륙지역은 해안지역에 비해 운송비가 비싸고, 열대지방은 온대지방에 비해 질병 감염의 가능성이 크기 때문에 내륙지역이나 열대지방의 소득수준이 낮아진다. 또한 온대지방 중에서도 남반구보다 북반구의 소득수준이 더 높은 것은 북반구의 경제규모가 더 커서 북반구 국가들이 큰 시장을 활용할 수 있기 때문이다.

그림 1-6 GDP밀도

자료: Gallup and Sachs, "Geography and Economic Development," *CID Working Paper*, No. 1 (March, 1999).

어떤 지역의 이점은 기후나 지정학적 위치와 같은 지리적 요인에 의해 출발하기도 하지만, 역사적 우연성에 의해 출발하기도 한다. 어떤 이유에서든지 초기 이점이 형성되면, 이 이점을 찾아 인구가 이동하기 시작하고, 인구가 밀집됨에 따라 경제적 이점이 더욱 커져 다시 또 인구가 유입된다. 이러한 인구 이동으로 초기 이점이 있는 지역의 소득이 누적적으로 증가하게 된다. 이와 같은 누적적 인과관계의 작용은 지역별로 소득수준이 달라지는 요인이 된다.

03 한국의 무역과 소득의 변화

1. 한국 수출입의 변화

제1차 경제개발 5개년 계획이 처음 시작되었던 1962년 이래 정부는 수출주도형 성장정책을 추진하였고, 그 결과 한국의 수출과 수입은 놀랄 정도로 빠르게 증가하였다. 수출은 경제성장 과정에서 생산 확대, 규모의 경제 실현, 그리고 외화 획득의 원천으로서 중요한 역할을 담당하였다. 그리고 수입은 자원과 기술이 부족한 한국에게 생산 확대에 필요한 자본재와 원자재를 공급해 주었다. 한국은 국내시장이 협소하기 때문에 규모의 경제를 달성하기 위해서는 해외시장의 활용이 필요했고, 자원과 자본 및 기술이 부족한 한국은 이들을 도입하기 위해 수입이 불가피하였다. 한국에서 수출과 수입의 증가는 급속한 경제성장의 원동력으로 작용하였다.

그림 1-7 한국의 수출과 수입의 변화(1960~2017)

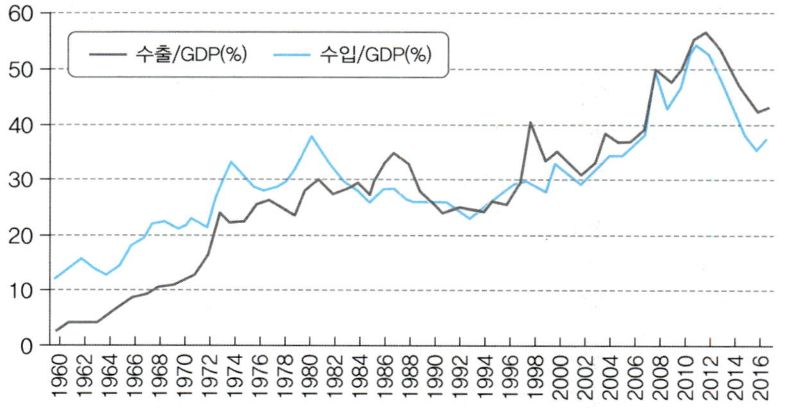

주: 재화와 서비스의 수출과 수입의 GDP 대비 비중(%)이다.
자료: World Bank, *World Development Indicators*, 2019.

<그림 1-7>은 1960년-2017년 기간의 한국의 수출액과 수입액의 GDP 대비 비중의 변화이다. GDP 대비 수출액과 수입액의 비중이 모두 증가하고 있다. 이는 GDP 증가에 비해 수출과 수입이 더 빠르게 증가해 왔음을 나타낸다. 1985년 이전에는 수입액이 수출액보다 많다. 이 기간에는 무역수지가 적자 상태였음을 말해준다. 이후에는 흑자와 적자가 반복되고 있다. 1986-1989년 기간에는 흑자, 1990-1997년 기간에는 적자, 1998년 이후에는 계속 흑자다. 전체적으로 수출과 수입의 GDP 대비 비중이 증가하고 있는데, 이는 한국의 개방도가 증가하고 있음을 나타낸다.

2. 한국의 수출입 구조

1) 국별 수출입구조

1980년 이전까지만 해도 한국의 수출과 수입의 절반 정도는 미국과 일본에 편중되어 있었다. [표 1-3]에서 보는 바와 같이 한국의 미국과 일본으로의 수출비중 합은 1965년에는 60.7%, 1970년에는 75.4%나 된다. 하지만 이후 이 두 국가로의 수출비중은 점차 감소하여 2018년 비중은 17%에 불과하다. 반면에 중국으로의 수출 비중이 크게 증가하였다. 중국으로의 수출비중은 1990년 0.9%에 불과하였으나, 이후 꾸준히 증가하여 2018년에는 26.8%나 된다. 이제 중국이 한국의 최대 수출국이 되었다.

수출과 마찬가지로 수입에서도 과거 미국과 일본의 비중이 매우 높았다. 1965년과 1970년 미국과 일본 양국의 수입비중 합이 각각 77.1%와 70.3%나 되었다. 이후 이 두 나라의 비중이 점차 감소하여 2018년에는 21.2% 수준이다. 반면에 중국으로부터의 수입비중은 꾸준히 증가하고 있다. 1990년 3.2%에 불과하던 비중이 2018년에는 19.9%까지 증가하였다.

그리고 2000년 이후 수출입 비중을 보면, 중국과 미국과는 수출비중이 수입비중보다 크고, 일본과는 수입비중이 수출비중보다 크다. 이는 중국과 미국과의 무역에서는 무역수지 흑자, 일본과의 무역에서는 무역수지 적자임을 시사한다.

2018년 기준으로 미국, 일본, 그리고 중국과의 무역이 전체 무역에서 차지하는 비중은 40%가 넘는다. 한국은 이 세 국가와의 무역편중도가 심한 편이다. 특히, 중국과의 무역비중이 지나치게 빠르게 증가하고 있다. 이는 중국으로 수출 증가라는 긍정적인 측면이 있지만, 다른 한편으로는 중국의 경제 변화가 한국 경제에 미치는 영향이 커진다는 점에서 우려되는 면도 있다. 지역편중 현상은 한국경제의 대외 교섭력을 약화시키는 요인으로 작용한다. 특정 국가로의 무역편중은 상대국의 경제정책 변화나 환경 변화가 한국경제에 미치는 영향이 크게 된다. 외부 영향을 완화시키기 위해서는 수출입지역의 다변화가 필요하다. 한국은 미국과 일본과의 무역비중이 점차 감소하고, 유럽이나 남미국가와의 무역비중이 점차 증가하고 있다. 이는 무역대상국 다변화 측면에서 긍정적이다.

표 1-3 국별 수출입 비중 (단위: %)

	수출			수입		
	미국	일본	중국	미국	일본	중국
1965	35.2	25.5		39.3	37.8	
1970	47.3	28.1		29.5	40.8	
1980	26.3	17.4	0.1	21.9	26.3	0.1
1990	29.8	19.4	0.9	24.3	26.6	3.2
2000	21.8	11.9	10.7	18.2	19.8	8.0
2010	10.7	6.0	25.1	9.5	15.1	16.8
2018	12.0	5.0	26.8	11.0	10.2	19.9

자료: 한국은행, 경제통계시스템, 2019.

그렇다면 어떤 국가들 간에 무역이 많은가? 이는 중력모형(gravity model)으로 설명된다. 중력모형은 경제규모가 큰 국가들, 그리고 지리적 거리가 가까운 국가들 간에 무역을 많이 한다고 설명한다. 경제규모가 클수록 생산도 많고 소비도 많기 때문에 무역이 많아지고, 또 두 국가 간에 거리가 멀수록 운송비가 커서 무역이 적어진다는 것이다. 이는 다음의 식으로 표시된다.[1)]

$$VT_{ij} = AY_iY_j/D_{ij}$$

여기서 VT는 무역액, Y는 GDP, D는 양국의 지리적 거리, i와 j는 국가를 나타내고, A는 상수이다. 이 식을 보면, 두 나라의 경제규모 Y_i와 Y_j가 클수록 무역액이 많아지고, 두 국가 간 거리인 D_{ij}가 멀수록 무역액이 적어짐을 알 수 있다.

<그림 1-8>은 2004년 기준으로 한국의 상위 36개국과의 무역액과 이들 국가의 GDP 간의 관계이다. 그림은 무역상대국의 GDP와 무역량이 정(+)의 관계에 있음을 보여준다. 즉, 경제규모(GDP)가 큰 국가와의 무역이 더 많다는 것이다. 또 추세선의 위쪽에는 주로 아시아 국가들이 위치해 있다. 이는 경제규모가 유사

1) 무역의 중력모형은 뉴튼(Newton)의 중력법칙에서 따온 이름이다. 중력법칙은 중력의 크기가 두 물체의 질량에 비례하고 거리에 반비례한다는 것이다. 두 물체의 질량을 두 나라의 경제규모로, 거리를 두 국가 간의 거리로 대체하면 무역량 결정의 중력모형과 같아진다.

한 경우 한국과 지리적으로 가까운 아시아 국가와의 교역량이 더 많음을 뜻한다. 즉, 거리가 가까운 국가와 더 많은 무역을 함을 말해준다. <그림 1-8>은 중력모형의 예측과 같이 경제규모가 큰 국가, 그리고 지리적으로 가까운 국가와 무역량이 더 많아짐을 보여준다.

그림 1-8 한국의 대상 국가별 경제규모와 무역량의 관계

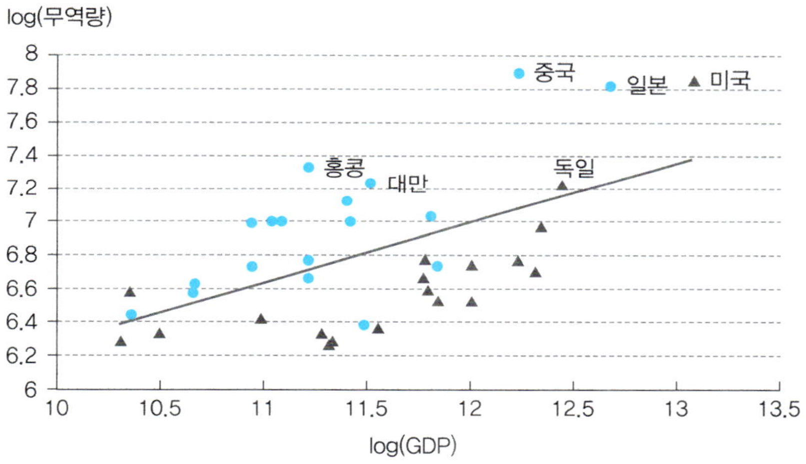

주: 1) 직선은 추세선을 나타내고, 동그라미 표시는 아시아 국가, 세모 표시는 여타지역의 국가임.
2) 무역량과 GDP에 log를 취하였음.
자료: 무역량은 KOSIS(통계청), GDP는 World Development Indicators(World Bank)를 이용함.

2) 상품별 수출입 구조

한국의 수출구조를 상품구성면에서 보면, 1960년대 초에 이르기까지는 주로 수산물, 광산물, 식료품 및 원료를 수출하는 극히 후진적인 수출유형에서 벗어나지 못했고 그 양적 규모 역시 미미하였다. 그런데 이후 점차 공산품 수출이 증가하여 1970년대 이후에는 공산품 수출이 1차 산품 수출보다 더 많아졌다.

한국의 10대 수출 상품의 순위를 보면, 1970년에는 섬유, 합판, 가발과 같은 노동집약적인 상품이 1~3위를 차지하였으나, 2000년 이후에는 반도체, 자동차, 무선통신기기와 같은 자본집약적이고 기술집약적인 상품이 1~3위를 차지하였다. 이는 한국 수출상품의 구성이 과거 노동집약적인 제품에서 점차 자본집약적인 제품으로 옮겨왔음을 말해준다.

<그림 1-9>는 1977~2014년 동안 한국 수출상품의 부문별 구성비 변화다. 한국 경공업제품의 수출비중은 1977년 52.7%에서 2014년 6.5%로 줄어들고, 중화학공업제품의 수출비중은 같은 기간 동안 32.8%에서 93.5%로 늘었다. 자본집약적인 중화학공업제품의 수출비중은 지속적으로 증가하고, 반면에 노동집약적인 경공업제품의 수출비중은 지속적으로 감소하여 2005년 이후에는 그 비중이 10% 이하로 떨어졌다. 이런 산업별 수출비중의 변화는 산업별 생산비중의 변화와 연결되어 있다. 한국의 산업별 생산이 노동집약재에서 자본집약재로 이동하면서 수출 상품도 경공업제품에서 자본집약적인 중화학공업제품으로 이동해왔음을 보여준다.

그림 1-9 한국 수출상품의 산업별 구성비 변화

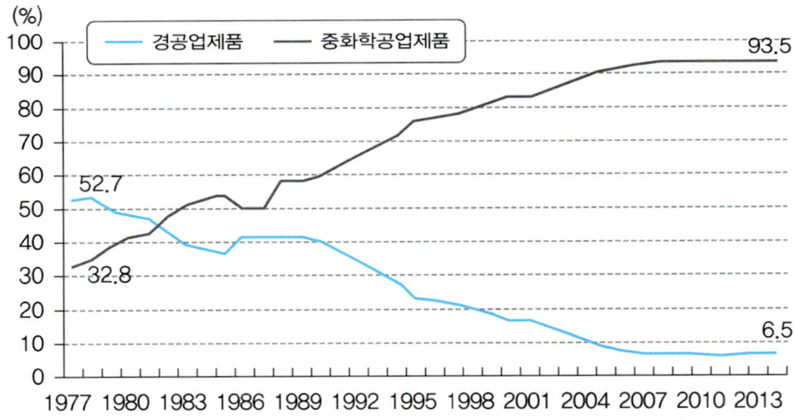

주: 1987년까지는 통계청자료를 이용하고, 이후는 무역협회 자료를 이용하였음.
자료: 통계청, KOSIS, 2015; 무역협회, 무역통계, 2015.

<그림 1-10>은 1975~2014년 기간 동안 한국 제조업 총생산액에서 경공업과 중화학공업이 차지하는 생산비중의 변화다. 1975년과 2014년을 비교하면, 경공업 비중은 75.8%에서 13.1%로 감소하고, 중화학공업 비중은 24.2%에서 86.9%로 증가하였다. 자본집약적인 중화학공업의 생산비중은 크게 증가하고, 노동집약적인 경공업의 생산비중은 크게 감소하였다. 중화학공업의 생산비중이 크게 증가

한 것은 그 동안 한국에서 자본 축적이 빠르게 진행되어 왔음을 시사한다. 노동에 비해 자본이 빠르게 축적됨에 따라 자본집약재의 생산비중이 높아졌다고 할 수 있다.

<그림 1-9>와 <그림 1-10>을 보면, 경공업과 중화학공업 제품의 수출비중과 생산비중이 서로 유사한 움직임을 보이고 있다. 1970년대 초기에는 경공업 제품의 생산과 수출비중이 더 높았으나 최근에는 중화학제품의 생산과 수출비중이 더 높다. 이는 한국의 생산구조가 노동집약적인 경공업 중심에서 자본집약적인 중화학공업 중심으로 변했음을 말해준다.

그림 1-10 한국 산업별 생산량의 구성비 변화

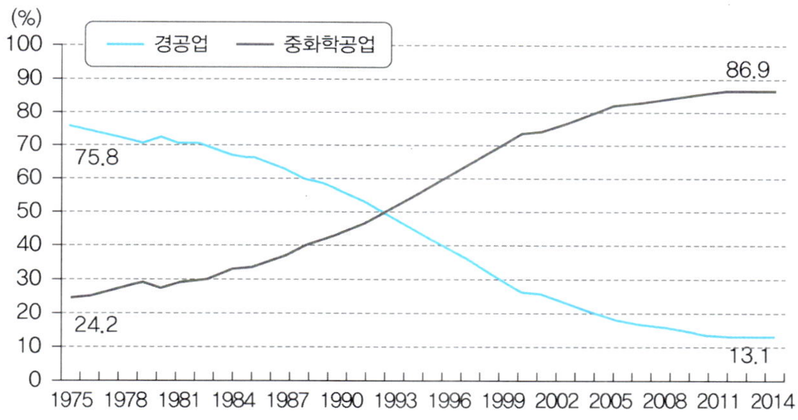

주: 2010년 기준의 출하지수를 이용해 각 연도의 생산량을 추계한 후, 경공업과 중화학공업의 생산 비중을 계산함.
자료: 통계청, KOSIS, 2015.

3) 한국의 무역과 소득의 변화

한국의 수출은 1970년 8억 달러에서 2014년 7,142억 달러로 증가하였고, 일인당 국민소득은 1970년 255달러에 불과하였으나 2014년 27,090달러로 증가하였다. 1995년 11,735달러로 1만 달러를 넘어섰고, 1997년 외환위기를 맞이하면서 1998년에는 7,607달러까지 하락하였으나 경제위기를 극복하면서 다시 소득이 증가하여 2018년 31,370달러로 3만 달러를 넘어섰다.

<그림 1-11>은 경상수지/GDP 비율의 연도별 변화이다. 경상수지는 재화와 서비스의 수출액에서 수입액을 뺀 값이다. 이 값이 양(+)이면 흑자고, 음(-)이면 적자이다. 이 그림으로부터 한국 경상수지 변화의 몇 가지 특징적 현상을 찾아 볼 수 있다. 첫째, 한국의 경상수지는 세계경제의 영향을 크게 받는다. 1973~74년과 1979~80년에는 세계 석유파동으로 한국의 경상수지는 큰 폭의 적자가 된다. 그리고 1986~89년에는 저유가, 저금리, 저달러라는 3저 현상의 덕으로 한국 경상수지는 흑자로 전환되었다. 둘째, 환율 변화가 경상수지에 영향을 미쳤다. 1986~89년 경상수지가 흑자가 되자 환율이 하락하였다. 환율 하락으로 수출경쟁력이 떨어져서 한국의 경상수지는 다시 적자로 전환되었다. 그리고 1997년 외환위기 이후에는 환율이 크게 상승하자 경상수지는 다시 흑자로 전환되었다. 셋째, 1970년 이후 전반적으로 경상수지가 개선되어 왔다. 1986년 이전까지 한국 경상수지는 항상 적자였지만 경상수지/GDP 비율이 점차 개선되어 왔고, 1986년 이후 4년간 경상수지는 흑자로 돌아섰다. 그리고 1990년 이후 경상수지는 다시 적자로 돌아섰지만 1997년 외환위기 이후 다시 경상수지는 흑자로 전환되었다.

그림 1-11 한국 경상수지의 변화

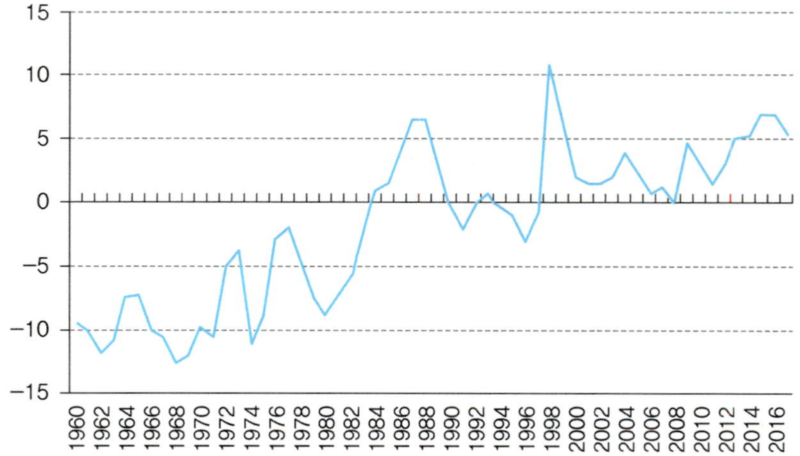

주: 1) 경상수지/GDP의 퍼센트(%) 변화다.
2) 경상수지는 재화와 서비스 교역의 수출과 수입의 차이를 말한다.
자료: World Bank, *World Development Indicators*, 2019.

이상으로부터 한국의 경상수지는 대외적인 환경 변화에 영향 받음을 알 수 있다. 1970년대 두 차례의 석유파동과 2008년 세계금융위기 때는 경상수지가 악화되고, 1980년대 후반 3저 현상 시기에는 경상수지가 크게 개선되었다. 이처럼 대외 환경 변화로 인해 경상수지가 상승과 하락의 변동을 보이지만, 장기적으로 개선되어왔음을 볼 수 있다. 1985년까지 한국의 경상수지는 계속 적자였으나 이후 점차 개선되어 1997년 외환위기 이후 흑자가 지속되고 있다. 한국의 경상수지는 전반적으로 상승 추세를 보이고 있는데, 이는 한국 경제의 내적 역량이 축적된 때문이라고 생각한다. 즉, 한국의 경상수지는 대외환경의 영향을 받기도 하였지만, 한국 경제의 경쟁력이 강화되면서 점차 개선되어왔다고 해석된다.

CHAPTER 02

비교우위론과 무역의 이익

교환은 서로에게 이익을 준다. 사람들이 교환을 통해 이득을 얻듯이 모든 국가는 무역을 통해 이득을 얻는다. 비교우위론은 모든 국가가 수출을 할 수 있고, 또 무역을 통해 모두 이익을 얻을 수 있음을 설명해준다. 비교우위 결정 요인을 리카도 모형은 국가 간 노동생산성의 차이로 설명하고, 헥셔-오린 모형은 국가 간 요소부존도의 차이로 설명한다. 비교우위론의 내용과 무역의 이익에 대해 알아보자.

01 리카도의 비교우위론

1. 리카도 모형의 가정

비교우위의 법칙은 1817년 리카도(D. Ricardo)의 『정치경제 및 과세원리(Principles of Political Economy and Taxation)』라는 책에 소개되어 있다. 비교우위의 법칙은 모든 국가는 각각 비교우위가 있는 재화를 가지며, 비교우위재를 서로 교환함으로써 모두 이익을 얻는다는 것이다.

비교우위법칙을 설명하기 위한 리카도 모형의 가정은 다음과 같다. 첫째, 노동만이 유일한 희소요소이며, 재화의 가치는 노동투입량에 의해 결정된다. 이를 노동가치설이라고 한다. 여기서 재화의 교환비는 노동투입량의 비율에 의해 결정된다. 예를 들어 X재 1단위 생산에 노동 10단위가 필요하고, Y재 1단위 생산에 노동 5단위가 필요하다면, X재 1단위는 Y재 2단위의 가치를 갖는다.

둘째, 리카도의 생산함수는 규모에 대한 보수불변(constant returns to scale)임을 가정하고 있다. 규모에 대한 보수불변이란 생산량의 규모에 관계없이 평균비용이 일정함을 의미한다.

표 2-1 각 재화 1단위생산에 필요한 노동량

	A국 노동량	B국 노동량
X재	2	10
Y재	4	5
X재 생산의 기회비용	1/2	2

[표 2-1]의 숫자들은 재화 1단위 생산에 필요한 노동투입량을 나타낸다. 어떤 재화 1단위 생산에 필요한 노동량(생산비)이 다른 국가보다 작을 때, 이 국가는 이 재화의 생산에 절대우위(absolute advantage)가 있다고 표현한다. [표 2-1]에서 X재든 Y재든 1단위 생산에 필요한 노동투입량(생산비)이 모두 B국보다 A국에서 더 낮기 때문에 A국이 두 재화 모두에서 절대우위가 있다. 만일 절대우위에 의해 무역이 결정된다면 절대적 열위에 있는 B국은 수출할 재화가 없으므로 두 국가 간 무역이 성립하지 않는다.

절대우위론은 생산성이 절대적으로 낮은 국가와 생산성이 절대적으로 높은 국가 간의 무역을 설명하지 못한다. 그러나 현실적으로 절대적으로 생산성이 낮은 중국과 절대적으로 생산성이 높은 미국 간에도 무역이 활발하게 이루어지고 있다. 비교우위론은 생산성이 크게 차이가 나는 국가들 간에도 무역이 가능하고, 또 무역을 하면 서로 이익을 얻게 된다는 점을 설명해준다.

2. 기회비용과 비교우위의 법칙

리카도 모형은 기회비용 개념을 이용해 비교우위의 법칙을 설명하고 있다. 어떤 재화 생산의 기회비용은 이 재화를 생산하기 위해 다른 재화를 생산하지 못하게 된 비용을 말한다. 국가 전체의 노동량이 주어져 있을 때, 한 재화를 생산하기 위해서는 반드시 다른 재화의 생산을 포기해야 하므로 모든 재화 생산에는 기회비용이 있다.

[표 2-1]에서 X재 생산의 기회비용은 X재 1단위를 생산하기 위해 포기해야 하는 Y재 양이다. X재 1단위 생산을 위해 Y재 몇 단위 생산을 포기해야 하는가? A국에서는 X재 1단위 생산에는 노동 2단위가 필요하다. 그런데 Y재 1단위

생산에는 노동 4단위가 필요하므로 노동 2단위는 Y재 1/2단위이다. 따라서 X재의 기회비용은 Y재 1/2단위가 된다. 마찬가지로 B국에서는 X재 1단위 생산에 노동 10단위가 필요하다. 그런데 10단위의 노동으로는 Y재를 2단위 생산할 수 있으므로 X재의 기회비용은 Y재 2단위이다.

리카도 모형에서 재화의 기회비용은 노동투입량의 비율로 계산된다. 즉, A국과 B국에서 X재의 기회비용은

$$A\text{국에서 } X\text{재의 기회비용} = \frac{2}{4} = \frac{1}{2} \tag{2.1a}$$

$$B\text{국에서 } X\text{재의 기회비용} = \frac{10}{5} = 2 \tag{2.1b}$$

가 된다. 마찬가지 방법으로 계산하면 Y재의 기회비용은 A국에서는 X재 2단위, B국에서는 X재 1/2단위가 된다.

완전경쟁시장에서는 비용과 가격이 일치하므로 기회비용은 상대가격과 같은 의미를 갖는다. [표 2-1]에서 상대가격을 계산해보자. 리카도 모형에서 각 재화의 가격은 1단위 생산에 필요한 노동투입량과 임금의 곱으로 결정된다. A국의 임금을 w라고 하고, B국의 임금을 w^*라고 하면, 두 나라에서 X재의 상대가격은 다음과 같이 계산된다.

$$p = \left(\frac{P_x}{P_y} = \frac{2w}{4w} \right) = \frac{1}{2} \tag{2.2a}$$

$$p^* = \left(\frac{P_x^*}{P_y^*} = \frac{10w^*}{5w^*} \right) = 2 \tag{2.2b}$$

여기서 p와 p^*는 X재의 상대가격인데, 이를 X재의 가격이라고 생각하면 된다. 다만 X재의 가격이 화폐가격이 아닌 Y재 단위로 평가되어 있다는 점에 유의해야 한다. 예를 들어 X재의 가격이 100이고 Y재의 가격이 50이라고 하면, Y재로 평가한 X재의 상대가격은 2가 된다. 이는 X재 1단위가 Y재 2단위의 가치를 갖고 있음을 나타낸다. 이는 화폐가 없는 물물교환 경제에서 가격표시 방법이다.

식(2.1)과 식(2.2)에서 알 수 있듯이 X재의 기회비용은 X재의 상대가격과 같다. 모든 국가는 다른 국가에 비해 기회비용, 또는 상대가격이 낮은 재화에 비교우위(comparative advantage)가 있다. [표 2-1]에서 A국은 X재의 기회비용이 더 낮으므로 X재에 비교우위가 있고, B국은 Y재의 기회비용이 더 낮아서 Y재에 비교우위가 있다.

[표 2-1]의 예에서 B국은 A국보다 두 재화의 생산 모두에서 생산성이 더 낮다. 그런데 비교우위론에 의하면 두 재화 모두에서 생산성이 낮은 B국도 Y재를 수출하게 된다. 이는 B국의 Y재 가격이 A국보다 낮기 때문에 가능한 일이다. 그렇다면 생산성이 더 낮은 B국에서 어떻게 Y재 가격이 더 낮아질 수 있을까? 이는 B국의 임금 수준이 A국보다 낮기 때문이다. 생산에 필요한 노동투입량이 더 많더라도 임금이 낮으면 재화 가격이 더 낮아질 수 있다. 중국은 미국보다 노동생산성은 낮지만 임금 수준 또한 낮기 때문에 재화 가격이 낮아져서 미국으로 수출을 하게 된다. 모든 재화 생산에서 절대적 열위에 있는 국가도 일부 재화를 수출할 수 있는 것은 낮은 임금 때문이다.

3. 무역 후 국제상대가격

무역 후 재화 가격은 국제시장에서 결정된다. 무역 후 국제시장가격은 무역 이전 두 국가의 가격 사이에서 결정된다. 예를 들어, A국이 X재에 비교우위가 있다면, 이는 무역 이전 X재 상대가격이 B국보다 A국에서 더 낮음을 의미한다. 이 경우 두 나라가 무역을 하면 X재 국제시장가격은 A국 가격보다는 높고, B국 가격보다는 낮은 수준에서 결정된다.

<그림 2-1>은 무역 이전 A국과 B국의 상대가격과 무역 이후 예상되는 국제상대가격을 표시하고 있다. 여기서 상대가격은 Y재로 평가되는 X재의 상대가격임을 기억하라. 만일 무역 이후 X재의 상대가격이 A국의 무역 이전 X재의 상대가격인 1/2 이하에서 결정되면, A국과 B국 모두 자국의 X재의 상대가격이 국제시장가격보다 높기 때문에 X재를 수출할 수 없고 대신 상대적으로 싼 Y재를 수출하고자 한다. 그러나 두 나라 모두 Y재를 수출하는 무역은 불가능하기 때문에 국제상대가격이 1/2보다 낮을 수는 없다. 마찬가지 이유로 X재의 국제상대가격은 B국의 무역 이전 상대가격인 2보다 높을 수는 없다. 따라서 두 나라의 무역이

성립하는 국제상대가격은 A국의 무역 이전 국내가격인 1/2과 B국의 무역이전 국내가격인 2 사이에서 결정된다.

그림 2-1 **무역 후 국제상대가격의 결정**

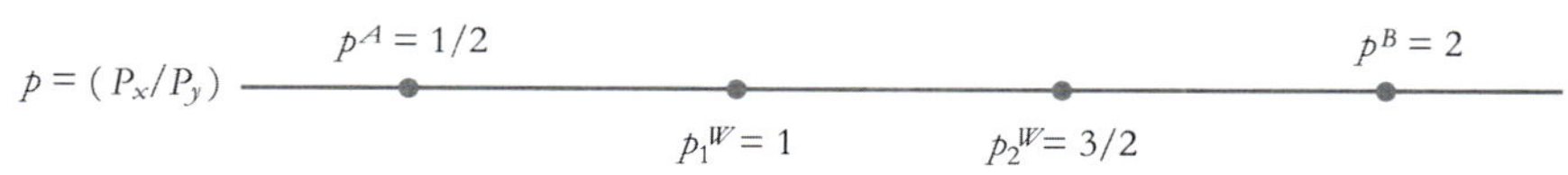

<그림 2-1>의 예에서 국제상대가격이 양국의 무역 이전 국내가격인 1/2과 2 사이인 1로 결정되었다고 하자. 이 경우 A국은 X재의 상대가격이 국제시장가격보다 낮아 X재를 수출하고, 반대로 B국은 Y재의 상대가격이 국제시장가격보다 낮아 Y재를 수출한다. 이와 같이 국제상대가격이 양국의 무역 이전 상대가격 사이에서 결정되면 비교우위에 따른 무역이 이루어진다. 물론 무역 이전 두 국가의 상대가격이 서로 같다면, 다른 나라의 재화를 구입할 이유가 없기 때문에 무역이 발생하지 않는다.

국제가격이 양국 국내가격 사이의 어디에서 결정될 것인가는 세계 전체의 수요와 공급에 달려있다. 세계시장에서 X재에 대한 수요가 더 많으면 X재 가격이 비싸지고, Y재에 대한 수요가 더 많으면 Y재 가격이 더 비싸진다. 따라서 <그림 2-1>의 p_1^w과 p_2^w의 예에서 세계 전체적으로 X재에 대한 수요가 상대적으로 더 많으면 p_2^w에서 가격이 결정되고, 반대로 Y재에 대한 수요가 상대적으로 더 많으면 p_1^w에서 가격이 결정된다.

4. 무역의 이익

[표 2-1]의 생산조건을 이용해 무역 이전에 A국은 노동 6단위, B국은 노동 15단위를 이용하여 각각 X재와 Y재를 1단위씩 생산하고 있다고 하자. 이 경우 무역 이전에 세계 전체 생산량은 두 나라의 생산량을 합한 X재 2단위, Y재 2단위가 된다.

무역 이후에 A국은 비교우위가 있는 X재만을 생산하고, B국은 비교우위가 있는 Y재만을 생산한다. 그 결과 A국은 6단위 노동으로 X재 3단위, B국은 15단위 노동으로 Y재 3단위를 생산한다. 무역 이후 세계 전체 생산량은 X재 3단위, Y재 3단위가 되어 무역 이전에 비해 X재 1단위, Y재 1단위가 더 많다. 이와 같이 무역 이후 각국이 비교우위에 따라 특화생산을 하면 세계 전체의 생산량이 증가한다.

국제시장에서 X재와 Y재 간의 상대가격이 1이어서 A국의 X재 1단위와 B국의 Y재 1단위를 서로 교환한다고 하자. 이 경우 무역 이후 A국은 X재만 3단위를 생산한 후 X재 1단위를 B국의 Y재 1단위와 교환하여 X재 2단위, Y재 1단위를 소비하고, B국은 Y재만 3단위를 생산하여 Y재 1단위와 X재 1단위를 교환하여 X재 1단위, Y재 2단위를 소비하게 된다. 즉, 무역 이전에 비해 A국은 X재 1단위를 더 소비하고, B국은 Y재 1단위를 더 소비할 수 있다. 이처럼 비교우위에 따른 생산과 무역으로 양국 모두 더 많은 재화를 소비할 수 있어 무역 이전에 비해 후생수준이 증가한다.

5. 생산가능곡선과 무역의 이익

생산가능곡선을 이용해 무역의 이익을 알아보자.

생산가능곡선(production possibility curve)이란 경제내의 모든 자원을 효율적으로 이용하여 생산할 수 있는 극대생산량을 나타내는 곡선이다. 재화생산에 필요한 노동투입량 조건이 [표 2-1]과 같을 때, A국과 B국의 생산가능곡선을 도출해 보자.

A국의 노동부존량이 L이라면, 노동의 완전고용조건식은 다음과 같다.

$$L = 2X + 4Y \tag{2.3}$$

여기서 X와 Y는 X재와 Y재의 생산량을 나타낸다. 우변의 첫 항은 X재 생산에 사용된 노동량이고, 우변의 두 번째 항은 Y재 생산에 사용된 노동량을 나타낸다. 따라서 위의 식(2.3)은 노동의 총공급량이 노동에 대한 총수요량과 일치함을 나타낸다.

완전고용조건식 (2.3)을 다시 정리하면 다음과 같다.

$$Y = -\left(\frac{1}{2}\right)X + \frac{L}{4} \tag{2.4}$$

식(2.4)를 그림으로 그리면 <그림 2-2>의 (a)와 같이 기울기가 -(1/2)인 직선으로 표시되는데, 이 직선이 A국의 생산가능곡선이다. 생산가능곡선의 기울기는 앞에서 구한 기회비용이나 상대가격 (P_x/P_y)와 동일함을 알 수 있다.

B국의 생산가능곡선도 A국과 마찬가지로 노동의 완전고용식으로부터 유도되며, 다음과 같다.

$$Y^* = -2X^* + \frac{L^*}{5} \tag{2.5}$$

B국의 생산가능곡선은 <그림 2-2>의 (b)와 같다.

<그림 2-2>에서 생산가능곡선이 우하향하는 것은 X재를 더 생산하기 위해서는 Y재의 생산을 줄여야 함을 의미한다. 생산가능곡선의 기울기는 X재 1단위를 더 생산하기 위해 포기해야 하는 Y재의 양으로 이는 X재의 기회비용을 의미하고, 이를 한계전환율(marginal rate of transformation; MRT)이라고도 한다. 직선의 생산가능곡선에서는 기울기가 일정하므로 이는 생산량 수준과 관계없이 기회비용이 일정함을 나타낸다.

그림 2-2 리카도 모형의 생산가능곡선

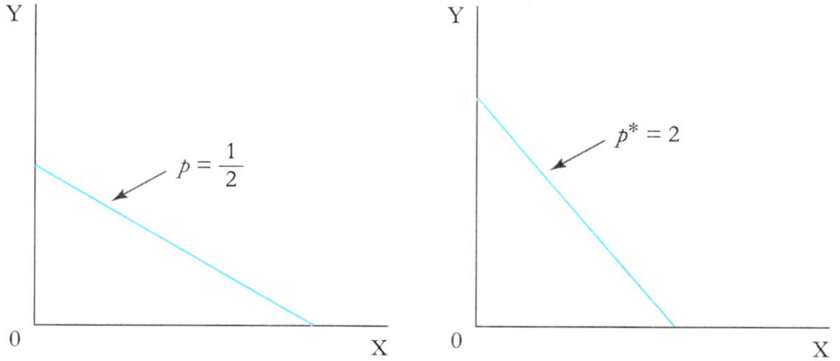

(a) A국의 생산가능곡선 (b) B국의 생산가능곡선

무역 이전에는 생산가능곡선내에서 소비가 이루어지지만, 무역 후에는 교환이 가능하므로 소비가 생산가능곡선의 내부 영역에 국한될 필요는 없다. 무역 이후, 교환비가 1/2과 2 사이인 1이라고 하면, <그림 2-3>에서 볼 수 있는 바와 같이 A국과 B국의 소비가능영역은 모두 밖으로 확장된다.

A국은 X재만을 생산하지만 이를 국제가격 1로 교환하여 Y재를 소비할 수 있으므로 소비가능영역이 BC가 되고, B국은 Y재만을 생산하지만 이를 국제가격 1로 교환하여 X재를 소비할 수 있으므로 소비가능영역은 A^*C^*가 된다. 따라서 소비점이 A국은 E에서 F로, B국은 E^*에서 F^*로 변하고, 후생수준은 A국은 W_0에서 W_1으로, B국은 W_0^*에서 W_1^*로 증가한다. 즉, 양국 모두 무역으로 이익을 얻는다. 그림의 W_0와 W_1은 국가 전체의 후생수준을 나타내는 사회무차별곡선으로 일반적인 무차별곡선과 같은 성격을 갖는다.

그림 2-3 무역의 이익

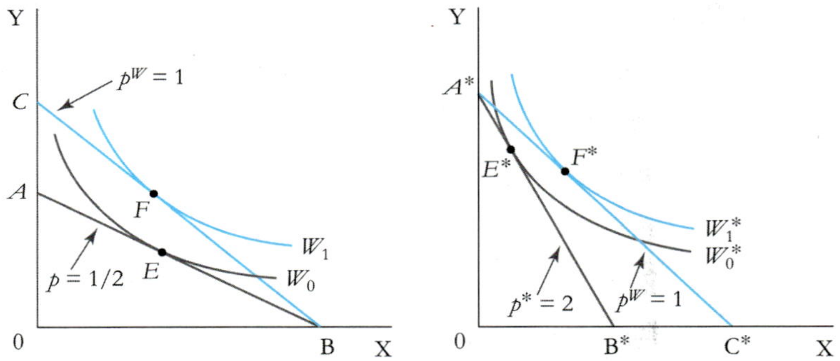

(a) A국의 이익 (b) B국의 이익

이와 같이 자유무역으로 양국 모두 이익을 얻지만, 어떤 국가의 이익이 더 클 것인가는 국제균형가격의 수준에 의해 결정된다. <그림 2-3>에서 X재의 국제상대가격이 1에서 1.5로 올라가면 A국의 소비가능영역은 확대되고, B국의 소비가능영역은 축소될 것이다. 즉, X재의 상대가격이 올라가면 X재 수출국인 A국의 이익은 커지고, X재 수입국인 B국의 이익은 작아진다. 이처럼 무역으로부터 양국 모두 이익을 얻지만, 국제시장에서 자국의 비교우위재의 가격이 높게 결정될수록 자국의 이익이 더 커진다.

02 리카도 모형의 재음미

1. 리카도 이론의 의의와 한계

리카도 이론에 의하면, 어떤 국가의 생산성이 다른 국가에 비해 모든 산업에서 절대적으로 열위에 있더라도 반드시 수출을 할 수 있는 재화가 있다. 그리고 무역을 통해 모든 국가의 후생수준이 증가한다. 그러나 리카도 이론은 몇 가지 한계를 지니고 있다.

첫째, 리카도 이론은 무역의 발생원인을 양국의 생산성 차이에 두고 있는데, 왜 양국의 생산성에 차이가 나는지를 설명하지 않고 있다. 앞의 예에서 A국과 B국에서 X재와 Y재의 노동투입량이 왜 서로 다른지가 언급되어 있지 않다.

둘째, 양국이 무역을 하면 완전 특화가 발생한다는 것도 현실과 부합되지 않는다. 리카도 이론에서는 모든 국가가 수출재만을 생산하고 수입재는 전혀 생산하지 않는데, 현실세계에서는 모든 국가들이 수입품을 대체할 수 있는 수입대체재도 국내에서 일부 생산하고 있다.

셋째, 상대가격이 수요와는 관계없이 공급조건에 의해서만 결정된다는 것도 현실과 부합되지 않는다. 리카도 모형에서 상대가격은 오직 단위노동투입량에 의해서 결정될 뿐이다. 어떤 재화에 대한 수요가 증가하더라도 상대가격에 영향을 미치지 않는다. 그러나 특정 재화에 대한 수요변화가 상대가격에 영향을 미치지 못한다는 것은 현실적이지 못하다.

마지막으로 생산요소로 노동만을 고려하고 있기 때문에 무역의 소득분배효과를 설명하지 못한다. 그리고 자본과 토지 등의 생산요소를 고려하지 않기 때문에 국가 간 요소부존도의 차이에 의한 무역을 설명하지 못한다. 요소부존도의 차이에 의한 무역은 다음에 논의되는 헥셔-오린 모형의 핵심 내용이다.

이러한 몇 가지 한계에도 불구하고 리카도의 비교우위론은 단순한 모형을 이용해 자유무역 이익을 설득력 있게 보여주고 있다.

2. 실증분석

리카도 모형은 국가 간 노동생산성의 차이로 무역패턴을 설명하고 있다. 실증적 예를 살펴보면 다음과 같다. 의류산업에서 미국의 노동생산성은 멕시코보다 더 높음에도 불구하고 미국은 멕시코에서 의류를 수입하고 있다. 이는 의류산업에서 미국의 노동생산성이 상대적으로 낮기 때문이다. 미국의 노동생산성은 멕시코에 비해 평균적으로 약 4배가 높은데 비해, 미국 의류산업의 노동생산성은 멕시코 의류산업보다 약 50% 정도만 더 높다. 의류산업에서도 미국의 노동생산성이 멕시코보다 더 높지만, 다른 산업에 비해서는 상대적으로 낮은 편이다. 그리고 멕시코의 임금수준은 미국의 1/3 이하이기 때문에 멕시코 의류 가격이 미국보다 낮아져서 멕시코는 미국으로 의류를 수출하게 된다.

이 예는 비교우위가 노동생산성의 상대적 차이 때문에 나타나고, 또 노동생산성이 낮은 국가는 다른 국가에 비해 임금수준이 낮아서 수출을 할 수 있다는 이론 모형의 결과를 실증적으로 보여주고 있다.

보다 체계적인 실증분석 결과를 살펴보자. 맥두걸(G.D.A. MacDougal)은 영국과 미국의 통계자료를 이용하여 리카도 무역모형에 대한 실증분석을 시도하였다. 그는 영국과 미국의 25개 산업을 선정하여 1937년 한 해 동안 노동생산성과 수출점유율간의 관계를 살펴보았다.

<그림 2-4>는 맥두걸의 검증결과를 요약해주고 있다. 종축은 영국 노동자 1인당 생산량에 대한 미국 노동자 1인당 생산량의 비율을 표시하고 있다. 이 비율이 높을수록 상대적으로 미국의 노동생산성이 높음을 나타낸다. 횡축은 제3국 시장에서 영국 수출량에 대한 미국 수출량의 비율을 나타내며, 이 비율이 높을수록 미국의 수출비율이 크다는 것을 의미한다.

그림에 표시된 점을 관찰해 보면 노동생산성과 수출 간에 정(+)의 관계가 존재함을 알 수 있다. 즉, 미국의 노동생산성이 영국의 노동생산성보다 높은 산업에서 미국의 수출이 영국의 수출에 비해 상대적으로 많아짐을 보여준다. 그리고 당시에 미국 임금이 영국 임금의 2배였기 때문에 미국 노동생산성이 영국 노동생산성보다 2배 이상 높아야 미국의 제품가격이 영국보다 낮게 된다. 따라서 '미국노동생산성/영국노동생산성'의 비가 2 이상인 산업에서 미국의 수출이 영국보다 더 많아 '미국수출/영국수출'의 비가 1보다 커진다.

그림 2-4 노동생산성과 수출점유율

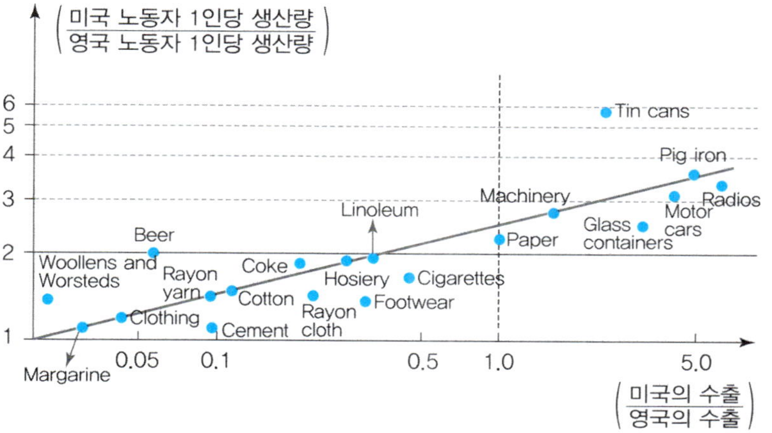

자료: MacDougal, G.D.A., "British and American Export: A Study Suggested by the Theory of Comparative Costs," *Economic Journal*, 1951.

3. 비교우위 개념의 응용

비교우위론은 아무리 생산성이 높은 국가도 수입할 상품이 있고, 아무리 생산성이 낮은 국가도 수출할 상품이 있음을 말해준다. 그리고 이런 비교우위에 따른 교환으로 두 나라 모두 이익을 얻음을 보여준다.

이러한 비교우위 법칙은 일상생활에도 적용된다. 어떤 변호사가 그의 비서보다 타이핑을 두 배나 빨리 칠 수 있다고 하자. 이 경우 변호사는 법률사무와 타이핑 모두에서 절대우위를 갖는다. 그러나 변호사가 법률사무와 타이핑을 혼자서 도맡아 하는 것은 바람직하지 않다. 예를 들어 법률업무는 시간당 5만원이고, 타이핑 업무는 시간당 5,000원이라고 할 때, 변호사가 스스로 타이핑을 하게 되면 시간당 4만원을 손해를 보게 된다. 왜냐하면 변호사는 비서보다 2배 빨리 타이핑을 할 수 있기 때문에 스스로 타이핑을 하는 경우 1만원을 절약할 수 있지만, 법률사무를 봄으로써 벌 수 있는 5만원을 포기해야 되기 때문이다. 따라서 변호사가 법률사무와 타이핑 모두에 절대우위가 있을지라도, 변호사가 더 많은 수익을 올리기 위해서 자신은 법률사무에 전념하고 타이핑은 비서에게 맡기는 것이 이득이다. 이것이 비교우위의 원리이다.

자유무역으로 인해 손해를 본다는 의견이 있다. 예를 들어 중국과의 자유무역으로 중국의 농산물이 수입됨에 따라 한국 농업이 위축되고, 또 중국으로부터 장난감과 의류 수입이 증가하여 한국의 관련 산업이 위축되고 있기 때문에 무역은 우리 경제에 나쁘게 작용한다는 견해다. 그러나 이 주장은 중국에 대한 수출증가로 한국 수출산업이 성장하는 측면을 도외시하고 있다.

무역이 확대되면 국내 비교열위산업이 위축되는 것은 사실이지만, 수입재를 낮은 가격으로 소비할 수 있어 이득을 얻는다. 또 비교열위산업이 위축되는 대신 우리가 경쟁력을 갖는 수출산업의 생산이 증가하는 이득을 얻는다. 부분적으로는 무역으로 인해 손해를 보는 집단이 있을 수 있지만, 국가 전체적으로는 무역으로 이익을 얻는다.

무역의 이익은 모든 산업에서 생산이 증가하기 때문에 얻어지는 것은 아니다. 비교우위산업의 생산이 증가하기 위해서는 비교열위산업의 생산이 반드시 감소해야 한다. 무역의 이익은 비교우위산업의 생산 증가를 위해 비교열위 산업을 포기함으로써 얻어진다는 것을 유념해야 한다. 비교우위론은 모든 부문에서 우위에 국가(또는 사람)라도 '상대적'으로 못하는 것을 포기함으로써 더 큰 이득을 얻을 수 있다는 평범한 진리를 설명해주고 있다.

03 헥셔-오린 정리와 무역균형

1. 가정

리카도 모형은 생산요소로 노동만을 고려하고 있으나 재화 생산을 위해서는 자본과 토지 등 다양한 생산요소가 필요하다. 생산요소가 여럿이라면, 국가 간 노동생산성의 차이가 아니라, 국가 간 요소부존도의 차이가 무역의 원인이 된다. 이 이론을 헥셔-오린(Heckscher-Ohlin) 이론이라고 한다. 헥셔와 오린은 이 이론을 만들어낸 스웨덴의 두 경제학자 이름이다.

헥셔-오린 모형은 생산요소가 노동뿐인 리카도 모형과는 달리 생산요소로 노동과 자본 두 가지를 가정하고 있다. 헥셔-오린 모형의 주요 가정은 다음과 같다.

첫째, 두 나라, 두 상품, 그리고 노동과 자본의 두 생산요소를 가정한다. 그래서 헥셔-오린 모형을 흔히 2국-2재-2요소 모형이라고 한다.

둘째, 양국의 생산함수는 서로 같다. 이 가정은 양국이 동일한 생산기술을 서로 획득하고 이용할 수 있음을 의미한다. 그리고 생산함수는 신고전파의 일차동차 함수로 규모에 대한 보수불변의 생산함수다.

셋째, 양국의 후생함수(선호체계)는 서로 같다. 즉, 양국의 사회무차별곡선 형태가 서로 같다. 예를 들어 어떤 국가는 자본집약재를 선호하는데 비해 상대 국가는 노동집약재를 더 선호하는 현상은 없다는 것이다.

넷째, 두 나라의 요소부존도는 서로 다르고, 국가 간 생산요소의 이동은 불가능하다. 여기서 요소부존도는 상대적인 개념이다. 예를 들어 일본은 한국보다 인구(노동)가 더 많지만 상대적으로 자본량이 더 풍부하기 때문에 일본은 한국과 비교해 자본풍부국이 되고, 반대로 한국은 노동풍부국이 된다. 그러나 한국과 중국을 비교하면, 한국은 자본풍부국이 되고 중국은 노동풍부국이 된다. 이처럼 어느 나라가 어느 요소 풍부국인가는 절대적인 의미가 아니고 상대적인 의미다.

위의 가정 이외에도 헥셔-오린 모형을 전개하는 데는 다음과 같은 추가적인 가정들이 필요하다.

첫째, 양국의 상품시장과 요소시장은 완전경쟁적이다. 따라서 재화가격과 요소가격은 시장에서 주어지고, 개별기업은 가격결정에 영향을 미치지 못하는 가격수용자(price taker)다.

둘째, 산업 간 생산요소의 이동은 자유롭다. 이 가정은 어느 산업에서나 요소보수가 동일하다는 가정과 같다. 만일 임금이 산업 간에 차이가 난다면, 임금이 낮은 산업에서 높은 산업으로 노동이 이동하여 결국 두 산업의 임금은 같아진다.

셋째, 두 재화의 요소집약도는 서로 다르다. X재가 노동집약재, Y재가 자본집약재라고 하자. 이는 X재 생산에서 상대적으로 더 많은 노동이 필요함을 의미한다. 기계와 직물을 생각해보면, 기계 생산에는 상대적으로 자본이 더 많이 필요하므로 자본집약재, 직물 생산에는 상대적으로 노동이 더 많이 필요하므로 노동집약재가 된다.

마지막으로 운송비, 관세 등 무역장벽은 없다고 하자. 운송비나 관세가 없기 때문에 양국의 상품가격은 동일하게 된다.

2. 생산가능곡선

생산가능곡선은 그 경제의 모든 자원을 효율적으로 사용하여 생산할 수 있는 극대생산량을 나타낸다. 따라서 생산가능곡선의 내부점은 모든 자원을 사용하지 않았거나 모든 자원을 사용하였더라도 비효율적인 생산방법을 채택한 경우다. 또 생산가능곡선의 외부점은 그 경제의 자원으로는 생산이 불가능한 생산점들이다.

<그림 2-5>는 생산요소가 노동과 자본 둘인 경우의 생산가능곡선이다. 이 생산가능곡선에서는 X재 1단위를 추가적으로 생산하기 위해서 포기해야 하는 Y재의 생산량이 점차 증가하게 된다. 이는 X재의 생산이 증가할수록 생산비가 증가하는 것을 의미하므로 기회비용이 체증함을 나타낸다. 기회비용이 체증하는 것은 생산가능곡선이 볼록하기 때문이다. 이와 같이 신고전파 생산함수는 규모에 대한 보수불변의 특성을 지니고 있지만, 기회비용이 체증하는 생산가능곡선이 된다.

그림 2-5 생산가능곡선

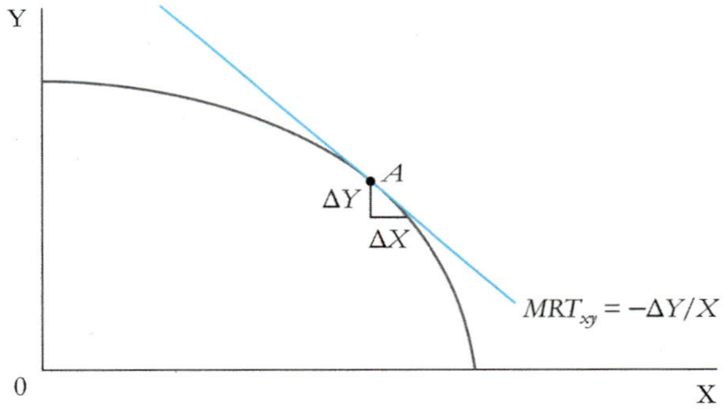

X재의 기회비용을 Y재에 대한 X재의 한계전환율(marginal rate of transformation: MRT)이라고 한다. 여기서 한계전환율은 X재 1단위를 추가적으로 생산하기 위해 포기해야 하는 Y재의 양을 나타낸다. 한계전환율 MRT_{xy}는

$$MRT_{xy} = -\left(\frac{dY}{dX}\right) \tag{2.6}$$

이고, 이는 생산가능곡선의 기울기를 나타낸다.

<그림 2-5>와 같이 볼록한 생산가능곡선에서는 X의 생산량이 증가함에 따라 생산가능곡선의 접선의 기울기는 점차 증가해 가므로 한계전환율이 체증한다. 리카도 모형과 같이 직선인 생산가능곡선에서는 기울기가 일정하기 때문에 한계전환율이 일정하고, 기회비용도 일정하다.

3. 폐쇄경제의 균형

폐쇄경제에서는 다른 국가와 교환을 하지 않기 때문에 생산가능곡선상의 한 점을 선택하여 생산과 소비가 이루어진다. 생산가능곡선상에서 후생수준을 극대화시키는 생산점은 생산가능곡선과 사회무차별곡선이 접하는 점이다. 논의의 단순화를 위해 국가 전체의 후생을 평가하는 사회무차별곡선은 일반적인 무차별곡선과 같은 성질을 갖는다고 하자.

<그림 2-6>의 점 B는 생산가능곡선상에 위치하고 있기 때문에 점 A와 마찬가지로 효율적인 생산점이지만, 효용수준은 W_2로 A점에서의 효용수준 W_1보다 더 낮다. 점 A에서 생산과 소비를 할 때 이 국가의 후생수준은 극대화된다. 점 A는 사회무차별곡선과 생산가능곡선이 서로 접하고 있는 점이다. 따라서 폐쇄경제에서는 생산가능곡선과 사회무차별곡선이 접하는 A에서 생산과 소비의 효율성이 동시에 달성되며, 이때 균형상대가격($= P_x/P_y$)은 접선의 기울기인 p이다.

그림 2-6 폐쇄경제의 균형

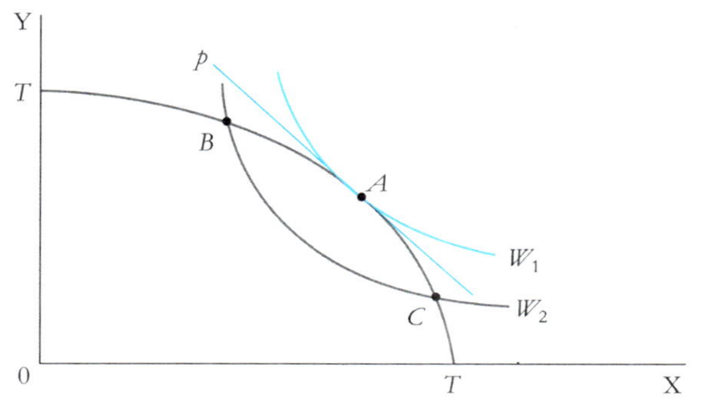

제 1 편

볼록한 비용체증의 생산가능곡선에서는 사회무차별곡선의 변화에 따라 균형상대가격이 달라진다. 예를 들어 이 국가의 사회무차별곡선이 X재를 선호하는 형태로 변하면 X재의 상대가격이 높아지고, Y재를 선호하는 형태로 바뀌면 Y재의 상대가격이 높아진다. 이처럼 기회비용이 체증하는 생산가능곡선의 경우에는 수요조건에 따라 균형상대가격이 달라진다.

4. 헥셔-오린 정리

헥셔-오린 정리(Heckscher-Ohlin theorem)는 노동풍부국은 노동집약재에 비교우위를 갖고, 자본풍부국은 자본집약재에 비교우위를 갖는다는 정리다. 국가 간 요소부존도의 차이에 의해 무역패턴이 결정된다고 한다. 이의 경제적 의미는 쉽게 이해할 수 있다. 노동풍부국은 노동이 풍부하여 임금이 상대적으로 낮기 때문에 노동집약재를 싸게 생산할 수 있고, 반면에 자본풍부국은 자본이 풍부하여 상대적으로 자본가격이 낮기 때문에 자본집약재를 싸게 생산할 수 있다. 따라서 노동풍부국은 노동집약재에 비교우위를 갖고, 반대로 자본풍부국은 자본집약재에 비교우위를 갖는다.

그림 2-7 헥셔-오린 정리

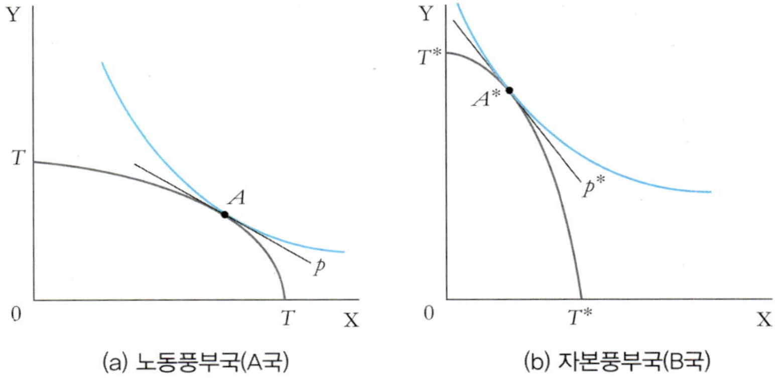

<그림 2-7>을 통해 헥셔-오린 정리를 설명해 보자. A국은 노동풍부국, B국은 자본풍부국이고, X재는 노동집약재, Y재는 자본집약재라고 하자. A국은 노동풍부국이기 때문에 상대적으로 노동집약재인 X재의 생산량이 상대적으로 많고, B국은 자본풍부국이기 때문에 상대적으로 자본집약재인 Y재의 생산량이 많다. 따라서 A국의 생산가능곡선은 TT와 같고, B국의 생산가능곡선은 T^*T^*와 같은 모양을 갖는다.

양국의 사회후생함수는 동일하다고 가정하고 있으므로 양국의 사회무차별곡선 형태는 같다. A국과 B국의 폐쇄경제 균형점은 생산가능곡선과 사회무차별곡선이 서로 접하는 A점과 A^*점이고, 균형상대가격은 A점과 A^*점을 지나는 접선의 기울기인 p와 p^*이다. 여기서 p와 p^*는 A국과 B국의 (Y재로 평가한) X재의 상대가격으로 P_x/P_y이다.

p와 p^*의 차이는 폐쇄경제에서 X재의 상대가격이 A국과 B국 간에 서로 다름을 나타낸다. <그림 2-7>에서는 A국의 X재 상대가격 p가 B국의 X재 상대가격 p^*보다 작다. 즉, $p < p^*$이다. 이 경우 A국은 X재의 가격이 상대적으로 낮아서 X재에 비교우위를 갖고, B국은 Y재의 가격이 상대적으로 낮아서 Y재에 비교우위를 갖는다.

이상의 논의는 노동이 풍부한 A국은 노동집약재인 X재에 비교우위가 있고, 자본이 풍부한 B국은 자본집약재인 Y재에 비교우위를 갖는다는 것을 말해준다. 두 나라가 무역을 하면 노동풍부국인 A국은 노동집약재인 X재를 수출할 것이고, 자본풍부국인 B국은 자본집약재인 Y재를 수출할 것이다. 이것이 앞서 설명한 헥셔-오린 정리이다.

<그림 2-7>에서 양국의 폐쇄경제 균형가격이 서로 다른 것은 양국의 생산가능곡선 형태가 서로 다르기 때문이다. 그리고 생산가능곡선 형태가 서로 다른 이유는 양국의 요소부존도가 서로 다르기 때문이다. 만일 양국의 요소부존도가 같다면, 생산가능곡선의 형태가 같아지므로 폐쇄경제에서 균형가격도 같아진다. 이 경우 상대가격이 서로 같기 때문에 무역이 발생하지 않는다. 즉, 헥셔-오린 모형에서 무역발생의 원인은 양국의 요소부존도 차이 때문이다.

5. 무역의 이익

무역 이후 국제시장가격은 양국의 폐쇄경제의 균형가격 사이에서 결정된다. 폐쇄경제에서 양국의 X재의 상대가격이 $p < p^*$일 때, 국제시장가격이 p^*보다 커지면 양국 모두 X재를 수출하고자 할 것이고, 반대로 국제시장가격이 p보다 작아지면 양국 모두 Y재를 수출하고자 하기 때문에 무역이 발생할 수 없다. 따라서 국제시장가격은 p와 p^* 사이에 있게 되고, A국은 X재를, B국은 Y재를 수출한다.

<그림 2-8>을 보면, 폐쇄경제에서 생산과 소비의 균형점은 A점이고, 이 점을 지나는 접선의 기울기 p가 폐쇄경제의 균형가격이다. 개방경제에서 국제시장가격이 A국의 국내가격 p보다 큰 p^w라고 하면, A국의 생산은 생산가능곡선과 가격선 p^w가 접하는 B점에서 이루어지고, 소비는 사회무차별곡선과 가격선 p^w가 접하는 C점에서 이루어진다.

이와 같이 무역 이후에는 다른 나라와 교환이 가능하므로 생산점과 소비점이 같지 않다. 생산점 B와 소비점 C를 비교하면, 이 나라는 EB만큼 X재를 수출하고, EC만큼 Y재를 수입한다. 그리고 이러한 무역으로 이 나라의 후생수준은 무역 이전 W_0에서, 무역 이후 W_1으로 증가한다. 이를 무역의 이익(gains from trade)이라고 한다.

무역의 이익은 교환의 이익과 특화의 이익으로 나누어 생각할 수 있다. 교환의 이익은 무역을 통해 외국의 재화를 보다 낮은 가격으로 소비하여 얻는 이익이고, 특화의 이익은 무역 이후 비효율적인 비교열위 산업에서 효율적인 비교우위 산업으로 자원이 이동하여 경제 전체적으로 소비가능영역이 확대되어 얻는 이익이다. 교환의 이익은 소비측면에서 발생하는 이익이고, 특화의 이익은 생산측면에서 발생하는 이익이다.

그런데 무역의 이익은 국가 전체적인 이익을 의미할 뿐 구성원 모두의 이익을 의미하지는 않는다. 무역을 하면 비교우위재 생산은 증가하여 수출재 산업에 종사하는 사람은 이익을 얻지만, 대신 생산이 감소한 비교열위재 산업에 종사하는 사람은 손해를 보게 된다. 다만 수출재 생산 증가로 인한 이익이 수입재 위축으로 인한 손실보다 커서 국가 전체적으로 이익이 발생한다.

그림 2-8 무역의 이익

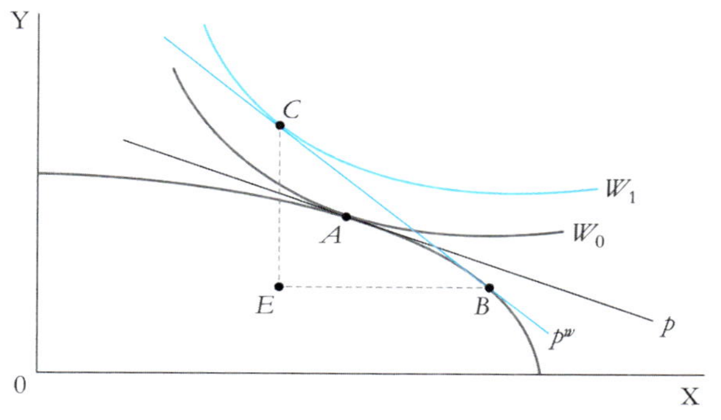

한국은 제조업에 비교우위가 있고, 농업에 비교열위가 있어서 수출재 산업은 생산 증가로 이익을 얻지만, 수입재 산업은 위축되어 손해를 본다. 한국의 수입개방에 대해 농업에 종사하는 사람은 반대가 심한데 비해 제조업에 종사하는 사람은 반대를 하지 않는 이유가 여기에 있다. 그러나 장기적으로는 수입재 산업에 종사하던 생산요소들이 수출재 산업으로 이동할 것이므로 국가 전체적으로는 손실보다는 이익이 더 크다.

04 헥셔-오린 이론의 경험분석

1. 레온티에프 역설

제2차 세계대전 직후 미국은 세계 어떤 나라와 비교해서도 부유한 나라였다. 최근에는 일본과 독일 등 미국의 일인당 소득수준에 접근한 국가가 많지만, 당시의 미국은 세계경제의 절반을 차지할 만큼 부유한 나라였다. 대체로 일인당 국민소득이 높은 국가가 자본풍부국이므로 당시 소득수준이 높았던 미국은 자본풍부국으로 볼 수 있다. 실제로 제2차 세계대전 직후 미국 노동자들의 자본장비율은 다른 나라에 비해 훨씬 더 높았다. 이 경우 헥셔-오린 정리에 따르면 미국은 자본집약재를 수출하고, 노동집약재를 수입할 것으로 예측된다.

그러나 분석결과는 그렇지 않았다. 1947년 미국 통계자료를 이용하여 헥셔-오린 모형을 검증한 레온티에프의 분석결과에 따르면 미국 수출재의 자본집약도가 수입대체재보다 약 30% 정도 더 낮았다. 예상과는 달리 미국이 노동집약재를 수출하고 자본집약재를 수입하는 것으로 나타났다. 실증분석 결과가 헥셔-오린 이론과 일치하지 않아서 이를 레온티에프 역설(Leontief paradox)이라고 한다. 왜 이런 역설적 결과가 나타나는가를 설명하기 위해 많은 연구들이 진행되었는데, 이들을 정리하면 다음과 같다.

첫째, 헥셔-오린 모형에서는 국가 간 생산함수가 동일하다고 가정하고 있으나, 현실적으로 국가 간 생산함수에 차이가 있다. 국가마다 기술수준이 다르면, 요소부존도가 아니라 기술수준의 차이에 의해 무역패턴이 결정될 수 있다. 이 경우 헥셔-오린 이론의 예측과 다른 무역패턴이 나타날 수 있다.

둘째, 레온티에프 분석에서 노동과 자본의 두 요소만을 고려하고, 인적자본이나 자연자원을 고려하지 않았기 때문이다. 인적자본(human capital)이란 노동자의 교육이나 직업훈련 등 노동생산성을 증대시키기 위한 지출을 말한다. 대체로 미국의 노동자들은 다른 국가의 노동자들보다 더 많은 인적자본을 보유하고 있다. 인적자본을 노동력으로부터 구분해내지 않으면, 미국이 인적자본집약재를 수출함에도 불구하고 노동집약재를 수출하는 것으로 나타난다. 또한 탄광, 철광석 등의 천연자원집약재는 대체로 자본을 대규모로 사용하고 있다. 그런데 이 산업은 자본집약적인 산업이라기보다는 자원집약적인 산업으로 보아야 한다. 자원집약재를 자본집약재로 분류하면, 천연자원을 수입하는 미국이 자본집약재를 수입하는 것으로 나타난다.

마지막으로 헥셔-오린 모형에서는 국가 간 수요패턴이 동일하다고 가정하고 있으나, 국가 간 수요패턴에 차이가 있으면 헥셔-오린 정리와는 다른 역설적 결과가 나온다. 즉, 자본이 풍부한 국가에서 자본집약재를 더 선호하고 노동이 풍부한 국가에서 노동집약재를 더 선호한다면, 자본풍부국에서 자본집약재의 가격이 높아지고 노동풍부국에서 노동집약재의 가격이 높아져서 무역패턴이 헥셔-오린 정리와 일치하지 않게 된다. 그러나 각국의 수요패턴에 대한 연구에 의하면, 각국의 기호는 큰 차이가 없다. 따라서 국가 간 선호체계의 차이가 무역패턴을 바꾼다고 볼 수는 없다.

2. 한국의 대일본, 대중국 무역구조

한국에 비해 일본은 자본풍부국이고, 중국은 노동풍부국이다. 따라서 헥셔-오린 정리에 의하면, 한국은 일본으로 노동집약재를 수출하고 자본집약재를 수입하며, 중국으로는 자본집약재를 수출하고 노동집약재를 수입할 것으로 예측된다.

<그림 2-9>는 한국의 일본과 중국에 대한 순수출지수(net export index)를 나타내고 있다. 순수출지수는 다음과 같이 계산한다.

$$NEX = \frac{(X - M)}{(X + M)} \cdot 100 \qquad (2.7)$$

여기서 NEX는 순수출지수이고, X와 M은 각각 수출액과 수입액이다. 이 값은 -100과 100 사이의 값을 가지며, 이 값이 양이면 수출특화, 음이면 수입특화를 나타낸다.

<그림 2-9>를 보면, 일본과의 무역에서는 노동집약재의 순수출지수는 55.5, 자본집약재의 순수출지수는 -39.8이다. 즉, 노동집약재를 순수출하고, 자본집약재

그림 2-9 한국의 일본과 중국에 대한 상품별 순수출지수(2014년)

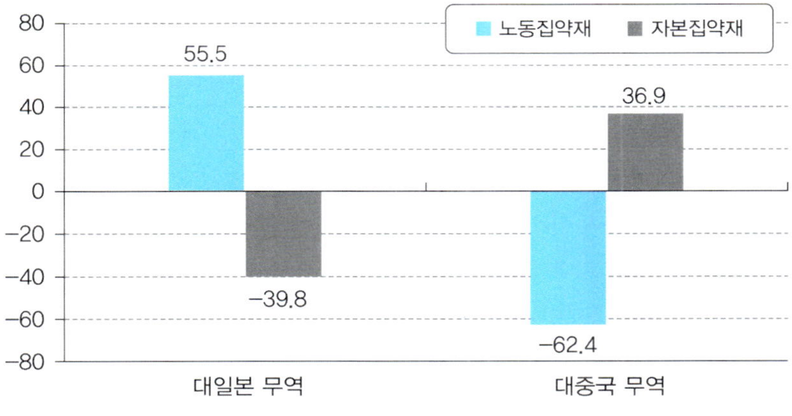

주: 1) 무역통계의 성질별 분류에서 직접소비재와 비내구소비재를 노동집약재로 분류하고, 자본재를 자본집약재로 분류함.
2) 2014년 자료를 이용하였고, 순수출지수는 식(2.7)을 이용해 계산함.
자료: 한국무역협회, KITA 무역통계, 2015.

제1편

를 순수입한다. 반대로 중국과의 무역에서는 노동집약재의 순수출지수가 -62.4, 자본집약재의 순수출지수는 36.9이다. 즉, 노동집약재를 순수입하고, 자본집약재를 순수출한다.

<그림 2-9>는 한국은 일본에 대해서는 노동집약재 수출국이고, 중국에 대해서는 자본집약재 수출국임을 보여준다. 한국은 일본보다 노동풍부국이고, 중국보다는 자본풍부국이라고 할 수 있다. 국가 간 요소부존도의 상대적 차이에 의해 무역패턴이 결정된다는 헥셔-오린 정리가 타당함을 보여준다.

3. 헥셔-오린 정리의 재음미

헥셔-오린 이론은 국가 간 요소부존도의 차이에 의해 무역이 발생함을 설명하고 있다. 국가마다 기후가 다르고 요소부존량도 서로 다르기 때문에 요소가격도 서로 다르다. 노동이 풍부한 국가는 임금이 낮고, 자본이 풍부한 국가는 자본가격이 낮다. 만일 국가 간 요소의 이동이 자유롭다면 노동이나 자본이 풍부한 국가에서 희소한 국가로 이동할 것이다. 그러나 국가마다 언어가 다르고 문화나 법이 다르기 때문에 생산요소의 국가 간 이동에는 제약이 있다. 헥셔-오린 모형은 이와 같이 생산요소의 이동이 불가능한 상태에서 대신 재화가 이동하여 요소의 이동을 대체함을 시사한다.

국가 간 이동에 제약이 있는 생산요소의 예로 기후를 들 수 있다. 기후는 농작물 생산의 중요한 요소 중의 하나인데, 그 이동이 불가능하다. 한국이 열대기후가 될 수 없고, 또 아프리카가 온대기후가 될 수 없다. 이러한 기후의 차이가 국가 간 무역 발생의 요인이 된다. 예를 들어 필리핀은 고온 다습한 열대지방으로 바나나 같은 열대과일은 풍부하지만, 온대지방의 과일은 생산되지 않는다. 이에 비해 한국은 사계절을 가진 온대지방으로 사과나 배와 같은 과일은 잘 생산되지만, 열대과일은 생산이 어렵다. 앞서 배운 재화분류에 의하면, 바나나는 '열대기후집약재'라고 할 수 있고, 사과나 배는 '온대기후집약재'라고 할 수 있다. 이와 같은 기후의 차이로 인해 필리핀은 바나나를 수출하고, 한국은 사과나 배를 수출한다.

LA에 동대문시장과 같은 의류도매점이 천여 개가 있는데, 이 중 80%를 한인교포가 차지하고 있다. 한국인의 바느질 솜씨나 뛰어난 패션감각이 미국 의류업에서 한인교포기업이 경쟁력을 갖는 이유다. 한국의 치과의사는 다른 어느 나라 치과의

사보다 뛰어난 솜씨를 가지고 있다. 한국인이 치과, 의류업에서 강점을 보이는 것은 손재주가 좋기 때문이다. 한국인은 손재주가 좋아서 '손재주집약재' 분야에서 우위가 있다고 할 수 있다.

이상의 예를 통해 알 수 있듯이 서로 바꿀 수 없는 주어진 부존자원이나 여건의 차이가 국가 간 비교우위를 결정하고, 비교우위재를 서로 교환함으로써 모두 이익을 얻는다는 것이 헥셔-오린 이론이다. 이 이론은 국가 간의 무역만이 아니라 개인 간의 교환에도 똑같이 적용될 수 있다.

CHAPTER 03

소득분배, 경제성장 및 산업내무역

무역은 소득분배에 영향을 미친다. 무역으로 이득을 보는 그룹이 있지만, 손해를 보는 그룹도 있다. 경제성장은 일반적으로 후생수준 증가를 가져오지만, 경제성장으로 인해 교역조건이 크게 악화되면 후생수준이 하락할 수도 있다. 서로 유사한 국가 간의 무역은 비교우위론보다는 산업내무역이론으로 설명할 수 있다. 산업내무역이란 동종 산업 내에서 수출과 수입이 동시에 이루어지는 무역을 말한다. 이 장에서는 무역의 소득분배효과, 경제성장이 후생수준에 미치는 영향, 그리고 산업내무역의 이론과 실증분석에 대해서 알아본다.

01 무역의 소득분배 효과

1. 스톨퍼-새뮤얼슨 정리

자유무역으로 모든 국가는 이익을 얻는다. 그러나 모든 사람들이 이익을 얻는 것은 아니다. 자유무역으로 이익을 얻는 그룹이 있는 반면, 손해를 보는 그룹도 있다. 스톨퍼-새뮤얼슨(Stolper-Samuelson) 정리에 의하면, 자유무역으로 풍부요소의 보수는 올라가지만 희소요소의 보수는 하락한다.

왜 이런 현상이 나타나는지 알아보자. 노동풍부국에서는 무역 후 노동집약재의 가격이 상승한다. 노동집약재의 가격이 올라가면 노동집약재의 생산이 늘어나므로 자본에 대한 수요보다 노동에 대한 수요가 상대적으로 증가하고, 그 결과 자본의 보수보다 임금이 올라간다. 이처럼 노동풍부국이 자유무역을 하면 실질임금이 올라가고 자본의 실질보수는 떨어진다.

자유무역으로 국가 전체의 후생수준이 증가한다는 것은 무역으로 인한 이득자의 이익이 손해자의 손실을 보상하고 남음이 있음을 의미한다. 이익을 얻은 사람이 손해를 입은 사람에게 이익의 일부를 보상해 주는 것을 보상의 원리(principle of compensation)라고 한다. 보상의 원리가 이론적으로는 가능하지만 현실적으로는 실현되기가 어렵다. 그래서 자유무역이 국가 전체에 이익을 가져옴에도 불구하고 자유무역을 반대하는 집단이 나타난다.

한국은 1960년 이후 무역이 확대되어 왔다. 당시 한국은 노동풍부국이었으므로 스톨퍼-새뮤얼슨의 정리에 의하면, 한국의 임금은 이자율에 비해 상대적으로 상승했을 것으로 예상된다. <그림 3-1>은 1970년 이후 미국의 임금과 이자율에 대한 한국의 임금과 이자율의 변화를 보여주고 있다. 임금과 이자율의 절대적 변화가 아니라 미국에 대한 상대적 변화를 살펴본 이유는 자본풍부국인 미국의 요소가격과 한국의 요소가격의 상대적 변화를 살펴보기 위해서다.

그림에서 볼 수 있듯이 한국의 임금은 1970년 이후 미국의 임금에 비해 지속적으로 증가하였고, 반대로 한국의 이자율은 미국에 비해 전반적으로 하락하였다.

그림 3-1 한국의 임금과 이자율 변화

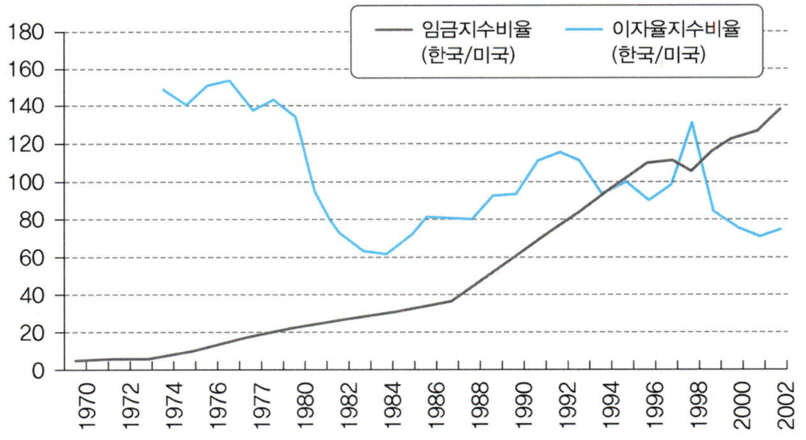

주: 1) 임금지수비율은 한국의 임금지수를 미국의 임금지수로 나눈 값임. 여기서 임금지수는 1995년을 100으로 한 지수임.
2) 이자율지수비율도 양국의 1995년 이자율을 100으로 하여 각각의 지수를 계산한 후, 한국의 이자율지수를 미국의 이자율지수로 나눈 값임.
3) 이자율로는 한국과 미국의 국공채수익률을 이용함.

자료: IMF, *International Financial Statistics*.

1980년대 초 미국에 비해 한국의 이자율 하락 폭이 큰 것은 당시 미국이 고금리 정책을 사용하였기 때문이고, 1998년 한국의 이자율이 급상승한 것은 당시 IMF 외환위기 때문이다.

노동풍부국이었던 한국에서는 스톨퍼-새뮤얼슨 정리의 예측과 같이 풍부요소인 노동의 보수가 상대적으로 상승하였고, 희소요소였던 자본의 보수가 상대적으로 하락하였음을 보여준다. 과거 한국은 저임금 국가였지만 이제는 개도국 중에서는 고임금 국가가 되었고, 이에 따라 주요 수출품도 노동집약재에서 자본집약재로 전환되고 있다.

2. 요소가격균등화 정리

요소가격균등화 정리(factor price equalization theorem)는 자유무역을 하게 되면 양국의 요소가격이 같아진다는 이론이다. 노동풍부국과 자본풍부국의 무역 이전 요소가격을 생각해보자. 노동풍부국은 노동이 풍부하여 임금수준이 낮고, 자본이 희소하여 자본가격은 높다. 반면에 자본풍부국은 자본이 풍부하여 자본가격은 낮고, 노동이 희소하여 임금수준은 높다. 그런데 스톨퍼-새뮤얼슨 정리에 의하면, 임금이 낮았던 노동풍부국에서는 무역 이후 임금이 올라가고, 임금이 높았던 자본풍부국에서는 임금이 낮아진다. 반면에 자본가격이 낮았던 자본풍부국에서는 무역 이후 자본가격이 올라가고, 자본가격이 높았던 노동풍부국에서는 자본가격이 낮아진다. 이처럼 무역 이후 두 나라의 요소가격은 같아지는 방향으로 움직인다. 만일 두 나라의 생산함수가 동일하고 1차동차함수라고 가정하면, 궁극적으로 두 나라의 요소가격은 절대적으로 같아진다는 것이 요소가격균등화 정리이다.

양국의 요소가격이 균등화된다는 것은 재화의 이동이 생산요소의 이동을 대체함을 의미한다. 노동집약재에는 상대적으로 노동이 많이 함유되어 있고, 자본집약재에는 상대적으로 자본이 많이 함유되어 있다. 노동풍부국에서 노동집약재를 수출하고 자본집약재를 수입하는 것은 풍부한 노동을 수출하고 희소한 자본을 수입하는 것과 같다. 이처럼 재화의 이동은 요소의 이동을 대체한다. 요소가격균등화 정리는 재화의 이동만으로도 요소의 이동과 같은 효과를 거두게 되어 양국의 요소가격이 같아진다는 점을 설명하고 있다.

그러나 요소가격균등화 정리의 예측과는 달리 현실적으로 국가 간 요소가격은 같지 않다. <그림 3-2>는 2009년 국가별 제조업의 시간당 임금을 보여주고 있다. 그림에서 보듯이 국가 간 시간당 임금의 차이가 크다. 2009년 기준으로 한국의 시간당 임금은 14.2달러로 미국 33.5달러의 42%, 일본 30.4달러의 47% 수준이다. 싱가포르는 우리보다 높은 17.5달러이고, 대만은 우리보다 낮은 7.8달러이다. 그리고 남미의 신흥개도국인 브라질은 8.3달러, 멕시코는 5.4달러로 우리보다 낮다. 특히 독일의 시간당 임금은 46.5달러로, 중국의 시간당 임금인 1.4달러의 33배나 된다.

요소가격균등화 정리와는 달리 현실적으로 국가 간 임금이 균등화되지 않는 원인은 무엇인가? 이는 이론의 가정이 현실세계와 일치하지 않기 때문이다. 요소가격균등화 정리가 성립하기 위해서는 첫째, 노동의 질이 양국에서 같아야 하고, 둘째, 기술수준(생산함수)이 양국에서 같아야 하며, 셋째, 양국이 생산하는 재화가 서로 같아야 하고, 마지막으로 양국의 재화가격이 서로 같아야 한다. 그러나 이러한 가정이 현실과 부합하지 않아서 이론의 예측과는 달리 실제로는 국가 간 임금이 균등화되지 않는다.

그림 3-2 국가별 제조업 시간당 임금(2009)

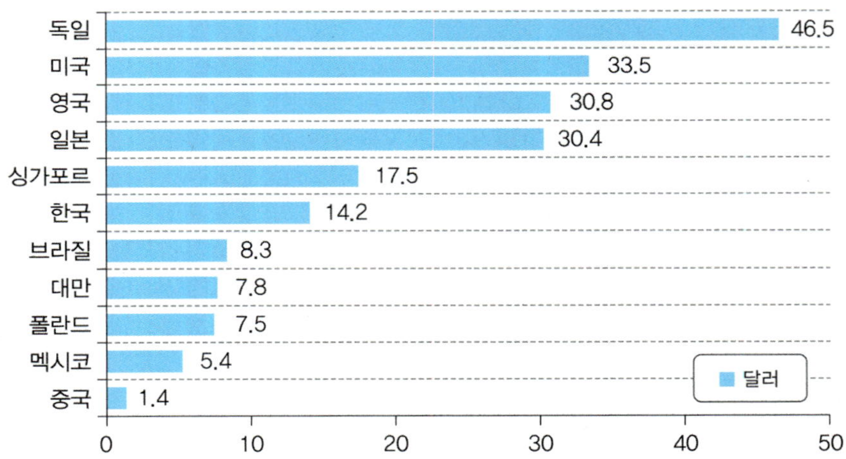

주: 1) 제조업 부문 시간당 노동비용(hourly compensation costs)임. 노동비용에는 임금 이외에 보험과 노동관련 세금 등이 포함됨.
2) 2009년 임금이고, 중국만 2008년 임금임.
3) 단위는 달러임.

자료: U.S. Department of Labor, *Bureau of Labor Statistics*, 2011.

02 경제성장과 후생

1. 경제성장의 요인

경제성장은 노동과 자본 등 요소 투입의 증가나 기술진보에 의해 이루어진다. 다음의 생산함수를 통해 경제성장의 의미를 이해해 보자.

$$Y = AF(L,\ K) \tag{3.1}$$

여기서 Y는 산출이고, L은 노동, K는 자본, A는 기술수준이다. L과 K의 결합을 통해 Y가 생산됨을 나타낸다.

위의 함수에서 생산요소인 L과 K가 증가하거나 기술진보 A가 증가하면 생산량 Y가 증가한다. 경제성장은 노동과 자본과 같은 요소투입에 의한 성장과 기술진보에 의한 성장으로 구분된다. 그런데 투입요소 증가에 의한 경제성장은 영원히 지속될 수 없고 어느 한계에 도달하면 더 이상 일인당 소득이 증가하지 않게 된다. 이 상태를 정체상태(stationary state)라고 한다. 다시 말해서 자본투입이 증가하면 자본의 한계생산성이 체감하므로 경제성장률도 점차 둔화되고 결국에는 성장이 멈추게 된다는 것이다.

반면에 기술진보에 의한 경제성장은 한계가 없으며 영원히 지속될 수 있다. 따라서 요소투입에 의한 경제성장보다는 기술진보에 의한 경제성장이 바람직하다. 과거에는 자본축적이 성장의 주요 원천이었으나, 오늘날은 인적자본 축적이나 연구개발투자를 통한 기술진보가 보다 중요한 성장의 원천이 되고 있다.

2. 경제성장과 생산가능곡선의 변화

노동량과 자본량이 증가하거나 기술진보가 발생하면, 생산능력이 확대되어 생산가능곡선이 밖으로 확장된다. 확장된 새로운 생산가능곡선이 어떤 형태를 갖느냐는 어떤 생산요소가 증가하였는가, 어느 부문에서 기술진보가 발생하였는가에 달려 있다.

<그림 3-3>은 요소부존량의 증가에 따른 생산가능곡선의 변화를 나타내고 있다. X재를 노동집약재, Y재를 자본집약재라고 하자. 만일 노동과 자본이 같은 비율로 증가하면, (a)처럼 생산가능곡선은 동일한 형태를 유지하면서 밖으로 확장된다. 그리고 노동만 증가한다면 (b)처럼 생산가능곡선이 노동집약재인 X재의 방향으로 더 많이 이동하고, 또 자본만 증가한다면 (c)처럼 자본집약재인 Y재의 방향으로 생산가능곡선이 더 많이 이동한다.

요소부존량의 증가만이 아니라 기술진보가 있는 경우에도 생산가능곡선은 밖으로 확장된다. X재와 Y재 부문에서 동시에 기술진보가 발생하면 (a)와 같은 변화가 나타나고, X재 산업에서만 기술진보가 발생하면 (b)와 같은 변화가 나타나며, Y재 부분에서만 기술진보가 나타나면 (c)와 같은 변화가 나타난다. 또 노동에 기술진보가 발생하면 이는 노동이 증가한 것과 같은 의미를 갖기 때문에 (b)와 같은 변화가 나타나고, 자본에 기술진보가 발생하면 (c)와 같은 변화가 나타난다.

그림 3-3 요소부존량 증가와 생산가능곡선의 변화

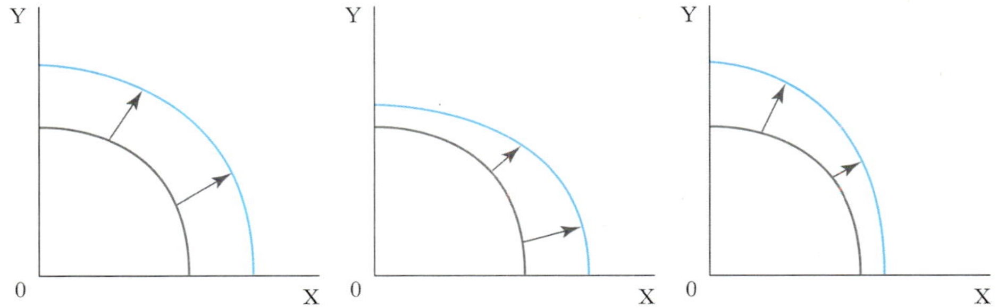

(a) 노동과 자본이 같은 비율로 증가한 경우 (b) 노동만 증가한 경우 (c) 자본만 증가한 경우

3. 경제성장의 후생효과

1) 소국의 경우

소국에서 경제성장이 나타나 재화공급량이 증가하더라도 국제시장가격은 변하지 않는다. 소국의 경제성장으로 인한 생산구조의 변화는 립진스키 정리

(Rybczynski Theorem)로 요약된다. 립진스키 정리에 따르면, 어떤 생산요소가 증가하면 그 생산요소 집약재의 절대생산량은 증가하지만, 다른 생산요소 집약재의 절대생산량은 감소한다. 즉, 자본부존량이 증가하면 자본집약재의 생산량은 증가하지만, 노동집약재의 생산량은 감소한다.

립진스키 정리는 다음과 같은 제한된 가정에 바탕을 두고 있다. 첫째, 재화의 상대가격이 일정하게 주어진 것으로 가정한다. 따라서 자국의 생산량의 변화가 국제시장가격에 영향을 미치지 못하는 소규모 개방경제에 적용되는 이론이다. 둘째, 생산함수가 1차동차함수라고 가정한다. 1차동차 생산함수에서는 재화의 상대가격이 변하지 않으면, 요소가격비율과 요소집약도가 변하지 않는다.

<그림 3-4>는 소국의 자본축적에 의한 경제성장의 후생효과를 보여준다. 여기서 X재는 노동집약재, Y재는 자본집약재이다. 자본량이 증가하면 생산가능곡선은 TT에서 $T'T'$로 확대되고, 재화의 상대가격은 p_0로 일정하므로 생산점은 A점에서 B점으로 바뀐다. A점에 비해 B점에서 자본집약재인 Y재 생산량은 증가하고, 노동집약재인 X재 생산량은 감소한다. 이는 립진스키 정리를 반영하고 있다. 그리고 경제성장 이후 소비가능영역이 확대되고 후생수준은 W_1에서 W_2로 증가한다.

그림 3-4 소국의 경제성장과 후생의 변화

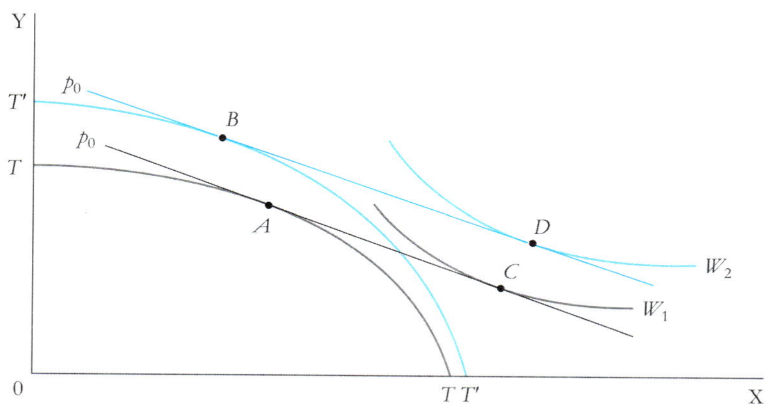

2) 대국의 궁핍화 성장

대국의 경제성장은 세계 전체 공급량에 영향을 미쳐 국제시장가격을 변화시킨다. 대국에서 수출재 부문이 성장하면 수출공급량이 증가하여 수출재의 국제시장가격이 하락한다. 이와 같은 교역조건 악화로 경제성장에도 불구하고 후생수준이 떨어질 수 있는데, 바그와티(Bhagwati)는 이를 궁핍화 성장(immiserizing growth)이라고 한다.

<그림 3-5>는 궁핍화 성장의 예를 보여주고 있다. 자본집약재인 Y재를 수출하는 나라에서 자본량 증가에 의한 경제성장이 발생했다고 하자. 자본량 증가로 생산가능곡선은 TT에서 $T'T'$으로 이동하고, 수출재 부문의 성장으로 수출공급량이 증가하여 Y재의 국제시장가격이 떨어진다. Y재 가격 하락으로 X재 상대가격은 p_0에서 p_1으로 상승한다. 즉, Y재 수출국에서 Y재 부문의 경제성장이 발생하면, 교역조건이 악화되어 후생수준이 W_1에서 W_2로 하락한다.

그림 3-5 궁핍화 성장

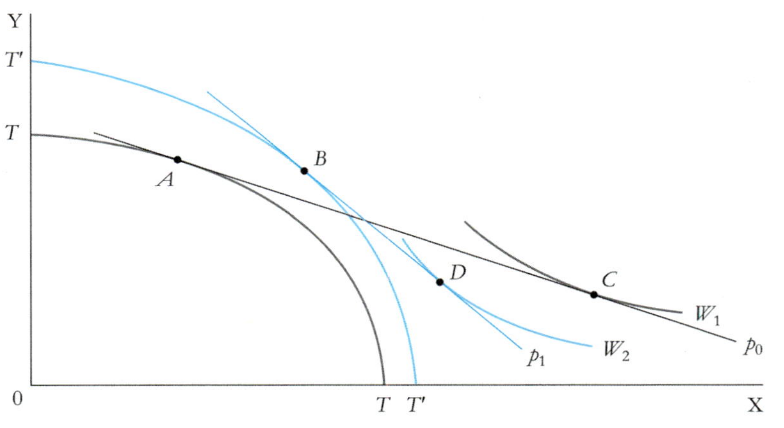

그런데 경제성장에도 불구하고 후생수준이 하락하는 궁핍화 성장은 흔히 나타나는 것이 아니다. 궁핍화 성장이 나타나기 위해서는 다음의 조건이 충족되어야 한다. 첫째, 성장의 결과 교역조건이 악화되어야 한다. 따라서 이 나라가 국제시장가격에 영향을 미칠 수 있는 대국이고, 또 수출재 부문에서 성장이 이루어지는 경우에 해당된다. 만일 수입재 부문에서 성장이 발생한 경우에는 수입재 가격이 하락하므로 교역조건이 오히려 개선된다. 그러므로 수입재 부문에서 경제성장이 발생하면 궁핍화 성장이 나타날 수 없다. 둘째, 수출재 부문의 경제성장이 발생할 때, 교역조건 악화에 의한 후생감소효과보다 소득증가로 인한 후생증가효과가 더 크면 후생수준은 하락하지 않는다. 즉, 수출재 부문의 성장으로 야기된 교역조건 악화 정도가 크지 않으면 후생수준은 증가할 수 있다.

농산물 같은 경우 풍년이 들면 가격이 폭락하여 농가 소득이 오히려 감소할 수 있다. 궁핍화 성장은 이런 현상이 국제경제에서 나타나는 경우이다. 예를 들어 커피의 세계 최대 생산국인 브라질과 콜롬비아에서 커피농사가 풍년이 들어 생산량이 급속히 증가하면, 커피의 국제시장가격이 크게 하락하여 커피 생산의 증가에도 불구하고 브라질과 콜롬비아의 소득이 오히려 낮아질 수 있다. 이런 경우가 궁핍화 성장의 예다.

그러나 현실적으로 궁핍화 성장이 나타나기는 어렵다. 어떤 국가의 시장점유율이 국제시장가격을 조정할 수 있을 만큼 큰 경우가 많지 않다. 따라서 한 국가의 생산량 증가로 국제시장가격이 크게 하락하는 현상도 흔하지 않다. 또 공산품의 경우에는 적절하게 공급량을 조절함으로써 가격 하락을 방지할 수 있다. 마지막으로 수입재 부문에서 경제성장이 발생하는 경우에는 수입재 가격이 하락하므로 교역조건이 개선되어 반드시 후생수준이 증가한다. 이런 이유들 때문에 궁핍화 성장은 현실 세계에서 쉽게 볼 수 있는 현상은 아니다. 대국의 경제성장도 그 나라의 후생수준을 높이는 것이 일반적이다.

4. 한국의 경제성장과 무역패턴의 변화

한국은 1960년대 이후 자본이 빠른 속도로 축적되어 왔다. 자본의 축적에 따라 한국의 생산과 수출은 점차 자본집약적인 부문으로 이동하였고, 재화의 생산방식도 점차 자본집약적으로 변해 왔다.

<그림 3-6>은 1970~1996년 기간 동안 한국 제조업의 부문별 생산량, 자본투입량, 노동투입량의 연평균 증가율이다. 해당 기간 동안 자본집약적인 중화학공업 부문에서 생산량의 연평균 증가율은 노동집약적인 경공업 부문의 2배다. 그리고 생산량만이 아니라 생산요소인 자본과 노동 투입 증가율도 경공업 부문보다는

중화학공업 부문에서 더 높다. 또 두 부문 모두에서 노동보다는 자본투입 증가율이 훨씬 높은데, 이는 어느 산업에서나 생산방법이 자본집약적으로 변해왔음을 말해준다. 한국에서 생산방식이 자본집약적으로 변화된 이유는 지속적인 자본축적과 임금-임대료비율의 상승 때문이다. 전반적으로 요소투입과 생산량의 증가가 자본집약적인 중화학공업 부문에서 더 활발하게 이루어져 왔다.

그림 3-6 한국 제조업의 부문별 생산량과 요소투입량의 연평균 증가율(1970~1996)

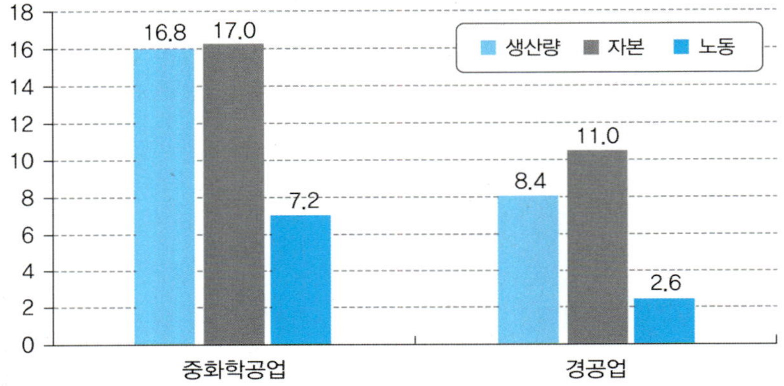

주: 김태기 · 장선미, "무역이 한국경제의 성장에 미친 영향", 『경제학연구』, 2002의 <표 1>의 일부임.

이와 같이 한국의 생산구조가 자본집약적인 중화학공업 부문으로 이동함에 따라 수출상품의 구조도 자본집약적으로 변해왔다. 총수출에서 경공업제품의 수출비중은 1977년 52.7%에서 2014년 6.5%로 줄어들고, 중화학공업제품의 수출비중은 같은 기간 동안 32.8%에서 93.5%로 늘었다. 자본집약적인 중화학공업제품의 수출비중은 지속적으로 증가하고, 반면에 노동집약적인 경공업제품의 수출 비중은 지속적으로 감소하여 2005년 이후에는 그 비중이 10% 이하로 떨어졌다.

그리고 한국의 10대 수출 상품의 순위를 보면, 1970년에는 섬유, 합판, 가발과 같은 노동집약적인 상품이 1~3위를 차지하였으나, 2000년 이후에는 반도체, 자동차, 무선통신기기와 같은 자본집약적이고 기술집약적인 상품이 1~3위를 차지하였다. 이는 한국 수출상품의 구성이 과거 노동집약적인 제품에서 점차 자본집약적인 제품으로 옮겨왔음을 말해준다.

03 규모의 경제와 산업내무역

비교우위론에 의하면 노동생산성이나 요소부존도의 국가 간 차이가 무역의 원인이다. 따라서 서로 상이한 국가들 사이에 많은 무역이 이루어질 것으로 예측된다. 그런데 실제 교역량을 살펴보면, 서로 차이가 있는 선-후진국들 사이의 무역보다는 서로 유사한 선진국들 사이에 더 많은 무역이 이루어지고 있다. 이는 비교우위론만으로는 현실세계에서 이루어지는 무역현상을 충분히 설명할 수 없음을 시사한다. 이제 규모의 경제와 제품차별이 존재하는 불완전경쟁시장에서 나타나는 산업내무역이론을 알아보자.

1. 규모의 경제와 제품차별

규모의 경제(economies of scale)란 요소투입량을 2배 증가시킬 때 산출량이 2배 이상 증가하는 경우를 말한다. 즉, 생산량이 증가함에 따라 단위당 평균비용이 하락하는 경우를 말한다. 규모의 경제가 있는 경우에는 생산량을 늘릴수록 제품가격을 낮출 수 있다. 따라서 생산규모가 큰 기업의 제품 가격이 생산규모가 작은 기업의 제품 가격보다 낮아진다.

다음으로 제품차별(product differentiation)에 대해 알아보자. 같은 종류의 제품이라도 기업마다 서로 차별화된 제품을 생산하는 경우가 있는데, 이를 제품차별이라고 한다. 백화점에 가면 다양한 브랜드의 양복이 있는데, 각 브랜드의 양복은 서로 유사하지만 똑같지는 않다. 양복만이 아니라 셔츠, 양발, 신발, 가방 등 대부분의 공산품들은 브랜드나 디자인 등으로 차별화되어 있고, 가격들도 서로 다르다. 이런 제품 차별화는 각 기업들로 하여금 자기 제품에 대해 어느 정도 독점력을 갖도록 함으로써 각 기업들은 가격설정자(price maker)의 기능을 한다. 이들 제품들의 시장은 완전경쟁이 아니라 불완전경쟁의 특성을 지니고 있다.

제품차별이 발생하는 이유는 사람들이 다양성을 선호(love of variety)하기 때문이다. 사람들은 가능한 다양하게 제품을 구입하고자 한다. 신발을 몇 켤레 구입하는 경우 한 종류만을 사는 것이 아니라 다양한 종류의 신발을 사고, 옷을 몇 벌사는 경우에도 다양한 색깔과 다양한 형태의 옷을 구입한다. 이는 사람들이 다양한 종류를 소비할수록 더 높은 효용을 누릴 수 있다고 생각하기 때문이다.

그러나 모든 사람들을 만족시킬 수 있을 만큼 충분히 다양한 종류의 제품이 시장에 공급되지는 않는다. 그 이유는 다음과 같다. 어떤 제품의 전체 판매량이 정해져 있다면, 제품의 종류가 다양해질수록 한 종류의 생산량은 적어지므로 규모의 경제 효과가 감소하여 제품 가격은 올라간다. 반면에 제품의 종류를 줄이면, 한 제품의 생산량이 증가하므로 규모의 경제 효과가 확대되어 제품 가격이 하락한다. 다양성이 증가하면 사람들의 효용수준이 높아지지만 대신 제품 가격이 상승하기 때문에 제품의 다양성을 늘리는 데는 한계가 있다.

고가 브랜드는 생산을 제한하는 대신 높은 가격을 받으며, 대중적인 브랜드는 생산을 많이 하는 대신 가격이 낮다. 차별화된 제품을 구입하기 위해서는 높은 가격을 지불해야 하는 부담이 있다. 소득수준이 높은 사람들은 비싼 가격을 지불하고도 다른 제품들과 차별화된 제품을 구입하고, 소득수준이 낮은 사람들은 저렴한 가격의 제품을 구입하는 대신 차별성을 포기한다. 즉, 소득수준이 올라갈수록 상대적으로 높은 가격을 지불하고라도 차별화된 제품을 구입하는 경향이 있다. 그래서 대체로 소득수준이 낮은 국가일수록 제품의 다양성 정도가 낮고, 소득수준이 높은 선진국일수록 제품의 다양성 정도가 크다. 한국도 1960년대 이후 소득이 상승하면서 과거에 비해 의류 등 패션 분야만이 아니라 모든 분야에서 제품의 다양성이 크게 증가하였다.

2. 산업내무역

제품 생산에 규모의 경제가 있다면, 세계 전체 소비량을 한 나라에서 생산하는 것이 규모의 경제를 얻는 방법이다. 그런데 이 산업내의 제품들이 서로 차별화되어 있다면, 국가마다 몇몇 제품씩을 특화 생산하고 이를 서로 교환함으로써 모두 이익을 얻을 수 있다.

<그림 3-7>을 통해 규모의 경제와 제품차별이 있는 산업에서 이루어지는 무역을 알아보자. 간단한 이해를 위해 이 산업이 와이셔츠 산업이고, A국과 B국에서 소비자의 선호체계와 생산자의 생산함수가 모두 같다고 하자.

그림 3-7 규모의 경제와 제품차별이 있는 경우의 무역

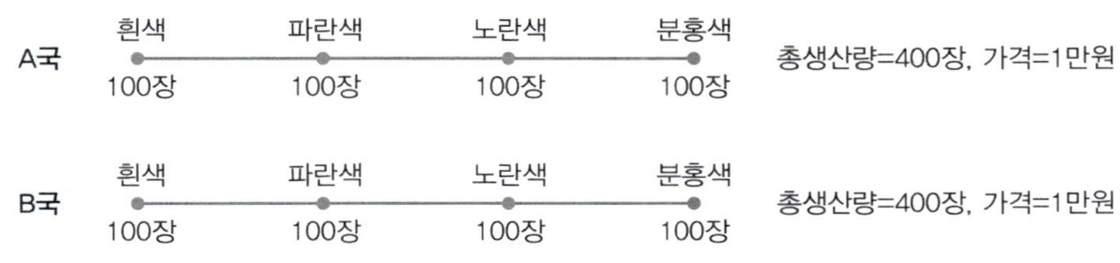

폐쇄경제에서는 4종류의 와이셔츠가 생산되고 있으며, 한 종류 당 100장씩 와이셔츠의 총생산량은 400장이고, 와이셔츠 한 장의 가격은 1만원이라고 하자. A국과 B국은 생산과 소비에서 서로 차이가 없는 국가이므로 무역 이전에 와이셔츠의 종류, 가격, 생산량은 양국에서 동일하다. 이제 이 두 나라가 무역을 시작하면, 어느 국가에서 어떤 종류의 셔츠를 생산하느냐에 따라 생산방식이 다음의 세 가지 경우로 나누어진다.

1) 국가마다 각각 두 종류씩 특화하여 생산하는 경우: A국은 흰색과 노란색, B국은 파란색과 분홍색을 특화 생산한다면, 각 국가는 한 종류의 와이셔츠를 200장씩 생산하여 100장은 자국이 소비하고 나머지 100장은 수출을 한다. 따라서 각 국가의 소비량은 무역 이전과 같다. 그런데 각 색상의 와이셔츠 생산량이 100장에서 200장으로 증가하였으므로 규모의 경제가 나타나 와이셔츠의 가격이 하락한다. 따라서 무역 이후 소비량은 무역 이전과 같지만 제품 가격이 낮아져서 이익을 얻는다.

2) 와이셔츠 종류를 총 8가지로 다양화하는 경우: 무역 이후에 국가마다 서로 다른 4색상의 와이셔츠를 100장씩 생산하고, 각 색상마다 50장씩을 서로 교환한다고 하자. 이 경우 각 색상별 생산량은 무역 이전과 같기 때문에 가격은 변함이 없다. 그러나 무역 이전에는 4가지 색상의 와이셔츠를 소비했는데, 무역 이후에는 8가지 색상을 소비할 수 있어서 다양성 증가의 이익을 얻는다.

3) 와이셔츠 종류를 총 6가지로 다양화하는 경우: 국가마다 서로 다른 3색상의 와이셔츠를 133장씩 생산하고, 각 색상마다 절반씩을 서로 교환한다고 하자(각 국가의 전체 생산량과 소비량은 무역 이전과 같이 400장이다). 각 색상의 와이셔츠 생산량이 100장에서 133장으로 증가하였으므로 와이셔츠의 가격이 하락한다. 또 무역

이전에는 4색상의 와이셔츠만 소비했는데, 이제 6색상을 소비할 수 있어서 다양성 증가의 이익을 얻는다. 이 경우에는 가격 하락과 다양성 증가의 두 가지 이익을 얻는다.

이상의 예에서 볼 수 있듯이 제품차별과 규모의 경제를 가정하면 노동생산성과 요소부존도가 서로 같은 두 국가 간에도 무역이 발생한다. 그리고 이 두 경제는 무역을 통해 가격 하락과 다양성 증가의 이익을 누린다.

이와 같이 제품차별과 규모의 경제가 있는 경우에는 동일한 산업내에서 수출과 수입이 동시에 이루어지는데, 이를 산업내무역(intra-industry trade)이라고 한다. 앞서 살펴본 바와 같이 산업내무역은 규모의 경제를 가능하게 하여 가격이 하락하고, 제품의 다양성이 증가하여 소비자에게 선택의 폭을 넓혀주기 때문에 소비자들은 이익을 얻는다.

예를 들어, 무역 이전에는 자국에서 생산되는 자동차 모델만을 구입했지만, 무역 이후에는 타국의 자동차 모델도 구입할 수 있기 때문에 소비자들은 선택의 범위가 넓어져서 이익이다. 또 무역 이후에는 타국에 수출을 할 수 있게 되어 생산량이 확대되므로 규모의 경제효과가 확대되어 가격이 하락하고 소비자들은 이익을 얻는다. 한국은 자동차 생산량의 절반 이상을 수출하고 있다. 만일 한국이 외국 시장에 자동차를 수출하지 않는다면, 자동차의 가격은 지금보다 훨씬 높아질 것이다. 국가 간 자유무역이 확대되면, 비교우위에 의한 무역의 이익을 얻을 뿐만이 아니라, 규모의 경제에 의한 가격 하락과 다양성 증가라는 산업내무역의 이익을 얻는다.

3. 산업간무역과 산업내무역

동종 산업 내에서 수출과 수입이 동시에 나타나는 현상을 산업내무역(intra-industry trade)이라고 하고, 리카도 모형과 헥셔-오린 모형의 비교우위론에서 설명하고 있는 무역, 즉 서로 다른 산업 간의 무역을 산업간무역(inter-industry trade)이라고 한다.

현실세계에서는 산업간무역과 산업내무역의 두 가지 형태가 공존한다. 전자제품을 수출하고 의류를 수입하는 것과 같이 서로 다른 산업의 제품을 교환하는 산업간무역이 있고, 다른 한편으로는 자동차를 수출하면서 자동차를 수입하는 것처럼 동종 산업의 제품을 수출입하는 산업내무역이 있다. 산업내무역이론은 비교우위론을 대체하는 이론이 아니라 보완해주는 이론이다.

다음과 같은 경제를 가정해보자. A국은 자본풍부국, B국은 노동풍부국이고, X재는 자본집약재, Y재는 노동집약재라고 하자. 그리고 X재 산업은 차별화된 제품으로 구성되어 있고, Y재 산업은 동질적인 제품들로 구성되어 있다고 하자. 이 경우 전체적으로 노동풍부국은 노동집약재를, 자본풍부국은 자본집약재를 수출한다. 그러나 차별적 제품으로 구성된 X재 산업 내에서는 수출과 수입이 동시에 나타난다.

<그림 3-8>이 두 나라의 무역패턴을 설명해준다. 화살표의 길이는 무역량, 그 방향은 어느 국가에서 수출을 하는가를 나타낸다. 차별적 재화를 생산하는 X재 산업에서는 두 나라 모두 서로 수출을 하지만, 자본풍부국인 A국의 수출량이 더 많다. 대신 동질적인 재화인 Y재는 노동풍부국인 B국만이 수출한다. 양국의 무역이 균형이라면, A국의 X재 수출량(E_x)은 B국의 X재 수출량(E_x^*)과 Y재 수출량(E_y^*)의 합과 같다.

그림 3-8 비교우위론과 산업내무역

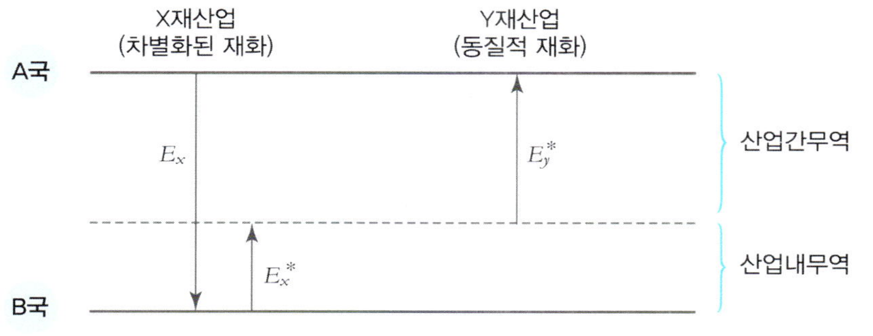

주: 1) A국은 자본풍부국, B국은 노동풍부국이고, X재는 자본집약재, Y재는 노동집약재이다.
2) E_x는 A국의 X재 수출, E_x^*와 E_y^*는 각각 B국의 X재와 Y재 수출을 나타낸다.

<그림 3-8>에서 화살표의 길이는 자본풍부국(A국)이 자본집약재(X재)의 순수출국이고, 노동풍부국(B국)이 노동집약재(Y재)의 순수출국임을 나타낸다. 이와 같이 X재와 Y재 간에는 헥셔-오린 모형의 비교우위에 의한 산업간무역을 하는

한편, X재 산업내에서는 차별화된 제품을 서로 수출입하는 산업내무역을 한다.

A국과 B국의 요소부존량이 서로 같다면 <그림 3-8>의 화살표는 어떻게 변할까? 양국의 요소부존도가 같기 때문에 비교우위에 근거한 산업간 무역은 없어진다. 즉, Y재 산업에서는 무역이 이루어지지 않고, 차별화된 제품을 생산하는 X재 산업에서만 무역이 이루어진다. 두 나라가 같다고 했으므로 A국의 X재 수출량과 B국의 X재 수출량은 서로 같아진다. <그림 3-8>에서 E_y^*의 화살표는 없어지고, E_x와 E_x^*의 화살표 길이는 같아진다. 즉, 산업내무역만 발생하고 산업간 무역은 발생하지 않는다.

양국의 요소부존도의 유사성 정도에 따라 E_x^*의 길이가 결정된다. 양국의 요소부존량이 유사할수록 <그림 3-8>에서 E_y^*의 길이가 짧아지고 E_x^*의 길이가 길어져서 산업내무역이 증가한다. 반대로 양국의 요소부존도가 상이할수록 산업내무역은 줄고 산업간무역이 증가할 것이다.

산업내무역이론은 1961년 린더(S.B. Linder)가 제시한 대표수요설(representative demand theory)과 관련이 있다. 대표수요설에 따르면 어떤 경제든지 그 경제의 대표적인 수요를 가진 제품에 특화한다. 이를테면 한국의 대표적인 승용차가 '소나타'이고, 미국의 대표적인 승용차가 '캐딜락'이라면, 한국은 소나타를 미국에 수출하고 미국은 캐딜락을 한국에 수출한다. 대표수요설에 의하면 국내수요가 없는 재화를 수출하지 못하는 것과 마찬가지로 국내수요가 없는 재화를 수입하지 않는다. 소비패턴은 소득수준과 밀접한 관련이 있으므로 소득수준이 유사한 국가들은 수요패턴도 유사하여 서로 교역량이 많아진다. 이와 같이 대표수요설은 소득수준이 유사한 국가 간의 무역패턴을 설명해준다는 점에서 산업내무역이론의 기초가 된다.

04 산업내무역에 대한 실증분석

1. 산업별 및 국별 산업내무역

산업내무역지수는 그 산업의 총무역량에서 수출과 수입의 중복정도로 나타낸다. 일반적으로 이용되고 있는 그루벨-로이드(Grubel-Lloyd) 산업내무역지수는 다음의 식으로 계산한다.

$$B_i = [1 - \frac{|X_i - M_i|}{(X_i + M_i)}] \cdot 100 \tag{3.2}$$

이 식에서 B_i는 i 산업의 산업내무역지수, X_i는 i 산업의 수출액, M_i는 i 산업의 수입액을 나타낸다. 산업내무역지수 B_i는 0과 100 사이의 값을 갖는다. 그 산업에서 수출액과 수입액의 차이가 클수록 B_i 값은 0에 가까워지고, 산업내의 수출액과 수입액이 일치할 때 B_i는 100이 되므로 B_i가 클수록 산업내무역의 정도는 크다.

<그림 3-9>는 한국의 산업별 산업내무역지수 변화다. 국제표준무역분류(SITC)의 1단위는 0에서 9까지 10개 산업으로 분류되어 있는데, 0~4에 해당하는 산업을 1차산업, 5~8에 해당하는 산업을 제조업, 9에 해당하는 산업을 기타 제품으로 본다. 그림의 그룹별 평균 산업내무역지수는 SITC 3단위 수준에서 계산한 산업내무역지수를 그룹별로 단순 평균한 값이다.

<그림 3-9>를 보면, 한국의 전체 산업내무역지수는 지속적으로 증가하고 있다. 전체 산업내무역지수가 증가한 것은 제조업 부문에서 산업내무역이 빠르게 증가하였기 때문이다. 그림에서 보듯이 제조업 부문의 산업내무역지수가 1차산업보다는 더 높고, 또 그 증가율도 빠르다. 1차산업 산업내무역지수는 거의 변화가 없음에 비해, 제조업의 산업내무역지수는 크게 증가하였다. 1970년에는 1차산업과 제조업의 산업내무역지수가 약 25.5로 서로 유사하였으나, 2009년에는 제조업의 평균 산업내무역지수가 60.1로 증가하여 1차산업 평균값 26.7을 크게 상회하였다.

1차산업에 비해 제조업에서 산업내무역이 더 활발한 이유는 공산품 생산에서 규모의 경제나 제품차별의 가능성이 더 높기 때문이다.

한국에서 산업내무역이 빠르게 증가한 것은 다음의 세 가지 요인으로 설명할 수 있다. 첫째, 한국의 소득수준이 지속적으로 증가하였기 때문이다. 소득의 증가는 다양성에 대한 선호를 증가시키므로 산업내무역이 증가하게 된다. 그래서 일반적으로 개도국보다는 소득수준이 높은 선진국에서 산업내무역이 더 활발하다. 둘째, 한국의 기술수준이 높아졌기 때문이다. 기술수준이 높을수록 제품 차별화가 잘 이루어져서 산업내무역이 증가한다. 일반적으로 노동집약적인 산업보다는 기술집약적인 산업에서 산업내무역의 비중이 더 높다. 셋째, 한국 무역에서 공산품의 비중이 증가하였기 때문이다. 한국 수출의 90% 이상은 공산품이다. 특히 한국의 주요 수출상품인 전자, 자동차, 조선 등이 포함된 SITC 7(기계 및 운수 장비) 부문은 산업내무역지수가 높은 부문이다. 이처럼 산업내무역의 비중이 상대적으로 높은 부문에서 교역비중이 증가하면서 한국의 산업내무역도 증가해왔다.

그림 3-9 한국의 산업별 산업내무역지수 변화

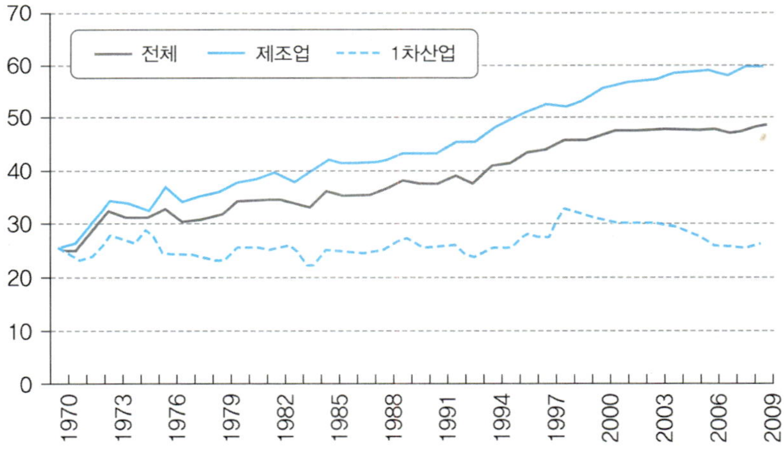

주: 1) SITC 3단위 수준에서 계산한 산업내무역지수를 그룹별로 단순 평균함.
2) SITC 1단위의 0~4를 1차산업으로, 5~8을 제조업으로 분류함.

자료: UN-NBER 무역통계(1970~2000년), UN Comtrade 무역통계(2001년 이후).

<그림 3-10>은 1970~2009년의 국가별 산업내무역지수 변화다. 이 그림으로부터 다음과 같은 사실을 알 수 있다. 첫째, 모든 국가에서 산업내무역지수가 증가하고 있다. 이는 대부분의 국가에서 소득수준이 증가하고, 공산품 교역비중도 증가해 왔기 때문이다. 그리고 영국이나 미국보다 개도국인 한국과 태국에서 산업내무역지수가 더 빠르게 증가하였다. 이는 세계적으로 공산품의 교역량이 증가해 왔지만, 특히 한국과 태국 등 개도국에서 공산품 교역비중이 더 빠르게 증가하였기 때문이다. 둘째, 선진국의 산업내무역지수가 개도국보다 더 높다. 이는 선진국은 소득수준이 높아 다양성에 대한 선호가 더 크고, 기술수준이 더 높아 차별화된 제품을 더 잘 생산하기 때문이다. 셋째, 선진국 중에서도 미국보다는 영국 등 유럽국가에서 산업내무역지수가 더 높다. 산업내무역은 무역장벽이 낮을수록, 선진국과의 무역비중이 클수록 활발하게 이루어지는데, 영국 등 유럽 국가들은 다른 유럽의 선진국과의 교역비중이 높고 운송비 등 무역장벽이 상대적으로 낮기 때문이다. 이에 비해 미국은 소득수준이 낮은 멕시코나 중국 등 개도국과의 무역비중이 상대적으로 더 높아서 유럽 국가들보다는 산업내무역지수가 낮다.

그림 3-10 국가별 산업내무역지수의 변화

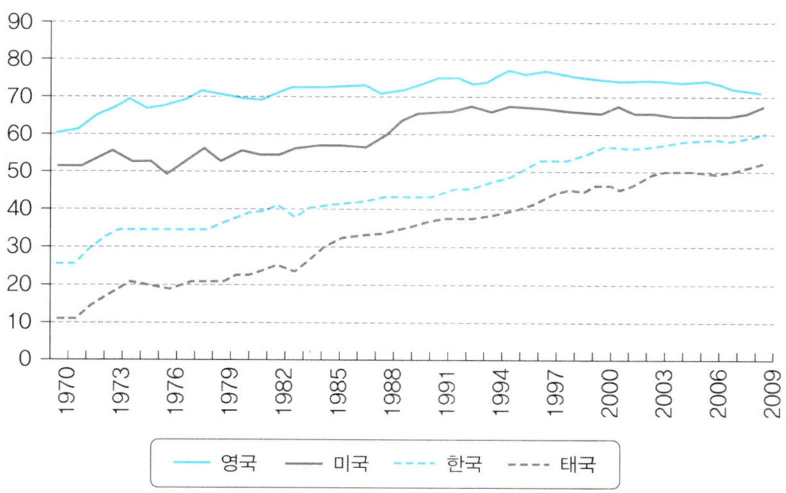

주: 1) SITC 3단위 수준에서 계산한 산업내무역지수를 단순 평균함.
2) SITC 1단위의 5~8, 즉 제조업만을 대상으로 한 평균값임.

자료: UN-NBER 무역통계(1970~2000년), UN Comtrade 무역통계(2001년 이후).

그림에 표시하지는 않았지만, 일본은 선진국 중에서도 산업내무역지수가 낮은 편이다. 2009년 일본의 제조업 평균 산업내무역지수는 49.1로 한국의 59.8보다도 낮다. 일본의 산업내무역지수가 낮은 것은 일본의 주요 무역상대국인 주변 국가들이 산업구조가 상이한 개도국들이기 때문이다. 유럽에는 산업구조가 유사한 선진국들이 밀집되어 있어서 서로 간에 산업내무역이 활발함에 비해, 동아시아에는 한국을 제외하면 대부분의 국가들이 산업구조가 상이한 개도국들이어서 일본은 이들 국가들과 산업내무역보다는 비교우위에 의한 산업간무역을 더 많이 한다고 본다.

2. 산업내무역의 조정비용

무역을 하면 수출재의 생산은 증가하지만 수입대체재의 생산은 감소한다. 이와 같이 무역은 국내 산업구조에 변화를 가져온다. 그런데 산업간무역에서는 수출산업과 수입산업이 서로 상이한 산업이어서 산업간 요소의 이동이 쉽지 않다. 그래서 자유무역에 대해 수입대체재 산업에 종사하는 사람들의 반발이 크다. 이에 비해 산업내무역에서는 수출재와 수입재가 같은 산업 내에 속하므로 수입재에 종사하던 노동과 자본이 같은 산업 내의 수출재로 이동하는 것이 상대적으로 어렵지 않다. 그러므로 산업내무역에서는 같은 산업 내에서 생산요소의 재분배가 이루어지므로 조정비용이 상대적으로 작다.

또 산업간무역에서는 이익집단(gainer)과 손실집단(looser)이 서로 다른 산업에 속해 있기 때문에 갈등을 조정하는 것이 쉽지 않다. 그러나 산업내무역에서는 이익집단과 손실 집단이 같은 산업 내에 속해 있기 때문에 두 집단 간에 조정이 쉽고 보호주의 압력도 크지 않다. 이러한 이유로 산업내무역이 증가하는 경우 비교우위의 무역에서보다 조정비용이 작다.

비교우위에 근거한 무역에서는 국가 전체의 이익에도 불구하고 구성원 중에는 손해를 보는 자가 있다. 그러나 두 국가가 유사하여 산업내무역의 비중이 크다면, 규모의 경제의 이익과 다양성 증가의 이익이 비교우위 무역에서 나타나는 일부 그룹의 소득손실을 상쇄할 수 있다. 이 경우에는 자유무역으로 모두가 이익을 얻을 수 있다.

1957년 유럽경제공동체(European Economic Community)의 결성으로 무역장벽이 완화됨에 따라 유럽 국가 간 무역이 급속히 증가하였다. 1960년대 유럽의 무역증가율은 세계무역증가율보다 두 배정도 높았다. 만일 산업간무역이 크게 확대되었다면, 국가마다 산업구조가 크게 바뀌면서 많은 정치적 문제가 야기되었을 것이다. 그러나 주로 산업내무역이 확대되었기 때문에 심각한 산업 재편이 이루어지지 않았다. 가맹국 노동자들은 여전히 자기들이 과거에 종사했던 산업에 종사하면서 시장규모 확대로 인한 무역의 이익을 얻을 수 있었다. 그래서 사회적 정치적 문제가 거의 발생하지 않았다.

이처럼 산업내무역의 확대는 조정비용이 크지 않아 정치적 지지를 얻기가 쉽다. 선-후진국간 자유무역의 확대는 산업구조의 재편 가능성이 높아서 정치적 갈등이 심함에 비해 유사한 산업구조를 가진 선진국 간에는 산업내무역의 가능성이 높아 정치적 갈등이 크지 않다. 이러한 이유로 선진국과 후진국 사이보다는 선진국들 사이에 보다 쉽게 자유무역협정이 결성된다.

CHAPTER

04 무역정책의 효과와 경제발전

자유무역은 후생수준을 증가시킨다. 그러나 대부분의 국가들은 보호무역정책을 실시하고 있다. 보호무역정책 수단은 관세, 수입쿼터, 수출자율규제, 행정적 규제 등 다양하다. 무역정책이 생산과 소비 그리고 후생수준에 미치는 효과를 살펴보자. 그리고 개방경제에서 경제발전전략, 경제통합의 경제적 효과를 알아보자. 또 제2차 세계대전 이후 자유무역확대를 주도한 GATT와 이를 이어받아 1995년 새로 출범한 WTO의 내용과 기본원칙에 대해 알아보자.

01 관세의 경제적 효과

1. 관세의 형태

관세(tariff)란 수입품에 부과되는 조세 또는 징수금을 말한다. 관세는 부과 방식에 따라 종가세와 종량세로 구분된다. 종가관세(ad valorem tariff)는 교역재 가격의 일정비율을 관세로 부과하는 것이고, 종량관세(specific tariff)는 교역재 1단위에 대해 일정액을 관세로 부과하는 것이다. 예를 들어 수입 의류에 10%의 종가관세를 부과하면, 100달러짜리 의류의 관세액은 10달러, 200달러짜리 의류의 관세액은 20달러가 된다. 그런데 수입 의류에 종량관세 10달러를 부과하면, 의류의 가격에 관계없이 한 장당 10달러의 세금이 부과된다. 일반적으로 어느 나라에서나 주로 종가관세를 이용한다.

2. 관세의 생산, 소비 및 후생효과

1) 소국

수입관세의 경제적 효과를 수입재 시장만을 고려한 부분균형 분석을 이용해 알아보자. 국제시장가격에 영향을 미치지 못하는 소규모 국가(small country)에서 수입관세를 부과하면, 수입재의 국내가격은 다음과 같이 결정된다.

$$P^d = P^w(1+t) \tag{4.1}$$

여기서 P^d는 국내가격, P^w는 국제시장가격, t는 관세율이다. 국내가격은 국제가격에 관세액을 합한 값과 같다.

관세부과로 인한 생산과 소비의 변화가 국내 후생에 미치는 영향을 알아보자. <그림 4-1>의 D와 S는 각각 수입재에 대한 국내수요곡선과 국내공급곡선을 나타낸다. 국제시장가격이 P^w라고 하면, 자유무역 상태에서 수입재의 공급곡선은 P^w에서 수평으로 표시된 S^w 곡선이 된다. 공급곡선이 수평으로 표시된 것은 P^w의 가격 수준에서 해외로부터 수입재가 무한정 공급됨을 나타낸다. 자유무역 상태에서 가격은 P^w이므로 수입재의 국내생산량은 S_1, 국내소비량은 D_1이고, 그 차이인 S_1D_1만큼을 수입한다.

이제 이 국가가 수입재에 대해 t%만큼의 관세를 부과하면, 수입재의 국내가격이 그림의 P^d로 상승한다. 수입재 가격이 올라가면, 국내생산량은 S_2로 증가하고 국내소비량은 D_2로 감소하며, 그 차이인 수입량은 S_2D_2로 감소한다. 이와 같이 관세를 부과하면, 국내생산은 증가하고 국내소비는 감소한다. 그리고 그 결과 수입이 감소한다.

관세부과로 얼마만큼 수입이 감소할 것인가는 수요곡선과 공급곡선의 탄력성에 달려있다. 수요곡선과 공급곡선이 탄력적일수록 가격 상승에 따른 소비감소와 생산증가의 효과가 커지므로 수입도 많이 감소한다.

그림 4-1 관세의 경제적 효과: 소국

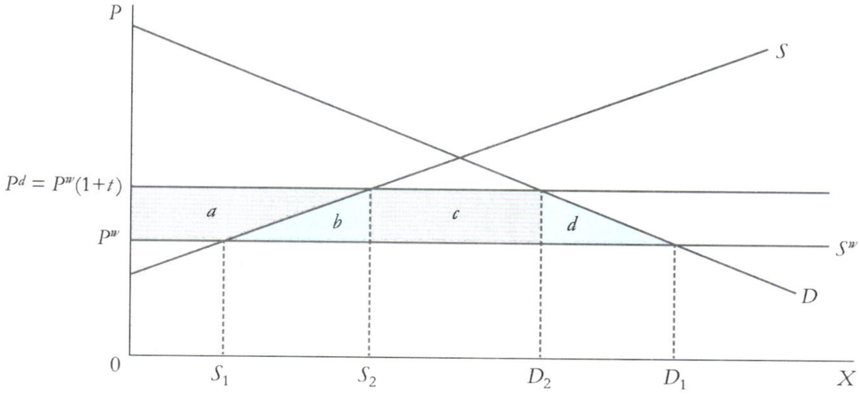

관세 부과로 수입재 가격이 상승하면 소비자잉여는 <그림 4-1>의 $(a+b+c+d)$만큼 감소한다. 그런데 수입재 가격 상승으로 생산자잉여가 a만큼 증가하고, 정부는 수입량에 관세를 곱한 c만큼의 관세수입을 얻는다. 따라서 관세의 순효과는 다음과 같다.

$$\text{관세의 순효과} = -(a+b+c+d)+(a+c) = -(b+d) \tag{4.2}$$

즉, 관세의 부과로 $(b+d)$만큼의 사회적 순손실(deadweight loss)이 발생한다. 순손실 $(b+d)$ 중 b를 생산측면의 손실, d를 소비측면의 손실이라고 한다. 생산측면의 손실은 비효율적인 수입대체재 부문의 생산이 증가하여 발생한 손실이고, 소비측면의 손실은 보다 높은 가격으로 수입재를 소비하기 때문에 발생한 손실이다. 이와 같이 소국에서 관세를 부과하면 사회적 비용이 발생하여 후생수준이 감소한다.

2) 대국

소국이 관세를 부과하여 수입수요가 줄더라도 소국의 시장규모는 매우 작기 때문에 국제시장가격에 영향을 미치지 못한다. 그러나 대국(large country)은 국제시장에서 차지하는 비중이 매우 크기 때문에 대국의 관세 부과로 인한 수입수요의 감소는 국제시장 전체 수요를 줄여서 이 제품의 국제시장가격을 떨어뜨린다. 이와 같은 수입재의 가격하락은 대국에게 이익을 준다.

<그림 4-2>에서 대국이 관세를 부과하면, 국제시장 가격은 P^w에서 $P^{w'}$으로 하락하고, 국내가격은 여기에 관세를 더한 P^d가 된다. 관세부과 후 국제시장 가격은 하락하지만, 국내가격은 과거 관세부과 전 국내가격이었던 P^w보다 높은 P^d가 된다. 이와 같은 가격 상승으로 국내생산은 S_1에서 S_2로 증가하고, 국내소비는 D_1에서 D_2로 감소한다.

그림 4-2 관세의 경제적 효과: 대국

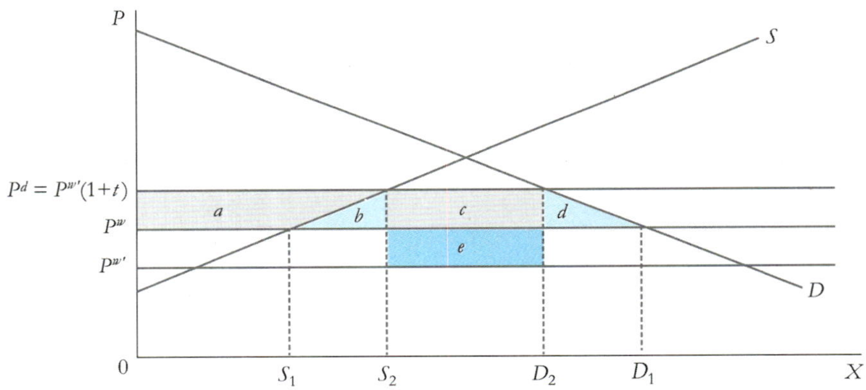

관세부과 이후 국내가격이 상승함에 따라 소비자 잉여는 $(a+b+c+d)$만큼 감소하지만, 생산자잉여가 a만큼 증가하고, 정부는 $(c+e)$만큼의 관세수입을 얻는다. 따라서 관세의 순효과는 다음과 같다.

$$\begin{aligned} \text{관세의 순효과} &= -(a+b+c+d)+[a+(c+e)] \\ &= -(b+d)+e \end{aligned} \tag{4.3}$$

여기서 $(b+d)$는 사회적인 손실이고, e는 교역조건 개선으로 인한 이득을 나타낸다.

교역조건 개선에 의한 이익인 e가 생산과 소비 왜곡으로 발생한 손실 $(b+d)$보다 크다면, 관세부과로 이 나라의 후생수준은 증가한다. 따라서 관세부과에 따른 후생수준의 변화는 교역조건 개선으로 인한 이익 e와 사회적 손실을 나타내는 $(b+d)$의 상대적 크기에 의해 결정된다.

관세의 순효과, 즉 $e-(b+d)$의 값을 극대화하는 관세를 최적관세(optimum tariff)라고 한다. 최적관세의 부과는 자국의 교역조건을 개선시켜 이익을 얻을 수 있지만, 이는 상대국의 교역조건을 악화시키므로 상대국의 후생손실을 초래하게 된다. 만일 상대국이 교역조건 악화에 따른 손실을 회복하기 위해 보복관세(tariff retaliation)를 부과한다면, 이제 두 나라 모두 자유무역에서보다 후생이 감소하게 된다. 따라서 자국의 이익을 극대화하고자 하는 최적관세의 부과는 상대국의 보복관세로 인해 그 성과를 거두기 어렵게 된다. 특히 소국은 관세를 부과하더라도 수입재 가격이 하락하지 않으므로 교역조건 개선의 이익인 e를 얻을 수 없으므로 관세를 부과하면 항상 후생수준이 하락한다.

대국에서 관세를 부과하면 수입재의 국제시장가격이 하락하지만, 여기에 관세를 더한 국내가격은 관세부과 전보다 상승하는 것이 일반적이다. 그런데 관세부과 후 수입재의 국제시장가격이 크게 하락하면 여기에 관세를 더한 국내가격이 오히려 하락할 수 있다. 이러한 경우를 메츨러 효과(Metzler effect)라고 한다. 예를 들어, 자유무역에서 100원인 상품에 10%의 관세를 부과했더니 이 상품의 국제시장가격이 90원으로 하락한다면, 여기에 10% 관세를 더한 국내가격은 99원으로 국내가격이 자유무역에서보다 낮아진다.

이와 같이 메츨러 효과가 있는 경우에는 관세를 부과하더라도 수입재의 국내가격이 오히려 하락하므로 관세정책으로 국내산업을 보호할 수 없게 된다. 메츨러 효과는 그 나라의 수요가 세계시장수요에서 차지하는 비중이 매우 크고, 또 그 상품의 수요와 공급이 매우 비탄력적이어서 수요 감소가 가격을 크게 하락시킬 때 나타난다. 이런 조건을 충족하는 경우는 현실적으로 거의 없다.

02 비관세 무역정책

1. 수입쿼터

관세는 수입재의 국내가격을 비싸게 하여 수입을 규제하는 반면에 수입쿼터(import quota)는 수입물량을 규제하여 국내수입을 억제한다. 쿼터의 대상은 주로 수입량이지만, OPEC이 석유 수출량을 제한하는 것과 같이 때로는 수출량이 쿼터의 대상이 되기도 한다.

수입쿼터는 제2차 세계대전 직후 서부 유럽에서 상당히 보편적으로 이용되었다. 오늘날에도 선진국들이 국내 농업을 보호하기 위하여 수입쿼터를 이용하고 있으며, 개발도상국들은 국내 산업을 보호하여 공업화를 달성하고자 수입쿼터를 사용하고 있다.

앞의 <그림 4-1>을 이용해 관세와 쿼터의 효과를 비교해보자. <그림 4-1>에서 S_2D_2에 해당하는 만큼의 수입쿼터를 부과한다고 하자. 수입량이 S_2D_2로 제한되므로 P^w의 가격에서는 초과수요가 발생하고, 이 초과수요를 해소하기 위해 국내가격이 P^d로 올라간다. 이와 같이 S_2D_2만큼의 수입쿼터를 부과할 때 국내가격의 상승분은 t%의 관세를 부과했을 때와 같아진다.

그러나 <그림 4-1>의 c가 관세정책에서는 정부의 관세수입이었으나, 수입쿼터정책에서는 수입업자의 수입(收入)이 된다. 관세와 수입쿼터정책의 효과를 비교하면, 생산, 소비 및 후생효과에는 차이가 없으나 c가 정부의 관세수입이 되는가 아니면 수입업자의 이득이 되는가에 차이가 있을 뿐이다. 만일 정부가 제한된 수입량의 수입면허권(import licences)을 수입업자에게 판매하면, c가 수입면허권 판매로 얻어지는 정부수입이 되므로 이 경우에는 정부수입 면에서도 관세와 수입쿼터의 효과가 같아진다.

그럼에도 불구하고 관세와 수입쿼터의 정책효과가 항상 같지는 않다. 관세는 수입규제 효과가 불확실한 반면, 수입쿼터는 수입량을 일정수준으로 확실하게 제한한다. 따라서 농산물 보호와 같이 수입량을 확실하게 규제하고자 하는 경우 수입쿼터정책이 이용된다. 그리고 관세와는 달리 수입쿼터에는 수입면허의 배분문제가 있다. 수입면허를 받으면 국제시장가격으로 수입하여 국내에서 더 높은 가격으로 판매하여 이익을 얻을 수 있다. 따라서 사람들은 수입면허권을 받고자 때로는 뇌물을 주는 등 부정부패가 발생하기도 한다. 이런 점에서 수입쿼터는 관세보다 정책의 투명성이 약하다는 문제가 있다.

2. 수출자율규제

수출자율규제(voluntary export restraint; VER)는 수출국이 자발적으로 수출량을 일정 수준으로 제한하는 정책으로 이것도 수입쿼터와 같이 수량을 제한하는 정책이다. 그런데 수출자율규제정책은 대부분 수입국의 요청에 의해 수출국이 수출량을 제한한다는 점에서 실제로는 "자발적"이 아니다. 수출자율규제는 수입국의 경제규모가 커서 수출국이 수입국의 요청을 무시하지 못할 때 나타난다.

수출자율규제는 수량제한이 수출국에 의해 이루어진다는 점을 제외하고는 수입쿼터와 동일하기 때문에 그 경제적 효과도 동일하다. 다만 <그림 4-1>에서의 c가 수입쿼터에서는 수입업자의 몫이 되지만, 수출자율규제에서는 수출업자의 몫이 된다. 이와 같이 수출자율규제에서는 c만큼이 관세나 수입쿼터에서와는 달리 수출국으로 유출된다.

그런데 왜 수입국은 수입쿼터를 사용하지 않고 수출자율규제를 요구하는가? 수입쿼터는 무역규제 수단이므로 이의 사용이 제한되어 있다. 그러나 수출자율규제는 수출국에서 실시되므로 수입국은 무역규제를 하지 않으면서 국내산업을 보호할 수 있다. 그리고 수출국은 수출자율규제에서 얻어지는 초과이윤을 자기가 가져갈 수 있는 이점이 있다.

1980년대 초반 미국은 일본에 자동차 수출에 대해 수출자율규제를 요구하였고, 일본은 이를 받아들여 미국으로의 자동차 수출량을 일정량으로 제한하였다. 일본의 자동차 수출량이 감소하면서 미국의 자동차 산업은 가격 상승과 생산 증가의 이익을 얻었다. 그러나 일본 자동차의 수출자율규제는 미국에 이득이 되지 못한 것으로 평가된다. 자동차 가격의 상승으로 미국 소비자가 손해를 보았고, 또 일본은 제한된 물량의 범위 내에서 이익을 극대화하고자 고급 승용차를 개발하여 수출함에 따라 과거 미국이 경쟁력을 갖고 있던 고급승용차 시장에서 일본 자동차의 경쟁력이 높아졌다. 일본 자동차 회사들의 고급브랜드의 승용차는 대부분 당시에 개발된 제품들이다.

3. 수출보조금

수출보조금(export subsidy)은 수출을 촉진시키기 위하여 정부가 수출에 대해 보조금을 지급하는 제도이다. 이 경우 국내가격이 외국가격보다 비싸더라도 수출보조금을 받기 때문에 수출이 가능해진다. 수출보조금은 기업들에게 국내 판매보다는 수출을 하도록 유도한다. GATT는 수출보조금을 불공정경쟁(unfair competition) 수단으로 생각하여 금지하고 있으며, 수입국에게 이에 대해 상계관세의 보복을 허용한다. 수출보조금에는 우리나라의 수출입은행이 취급했던 저리융자, 수출업자를 위한 홍보비 지출, 조세감면 등이 포함된다.

<그림 4-3>을 통해 수출보조금의 경제적 효과를 알아보자. 수출에 대해 s(%)만큼 보조금을 지급한다면, 수출가격은 국내가격에서 수출보조금 s를 뺀 가격이 되므로 국내가격이 국제시장가격보다 s만큼 높아진다. 국제시장가격보다 국내가격이 높아지므로 국내생산은 증가하고 국내소비는 감소하며, 수출이 D_1S_1에서 D_2S_2로 증가한다. 그리고 국내생산자의 생산자 잉여가 $(a+b+c)$만큼 증가하고, 국내소비자의 소비자잉여는 $(a+b)$만큼 감소하며, 정부의 수출보조금 지급액은 $(b+c+d)$이다. 따라서 순후생효과는

$$\begin{aligned}\textbf{후생효과} &= (a+b+c)-[(a+b)+(b+c+d)] \\ &= -(b+d)\end{aligned} \tag{4.4}$$

이다. 즉, 수출보조금 제도를 통해 수출은 증가하지만, $(b+d)$만큼의 후생손실이 초래된다.

만일 이 나라가 대국이라면 수출보조금으로 수출공급량이 늘어나 수출재 가격이 떨어진다. 수출재 가격이 하락하면 수출보조금의 순후생손실은 $(b+d)$보다 커진다. 이는 관세와는 반대의 결과다. 대국에서 관세를 부과하면 수입재 가격이 하락하여 순손실이 $(b+d)$보다 작아짐에 비해, 수출보조금 정책에서는 수출재 가격이 하락하여 순손실이 $(b+d)$보다 커진다. 이는 대국의 관세는 교역조건을 개선시킴에 비해 대국의 수출보조금은 교역조건을 악화시키기 때문이다.

그림 4-3 수출보조금의 효과

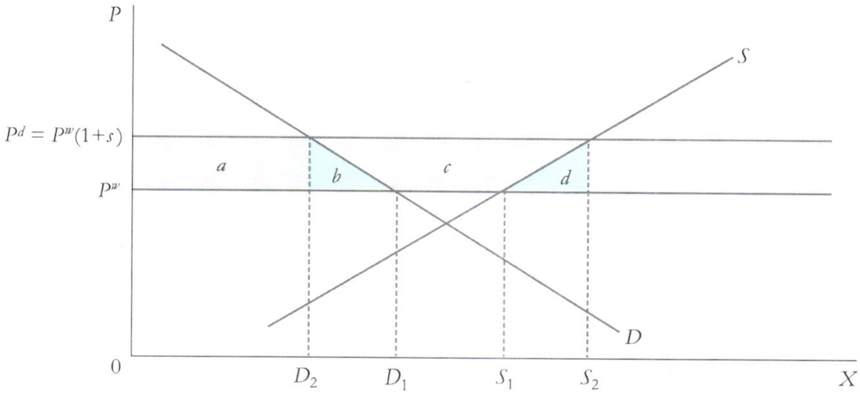

4. 반덤핑 관세

반덤핑 관세(antidumping tariff)는 덤핑 수출에 대해 부과하는 관세를 말한다. 덤핑이란 한 상품을 생산비 이하로 또는 국내에서보다 낮은 가격으로 해외에 판매하는 것을 말한다. 덤핑은 지속적 덤핑, 약탈적 덤핑 그리고 산발적 덤핑으로 구분된다. 지속적 덤핑은 이윤극대화를 위한 일종의 가격차별의 결과이며, 독점력이 있는 국내 시장에서는 높은 가격으로 판매하고, 경쟁이 치열한 해외에서는 낮은 가격으로 판매할 때 나타난다. 이러한 관계는 국내 생산자가 국내시장에서 독점을 유지하는 한 지속적으로 나타난다. 약탈적 덤핑은 타국의 공급자를 축출하기 위하여 일시적으로 해외에서 생산비 이하의 낮은 가격으로 판매하고, 일단 타국의 공급자가 축출된 후에는 해외시장에서의 독점력을 이용하여 가격을 인상하는 것을 말한다. 산발적 덤핑은 예기치 못한 일시적 잉여상품을 처분하기 위하여 해외에서 생산비 이하의 낮은 가격으로 판매하는 것을 뜻한다.

이 세 가지 덤핑에서 문제가 되는 것은 약탈적 덤핑이다. 약탈적 덤핑은 일종의 불공정 무역이기 때문에 이에 대한 무역규제가 허용된다. 그런데 다른 덤핑과 약탈적 덤핑을 구분하는 것이 어렵기 때문에 약탈적 덤핑만이 아니라 모든 덤핑에 대해 규제가 허용된다. 이러한 규제는 보통 가격 차이를 상쇄시키기 위한 반덤핑 관세의 형태를 취한다.

2003년 미국은 한국과 유럽 등 다른 국가들이 철강 수출에 대해 반덤핑관세를 부과하였다. 이에 대해 철강 수출국들은 미국의 무역규제조치를 WTO에 제소하였고, 2004년 WTO는 이에 대해 근거 없음을 판정하였다. 그러나 이러한 과정에서 미국 철강 생산자들은 이익을 보았지만, 미국 소비자들은 가격 상승의 손해를 입었고, 수출국은 수출량이 감소하는 불이익을 겪었다. 현실적으로 덤핑이 제소되면 문제가 해결되는 과정에서 수출국은 수출이 감소하는 불이익을 겪게 되므로 미국과 같이 시장규모가 큰 나라가 덤핑 판매를 비난하면, 수출국들은 상대국이 덤핑을 제소하기 이전에 미리서 수출가격을 스스로 올리는 경우가 많다.

5. 기타의 비관세정책

제2차 세계대전 이후 점차 관세율이 낮아짐에 따라 비관세 무역장벽을 이용하는 국가들이 늘고 있다. 특히 1970년대 중반 이후 비관세 장벽은 그 종류가 다양해지고 그 중요성도 커지고 있다. 비관세 무역장벽이 관세보다 더 큰 장애 요인이 되고 있다. 기타 다양한 무역정책의 종류와 내용을 간략하게 알아보기로 하자.

1) 시장질서유지협정(orderly marketing agreement: OMA): 수입국의 수입증가로 인한 시장교란을 방지하기 위하여 상호간 협정에 따라 수출자율규제와 마찬가지로 수출국이 규정된 일정량의 범위 내에서 수출을 자율적으로 규제하는 조치를 말한다. 만일 수출국이 이 할당량을 초과하여 수출하는 경우에는 수입국이 수입할당제를 실시한다.

2) 관세할당제(tariff quota): 수입국이 일정한 수량까지는 저관세율을 적용하고, 그 이상의 수입에 대해서는 고관세율을 적용하는 다단계 관세부과제도이다.

3) 상계관세(countervailing tariff): 수출국 정부가 수출보조금을 지급함으로써 실제가격보다 낮은 가격으로 수출할 때 이를 정상가격으로 회복시키기 위해 수입국이 수출국의 보조금만큼 관세를 부과하는 정책이다.

4) 긴급수입제한조치(safeguard clause): 수입의 급증으로 수입국의 국내 산업이 중대한 위협을 받거나 국제수지를 긴급히 보호해야 하는 상당한 이유가 있을 경우, 수입국이 특정품목의 수입량을 규제하거나 특별관세를 무차별하게 적용할 수 있는 조치다.

5) 행정적 규제(administrative restriction): 일선 행정기관을 통해서 또는 수입업자에게 행정력을 적용하여 수입을 제한하는 정책으로, 예를 들면 수입재의 특허 및 상표권 침해에 따른 불공정 거래 혐의 제소 같은 것이다.

6) 기술적 규제(technology restriction): 제품의 기술수준 및 규격에 대한 인준, 허가 등에 제한을 가하여 수입절차를 어렵게 하고 수출 비용을 증가시키는 규제방법이다. 예를 들어 공업제품의 국내표준규격을 외국과 다르게 정하여 수입품에도 이 규격을 요구하는 정책 같은 것이다.

7) 일반특혜관세(generalized system of preference: GSP): 선진국이 개발도상국의 경제개발과 수출확대를 돕기 위하여 개발도상국의 수출품에 대해 일방적으로 관세의 전면 철폐, 또는 부분적 인하 등 특혜를 공여하는 국제적 관세제도이다. 선진국에서 이를 철폐하는 것은 개발도상국의 수출을 제한하는 정책이 된다.

8) 외환통제(exchange control): 관세와 수량제한이 수입가격과 수입량에 대한 제한임에 비해, 외환통제는 수입의 수단이 되는 외환의 공급을 통제함으로써 간접적으로 수입을 제한하는 조치이다.

03 경제발전전략

1. 유치산업보호론

리스트(F. List)는 무역정책이 각 경제발전 단계에 따라 달라야 한다고 주장한다. 아직 공업화를 달성하지 못한 후진국은 공업부문이 일정 수준으로 성장할 때까지 공업부문을 보호해야 한다는 주장을 유치산업보호론(infant industry argument)이라고 한다.

유치산업은 아직 성숙하지 못한 어린 산업을 말한다. 그러나 어린 산업 모두가 유치산업은 아니다. 유치산업은 다음과 같은 조건을 충족해야 한다. 첫째, 유치산업은 외부경제가 있는 산업이어야 한다. 외부경제가 있는 경우에는 시장실패가 발생하여 과소생산이 나타나기 때문에 생산량 확대를 위한 보호무역정책이 정당화될 수 있다. 둘째, 일시적인 보호 후 국제경쟁력을 확보할 수 있고, 나아가서 개방 후의 이득이 보호기간 동안의 손실을 보상하고 남음이 있어야 한다. 유치산업이 일정기간 보호 후 경쟁력을 확보해야 한다는 것을 밀의 테스트(Mill's test)라고 하고, 보호 후 후생수준이 증가해야 한다는 것을 베스터블 테스트(Bastable's test)라고 한다. 이와 같이 유치산업은 외부경제가 있으며 일시적인 보호 후 경쟁력을 확보할 수 있는 산업을 말한다. 따라서 유치산업보호론에서 정의한 유치산업이란 미숙한 산업 모두를 지칭하는 것이 아니라 미래 전망이 확실한 산업만을 지칭한다.

유치산업보호론은 개도국에서 공업화를 추진하기 위한 공업부문 보호의 이론적 논거로 이용된다. 현재는 공업 부문에 비교우위가 없는 개도국도 일정 기간 공업부문을 보호하면, 공업부문에 비교우위를 가질 수 있고, 또 공업부문에서 발생한 경험에 의한 학습효과(learning by doing)가 다른 산업에 파급되어 경제 전체의 생산량이 증가해 간다는 내용이다. 즉, 후진국은 공업부문을 보호함으로써 공업화를 달성하고 경제발전을 이룰 수 있다는 주장이다.

미국은 독립초기에 원료를 수출하고 당시 선진공업국이던 영국 및 유럽 국가들로부터 공산품을 수입하는 무역패턴을 갖고 있었으나, 공업부문의 보호를 통해 공업 부문에서 비교우위를 확보하였고 성공적인 경제발전을 이룩하였다. 산업화가 늦었던 독일이나 일본도 보호무역을 통해 공업화에 성공하였다. 이와 같이 선진국 중에서도 적절한 보호무역을 통해 공업화에 성공한 국가들이 있다.

한국의 자동차 산업도 유치산업보호의 예가 될 수 있다. 초기에 한국은 자동차의 수입을 금지하였고, 한국이 자동차를 수출하게 된 후 수입을 개방하였다. 만일 한국이 초기에 자동차시장을 개방하였다면, 외국차가 국내 자동차시장을 장악하게 되어 국내 자동차 산업의 육성이 불가능하였을 것이다. 외국 자동차 수입이 금지된 동안에 국내 자동차 회사들은 국내수요를 기반으로 자동차의 생산경험을 축적함으로써 이후 국제시장에서 경쟁력을 갖게 되었다고 볼 수 있다.

2. 유치산업보호론의 한계

유치산업보호론은 경제발전정책으로 타당한 논리를 가지고 있지만, 경제학자들은 이 정책의 효과에 대해서 신중한 입장을 갖는다. 실제로 유치산업보호론의 성공 사례보다는 실패 사례가 훨씬 많다. 유치산업보호를 통한 경제발전이 성공하기 어려운 이유는 다음과 같다.

첫째, 어떤 산업을 유치산업보호의 대상으로 선정할 것인가가 쉽지 않다. 정부가 유치산업보호의 대상이 되는 산업을 선정할 능력이 있는가의 문제다. 일반적으로 정부는 민간기업보다 시장 상황에 대한 정보가 충분하지 않고 사업의 실패로부터 직접적인 영향을 받지 않기 때문에 사업 선정에서 정확성을 기하기가 어렵다. 만일 정부가 유치산업을 잘못 선정하여 보호하면 보호비용만을 부담하게 된다. 인도나 파키스탄은 수십년 동안 중화학공업을 보호 육성하고 있으나, 아직도 이들 국가들은 중화학공업 부문에서 수출경쟁력을 확보하지 못하고 있다. 이는 경쟁력은 확보하지 못하고 보호의 비용만 부담하게 된 예이다.

둘째, 어떤 산업을 보호하여 국제경쟁력 확보에 성공했다고 하더라도 이것이 반드시 보호의 타당성을 정당화하지는 못한다. 이런 보호가 없었어도 이 산업이 성공할 수 있었다면 보호기간 동안의 비용은 불필요한 손실일 뿐이다. 또 유치산업보호비용을 다른 산업에 지출하였다면 그 산업이 더 크게 성공했을 수도 있기 때문이다. 한국은 70년대부터 중화학공업육성정책을 실시하였고, 그 결과 철강, 조선, 자동차, 반도체 등 중화학공업제품이 주요 수출상품이 되었다. 이러한 결과를 유치산업보호론의 성공사례로 보는 견해가 있는 반면, 중화학공업육성정책이 없었더라도 한국의 성장과정에서 자본과 기술이 축적되어 산업구조가 중화학공업 부문으로 전환되었을 것으로 보는 견해도 있다. 후자는 한국의 성공이 산업정책보다는 시장의 힘에 의해 결정되었다는 주장이다.

셋째, 유치산업보호는 일시적이어야 하지만, 현실적으로 보호받고 있는 산업의 보호를 철폐하는 것은 쉽지 않다. 보호를 받는 산업은 보호를 통해 더 많은 이익을 얻을 수 있으므로 지속적인 보호를 주장한다. 따라서 보호를 철폐하는 것은 정치적으로 쉽지 않다.

마지막은 정책수단의 선택문제다. 어떤 산업이 유치산업으로 성공할 수 있는 모든 조건을 갖추었다고 하더라도 산업보호수단으로 관세보다는 생산보조금 정책이 더 낫다. 관세는 소비비용이 발생하고, 또 불필요한 보호가 지속될 가능성이 있다. 반면에 보조금 정책은 소비비용이 없고, 정부예산이 지출되므로 정책 효과에 대한 검토가 이루어져 불필요한 보호는 쉽게 철폐될 수 있다.

3. 수입대체정책과 수출지향정책의 비교

1950년대 및 1960년대에 대부분의 개발도상국들은 적극적으로 공업화를 추진하여 왔다. 개도국의 공업화 전략에는 수입대체정책과 수출지향정책이 있다. 수입대체정책은 공산품 수입을 제한하여 국내 공업을 육성하는 정책이고, 수출지향정책은 공산품의 수출을 확대하여 국내 공업을 육성하는 정책이다. 제2차 세계대전 이후 브라질, 아르헨티나, 멕시코 등 남미국가들은 수입대체정책을 실시하였고, 한국, 대만, 홍콩, 싱가포르 등 아시아 국가들은 수출지향정책을 실시하였다.

수입대체정책이 보호무역론의 입장이라면, 수출지향정책은 자유무역론의 입장에 서 있다. 수입대체정책에는 다음과 같은 장점이 있다. 첫째, 국내 생산자들이 기존의 국내 시장을 이용할 수 있어서 기술이 단순하고 수요량이 확실한 최종소비재의 생산을 시작하기 쉽다. 둘째, 수출지향정책에서는 수출보조금 지원을 위한 예산이 필요하지만, 수입대체정책에서는 재원의 조달이 필요 없어서 정책의 실시가 용이하다. 셋째, 개도국이 무역장벽을 높이면 외국 기업들은 이를 회피하기 위해 개도국에 공장을 설립하고자 하므로 외국인의 직접투자가 늘어난다.

그러나 수입대체정책을 채택하였던 남미 국가들의 경제성장률은 수출지향정책을 채택한 아시아 국가들에 비해 매우 낮았다. 개도국 제조업이 경쟁력을 갖추기 위해서는 숙련된 노동력과 기술 그리고 기업가의 경영능력이 필요한데, 경쟁을 제한하는 보호무역에서는 이런 능력이 성장하지 못한다. 보호무역은 비효율적인 기업을 생존하게 하지만, 이 기업이 효율적인 기업으로 성장하기 위한 유인을 주지 못한다. 수출지향정책이 수입대체정책보다 더 나은 성과를 가져온 이유를 열거하면 다음과 같다.

첫째, 수출지향정책에서는 국내기업이 해외시장에서 다른 나라 기업과 경쟁해야 하므로 기술개발과 비용절감에 노력하게 된다. 즉, 해외시장에서의 경쟁이 국내기업에게 국제수준의 경쟁력을 갖도록 유도한다. 반면에 수입대체정책에서는 보호무역으로 외국기업과의 경쟁을 제한하고 국내기업에게 높은 수익률을 보장해주기 때문에 기업들이 기술개발이나 생산성 제고에 노력하지 않는다.

둘째, 수출지향정책에서는 새로운 수출제품을 생산하는 과정에서 학습효과를 얻게 되고, 외국과의 교류를 통해 새로운 기술을 습득한다. 학습효과와 선진기술은 다른 산업으로 흘러들어가 경제 전체의 생산성을 높이는데 기여한다. 반면에 수입대체정책은 다른 나라와의 교류를 제한하므로 학습효과나 기술도입이 잘 이루어지지 않는다.

셋째, 수출지향정책에서는 세계시장을 대상으로 제품을 생산하므로 규모의 경제가 실현된다. 예를 들어 한국의 주요 수출재인 반도체, 자동차, 철강, 조선과 같은 제품은 국내시장만을 대상으로 한다면 규모의 경제를 달성할 수 없어서 이들 산업이 경쟁력을 가질 수 없다. 특히 시장규모가 작은 나라에서는 해외시장이 더욱 중요하다. 한국, 대만과 같은 작은 나라는 규모의 경제를 얻기 위해서도 수출지향정책의 선택이 불가피하다.

넷째, 수출지원제도는 수입제한제도보다 투명하고 폐지가 쉽다. 수출보조금을 지원하기 위해서는 정부예산이 필요하므로 항상 정책효과가 검토되고, 또 예산의 한계 때문에 장기간 지속되기 어렵다. 반면에 관세 등은 정부예산이 필요 없고 제도만 바꾸면 되므로 실시가 용이하여 불필요한 보호가 장기간 지속되는 경향이 있다.

마지막으로 수출지향정책에서는 수출을 통해 외환(外換)이 공급되므로 경제발전에 필요한 원자재나 자본재의 수입이 가능하다. 반면에 수입대체정책에서는 수출이 순조롭게 이루어지지 못하는 까닭에 외환이 부족하게 되고, 이 경우 생산에 필요한 원자재나 자본재의 해외조달이 어려워진다.

<그림 4-4>에서 보듯이, 수출지향적 경제정책을 채택하였던 아시아 국가들의 경제성장률은 수입대체정책을 채택하였던 중남미 국가들의 경제성장률보다 훨씬 높았다. 특히 80년대에는 두 지역의 경제성장률 차이가 매우 컸다. 아시아 국가들의 고도성장이 모두 개방적인 정책 때문이라고 단정할 수는 없다. 아시아 국가들은 공통적으로 대외무역에 적극적이고, 또 저축률과 투자율이 높고, 공교육의 비중이 높아서 경제성장에 긍정적인 요소가 많은데, 이러한 요인이 복합적으로 작용하여 높은 경제성장을 달성한 것으로 보인다.

어떻든 간에 보호무역주의적인 수입대체정책이 남미 국가들의 낮은 경제성장률을 가져왔음을 부인하는 사람은 거의 없다. 역사적으로 수입대체정책은 성공적이지 못했다. 이에 대한 반성으로 남미 국가들은 1980년대 후반부터 정책 방향을 수출지향적 정책으로 전환하기 시작하였다. 그 결과 <그림 4-4>에서 보듯이 남미 국가의 평균 경제성장률이 80년대 0.71%에서 90년대 3.64%로 상승하였다.

그림 4-4 남미 국가와 아시아 국가의 경제성장률 비교(1960~2000년)

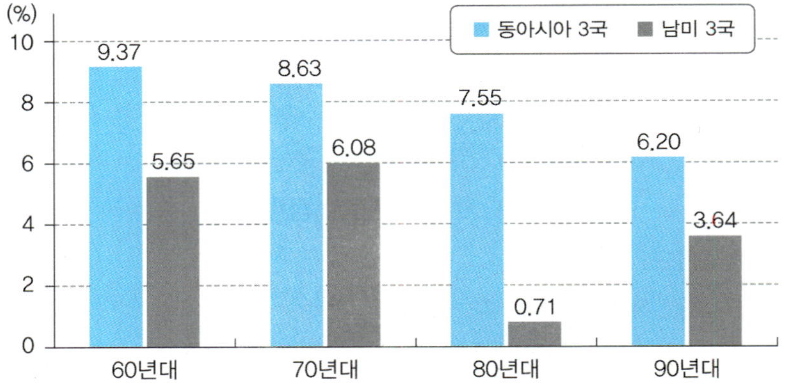

주: 동아시아 3국은 한국, 홍콩, 싱가포르이고, 남미 3국은 브라질, 아르헨티나, 멕시코다.
자료: World Bank, *World Development Indicator*.

04 경제통합

1. 경제통합의 형태

경제통합(economic integration)은 몇몇 국가들이 상호 협의하여 서로 간에 자유무역을 확대하는 것을 말하며, 가맹국 상호간의 밀착정도에 따라 통상적으로 ① 자유무역지역, ② 관세동맹, ③ 공동시장, ④ 경제동맹의 네 가지 형태로 분류한다. 경제통합은 자유무역지대에서 출발하여 최종적으로는 경제동맹을 지향하며, 최종 단계인 경제동맹은 가맹국들이 경제적으로 완전한 통합체가 됨을 의미한다. 경제통합의 단계별· 통합내용은 <그림 4-5>와 같다.

자유무역지역(free trade area)은 가맹국 간에는 관세를 완전히 철폐하고, 역외 국가에 대해서는 가맹국이 개별적으로 관세를 부과하는 형태의 경제통합이다. 예로는 NAFTA(North America Free Trade Area; 북미자유무역지역)를 들 수 있다.

그림 4-5 경제통합 단계별 통합내용

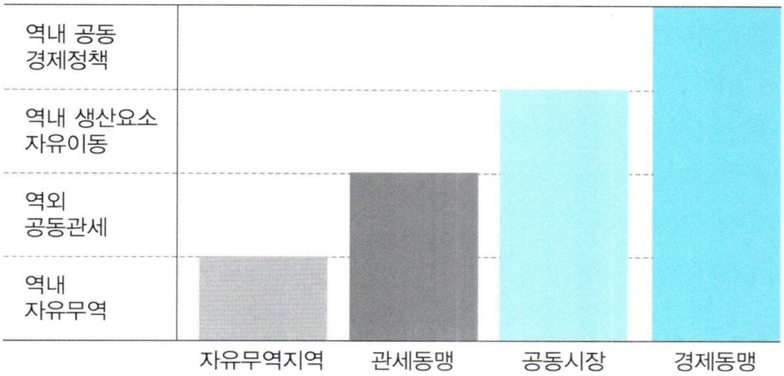

자유무역지역에서는 역외국가에 대한 관세율이 가맹국마다 서로 다르기 때문에 제3국 상품이 관세율이 낮은 국가로 수출된 후 다른 역내국가로 무관세로 재수출되는 부작용이 발생한다. 예를 들어, 자유무역지역인 NAFTA에서 미국의 관세율이 멕시코의 관세율보다 높으면, 역외국가들은 멕시코로 수출을 한 후 이를 다시 무관세로 미국에 수출하고자 한다. 그러나 미국의 관점에서 보면 제3국 상품은 무관세의 대상이 아니므로 미국은 이러한 우회수출을 규제한다. 이런 우회수출을 제한하기 위해 원산지 규정(rules of origin)을 둔다. 원산지 규정은 역내 국가의 부품을 어느 정도까지 사용하면 무관세 대상이 되는가에 관한 규정이다.

관세동맹(customs union)은 자유무역지역보다 한 단계 더 밀착된 형태로서 여기에서는 비가맹국에 대해 공동관세를 부과한다. 관세동맹의 예로는 EU의 과거 형태였던 EEC(European Economic Community; 유럽경제공동체)와 남미에 있는 Mercosur를 들 수 있다. 관세동맹에서는 가맹국들의 역외관세가 서로 같기 때문에 우회수출의 부작용이 없다. 즉, 원산지규정이 필요 없게 된다. 그러나 국가마다 이해가 서로 다르기 때문에 공동관세를 협약하는 과정에서 많은 어려움이 나타난다.

공동시장(common market)은 관세동맹에서 발전된 형태로 가맹국 간 생산요소의 자유로운 이동을 허용한다. 예를 들어, 노동자는 가맹국 내 어느 국가로든지 취업이 가능하며, 자본도 가맹국 내 국경을 자유롭게 이동할 수 있다. 공동시장의 예로는 EU의 과거 형태인 EC(European Community; 유럽공동체)를 들 수 있다.

마지막으로 경제동맹(economic union)은 공동시장보다 발전된 형태로 가맹국 간 상호협조 하에 재정금융정책을 시행한다. 경제동맹은 가장 밀착된 형태의 경제통합이다. 예로는 EU(European Union; 유럽연합)를 들 수 있다. EU는 초기 EEC에서 EC로, 그리고 다시 EU로 발전하였으며, 1999년에는 공동화폐인 유로(Euro) 통화를 출범시켜 거의 최종적인 경제통합체를 구성하였다.

2. 경제통합의 경제적 효과

경제통합의 후생효과를 알아보자. 결론부터 말하면, 경제통합으로 가맹국의 후생수준이 반드시 증가하는 것은 아니다. 가맹국의 후생수준이 오히려 감소할 수도 있다. 다음에서는 경제통합의 후생효과를 생산측면과 소비측면으로 구분하여 알아보자.

1) 생산측면

바이너(Viner)는 관세동맹의 경제적 효과를 무역창출효과와 무역전환효과로 구분하여 설명한다. 무역창출효과(trade creation effect)는 자국에서 생산하던 제품을 관세동맹 이후 보다 효율적인 가맹국 제품으로 대체하는 현상을 말하고, 무역전환효과(trade diversion effect)는 효율적인 제3국 제품을 관세동맹 이후 비효율적인 가맹국 제품으로 대체하는 현상을 말한다. 무역창출효과는 효율성을 제고하여 후생수준을 증가시키지만, 무역전환효과는 효율성을 떨어뜨려 후생수준을 감소시킨다. 경제통합 이후 무역전환효과가 무역창출효과보다 크면 가맹국의 후생수준은 감소하게 된다.

이처럼 관세동맹 이후 어떤 상품은 무역창출 형태로, 그리고 어떤 상품은 무역전환 형태로 생산과 소비가 바뀌어 간다. 따라서 무역창출효과와 무역전환효과 중에서 어느 것이 더 큰가에 따라 관세동맹 이후 후생수준이 증가할 수도 있고, 아니면 감소할 수도 있다. 무역창출효과를 갖는 상품 수가 많은 경제통합일수록 가맹국의 후생수준이 증가하게 된다.

관세동맹의 경제적 효과는 상황에 따라 달라지지만, 다음과 같은 일반화가 가능하다. 첫째, 무역비중이 높은 국가들 간의 관세동맹에서 가맹국의 후생수준이 증가할 가능성이 크다. 이 경우 제3국과의 교역 비중이 작기 때문에 관세동맹 이후 제3국에서 가맹국으로 수입선이 바뀌는 무역전환효과가 나타날 가능성이 작다. 그리고 가맹국 간에 무역량이 많으므로 가맹국 간 새로운 무역이 형성되는 무역창출효과가 클 가능성이 있다.

둘째, 관세율이 높은 국가의 관세동맹에서 후생수준이 증가할 가능성이 크다. 관세율이 높아 외국 제품을 소비하지 못하는 나라에서 관세동맹을 체결하면, 가맹국 제품 가격이 하락하므로 가맹국으로부터 수입이 증가할 가능성이 크다. 즉, 무역창출효과가 발생할 가능성이 커서 후생수준 증가가 기대된다.

셋째, 산업구조가 서로 상이한 국가들 간의 경제통합보다는 서로 유사한 국가들 간의 경제통합에서 후생수준이 증가할 가능성이 크다. 산업구조가 유사한 국가들은 수출품 구성이나 가격이 서로 비슷하므로 상대국 제품 가격이 약간만 하락해도 무역창출효과가 발생할 가능성이 크다. 반면에 가맹국들의 산업구조가 서로 상이한 경우에는 관세동맹으로 가맹국의 제품 가격이 낮아지면 제3국 제품 대신 가맹국 제품을 소비하는 무역전환효과가 나타날 가능성이 크다. 따라서 산업구조가 서로 상이한 국가들보다는 서로 경쟁적인 국가 간의 경제통합에서 무역창출효과의 가능성이 더 크고, 후생수준 증가 가능성도 더 크다.

산업구조가 서로 보완적인 국가들 사이의 경제통합은 무역마찰을 줄일 수 있기 때문에 더 바람직할 것으로 생각되지만, 그렇지는 않다. 산업구조가 유사하고 서로 경쟁적인 국가들 간의 경제통합일수록, 통합 이후 경쟁력 없는 제품은 도태되고 효율적인 제품의 생산과 수출이 증가하는 무역창출효과가 나타난다. 여러 경제통합체 중에서 EU는 가장 성공적인 경제통합체다. EU는 가맹국의 소득수준이나 산업구조가 비교적 유사하다. 이러한 경쟁적인 산업구조는 EU가 경제통합체로 성공한 요인 중의 하나이다.

2) 소비측면

그런데 앞의 무역창출효과와 무역전환효과에 근거한 후생수준 변화는 생산측면만을 고려한 것이다. 즉, 관세동맹 이후 보다 효율적인 국가로부터 수입이 되는가, 아니면 보다 비효율적인 국가로 수입이 전환되는가에 의해 후생효과를 판단하고 있다. 립시(Lipsey)는 생산측면만이 아니라 소비측면을 함께 고려하여 관세동맹의 경제적 효과를 판단해야 한다고 말한다.

관세동맹 이후에는 소비자 가격이 하락하므로 무역전환효과가 있어도 반드시 후생수준이 감소한다고 할 수는 없다. 무역전환효과가 있을 때 후생의 변화는 두 개의 상반되는 효과로 구성된다. 하나는 효율적인 제3국 제품이 비효율적인 가맹국 제품으로 대체되어 나타나는 교역조건 악화 효과이고, 다른 하나는 수입재의 국내가격 하락으로 발생하는 소비자의 후생증가 효과다. 전자는 후생감소를 가져오지만, 후자는 후생수준을 증가시킨다. 따라서 무역전환효과가 있더라도 가격 하락에 따른 소비측면의 이익이 크면 후생수준이 증가할 수 있다.

3. 관세동맹의 동태적 효과

앞에서 살펴본 관세동맹의 후생효과는 정태적 측면에서의 후생변화이다. 즉, 관세동맹으로 재화 가격이 변함에 따라 나타나는 생산의 변화와 소비의 변화가 가맹국의 후생수준에 미치는 효과를 평가하고 있다. 시간이 흐름에 따라 나타나는 동태적인 측면을 고려하지 않고 있다.

관세동맹의 동태적 효과로는 다음을 들 수 있다. 첫째, 관세동맹은 수출시장을 확대하므로 가맹국에게 규모의 경제의 이익을 준다. 시장규모가 크지 않은 국가는 규모의 경제가 있는 산업을 육성할 수 없다. 그런데 경제통합으로 시장규모가 확대되면 시장규모가 작은 국가도 규모의 경제가 있는 산업을 육성할 수 있게 된다. 유럽의 개별 국가들은 경제규모가 크지 않지만, 이들 시장을 통합함으로써 미국과 비슷한 시장규모가 되었다. 역으로 미국의 주들이 독립국가처럼 나뉘어 있다면 미국의 산업들은 충분한 규모의 경제를 얻지 못했을 것이다.

둘째, 관세동맹은 기업들의 경쟁을 촉진시켜 경쟁력을 높인다. 관세동맹으로 자유무역이 확대되면 보호를 받던 기업이 가맹국의 다른 기업들과 경쟁을 하게 되므로 기업들은 기술개발과 기술도입 등을 통한 비용절감 노력을 하게 된다. 비효율적인 기업은 퇴출되고, 경쟁력이 있는 산업으로 신규투자가 확대되어 간다. 이와 같이 관세동맹은 기술진보를 촉진하고 자원을 효율적으로 배분하여 경제성장에 기여한다.

한국 최초의 자유무역협정인 한-칠레 자유무역협정(FTA)은 두 국가의 산업구조가 서로 보완적이라는 점에서 무역전환효과가 더 클 수 있다. 따라서 칠레와의 자유무역협정은 정태적인 측면에서 그 이익을 기대하기 어렵다. 하지만 두 국가

간의 무관세로 다른 국가에 비해 무역이 더 빠르게 증가하였고, 칠레를 중심으로 남미 수출시장이 확대되는 등 동태적인 측면의 이익이 더 컸다.

4. 경제통합의 현황

FTA(Free Trade Agreement; 자유무역협정)는 두 국가 이상이 서로 무역을 자유화하는 협정을 말한다. 한쪽 국가만이 관세를 인하하는 무역자유화 협정은 FTA가 아니다. FTA는 RTA(Regional Trade Arrangement; 지역무역협정)라고도 한다. 앞에서 살펴본 자유무역지역이나 관세동맹은 당연히 FTA에 포함된다. 제한된 범위의 재화에 대한 자유무역협정도 FTA에 포함되며, 재화만이 아니라 서비스, 투자 등의 자유화 협정도 FTA에 포함된다.

FTA 협정 건수는 1948년 GATT 출범 이후 꾸준히 늘어왔다. 특히 1990년 이후 FTA 건수가 급속히 증가하였다. 이는 WTO를 중심으로 한 세계적인 무역자유화 추진과는 별개로 몇몇 국가들 간의 무역자유화가 활발히 진행되었기 때문이다. 제1장의 <그림 1-4>에서 보듯이, 1990년대 들어 지역무역협정 체결 건수가 눈에 띄게 증가하고 있다. 제2차 세계대전 이후 세계화가 진행되어 왔지만, 1990년대 들어서 그 증가폭이 크게 확대되었음을 알 수 있다. 모든 WTO 가맹국들은 하나 또는 그 이상의 FTA에 참여하고 있다.

한국은 2004년 칠레와 처음으로 FTA를 체결하였다. 1990년대에 전 세계적으로 FTA가 활발하게 체결되었음을 생각해보면 한국이 2004년에야 처음으로 FTA를 체결했다는 것은 늦은 감이 있다. 하지만 한국은 2004~2015년의 10여년 만에 무려 51개국과 매우 빠르게 FTA를 체결해 왔다. 2015년 현재 한국과 FTA를 체결한 국가의 경제규모의 합은 세계 총 GDP의 75%나 된다. 체결국 중에는 경제규모가 매우 큰 미국, EU, 중국이 포함되어 있다. 우리나라는 세계 주요국과 자유무역을 하고 있음을 보여준다.

05 국제협력과 WTO

1. 무역확대를 위한 국제적 노력

제2차 세계대전 이후 세계 각국은 자유무역 확대의 필요성을 인식하였다. 1930년대 대공황과 관세전쟁으로 국가 간 경제협력이 없이는 세계경제가 침체할 수밖에 없다는 것을 경험하였기 때문이다. 서방 주요국들은 외교와 협상을 통해 모든 국가가 함께 성장할 수 있는 국제기구를 만들고자 노력한 결과 IMF, IBRD, GATT가 설립되었다.

IMF(International Monetary Fund; 국제통화기금)는 국제금융정책을 조정하는 역할을 하였고, IBRD(International Bank for Reconstruction & Development; 국제부흥개발은행)는 개도국의 경제발전을 지원하기 위한 자본 대부기능을 하였다. IBRD는 세계은행(World Bank)이라고 부르기도 한다. 국제무역기구로는 ITO(International Trade Organization; 국제무역기구)를 만들고자 하였으나 미국 의회의 반대로 실패하였고, GATT(General Agreement on Tariffs and Trade; 관세 및 무역에 관한 일반협정)가 이를 대신하였다. GATT는 조직체가 아니고 협정이었지만 사무국을 유지하고 있었고, 1995년 WTO가 창설되기까지 국제무역기구의 역할을 담당하였다.

GATT는 1948년 23개국에 의해 창립되었으며, 규제 없는 무역을 위한 협상의 장을 제공함으로써 세계무역의 확대에 기여하였다. GATT는 관세인하와 무역장벽의 완화를 위해 딜론라운드, 케네디라운드, 동경라운드, 우루과이라운드 등 8차의 다자간 무역협상회의를 성공적으로 수행하였다. 1964~1967년간의 케네디라운드에서는 관세의 일괄인하를 타결함으로써 관세율이 평균 35%가 인하되었으며, 1973~1979년의 동경라운드에서는 비관세장벽의 철폐를 위한 협정을 제정하였다. 1986~1994년의 우루과이라운드는 추가적인 33% 이상의 관세인하는 물론 대폭적인 비관세장벽의 철폐와 함께 농산물, 서비스, 지적재산권, 직접투자 등을 새로운 의제로 추가하였다.

GATT의 8번에 걸친 다자간 협상의 결과, 1947년 1차 협상인 제네바라운드 이전에 40% 수준이던 선진국의 평균 관세율이 제8차 협상인 우루과이라운드가 종료되었을 때는 4.3%로 인하되었다. 제2차 세계대전 후 관세율은 지속적으로 낮아졌고, 무역과 경제성장은 확대되었다. 세계 각국은 자유로운 교역으로 경제성장이 높아짐을 경험하였다.

대외교류가 활발할수록 경제성장이 빨라지는 이유로는 다음을 들 수 있다. 첫째, 비교우위에 따른 무역은 세계적인 차원에서 자원을 효율적으로 배분하여 세계 전체의 생산량이 증가한다. 둘째, 해외시장에 대한 접근은 규모의 경제를 실현하게 하므로 무역은 생산량 증가에 기여한다. 국내시장이 협소한 한국에서 철강, 자동차, 전자 등 규모의 경제가 큰 산업이 성장할 수 있었던 것은 해외시장을 활용할 수 있었기 때문이다. 셋째, 선진 기술이 내포된 자본재나 중간재의 수입과 이용은 국내 생산성 증가에 기여한다. 농산물 무역이나 자본재 무역이나 정태적인 무역의 이익은 같지만, 기술 습득을 통한 경제성장이라는 동태적인 측면에서는 농산물 무역보다 자본재 무역이 유리하다. 마지막으로 무역은 국가 간 경쟁을 촉진하여 기업들이 끊임없이 기술을 개발하고, 외국 기술을 습득하게 한다. 이와 같이 개방은 개도국들에게 새로운 기술을 습득하게 하여 그들의 경제성장에 기여한다.

2. WTO의 출범과 기본 원칙

전후 세계의 자유무역은 GATT 체제에 의해 유지되어 왔다. GATT는 8차례의 다자간 무역협상을 통해 지속적으로 관세를 인하하도록 함으로써 1950년대와 60년대에 연간 약 8%의 무역 성장률을 달성하였다. 그러나 1970년과 1980년대의 경제침체를 맞이하고 국가들 간 경쟁이 치열해짐에 따라 각 국가들이 자국의 산업을 보호하려는 수단을 강구하게 되었다. 경기침체에 따른 높은 실업률로 인해 선진국들은 보호무역을 강화하고 농업부문에 보조금 정책을 시행하였다. 이러한 변화는 GATT의 신뢰도나 유효성을 훼손시키고, 게다가 서비스 교역이나 직접투자 확대 등으로 무역환경이 복잡해짐에 따라 GATT 규정으로 통제할 수 없는 분야가 더욱 확대되었다.

이와 같이 GATT는 세계무역의 확대에 많은 기여를 하였으나, 협상위반을 효과적으로 규제하지 못하였고, 새로운 국제무역환경의 변화에 적절하게 대처하지 못하였다. 이러한 한계를 극복하고 새로운 국제무역질서를 형성하고자 WTO(World

Trade Organization; 세계무역기구)가 출범하였다.

1986년 9월 우루과이의 푼타 델 에스테(Punta del Este)에서 시작된 우루과이 라운드는 8년여의 우여곡절 끝에 타결되어 1994년 4월 세계 120여 국가의 각료들이 모로코의 마라케쉬(Marrakech)에 모여 최종협정서에 서명함으로써 우루과이 라운드는 공식적으로 마무리되었다. 이에 따라 1948년 1월 1일 공식 발효되어 지난 48년간 국제무역질서를 이끌어 오던 GATT 체제가 정식 해체되고, WTO가 1995년 1월 1일을 기하여 정식으로 출범하였다. 이후 가맹국이 꾸준히 증가하여 2004년 10월 현재 WTO 회원국은 148개국이다.

WTO는 각료협의회에서 주요 결정을 내리며, 일반이사회가 상설로 이러한 결정을 수행한다. 일반이사회는 산하에 과거 GATT에 해당하는 상품교역이사회를 비롯하여 서비스교역이사회(GATS) 및 지적재산권이사회(TRIPS)를 관할하고 있다. 이처럼 WTO는 상품은 물론 농산물, 섬유, 금융, 통신, 정부구매, 공업규격, 식품위생규제, 지적재산권 등 광범위한 분야를 포괄하고 있으며, 이와 같은 분야별 국제교역 규범을 효율적으로 수행하기 위해 관련기구들을 신설하였다.

또 WTO는 무역정책검토기구(TPRB: Trade Policy Review Body)를 설립하여 각 회원국의 무역관련 법, 제도, 정책 및 관행을 정기적으로 평가하기 위한 무역정책검토제도(TPRM: Trade Policy Review Mechanism)를 실시하고 있다. 이 제도는 각국의 무역관련 법, 제도 및 정책을 다른 회원국에게 투명하고 명료하게 보여줌으로써 세계교역을 보다 자유롭게 하고, 장기적으로 보호무역주의 추세를 예방하는데 중요한 역할을 담당한다.

WTO 체제에서 모든 분쟁은 분쟁해결기구(DSB: Dispute Settlement Body)를 통하여 해결하도록 규정되어 있다. 분쟁해결과 관련하여 과거 GATT에서는 명확한 관련조항이 없이 관련 절차가 여기저기 분산되어 있었으나, WTO에서는 분쟁해결 절차 및 능력을 대폭 강화하는 '분쟁해결 규칙 및 절차에 관한 양해'를 채택하였다. WTO의 모든 회원국들은 의무위반, 협정상의 목적달성에 대한 장애를 시정하고자 하는 경우에 이 규칙 및 절차를 원용하거나 준수하도록 되어 있다. 만약 양국간에 분쟁이 발생할 경우에는 반드시 분쟁해결기구의 패널에 의해 조정되어야 한다. 어느 국가도 분쟁해결기구에 의하지 않고는 협정위반에 대한 판결을 내릴 수 없으며, 일방적인 무역 보복조치는 더욱 용납되지 않는다.

WTO에는 그 기능과 관련해 몇 가지 기본적인 원칙이 있다. 첫째는 무차별원칙이고, 둘째는 예측 및 개선 방향으로 시장접근을 추진하는 것이며, 셋째는 공정한 경쟁을 촉진하는 것이고, 마지막은 경제개혁과 개발을 촉진하는 것이다. 이를 구체적으로 설명하면 다음과 같다.

첫째, 무차별 원칙(without discrimination)에는 최혜국대우와 내국민대우 원칙이 있다. 최혜국대우(most-favoured-nation) 원칙은 어떤 국가에 특별한 혜택을 주는 것이 아니라 모든 국가를 동등하게 대우한다는 것이고, 내국민대우(national treatment) 원칙은 자국 상품과 외국 상품간에 차별을 두지 않는다는 것이다. 그러나 특정 국가들이 자유무역협정(FTA)을 형성하여 역외국가들과 역내국가들의 제품에 차별을 두는 경우는 최혜국대우 원칙의 예외로 인정한다. 무차별원칙은 무역상대국의 빈부와 강약에 관계없이 같은 제품과 서비스에 대해서는 똑같은 대우를 함으로써 무역 장벽을 없애고 시장을 개방하려는 취지를 갖고 있다.

둘째, 협상에 의해 무역 장벽을 점차 제거하고 각국이 임의로 무역 장벽을 조정하지 않도록 함으로써 예측가능성을 높인다. 관세나 수입규제, 수량할당 등 각종 규제를 완화하는 것은 GATT에서도 8회에 걸친 협상을 통해 꾸준히 추진해오던 사항이다. 그런데 국가마다 경제상황에 차이가 있으므로 WTO협정은 개도국들에게는 점진적 개방을 허용하여 개방 확대에 보다 많은 시간을 준다. 미리서 약정을 통해 미래의 상황을 보다 명확히 함으로써 예측가능성을 높이고 있다.

셋째, WTO는 수출보조금이나 덤핑과 같은 부당한 조치를 제거함으로써 보다 공정한 경쟁을 촉진하고, 무역에서 발생하는 국가 간 분쟁을 해결하기 위한 중재역할을 한다. 즉, 국가 간 협의를 통해 무역규제조치를 완화하고, 합의된 규칙에 근거해 중립적인 입장에서 분쟁을 해결함으로써 공정한 무역이 이루어지도록 한다. 그러나 WTO는 완벽한 자유무역만을 주장하지는 않는다. WTO체제는 특정상황에서의 관세부과나 다른 보호제도를 인정하고 있다.

마지막으로 WTO는 제도개선과 경제발전을 촉진하는 역할을 한다. 저개발국에게 조정시간이나 특혜와 같은 혜택을 인정하고 있다. WTO 회원국의 3/4 이상이 개도국이거나 사회주의 경제에서 시장경제로 전환한 국가들이다. WTO는 이들 국가들의 경제발전을 촉진하기 위해 저개발국들이 협정을 수용할 시기에 유연성을 갖도록 하며, 저개발국에 대한 특별한 원조나 무역특권을 인정하기도 한다.

3. GATT와 WTO의 차이

WTO와 GATT는 다음과 같은 점에서 차이가 있다. 첫째, 법적인 측면에서 GATT는 회원국 의회의 비준을 받지 않은 임시적인 협정이었으나 WTO는 항구적인 국제조직이다. 각 회원국들이 국제기구로 비준하였으므로 WTO는 법률적 힘과 구속력이 있다.

둘째, GATT체제가 '자유로운 무역'을 추구하였던 반면, WTO는 '더욱 자유롭고 보다 공정한 무역'을 목표로 하고 있다. 시장개방의 폭을 크게 확대하고 있으며, 또한 공정무역의 창달을 위한 다자간무역체계의 기능도 강화하고 있다.

셋째, GATT는 상품교역의 확대에 초점을 두었으나, WTO는 개방의 대상으로 상품교역 이외에도 서비스교역, 지적재산권, 투자 등 GATT에서 다루지 않았던 새로운 분야들을 포괄하고, 섬유교역규제, 농산물교역의 예외적용, 수출자율규제 등 GATT체제에서 용인되어 온 보호무역조치들도 자유화시키고 있다.

마지막으로 WTO의 가장 새로운 측면은 분쟁해결절차(dispute settlement procedure)에 있다. GATT에서도 국가 간 무역분쟁을 해결하기 위한 국제심판소가 있었지만, 소송기간이 수년 또는 수십년을 끄는 경우가 많았다. 그리고 판결이 나도 이를 강력하게 집행하는 방법이 없었다. 이에 비해 WTO는 훨씬 더 공식적이고 효과적인 절차를 가지고 있다. 소송이 제기되면 전문가 패널을 구성하고 최종판결을 최소한 1년 이내에 종결하고, 상고절차도 15개월 이내에 끝내게 되어 있다.

WTO에서도 어떤 국가가 WTO의 판결을 준수하지 않은 경우 이를 강제로 집행할 권한은 없다. 그러나 심판 결과를 불복한 국가에 대해서는 상대국가가 그 국가의 수출상품 중 어느 상품에든지 보복관세를 부과할 수 있는 권한을 부여하였다. 따라서 불공정 무역에 대한 제소가 있는 경우, WTO 판결까지 가지 않고 사전에 해당 국가 간의 협의를 통해 해결되었고, 대부분의 국가들이 WTO의 판결을 받아들였다.

CHAPTER 05

국제수지와 환율

어떤 국가의 대외거래 현황을 알 수 있는 대표적인 지표가 국제수지다. 모든 대외거래는 국제수지표에 기록되기 때문이다. 그리고 환율의 변화는 수출과 수입만이 아니라 해외여행과 자본거래 등 모든 경제적 거래에 영향을 미친다. 개방경제에서 국제수지와 환율은 매우 중요한 경제변수이다. 여기서는 국제수지의 정의와 내용, 그리고 국제수지와 다른 경제변수와의 관련성을 알아보자. 또 환율의 개념과 환율 결정이론인 자산접근모형과 구매력평가설을 알아보자.

01 다국적기업

1. 국제수지의 개념

국제수지표는 일정 기간 동안에 일국의 거주자와 여타국의 거주자들 사이에 발생한 모든 경제적 거래를 체계적으로 분류한 표이다. 국제수지(balance of payments)는 어느 한 경제의 대외거래 수지를 알려준다. 가계의 살림살이가 가계부에 기록되는 것과 같이 국가 경제의 대외거래는 국제수지표에 기록된다. 국제수지의 정의와 관련된 세부 내용을 좀 더 알아보면 다음과 같다.

먼저 '일정 기간 동안에'라는 말은 국제수지가 스톡(stock) 변수가 아니고 플로우(flow) 변수임을 의미한다. 스톡 변수는 일정 시점에서의 양을 나타내는 것으로 외채, 통화량 등이 그 예이고, 플로우 변수는 일정 기간의 양을 합계한 것으로 국민소득, 수요량, 공급량 등이 그 예이다. 국제수지표는 한국은행에서 작성하는데 월 단위, 분기 단위, 그리고 연 단위의 기간으로 작성된다.

국제수지표는 '일국의 거주자와 여타국의 거주자' 사이의 거래를 대상으로 한다. 이는 국제수지표 작성에서 거래 당사자의 기준이 국적이 아니라 국경임을 뜻한다. 예를 들어, 외국에 있는 자국민과 국내 자국민과의 거래는 국경을 통과하므로 국제수지표에 집계되고, 국내에 있는 외국인과 국내 자국민과의 거래는 국내에서 이루어지므로 국제수지표에 집계되지 않는다. 이와 같이 국적과는 관계없이 국경을 통과하는 모든 거래는 국제수지표에 기록된다.

국제수지표는 '모든 경제적 거래'를 기록한다. 이는 국경을 통과하는 실물거래와 금융거래 등 모든 경제적 거래를 기록함을 말한다. 마지막으로 '체계적으로 분류'한다는 것은 모든 거래를 거래의 성격에 따라 재화 거래, 서비스 거래, 이전거래, 자본거래, 금융거래 등으로 분류하고, 이를 복식부기의 원리를 따라 작성함을 말한다.

2. 국제수지표의 내용

국제수지표는 1955년 IMF 가입을 계기로 한국은행이 1957년부터 작성 · 공표하였으며, 1958년부터는 IMF의 국제수지매뉴얼(BPM)에 따라 작성했다. 현행 국제수지표는 2010년 개정된 IMF의 국제수지매뉴얼 제6판(BPM6)을 기준으로 작성하고 있다. 제6판의 국제수지표는 크게 경상수지, 자본수지, 금융계정, 오차 및 누락 등 4개의 계정으로 구성된다. 이를 보다 상세히 설명하면 다음과 같다.

1) 경상수지

경상수지(current account)는 상품수지, 서비스수지, 본원소득수지, 이전소득수지로 구성된다. 상품수지는 상품의 수출액과 수입액의 차이이고, 서비스수지는 외국과 서비스거래의 수취액과 지급액의 차이이다. 본원소득수지는 거주자가 외국에서 벌어들인 임금이나 투자소득 대금과 비거주자에게 지급한 대금의 차이다. 그리고 이전소득수지는 거주자와 비거주자 사이에 대가 없이 이루어진 무상원조, 증여성 송금 등이다.

2) 자본수지

자본수지(capital account)는 자산 소유권의 무상이전, 채권자에 의한 채무면제 등의 자본이전과 양도가능한 무형자산의 취득과 처분을 기록하는 비생산 · 비금융자산으로 구분된다.

3) 금융계정

금융계정(financial account)은 직접투자, 증권투자, 파생금융상품, 기타투자 및 준비자산으로 구분된다. 기타투자에는 직접투자, 증권투자, 파생금융상품 및 준비자산에 해당되지 않는 모든 금융거래를 기록한다. 여기에는 대출 및 차입, 무역신용, 현금 및 예금 등의 금융거래가 포함된다. 준비자산에는 거래적 요인에 의한 외환보유액의 변동분이 계상된다.

4) 오차 및 누락

오차 및 누락(errors and omissions)은 기초통계들의 계상시점 및 평가방법상의 차이, 기초통계 자체의 오류, 통계작성 과정상의 보고 잘못이나 누락 등으로 인해 경상·자본수지 합과 금융계정 금액이 같지 않을 경우 이를 조정하기 위한 항목이다.

국제수지표는 복식부기의 원리에 따라 하나의 대외거래가 발생하면 대변과 차변에 각각 동일한 금액을 기록한다. 차변에는 상품 수입, 서비스 지급, 이자·배당금 지급이나 금융자산 증가, 금융부채 감소 등을 기록하고, 대변에는 상품 수출, 서비스 수입, 이자·배당금 영수, 금융자산 감소, 금융부채 증가 등을 기록한다.

금융계정에 기록되는 금융거래에는 두 가지 형태가 있다. 하나는 경상거래와 관련된 자금흐름이고 다른 하나는 금융상품 거래와 관련된 자금의 흐름이다. 예를 들어, 상품 수출 금액은 경상거래의 수출항목 대변에 기록되면서 동시에 금융계정의 기타투자 항목 차변(자산)에 기록된다. 즉, 경상거래는 경상수지와 금융계정에 동시에 기록된다. 그런데 금융상품 거래는 금융계정 내에서 대변과 차변에 동일한 금액으로 기록된다. 예를 들어, 외국인의 증권투자로 받은 현금은 금융계정 기타투자 항목 차변(자산)과 금융계정 증권투자 항목의 대변(부채)에 기록된다.

이처럼 국제수지표는 복식부기에 따라 기록하므로 이론상 경상·자본수지의 흑자/적자 규모는 금융계정의 순자산 증감과 동일해야 한다. 금융상품 관련 거래는 금융계정 내에서 서로 상쇄되고, 경상·자본수지 관련 거래는 금융계정에 기록되기 때문이다. 그러나 실제로는 금융계정과 경상·자본수지의 값이 같지 않다.

이는 국제수지표 작성에 쓰이는 기초통계에서 계상시점 및 평가방법상의 차이나 기초통계 자체의 오류가 있기 때문이다. 이는 오차 및 누락 항목으로 보정한다.

3. 국제수지 균형의 개념

국제수지표는 복식부기로 기입되므로 대변의 총합계와 차변의 총합계는 항상 같다. 이와 같이 국제수지표의 총체적인 수입과 지급의 차이는 항상 영(0)이 되므로 전체 거래를 기준으로 국제수지 균형을 판단하는 것은 의미가 없다. 국제수지의 균형 여부는 국제수지표의 일부 계정에서 수입과 지급이 같은가로 판단한다.

국제수지 균형은 민간부문의 자율적 거래에 의한 대외거래의 균형을 의미한다. 따라서 국제수지표에서 자율적 거래와 관련된 항목을 선택하고, 자율적 거래에서 나타나는 수입과 지급을 기준으로 국제수지 균형 여부를 판단한다. 국제수지표상의 모든 거래는 그 성격에 따라 자율적 거래(autonomous transaction)와 보정적 거래(accommodating transaction)로 나눌 수 있다. 자율적 거래는 국가 간의 가격, 소득, 그리고 이자율 등 경제적 요인에 의해 발생하는 거래이며, 보정적 거래는 자율적 거래를 뒷받침하기 위한 보조적 거래다.

예를 들어 어떤 국가가 1년 동안 다른 국가와의 무역거래에서 100억 달러를 수출하고, 120억 달러를 수입했다고 하자. 이 국가가 수출로 얻은 외화는 100억 달러인데 수입에 필요한 외화는 120억 달러이므로 20억 달러가 부족하다. 부족한 20억 달러를 외국에서 단기자본으로 도입한다면, 국제수지의 총체적인 수입과 지급은 같아진다. 이 예에서 단기자본도입액 20억 달러는 수출과 수입의 차를 보정하기 위한 것이므로 자율적 거래가 아니다. 이 경우 자율적 거래를 기준으로 한 국제수지는 20억불 적자다.

어떠한 거래를 자율적 거래로 볼 것인가 하는 점은 국제수지 균형을 정의하는데 매우 중요한 문제다. 가장 널리 사용되고 있는 국제수지로는 무역수지와 경상수지가 있다. 무역수지(trade balance)는 재화의 수출입에 초점을 맞춘 국제수지 개념이다. 국제수지표의 '상품수지'를 일반적으로는 무역수지라고 부른다. 수출과 수입 중에서 수출이 더 많으면 무역수지는 흑자이고, 수입이 더 많으면 무역수지는 적자이다. 모든 국가는 상품 교역의 불균형을 나타내는 무역수지에 가장 관심이 많다.

경상수지(current account balance)는 무역수지와 함께 가장 일반적으로 사용되는 국제수지 개념이며, 여기에는 무역수지(상품수지), 서비스수지, 본원소득수지, 이전소득수지가 포함된다. 경상수지는 상품 수출입이나 서비스 거래 등을 자율적 거래로 생각하고, 자본거래를 보정적 거래로 간주함을 의미한다.

4. 한국의 국제수지

[표 5-1]은 2018년 한국 국제수지표를 간단하게 정리한 표이다.1) 경상수지는 764.1억 달러 흑자이고, 자본수지는 1.9억 달러로 흑자이다. 금융계정을 보면 순자산 증가가 704.9억 달러이고, 오차 및 누락 항목은 −61.1억 달러이다. 모든 거래가 복식부기에 따라 기록되기 때문에 경상 · 자본수지 합과 금융계정의 값은 같아야 한다. 실제 통계에서 나타나는 오차 및 누락을 고려하면, [표 5-1]에서 항상 $(A+B-C+D)=0$이 된다. 즉, 경상 · 자본수지 흑자는 그 만큼의 금융자산 증가로 나타난다. 표를 보면, 2018년 한국은 경상수지와 자본수지의 흑자가 금융자산 증가로 나타남을 보여준다.

경상수지 764.1억 달러 흑자는 다시 몇 가지 세부 항목으로 나뉜다. 먼저 수출과 수입의 차액을 나타내는 상품수지는 1,118.7억 달러 흑자이다. 그리고 서비스수지는 −297.4억 달러 적자이고, 본원소득수지는 27.8억 달러 흑자로 해외로 유출된 요소소득보다는 해외에서 벌어들인 요소소득이 더 많았으며, 이전소득수지는 −85.0억 달러 적자는 한국에서 해외로 이전된 소득이 더 많았음을 말해준다.

자본수지는 1.9억 달러 흑자다. 자본수지의 거래규모는 어느 나라에서나 다른 항목에 비해 미미하다. 2010년 한국의 자본이전수지는 −0.2억 달러이고, 비생산 비금융자산 수지는 2.1억 달러로 거래규모가 크지 않다.

금융계정을 보면, 직접투자 항목에서 자산 증가가 244.4억 달러로 외국인의 국내직접투자보다는 내국인의 해외직접투자가 더 많았다. 증권투자 항목에서도 자산 증가가 438.8억 달러로 외국인의 국내증권투자보다 내국인의 해외증권투자가 더 많았다. 파생금융상품 항목은 −13.1억 달러, 기타투자 항목은 −140.1억 달러로

1) 금융계정 부호 표기방식이 2016년 2월부터 '순유출입액 기준'에서 '자산 · 부채 증감 기준'으로 변경되었다. 금융계정 각 항목은 자산 및 부채를 합산하여 산출한 과거와 달리 자산에서 부채를 차감하여 계상한다. 경상수지가 흑자일 때 종전에는 금융계정이 (−)로 나타났지만, 현행 방식에서는 (+)로 나타나게 된다(한국은행(2016), 『국제수지통계의 이해』 참조).

자산감소를 나타낸다. 마지막으로 준비자산은 174.9억 달러로 준비자산이 증가했음을 보여준다. 준비자산 증가는 중앙은행의 외환보유고로 나타난다. 표의 준비자산 항목은 2018년 한 해 동안 한국의 외환보유고가 174.9억 달러 증가했음을 알려준다.

표 5-1 한국의 국제수지표(2018년) (단위: 억 달러)

항목명 1	항목명 2	항목별 수지	항목별 수지
I. 경상수지(A)	상품수지	1,118.7	764.1
	서비스수지	−297.4	
	본원소득수지	27.8	
	이전소득수지	−85.0	
II. 자본수지(B)	자본이전	−0.2	1.9
	비생산비금융자산	2.1	
III. 금융계정(C)	직접투자	244.4	704.9
	증권투자	438.8	
	파생금융상품	−13.1	
	기타투자	−140.1	
	준비자산	174.9	
IV. 오차 및 누락(D)			−61.1

주: 1) 금융계정은 순자산 기준임. 자산·부채 증가는 (+), 자산·부채 감소는 (−)임.
2) 위의 표에서 항상 (A+B−C+D)=0의 관계에 있음.
자료: 한국은행, 경제통계시스템, 2019.

02 국제수지와 다른 경제변수와의 관계

1. 국제수지와 국민소득

국제수지와 국민소득과의 관계를 살펴보기 위해 국민소득이 어떻게 결정되는가를 간단히 알아보자. 균형국민소득은 총수요에 의해 결정된다. 총수요는 소비, 투자, 정부지출, 해외수요로 구성된다. 이를 식으로 표기하면 다음과 같다.

$$Y = C + I + G + (X - M) \tag{5.1}$$

여기서 Y는 총생산량 또는 국민소득을 나타내고, C는 소비, I는 투자, G는 정부지출, X는 수출, M은 수입을 나타낸다. 위 식은 자국 재화에 대한 총수요(aggregate demand)에 의해 자국의 총생산량이 결정됨을 뜻한다. 총수요는 어느 나라 사람의 지출이든 우리 재화에 대한 수요의 총액을 나타낸다. 따라서 자국 재화에 대한 총수요는 가계, 기업, 정부의 수요를 나타내는 소비, 투자, 정부지출 중에서 외국제품에 지출한 수입을 빼고, 외국인의 우리 재화에 대한 수요인 수출을 합하면 된다.

국내총지출(aggregate spending)은 우리 재화든 외국 재화든 우리나라 사람이 지출한 총액을 나타낸다. 국내총지출은 흡수(吸收) 또는 압솝션(absorption)이라고 하고, 이는 다음과 같이 정의된다.

$$A = C + I + G \tag{5.2}$$

여기서 A는 자국의 총지출(압솝션)을 나타낸다. 외국과 거래가 없는 폐쇄 경제에서는 우리의 총지출이 모두 우리 재화에 대한 총수요와 같고, 따라서 국민총생산은 총지출과 일치한다. 그러나 개방경제에서는 우리의 총지출 중에는 자국 재화만이 아니라 외국 재화에 대한 수요가 포함되어 있기 때문에 총지출과 우리 재화에 대한 총수요가 반드시 일치하지는 않는다.

식(5.2)를 식(5.1)에 대입하면,

$$Y = A + (X - M) \tag{5.3}$$

이 된다. 식(5.3)을 다시 정리하면,

$$(Y - A) = (X - M) \tag{5.4}$$

이다.

식(5.4)는 총생산량과 총지출의 차이가 무역수지와 일치함을 나타낸다. 자국의 생산량보다 더 많은 소비를 하기 위해서는 외국의 재화를 수입해야 하므로 무역수지 적자가 발생한다. 따라서 총지출이 총생산량보다 많으면 무역수지 적자가 되고, 반대면 무역수지 흑자가 된다. 이러한 원리는 개인의 가계수지에도 적용된다. 어떤 가계가 한 달간 벌어들인 소득보다 더 많이 지출하면 적자가 되고, 반대로 소득보다 더 적게 지출하면 흑자가 된다. 식(5.4)는 무역수지 불균형이 총생산량과 총지출의 차이 때문임을 보여준다.

무역수지와 부문별 항목과의 관계를 알아보자. 국민소득은 소비, 저축, 세금으로 처분된다. 이를 식으로 나타내면 다음과 같다.

$$Y = C + S + T \tag{5.5}$$

여기서 S는 저축, T는 세금이다. 식(5.1)과 식(5.5)를 다시 정리하면,

$$(S - I) + (T - G) = (X - M) \tag{5.6}$$

이 된다.

식(5.6)은 저축이 투자보다 많고 재정수지가 흑자면 무역수지가 흑자가 됨을 보여준다. 1980년대 초에 미국에서 제기된 쌍둥이 적자(twin deficit) 논쟁은 당시 미국의 재정적자 확대가 무역수지 적자를 초래했다는 주장이다. 식(5.6)에서 보듯이 민간부문에서 저축과 투자가 일정할 때는 정부의 재정적자는 무역수지 적자로 연결된다. 그러나 민간부문에서 저축과 투자가 일정하지 않으면 재정적자가 무역적자와 직접적으로 연결되지는 않는다.

2. 국제수지와 통화부문

중앙은행의 대차대조표를 이용해 국제수지가 통화공급량에 미치는 영향을 알아보자. [표 5-2]는 중앙은행의 대차대조표다. 국내여신(domestic credit: DC)은 대정부 여신과 대민간 여신의 합이며, 순외화자산(net foreign asset: NFA)은 중앙은행의 대외자산과 대외부채의 차액이다. 중앙은행의 본원통화는 국내여신과 순외화자산의 합과 같다. 그리고 국내 통화공급량은 본원통화에 통화승수를 곱한 값이 된다.

표 5-2 중앙은행의 대차대조표

자산	부채
국내여신(DC) 순외화자산(NFA)	본원통화(H)

중앙은행의 대차대조표를 식으로 나타내면,

$$H = DC + NFA \tag{5.7}$$

이다. 여기서 H는 본원통화, NFA는 순외화자산, DC는 국내여신이다. 이 식을 변화량의 형태로 고쳐 쓰면,

$$dH = dDC + dNFA \tag{5.8}$$

이 된다. 국내여신이나 순외화자산이 변하면 본원통화량이 변하게 된다.

그런데 모든 대외거래는 외환거래를 수반하므로 국제수지의 불균형은 외화자산을 변화시킨다. 국제수지표의 '준비자산 증감' 항목이 중앙은행의 외화자산 변화를 나타내는 항목이다. 모든 대외거래의 결과, 즉 국제수지가 흑자면 외화자산이 증가하고, 국제수지가 적자면 외화자산이 감소하므로 이를 식으로 나타내면 다음과 같다.

$$dNFA = BOP \tag{5.9}$$

여기서 BOP는 국제수지, $dNFA$은 순외화자산의 변동을 나타낸다.

식(5.8)과 식(5.9)를 다시 정리하면,

$$dH = dDC + BOP \tag{5.10}$$

이다. 이 식에서 보듯이 국제수지가 흑자면 본원통화가 증가하여 통화공급량이 증가하고, 국제수지가 적자면 통화공급량이 감소한다.

이처럼 국제수지 불균형은 통화공급량에 직접적인 영향을 미친다. 국제수지 흑자로 통화량이 증가하여 인플레이션이 우려되는 경우, 중앙은행은 공개시장조작을

제1편

통해 통화를 환수할 수 있다. 이처럼 국제수지 불균형에 의해 발생한 통화공급량 변화를 국내여신으로 조절하여 통화량을 일정하게 유지하는 정책을 불태화정책(sterilization policy)이라고 한다. 이는 식(5.10)에서 국제수지 흑자분을 국내여신(dDC)의 감소로 상쇄하여 본원통화의 변화(dH)를 없애는 정책이다. 이와 같은 불태화정책을 사용하면 국제수지 흑자 때문에 발생하는 인플레이션을 막을 수 있다.

1986년부터 1989년까지 4년간 한국은 무역수지 흑자로 많은 양의 외환이 유입되었다. 유입된 외환의 일부는 우리의 대외부채를 상환하는 데 사용하였지만, 그 나머지는 국내 통화량을 증가시켜 부동산시장과 증권시장에서 자산가격을 인상시키는 등 인플레이션을 가져왔다. 이는 국제수지의 변화가 국내 통화량을 변화시켜 물가수준에 영향을 미친 예이다.

3. 국제수지에 영향을 미치는 경제변수

국제수지 균형은 경제정책의 주요 목표 중 하나다. 국제수지 불균형이 발생하면 이를 조정하기 위한 정책수단을 강구하게 된다. 국제수지 불균형에 영향을 미치는 변수로는 환율, 소득, 통화량, 이자율을 들 수 있다.

1) 환율

환율이 올라가면 수입재의 국내가격이 올라가서 수입이 감소하고, 수출재의 외화표시 가격이 하락하여 수출이 증가한다. 따라서 무역수지가 적자일 때, 환율이 올라가면 무역수지가 개선된다. 그런데 수출이 어느 정도 증가하고 수입이 얼마만큼 감소하느냐는 수출재와 수입재에 대한 가격탄력성에 따라 다르게 나타난다. 환율 상승으로 수출재와 수입재의 가격이 변할 때, 가격탄력성이 작은 경우에는 수출 증가와 수입 감소가 크지 않아 무역수지 개선효과가 작고, 반대로 가격탄력성이 큰 경우에는 무역수지 개선효과가 크다. 이처럼 환율변화에 의한 무역수지 개선 정도가 수출재와 수입재의 가격탄력성에 의해 정해지므로 이를 탄력성 접근(elasticity approach)이라고 한다.

만일 양국의 수입수요 탄력성이 너무 작다면 환율을 올리더라도 무역수지를 개선할 수 없다. 예를 들어 원유는 수요탄력성이 매우 작은 필수재로 수입재 가격이 올라가더라도 원유의 수입량 감소는 미미하다. 대부분의 수입재가 수요탄력성이 작은 필수재라면 환율을 인상하더라도 무역수지를 개선하기는 어렵다. 이와 같이 환율을 인상하더라도 무역수지를 개선하기 어려운 상황을 탄력성 회의(elasticity pessimism)라고 한다.

2) 소득

식(5.4)의 $(Y-A)=(X-M)$을 보면, 소득과 흡수(총지출)의 차이가 무역수지 불균형이 되므로 무역수지를 개선하기 위해서는 지출을 줄여야 한다. 재정지출을 줄이거나 조세수입을 늘리면 총지출 A가 감소하므로 무역수지가 개선된다. 즉, 정부의 재정적자가 늘어나면 무역수지가 나빠지고, 재정적자가 감소하면 무역수지가 개선된다. 이는 국제수지 조정방법으로 흡수(총지출)의 역할을 강조하고 있다는 점에서 흡수접근방법(absorption approach)이라고 한다.

3) 통화량

화폐적 접근방법(monetary approach)에서는 국제수지 불균형을 화폐에 대한 수요와 공급의 불일치로 본다. 즉, 국내 화폐시장의 초과공급은 국제수지 적자로 나타나고, 국내 화폐시장의 초과수요는 국제수지 흑자로 나타난다고 한다. 그러므로 국제수지가 적자일 때는 이를 해결하기 위해서는 중앙은행이 통화공급량을 줄여야 한다. 그러나 국제수지 적자와 실업이 동시에 발생할 때는 국제수지 개선을 위해 통화공급량을 줄여야 하지만, 이는 경기를 위축시켜 실업이 더욱 증가할 위험이 있기 때문에 정책시행에 주의가 필요하다.

4) 이자율

포트폴리오 접근방법(portfolio approach)에서는 개인 또는 금융기관의 자산선택행위에 기초하여 국제수지 불균형을 해석한다. 자본의 유출은 국제수지 적자를 가져오고, 자본의 유입은 국제수지 흑자를 가져온다고 해석한다. 국내 이자율이 올라가면, 외국인의 국내채권에 대한 수요가 늘고 또 내국인의 외국채권에 대한 수요가 줄어서 자본유입이 증가하므로 국제수지가 개선된다. 따라서 국내 이자율이 올라가면, 국제수지가 개선된다. 이자율 변화에 의한 자본이동은 비교적 신속하게 이루어지므로 이자율은 다른 경제변수에 비해 단기적인 국제수지 조정에 영향력이 크다.

03 환율의 정의와 변동 요인

1. 환율의 정의

국가마다 서로 다른 화폐단위를 가지고 있다. 우리나라의 화폐단위는 원(₩)이고, 미국은 달러($), 일본은 엔(¥), 중국은 위안(Yuan)이고, 영국은 파운드(£), 독일과 프랑스 등 유럽통화동맹(EMU) 국가들은 유로(€)를 화폐단위로 이용하고 있다.

환율(exchange rate)은 외국통화와 국내통화와의 교환비율을 말하며, 보통 환율은 외국화폐 1단위와 교환되는 국내화폐의 양으로 표시한다. 따라서 미국 달러화의 환율은 (₩/$)로 표기하고, 일본 엔화의 환율은 (₩/¥)로 표기한다. 예를 들어 달러화의 환율이 1,000(₩/$)이라면, 미국 1달러를 구입하는데 1,000원을 지불해야 함을 의미한다. 또 일본 엔화의 환율이 10(₩/¥)이라면, 일본 화폐 1엔을 구입하는데 10원이 필요함을 나타낸다.

환율은 외국 화폐의 가격이다. 환율이 올라가면 외국 화폐를 구입하는 데 더 많은 자국 화폐를 지불해야 한다. 따라서 영어로 표현할 때 환율상승은 depreciation(가치하락) 또는 devaluation(평가절하)으로, 환율하락은 appreciation(가치상승) 또는 revaluation(평가절상)으로 표현한다. 고정환율제도에서는 정부의 정책에 의해 환율이 인위적으로 변동한다는 점에서 환율변화를 평가절하(devaluation)와 평가절상(revaluation)으로 표현하고, 변동환율제도에서는 환율이 시장에서 자유롭게 변동한다는 점에서 환율변화를 환율상승(depreciation)과 환율하락(appreciation)으로 표현한다. 환율은 상대적이기 때문에 자국의 화폐가치가 올라가면 상대국의 화폐가치는 반드시 하락한다.

수입재의 가격을 국내 화폐로 표시하기 위해서는 환율이 필요하다. 예를 들어, 3만달러짜리 미국산 자동차를 수입한다고 하자. 미국 달러의 환율이 1,100원이면, 이 자동차의 한국내 가격이 3,300만원이 된다. 그런데 환율이 1,200원으로 올라가면 이 자동차의 한국 수입가격이 3,600만원으로 올라가고, 반대로 환율이 1,000원으로 내려가면 이 자동차의 한국내 수입가격은 3,000만원으로 내려간다. 이처럼 환율이 올라가면 수입재의 국내가격도 올라가고, 환율이 내려가면 수입재의 국내가격도 내려간다.

한국 제품을 미국에 수출할 때 이 제품의 가격을 달러로 표시하기 위해서도 환율이 필요하다. 예를 들어, 2천2백만원짜리 한국산 자동차를 미국에 수출한다고 하자. 환율이 1,100원이면 미국내 가격이 2만달러가 된다. 그런데 환율이 1,000원으로 내려가면 미국내 가격이 2만2천달러로 올라가고, 환율이 1,200원으로 올라가면 미국내 가격이 18,333달러로 내려간다. 이처럼 환율이 올라가면 한국 수출재의 외화표시 가격은 내려가고, 환율이 내려가면 외화표시 가격은 올라간다.

2. 환율 변동의 요인

환율은 외환에 대한 수요와 공급에 의해 결정되지만, 이 외에도 통화 가치에 영향을 미치는 여러 요소들에 의해 결정된다. 그리고 환율 변화의 요인은 단기적 요인과 장기적 요인으로 구분된다. 여기서는 개괄적인 요인들을 간단히 열거하고, 환율 변동의 이론적인 측면은 추후에 살펴보기로 한다.

1) 중 · 장기적 요인

(1) 물가수준 변동

장기적 요인 중 가장 중요한 것은 두 국가의 물가수준 변동이다. 환율은 양국 통화의 교환비율이므로 한 국가의 화폐가치가 변하면 환율도 변한다. 예를 들어, 한 나라의 물가상승률이 상대국에 비해 높으면, 그 나라의 화폐 가치가 상대국보다 낮아지므로 환율이 올라간다. 그러나 물가수준이 변한다고 반드시 환율이 변하는 것은 아니다. 즉, 환율이 양국의 물가수준 변화를 정확하게 반영할 수는 없다. 하지만 환율이 양국 화폐의 교환비율이라는 점에서 물가수준의 변화는 장기적으로 환율 변화에 영향을 미친다.

(2) 국제수지

국제수지가 흑자가 되면 외환 공급이 늘어나므로 외화의 가격인 환율은 하락하고, 반대로 국제수지가 적자가 되면 외환에 대한 수요가 증가하여 환율은 상승한다. 따라서 외국으로부터의 자본 유입이 증가하면 외환 공급량이 증가하므로 환율은 하락하고, 자본 유출이 증가하면 외환에 대한 수요가 증가하므로 환율이 상승한다. 또 수출이 증가하면 외환의 공급이 늘어서 환율이 하락하고, 수입이 증가하면 외환에 대한 수요가 증가하여 환율이 올라간다.

(3) 거시경제정책

통화정책을 긴축적으로 운용하면 통화공급이 감소하고 국내금리가 상승하여 자본유입이 늘어나므로 환율이 내려간다. 그러나 다른 한편으로 국내금리의 상승에 따른 경기 위축으로 외국인 투자자금이 유출되면, 이는 환율상승 요인으로 작용한다. 이 양자 중 어느 요인이 더 큰가에 따라 금리 상승이 환율에 미치는 영향이 결정된다. 일반적으로 국가 간 자본이동이 자유로운 경제에서는 금리가 올라가면 외국자본이 유입되어 환율이 내려간다.

그리고 재정지출이 증가하면 경기가 좋아지고 수입이 늘어난다. 이는 외환에 대한 수요를 증가시키므로 환율이 올라간다. 그러나 다른 한편으로 경기가 회복되어 기업의 수익성이 개선되고 외국인 투자자들의 신뢰가 높아져 자본유입이 증가하면, 이는 환율을 떨어뜨리는 요인이 된다. 이와 같이 거시경제정책의 변화는 환율에 영향을 미치지만, 그 효과는 경제환경에 따라 다르다.

2) 단기적 요인

(1) 시장참가자들의 기대

외환시장 참가자들의 환율에 대한 예상은 국제외환시장 동향, 거시경제 전망, 정부의 정책방향 등 다양한 요인들에 의해 영향을 받는다. 시장참가자들의 기대변화는 실제로 환율 변동을 초래한다. 시장참가자들의 환율 예상이 같은 방향이면 환율이 급변동하고 외환시장이 불안정해지는 동반효과(bandwagon effect)가 나타난다.

각종 뉴스는 시장참가자들의 기대에 영향을 미쳐 단기 환율변동에 영향을 미친다. 시장참가자들은 경제뉴스만이 아니라 정치뉴스, 국내뉴스 및 해외뉴스에 민감하게 반응한다. 예를 들어, 이라크 전쟁이 임박했다는 뉴스나 북핵으로 한반도가 위험하다는 뉴스 등은 모두 환율 변화에 영향을 미친다.

(2) 주변국 환율변동

관련 국가의 환율변동이 자국 통화 가치에 영향을 준다. 수출시장에서 경쟁관계에 있는 나라의 화폐가 절하되는 경우 자국의 대외 수출경쟁력이 약화된다. 그 결과 수출부진으로 외환공급이 감소할 것이라는 시장기대가 형성되어 자국의 통화도 절하된다. 우리나라 원화는 일본 엔화의 가치변동과 밀접한 관련을 갖고 있다. 특히 2002년과 2003년 사이에는 달러 환율은 변동하지만, 엔화 환율은 1 : 10의 비율로 거의 일정한 수준을 유지하고 있다. 이는 달러에 대한 원화환율과 엔화 환율이 같은 수준으로 변함을 나타낸다.

(3) 은행의 외환포지션 변동

은행의 외환포지션 변동은 환율 변화에 영향을 미친다. 은행 외환포지션(=외환자산−외화부채)의 매도초과 혹은 매입초과가 커지면 포지션 조정을 위해 거래가 일어나고 그 결과 환율이 변동하게 된다.

3. 한국 환율의 변화

<그림 5-1>은 원화의 달러, 엔, 유로에 대한 연간 평균환율의 변화다. 1964년 이후 원/달러 환율은 전반적으로 상승하였는데, 이는 원화 가치가 상대적으로 하락했음을 뜻한다. 그림에서 보듯이 1974~1979년의 5년 동안에는 환율이 484원/달러로 일정하다. 당시 한국은 완전 고정환율제도를 시행하였음을 말한다. 그러나 이후 환율이 급격히 상승하고 있는데, 이는 그간 억제되었던 환율 상승분이 한꺼번에 반영된 결과로 해석된다.

1986~1989년에는 달러 환율과 엔화 환율이 모두 하락하고 있는데, 이는 당시 한국의 경상수지가 흑자여서 환율 하락이 나타난 것이다. 그러나 1990년부터 경상수지가 다시 적자로 돌아섬에 따라 환율이 다시 상승하였고, 1997년 외환위기를 맞이하면서 환율은 큰 폭으로 급등하였다. 이후 경상수지 흑자가 지속되면서 환율이 다시 하락하였다. 그러나 2008년 세계 금융위기를 맞이하면서 다시 환율이 급등하였다. 이처럼 한국의 환율은 대내 또는 대외적인 환경변화에 의해 변동해 감을 알 수 있다.

1998~2004년 기간에는 원/엔 환율이 10 : 1 수준을 유지하여 원화와 일본 엔화 가치에 연동되어 있었다. 또 2001~2004년 사이에 유로에 대한 환율은 1,156원에서 1,422원으로 약 23%가 상승하였으나, 같은 기간에 달러에 대한 환율은 1,291원에서 1,145원으로 11%가 하락하였다. 이는 당시에 달러에 비해 유로화의 가치가 크게 상승했음을 말해준다.

2004년 이후 2006년까지 달러, 유로, 엔 모두의 환율이 하락하고 있다. 이는 원화의 가치가 세 통화 모두에 비해 올라갔음을 의미한다. 그러다가 2008년 세계 금융위기를 맞이하면서 달러, 엔, 유로의 환율이 모두 급등함을 볼 수 있다. 그 이유는 금융위기 상황에서는 사람들이 한국의 원화보다는 미국의 달러나 일본의 엔화, 그리고 유럽의 유로화가 더 안전하다고 생각하여 원화보다 이들 통화를 더 선호하였기 때문이다. 환율이 상승하면 수출기업들은 이익을 얻지만, 수입업자나 해외여행자들은 어려움을 겪게 된다.

2010년 이후 달러, 엔, 유로에 대한 환율이 모두 하락하고 있다. 이는 원화가치가 상대적으로 올라감을 뜻한다. 환율이 하락하면 수입업자나 해외여행자들은 이익을 얻지만, 수출기업들은 어려움을 겪게 된다.

그림 5-1 한국 환율의 변화(1964~2018년)

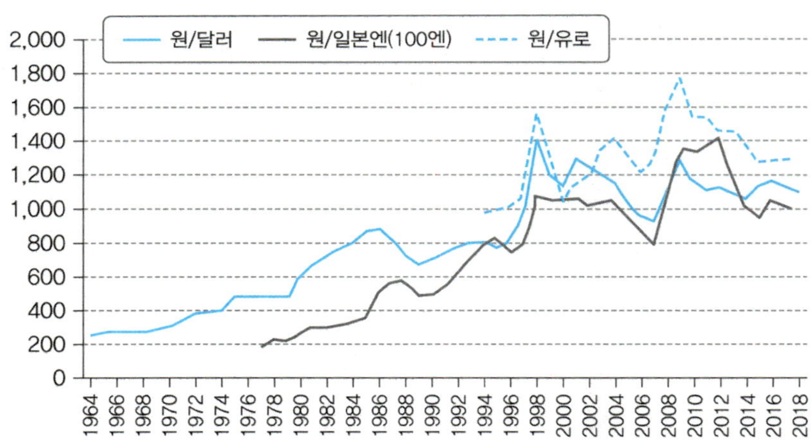

주: 1) 연간 평균환율임.
2) 엔화환율은 100엔에 대한 교환비임.
자료: 한국은행, 경제통계시스템. 2019.

04 환율결정이론

환율결정이론으로 자산접근모형과 구매력평가설을 소개하고자 한다. 자산접근모형은 단기적인 환율결정의 설명에 적절한 이론이고, 구매력평가설은 장기적인 환율결정의 설명에 적절한 이론이다.

1. 환율의 자산접근모형

1) 자산에 대한 수요

외국 화폐는 일종의 자산이고 환율은 외국화폐의 가격이므로 환율의 결정은 일반적인 자산접근모형으로 설명된다. 외환에 대한 수요는 일반적인 자산에 대한 수요와 마찬가지로 기대실질수익률, 위험성, 유동성 등에 의해 결정된다.

사람들은 수익률이 높은 자산을 선호한다. 따라서 외국의 금리가 더 높으면 외국은행에 예금을 하고자 우리나라 사람들이 외환을 구입하므로 외환에 대한 수요가 증가한다. 그런데 일정 기간 후 예금을 찾을 때 환율이 내려간다고 예상하면, 외국에 투자한 수익을 회수할 때 자국 화폐로 평가한 이자수입이 감소하므로 외국의 이자율이 더 높더라도 외국 은행에 예금을 하지 않는다. 따라서 예금의 실질수익률을 비교할 때는 양국간 금리 차이만이 아니라 환율변화를 함께 고려한다.

사람들은 안정적인 자산을 선호한다. 환율의 변동이 큰 국가일수록 이 국가의 예금으로부터 얻는 실질수익률의 변동 폭이 크므로 다른 조건이 같다면 사람들은 환율변동이 작은 국가에 예금을 하고자 한다. 따라서 환율변동이 작은 국가의 화폐에 대한 수요가 상대적으로 더 많아진다.

마지막으로 사람들은 가능한 유동성이 높은 외화를 보유하고자 한다. 미국 달러는 어느 나라에서나 환전과 사용이 가능하지만, 중국 위안화나 태국 바트화 같은 외화는 다른 나라에서 환전도 어렵고 더구나 사용은 거의 불가능하다. 따라서 사람들은 유동성이 높은 미국 달러를 보유하고자 한다.

2) 이자율 평형조건과 균형환율

앞서 살펴본 바와 같이 외환에 대한 수요는 다른 자산과 마찬가지로 기대실질 수익률, 위험성, 유동성에 의해 결정된다. 그러나 분석을 단순화하기 위해 사람들이 실질수익률에 의해서만 외화 예금에 대한 수요가 결정된다고 하자. 그리고 국가 간 자본 이동은 자유롭고, 1년 만기의 예금을 대상으로 하며, 1년 후 환율 변화에 대해서는 알 수 없다고 하자.

사람들이 한국에 예금할 것인가, 아니면 미국에 예금할 것인가는 두 나라 예금의 수익률 크기에 의해 결정된다. 외국 예금의 기대수익률이 더 높으면 우리나라 사람들이 외국 은행에 예금을 하므로 외환에 대한 수요가 늘고, 자국예금의 기대수익률이 더 높으면 외국인들이 자국 은행에 예금을 하므로 외환의 공급이 는다. 양국 예금의 기대수익률이 일치할 때, 외환에 대한 수요와 공급의 균형이 이루어진다.

양국 예금의 기대수익률이 같아지는 조건을 이자율평형조건(interest parity condition)이라고 한다. 이자율평형조건은 외환에 대한 수요와 공급이 일치하는 외환시장 균형조건이고, 다음과 같이 표현된다.

$$r = r^* + \frac{(e^e - e)}{e} \qquad (5.11)$$

여기서 r과 r^*는 한국과 미국의 이자율이고, e는 환율, e^e는 미래의 예상환율이다. 위 식에서 좌측은 한국 자산의 수익률이고, 우측은 미국 자산으로부터 예상되는 수익률이다. 이 식은 원화를 기준으로 한 이자율평형조건인데, 미국 달러를 기준으로 하더라도 식은 같다.

만일 한국 예금의 수익률이 더 높거나 외국 예금의 기대수익률이 더 높으면 외환시장에서 불균형이 발생하므로 환율이 변하게 된다. 양국의 기대수익률이 같아지면 외환시장의 균형이 이루어지고 이 때의 환율이 균형환율이 된다.

3) 균형환율의 변화

외환시장의 균형은 식(5.11)와 같이 자국 예금과 외국예금의 기대수익률이 일치할 때 달성된다. 그리고 외환시장의 균형을 달성하는 환율이 균형 환율이다. 식(5.11)을 보면, 이자율이나 예상환율이 변하면 예금의 기대수익률이 변하므로 균형환율도 변하게 됨을 알 수 있다.

한국의 이자율이 올라갈 때 환율이 어떻게 변할 것인지 생각해 보자. 한국의 이자율이 올라가면 한국 예금의 수익률이 미국 예금의 수익률보다 높아지므로 사람들은 한국에 예금을 하고자 달러를 팔고 원화를 구입한다. 이는 외환시장에서 달러의 공급을 증가시켜 환율이 하락한다. 이와 같이 한국의 이자율이 올라가면 환율이 하락하여 식(5.11)의 이자율평형조건이 만족된다.

반대로 외국 이자율이 올라가면, 달러예금의 기대수익률이 높아지므로 사람들은 외국은행에 예금을 하고자 원화를 팔고 달러를 산다. 이는 외환시장에서 달러에 대한 수요를 증가시켜 환율이 올라간다. 이와 같이 외국의 이자율이 올라가면, 환율이 올라가서 식(5.11)의 이자율평형조건이 충족된다.

이와 같이 이자율이 변하면 환율이 변한다. 그리고 이자율이 올라간 국가의 예금을 선호함에 따라 이 국가의 화폐가치가 상승한다. 한국의 이자율이 올라가면 원화의 가치가 상승하여 환율이 내려가고, 미국의 이자율이 올라가면 달러의 가치가 상승하여 환율이 올라간다.

그리고 사람들의 환율변화에 대한 예상이 변하면, 이러한 예상의 변화가 환율에 영향을 미친다. 예를 들어, 예상환율이 올라가면 외국예금의 실질수익률이 올라가서 외환에 대한 수요가 증가하므로 환율이 올라가서 식(5.11)의 이자율평형조건이 충족된다. 이와 같이 사람들의 예상환율이 올라가면 현재의 환율이 올라간다.

2. 구매력평가설과 환율

1) 구매력평가설

구매력평가설(purchasing power parity: PPP)은 환율이 국가 간 물가수준의 비율과 같다고 한다. 즉, 환율은 양국 화폐의 구매력을 일치시키는 교환비라고 한다. 다음의 예를 생각해 보자. 미국에서 1달러에 팔리는 재화가 한국에서 1,000원이라면, 양국의 구매력을 일치시키는 환율은 1,000원/달러가 되고, 이 재화의 가격이 한국에서 1,500원으로 오르면 환율은 1,500원/달러가 된다. 이와 같이 환율이 양국 물가수준의 비율과 같다는 것을 절대적 구매력평가설(absolute purchasing

제 1 편

power parity)이라고 한다.

위의 내용을 정리하면,

$$P = eP^* \tag{5.12}$$

이다. 여기서 e는 환율, P는 국내 물가수준, P^*는 외국의 물가수준이다. 우측은 외국의 물가를 자국 화폐로 표시한 값이다. 따라서 이 식은 양국의 물가수준을 동일 화폐로 표시하면 같아짐을 나타낸다.

양국에서 소비하는 재화가 하나밖에 없다면, 그 재화의 양국간 가격비율에 의해 쉽게 환율을 결정할 수 있다. 그러나 현실세계에서는 수많은 재화가 거래되고 있고, 양국간 재화의 가격비율이 재화마다 서로 같지 않다. 따라서 구매력평가설은 개별 재화의 가격이 아니라 재화 전체의 물가수준을 비교하여 환율을 찾아낸다.

식(5.12)를 미분하여 증가율 형태로 정리하면 다음과 같다.

$$\hat{e} = \hat{P} - \widehat{P^*} \tag{5.13}$$

여기서 ^은 증가율을 나타낸다. $\hat{e}$은 환율 상승률, $\hat{P}$과 $\widehat{P^*}$은 각각 자국과 외국의 물가상승률이다.

위의 식(5.13)은 환율 상승률이 국내물가상승률과 외국물가상승률의 차이에 의해 결정됨을 보여준다. 이를 상대적 구매력평가설(relative purchasing power parity)이라고 한다. 예를 들어, 국내물가상승률이 10%, 외국의 물가상승률이 5%라면, 환율은 5% 상승한다. 상대적 구매력평가설에 의하면 어떤 국가의 인플레이션이 상대국가보다 높으면 화폐가치가 떨어지고 환율이 올라간다.

2) 구매력평가설의 실증분석

절대적 구매력평가설에 따라 환율이 결정된다면, 달러 표시 재화 가격은 어느 나라에서나 같아야 한다. 예를 들어, 동일 브랜드의 핸드폰 가격을 달러로 환산하면, 어느 나라에서나 그 가격이 같아야 한다는 것이다. 그러나 현실세계에서 같은 제품이라도 국가마다 그 가격이 서로 다르다. 대체로 후진국의 물가수준이 선진국에 비해 낮다. 중국이나 인도와 같은 개도국의 물가 수준은 미국이나 일본과 같은 선진국의 물가수준보다 훨씬 낮다. 100달러를 위엔화로 바꾸어 중국에서 소비를 하면, 미국에서보다 훨씬 더 많은 재화를 구입할 수 있다. 이는 환율이 양국의 구매력을 일치시키는 수준에서 결정되지는 않음을 말해준다.

<그림 5-2>는 맥도날드 햄버거의 대표 상품인 빅맥의 가격을 국가별로 비교한 빅맥지수이다. 빅맥은 국가마다 요리법에 약간씩 차이가 있지만, 세계적으로 거의 표준화된 상품이다. <그림 5-2>를 보면, 2018년 1월 기준으로 미국의 빅맥은 5.3달러이고, 스위스는 6.8달러, 노르웨이는 6.2달러로 미국보다 높고, 중국은 3.2달러, 인도는 2.8달러로 미국보다 낮다. 모든 나라에서 구매력, 즉 빅맥의 가격이 같아지기 위해서는 달러대비 환율이 스위스나 노르웨이에서는 높아져야 하고, 중국이나 인도에서는 낮아져야 한다. 이는 현재 스위스나 노르웨이의 화폐는 고평가되어 있고, 중국이나 인도의 화폐는 저평가되어 있음을 의미한다. <그림 5-2>에서 보듯이 빅맥 가격으로 평가하면, 스위스의 화폐는 28.1% 고평가되어 있고, 인도의 화폐는 46.6% 저평가되어 있다.

그림 5-2 빅맥지수에 의한 환율비교

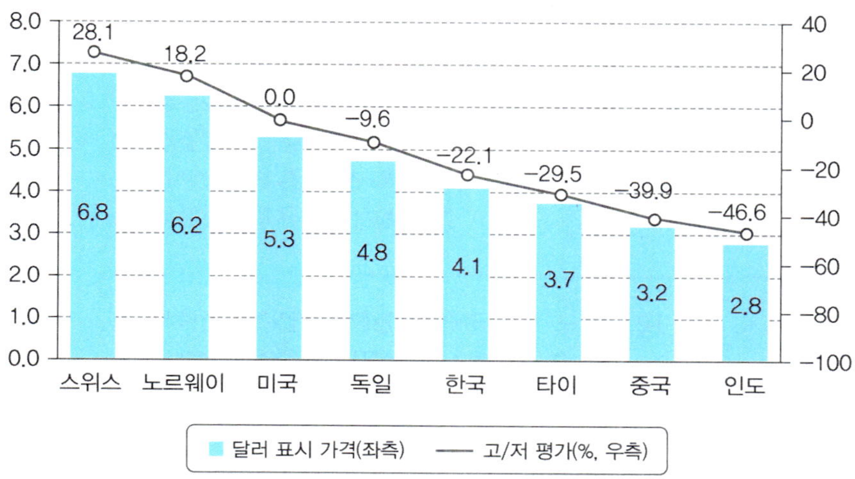

주: 달러표시 빅맥가격이 미국의 빅맥가격보다 높으면 그 나라 화폐가 고평가되어 있고, 낮으면 저평가되어 있음을 의미한다.
자료: The Economist, "The Big Mac index: Global exchange rates, to go," 2018. 1. 17.

우리나라의 빅맥은 4.1달러로 미국의 5.3달러보다 싸다. 이는 한국의 화폐가 22.1% 정도 저평가되어 있음을 나타낸다. 달리 말하면, 양국의 구매력이 같아지기 위해서는 원화가 22.1% 정도 고평가(환율 하락)되어야 함을 뜻한다. <그림 5-2>를 보면, 달러표시 빅맥 가격이 국가마다 다른데, 이는 구매력평가설에 의해 환율이 결정되지는 않음을 말해준다.

다음으로 상대적 구매력평가설의 현실 적용 여부를 알아보자. 상대적 구매력평가설은 국가 간 물가상승률의 차이가 환율 변화에 반영된다는 견해이다. 그런데 어떤 국가의 인플레이션이 높다고 그 국가의 환율이 즉각적으로 올라가지는 않는다. 상대적 구매력평가설은 단기보다는 장기에 성립한다. 대체로 3~5년이 지나면 물가상승률의 절반 정도가 환율에 반영되는 것으로 알려져 있다. 즉, 상대적 구매력평가설은 장기로 갈수록 현실 설명력이 높아진다.

<그림 5-3>은 장기적으로 인플레이션이 높은 국가에서 환율도 더 많이 상승함을 보여준다. 이는 1970~2010년까지 약 40년 동안의 119개국 자료를 이용한

그림 5-3 인플레이션율과 환율 변화율의 관계(1970~2010년)

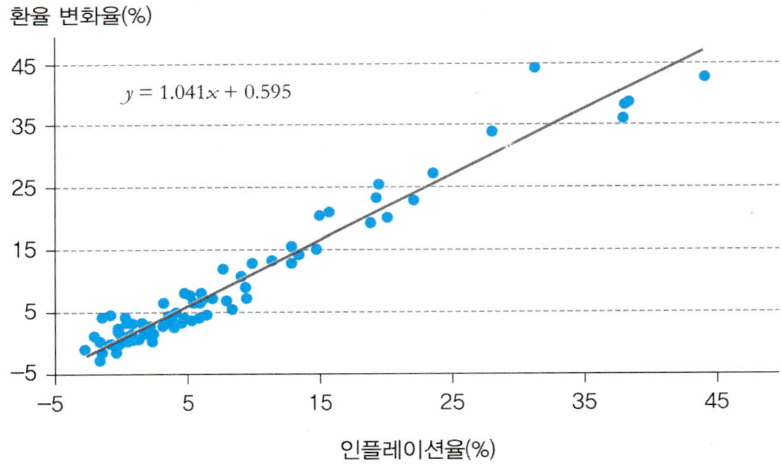

주: 1) 1970~2010년 기간의 119개국 자료를 이용함.
2) 횡축의 인플레이션율(%)은 연평균 값이며, 해당국의 소비자물가상승률에서 미국의 소비자물가상승률을 뺀 값임.
3) 종축의 환율 변화율은 해당국의 대미 달러환율의 연평균 변화율임.

자료: World Bank, *World Development Indicators*, 2011.

결과이며, 여기서 횡축은 해당 국가의 연평균 소비자물가상승률에서 미국의 연평균 소비자물가상승률을 뺀 값이고, 종축은 미국 달러에 대한 각국 환율의 연평균 변화율이다. 이 그림은 상대적 구매력평가설, 즉 $\hat{e}=\hat{P}-\widehat{P^*}$의 관계를 알아보고 있다. 즉, 미국보다 물가상승률이 높은 국가에서 환율이 그만큼 상승했는지를 보고 있다. 그림에서 보듯이 인플레이션과 환율 변화율 간에는 정(+)의 상관관계가 있고, 기울기도 1.041로 인플레이션과 환율변화가 거의 정비례의 관계임을 보여준다. 이는 물가상승률에 의해 환율이 변한다는 상대적 구매력평가설이 장기에서는 타당함을 보여준다.

3) 비교역재와 구매력평가설

빅맥 가격의 예에서 보았듯이 구매력평가설은 현실세계에서 그 타당성을 발견하기가 쉽지 않다. 수송비와 관세 등 국가 간의 무역장벽으로 어떤 제품이든지 해외시장에서 가격이 올라가기 때문에 국가마다 제품 가격이 같아질 수 없다. 즉, 현실적으로 국가 간 일물일가의 법칙이 성립하지 않는다.

국가 간 교역재의 가격이 같아지더라도 비교역재 때문에 국가마다 물가수준이 달라진다. 비교역재란 교역이 불가능한 재화나 서비스를 말한다. 대체로 공산품과 농산물 등은 교역재임에 비해 서비스재는 비교역재가 많다. 물론 서비스에도 교역가능한 재화가 있고, 점차 서비스의 교역가능성이 증가하고 있다. 과거에는 한국에 외국인 학교 설립이 불가능하였으나 이제 한국내 외국인 학교 설립이 가능해졌고, 외국계은행, 외국계 운송회사의 한국내 설립이 증가하는 것도 서비스의 교역 가능성이 증가하고 있음을 보여준다.

교역이 불가능한 비교역재의 가격은 국내수요와 국내공급에 의해 결정되므로 국가마다 비교역재의 가격이 서로 같을 이유가 없다. 그런데 각 국가의 물가지수는 교역재와 비교역재를 함께 포함하여 계산되므로 국가 간 물가지수에 의해 환율이 결정되기 어렵다. 예를 들어, 어떤 국가에서 교역재 가격은 불변인데, 비교역재 가격이 상승했다고 하자. 비교역재 가격의 상승으로 이 국가의 물가지수는 상승한다. 이때 환율이 변하지 않는다면, 물가수준 상승이 환율에 반영되지 않으므로 구매력평가설로부터 이탈하게 된다. 그런데 물가수준 상승을 반영하여 환율이 올라가면, 교역재의 자국 가격이 외국의 가격보다 싸지기 때문에 일물일가의 법칙이 깨지게 된다. 이와 같이 비교역재가 존재하면 구매력평가설이 성립하지 않게 된다.

한국의 경우 2014년 GDP 중 서비스업 비중이 65.6%나 된다. 서비스재가 모두 비교역재는 아니지만, 서비스업의 비중이 크다는 것은 경제에서 차지하는 비교역재의 비중이 큼을 말해준다. 비교역재의 존재는 구매력평가설의 성립을 어렵게 하는 가장 주된 요인이다.

이상에서 열거한 이유 이외에도 구매력평가설이 성립하지 않는 이유로는 다음이 있다. 첫째, 시장이 불완전한 경우 기업들은 동일한 재화에 대해 서로 다른 국가에서 서로 다른 가격을 부과한다. 둘째, 국가마다 물가지수 산출 방법이 서로 다르다. 물가지수는 여러 재화의 가격에 가중치를 두어 산출하는데, 국가마다 물가지수 산정에 포함하는 재화 묶음이 다르고, 또 가중치에 차이가 있다. 따라서 동일한 재화의 가격이 양국에서 같은 비율로 상승하더라도 가중치의 차이 때문에 전체 물가지수 변화는 서로 다르게 나타난다. 마지막으로 물가는 시간의 변화에 따라 서서히 조정되어 가는 경향이 있다. 환율이 변하더라도 수입재와 수출재 가격이 즉각적으로 변하지 않기 때문에 단기에서는 구매력평가설로부터 이탈이 나타난다. 그러나 환율 상승이 장기간 지속되면 시간이 흐름에 따라 수입재와 수출재의 가격이 변하게 되므로 <그림 5-3>에서 보듯이 장기적으로는 구매력평가설로부터의 이탈이 완화된다.

P·A·R·T 02

국제경영

제2편에서는 국제경영과 기업의 국제화, 다국적기업, 국제경영환경, 해외사업전략, 국제경영관리에 대한 내용을 정리하고 있다.

제6장에서는 국제경영이 무엇이고 그것이 국내경영과 어떻게 다른가, 그리고 해외시장진출방식에는 어떤 것들이 있는가, 기업은 무엇 때문에 국제화를 하게 되고, 어떤 과정을 거쳐 국제화를 추진하는가를 살펴본다.

제7장에서는 다국적기업의 정의, 다국적기업의 현황 및 이들의 경쟁적 우위를 살펴본다. 이어서 다국적기업과 해외직접투자간의 관계, 해외직접투자의 정의와 유형, 그리고 해외직접투자현황을 살펴본다.

제8장에서는 기업이 국제사업을 추진할 때 사전에 반드시 분석해야 할 제반 국제경영환경을 다룬다. 여기에서는 경제적 환경, 문화적 환경, 정치적 환경, 법률적 환경을 차례대로 살펴본다.

제9장에서는 해외사업전략을 다룬다. 그 주요 내용에는 해외진출방식의 선택, 수출전략, 국제계약전략, 해외직접투자전략 등이 포함된다.

제10장에서는 국제경영관리를 공부한다. 여기에서는 국제생산, 국제마케팅, 국제재무, 국제인사, 국제조직 등과 관련된 주요 내용을 상세하게 살펴본다.

CHAPTER 06

국제경영과 기업의 국제화

01 국제경영의 개념

1. 국제경영의 개념

국제경영(international business)이란 무엇인가? 몇몇 주요 학자들의 견해를 이용하여 그 정의를 살펴보면 다음과 같다.

로빈슨(Robinson)은 국제경영을 '한 나라, 한 영토 또는 한 식민지 이상의 사람 또는 기관에게 영향을 미치는 공적 · 사적 사업활동'이라고 정의하고 있다.[1]

콜데(Kolde)는 국제경영을 '국경을 초월하여 이루어지는 모든 경제활동과 경제관계'라고 광범위하게 정의하고 있다.[2]

로벅과 시몬즈(Robock & Simmonds)는 국제경영을 '국경을 초월하여 이루어지는 경영활동으로서, 여기에는 재화와 서비스, 자본, 인력, 기술 및 정보 또는 자료의 이동과 인력관리 등이 모두 포함 된다'고 좀 더 구체적이고 포괄적으로 정의하고 있다.[3]

이상 여러 학자들의 견해에서 볼 수 있는 바와 같이 국제경영이란 국경을 초월하여 최소 2개국 이상에서 이루어지는 모든 형태의 경영활동이라고 넓게 정의할 수 있다.

1) R. Robinson, *International Business Management*(Hinsdale, New York: Dryden Press, 1978), p. 17.
2) E. J. Kolde, *Environment of International Business*, 2nd ed.(Boston, Mass.: Kent Publishing Co., 1985), pp. 15~16.
3) S. H. Robock and K. Simmonds, *International Business and Multinational Enterprise* (Homewood, Ill.: Richard D. Irwin, 1983), p. 3.

2. 국제경영의 특수성

그렇다면 국제경영은 과연 국내경영과 어떤 점이 다른가? 사실, 국제경영은 국내경영과 많은 공통점을 가지고 있고 또 서로 유기적인 관계를 가지고 있다. 하지만 국제경영이 국내경영과 특별히 다른 점은 경영활동이 자기 나라와 전혀 다른 해외 여러 나라의 이질적인 환경(경제 · 문화 · 정치 · 법률적 환경) 하에서 이루어진다는 점이다.

따라서 국제경영은 한편으로는 국내경영에 비해 사업기회(opportunity)가 크게 확대된다는 긍정적인 측면도 가지고 있지만 다른 한편으로는 사업상의 위험(risk)이 훨씬 더 높아지게 된다는 부정적인 측면도 동시에 가지고 있다. 여기에 더하여 여러 가지 형태의 경영활동이 자기 나라와 전혀 다른 환경을 가진 해외 여러 나라에서 동시에 이루어진다는 점은 국제경영만이 가지고 있는 특수성이라고 할 수 있다.

따라서 국내경영에서 활용되는 경영학의 기본적이고 보편적인 원리는 국제경영에 있어서도 그대로 적용되지만 국제경영에서는 여기에 한 걸음 더 나아가 이질적인 환경상의 차이로 인해 발생하게 되는 국제경영상의 제반 문제를 효과적으로 해결할 수 있는 또 다른 특별한 이론과 실무를 필요로 하게 된다. 바로 이점이 국제경영이 국내경영과 특별히 다른 점이며 바로 이것이 국제경영이라는 학문분야가 연구하고 해결해야 할 과제가 된다.

02 국제경영의 개념

1. 수출방식에 의한 해외진출

수출방식에 의한 해외시장진출은 기업이 제품을 자기 나라에서 생산하여 해외에 판매하는 경우를 총칭하는데, 통상 제품을 해외 현지국이 아닌 자기 나라에서 생산해서 해외에 내다 판매한다는 점에서 계약방식이나 해외직접투자방식에 의한 해외판매와 그 성격이 다르다. 수출방식에 의한 해외시장진출에는 크게 간접수출과 직접수출이 있다.

1) 간접수출(indirect exporting)

간접수출이란 기업이 자국 내에서 생산한 제품을 자신이 직접 해외에 수출하지 않고 자국에 소재하고 있는 중간수출상(intermediary)을 통해서 해외에 수출하는 경우를 말한다. 간접수출은 수출상의 입장에서 보면 수출하고자 하는 제품을 정해진 납기에 맞추어 자국 내에 소재하고 있는 중간수출상에게 판매하는 것으로서 모든 수출업무를 마치게 된다. 이러한 간접수출의 예로는 우리나라 운동화 생산업체들이 미국의 Nike로부터 운동화 주문을 받아 이를 생산한 다음 주문자상표부착방식(Original Equipment Manufacturing: OEM)으로 해외에 수출했던 경우를 들 수 있다.

2) 직접수출(direct exporting)

직접수출이란 간접수출과 달리 제품을 생산한 기업이 직접 해외에 소재하고 있는 자사의 대리점이나 유통업자, 지점, 자회사 또는 해외 최종소비자에게 제품을 수출하는 경우를 말한다. 예를 들면, 한국의 삼성전자가 국내에서 생산한 컬러TV나 컴퓨터를 미국에 설립한 자사의 지점이나 미국의 최종소비자에게 직접 수출하는 경우를 들 수 있다.

직접수출이 간접수출과 근본적으로 다른 점은 직접수출의 경우에는 제품을 생산한 기업이 모든 수출업무를 자신이 직접 처리하여 제품을 수출하지만 간접수출의 경우에는 제품을 생산한 기업이 제품을 국내 수출중간상에게 판매한 것으로 모든 책임을 다 하며 그 이후에는 모든 수출업무가 수출중간상에 의해 주도적으로 이루어지게 된다는 점이다.

3. 계약방식에 의한 해외진출

계약방식에 의한 해외시장진출은 기업이 자사가 보유하고 있는 기술(technology 또는 skill)이나 지식(knowledge)을 일정한 수수료를 받고 특정 외국기업에게 이전하기로 하는 계약을 체결하여 해외시장에 진출하는 방식을 말한다.

계약방식에 의한 해외진출은 그것이 상품이 아닌 기술이나 지식을 이전하는 수단이라는 점에서 수출방식과 크게 다르고, 자본투자가 필요하지 않다는 점에서 해외직접투자방식과도 구별된다.

1) 라이센싱(licensing)

라이센싱이란 라이센싱을 제공하는 기업(licensor)이 일정한 로열티(royalty)나 수수료(fee) 등을 받고, 자사가 보유하고 있는 특허(patent)나 노하우(know-how), 등록상표(trademark), 또는 기술공정(technical process) 등과 같은 무형자산(intangible asset)을 다른 특정 기업(licensee)에게 일정기간 사용할 수 있도록 권리를 제공해주는 형태로 이루어지는 국제사업방식을 말한다.

2) 프랜차이징(franchising)

프랜차이징은 프랜차이징을 제공하는 기업(franchisor)이 독립적인 해외 다른 기업(franchisee)에게 일정 조건 하에서 로열티나 수수료를 받고, 자사의 브랜드(brand name)나 등록상표(trademark) 등에 대한 사용권을 허가해주고 그 사업체의 운영까지도 지속적으로 지원해주는 국제사업방식을 말한다.

3) 관리계약(management contract)

관리계약이란 양 파트너(partner) 기업이 기업의 소유와 경영을 별도로 분리하여, 한 파트너는 운영시설을 제공하고 다른 파트너는 그 운영시설에 대한 경영을 담당하는 형태로 이루어지는 국제사업방식을 말한다. 이때 경영을 담당하는 파트너는 관리노하우(managerial knowhow)를 제공하는 대가로 일정한 관리대가(fee)를 지급받는다.

4) 턴키프로젝트(turn-key project)

턴키프로젝트란 기업이 외국으로부터 공장이나 기타 산업시스템을 발주받아 그것을 설계 · 건설한 다음, 시험운영까지를 다 마친 뒤 실제 운영이 가능한 상태에서 해외발주자에게 제공해주는 일괄수주계약방식을 말한다. 이것은 일명 플랜트수출(plant export)이라고도 한다.

5) 계약생산(contract manufacturing)

계약생산이란 기업이 자신이 직접 제품을 생산하는 것이 아니라 생산능력을 가지고 있는 특정 해외기업을 물색하여 그 기업으로 하여금 자기 기업이 요구하는 사양(specification)의 제품을 생산하여 자신에게 공급하도록 하는 국제사업방식을 말한다. 이 때 그 제품에 대한 마케팅은 자신이 책임을 지게 된다.

6) 전략적 제휴(strategic alliance)

전략적 제휴란 평소에 경쟁관계에 있는 기업들이 일정한 목적을 달성하기 위하여 특정 사업이나 기능부문에서 일시적으로 서로 협력하는 형태로 이루어지는 국제사업방식을 말한다. 이때 기업 간의 제휴는 기술개발, 조달, 생산, 마케팅, 디자인, 엔지니어링, 유통 등 어떤 분야에서도 가능하다. 제휴는 원래의 목적이 달성되면 그 관계가 종료된다.

4. 해외직접투자방식에 의한 해외진출

해외직접투자방식에 의한 해외시장진출은 기업이 자기가 소유하고 있는 경영·기술·마케팅·자본상의 능력이나 기법을 해외 특정 국가로 이전하여 이를 현지에서 활용하여 직접 기업을 운영하는 형태의 국제사업방식을 말한다.

해외직접투자방식에 의한 진출은 소유권 형태에 따라서 단독투자(sole venture)와 합작투자(joint venture)로 나눌 수 있고, 생산시설을 새롭게 설립하여 진출하느냐 아니면 이미 현지에서 가동 중인 기존의 현지기업을 인수·합병하여 진출하느냐에 따라서 신설(greenfield)과 인수·합병(Merger & Acquisition: M&A)방식에 의한 해외진출로 나눌 수 있다.

1) 단독투자(sole venture)와 합작투자(joint venture)

단독투자는 기업이 의결권주의 95% 이상을 자신이 단독으로 소유하는 형태로 해외에 진출하는 경우를 말한다. 그리고 이렇게 설립된 해외현지기업은 완전소유 자회사(wholly owned subsidiary)라고 한다.

합작투자란 두 개 이상의 기업(개인 또는 정부기관)이 자본이나 자원을 공동으로 출자하여 기업을 설립한 다음, 그 기업의 운영에 공동으로 참여하는 국제사업방식을 말한다.

2) 신설(greenfield)과 인수 · 합병(M&A)

신설방식이란 기업이 예전에 없던 생산시설을 해외 현지에 새롭게 설립하여 진출하는 경우를 말한다. 이 방식은 기업이 처음부터 자신이 원하는 기업을 자신이 원하는 방식으로 설립하여 운영하고자 하는 경우에 주로 활용된다.

인수 · 합병은 기업이 다른 기업의 주식 또는 자산을 취득하여 경영권을 획득하는 방식(acquisition)으로 해외에 진출하거나 또는 해외 기업과 하나로 통합되어 한 기업이 되는 방식(merger)으로 해외에 진출하는 경우를 말한다. 인수 · 합병은 기업이 외부경영자원을 일시에 획득하여 신속하게 해외에 진출함으로써 곧바로 국제적인 성장을 도모코자 하는 경우에 주로 활용된다.

03 기업의 국제화

1. 기업의 국제화 동기

기업이 국제화를 하는 동기를 살펴보면 다음과 같이 방어적 전략으로서의 동기, 공격적 전략으로서의 동기, 기타의 동기 등으로 나누어 볼 수 있다.[4)]

1) 방어적 전략으로서의 국제화 동기

① 관세장벽, 수입규제, 독점금지 또는 무역협정 등과 같은 각종 규제로부터 자기 기업을 보호하기 위하여

② 해외시장에서의 높은 민족주의(nationalism)로 인해 현지 정부로부터 현지 생산을 종용받는 경우

③ 현지시장까지의 수송비가 너무 높거나 수송 자체가 어려운 제품인 경우

④ 대리인 또는 라이센싱 제휴자와의 관계가 어려워져서 자기 기업이 직접 현지시장에 뛰어들어야 할 필요가 있는 경우

4) M. Z. Brooke and L. H. Remmers, *The Strategy of Multinational Enterprise*(London: Longman Group, Ltd., 1970), pp. 227~229.

⑤ 해외시장에서 애프터서비스(after service)를 제공하는 데 어려움이 있거나 기타의 기술적인 어려움에 처한 경우

⑥ 특허권을 보호하고자 하는 경우

⑦ 원자재 및 부품조달상의 어려움을 극복하고자 하는 경우

⑧ 경쟁업체나 공급업체 또는 고객이 국제화를 하여 이에 대응하고자 하는 경우

⑨ 경기변동 위험 등 기업의 제반 위험을 지역분산화와 제품다각화를 통해서 회피하고자 하는 경우

2) 공격적 전략으로서의 국제화 동기

① 자본, 설비, 인적자원 및 노하우 등을 보다 더 적극적으로 활용하여 기업의 이익을 증대시키고자 하는 경우

② 세계시장전략 및 계획을 수립·추진함으로써 자원 및 시장에 대한 각종 기회를 보다 더 적극적으로 활용하고자 하는 경우

③ 외국의 신기술 및 노하우 등을 습득하고자 하는 경우

④ 국내시장에서는 더 이상 기업 확장 가능성이 희박하여 국제화를 통해 기업을 더 성장시키고자 하는 경우

3) 기타의 국제화 동기

① 해외 현지국이 제공하는 양호한 해외투자 환경이나, 조세 및 금융상의 인센티브 등 해외 각국 정부가 제공하는 각종의 유리한 정책을 활용하고자 하는 경우

② 다른 경쟁기업의 해외진출에 자극을 받은 경우

③ 기업내부에서 국제화하고자 하는 욕구가 강력하게 일게 되는 경우

2. 기업의 국제화 과정

1) 기업의 국제화단계

(1) 국제화 단계

기업의 국제화는 [표 6-1]에서 볼 수 있는 바와 같이 네 가지 단계로 구분할 수 있다.[5]

표 6-1 기업의 국제화 단계

국제화 단계	국제화 전략	조직구조
1단계: 간접수출 또는 비정기적 수출	• 해당 없음	• 해당 없음, 또는 수출과 신설
2단계: 직접수출	• 직접수출을 통해 해외시장에 진출	• 수출사업부
3단계: 직접투자	• 일부 국가에는 직접투자 방식으로 진출, 여타 국가에는 집접투자 이외의 방식으로 진출	• 국제사업부
4단계: 다국적생산 및 마케팅	• 전 세계시장을 다수국전략 또는 글로벌전략에 따라 복수 공급원으로부터 공급	• 지역별 조직구조 • 또는 제품별 조직구조

자료: F. R. Root, *Entry Strategies for International Markets*, Revised and Expanded ed. (Lexington, Mass.: Lexington Books, 1994), p. 264.

① 제1단계: 간접수출 또는 우연한 비정기적인 수출

이 단계는 간접수출을 하거나 또는 단순히 우연한 비정기적인 수출주문에만 소극적으로 응하는 단계로서 때로는 소극적인 라이센싱도 이루어질 수 있지만 통상 해외시장에 대한 개입수준은 극히 낮은 것이 일반적이다.

② 제2단계: 직접수출 또는 라이센싱

이 단계에서는 자사의 대리인/유통업자 또는 지사/법인을 통한 직접수출과 라이센싱이 적극적으로 이루어지게 된다. 이 단계에 이르면 비로소 국제경영이 국내경영과 명확하게 구별된다.

③ 제3단계: 직접수출, 라이센싱, 현지생산

이 단계에서는 일부 국가에서는 현지생산이 이루어지고, 또 다른 국가에서는 수출이나 라이센싱이 이루어진다. 하지만 아직 국제경영이 국가와 지역을 초월하여 통합되지는 못하고, 또 국제사업전략도 국내사업전략과 통합되지는 못한다.

④ 제4단계: 다국적생산 및 마케팅

이 단계에서는 수많은 전 세계 각국 시장이 자사의 현지국 사업체로부터 공급되며, 국내시장은 전 세계 여러 시장 중 단 한 시장으로만 간주된다.

---

5) F. R. Root, *Entry Strategies for International Markets*, Revised and Expanded ed. (Lexington, Mass.: Lexington Books, 1994), p. 40.

이상에서 기업의 국제화 단계를 살펴보았는데, 기업들은 통상 국제화의 첫 단계에서는 해외진출 대안으로서 한두 가지 사업방식만을 고려하지만, 국제화 수준이 높아지게 되면 이용 가능한 모든 사업방식을 상호 비교·평가한 후, 그 중에서 자사의 목표제품과 목표시장에 가장 적합한 사업방식을 선택하여 진출하게 된다.

(2) Sony와 삼성전자의 국제화 전개과정

여기에서 Sony와 삼성전자의 국제화 전개과정을 살펴보면 위에서 논의한 바와 같은 아주 유사한 국제화 패턴을 발견할 수 있다.

일본의 Sony는 처음에는 오랫동안 자기 나라에서 TV를 생산하여 미국에 수출하는 방식을 취했었다. 하지만, 1970년대에 들어서 미국이 일본산 TV 수출에 대해 반덤핑규제를 가하게 되자, 이에 대응하기 위해서 1972년에 컬러TV를 미국에서 직접 생산·판매할 목적으로 미국에 해외직접투자방식으로 진출하였다.

우리나라의 삼성전자도 1971년에 미국에 TV를 수출하기 시작한 이래 1978년에는 현지에 마케팅자회사를 설립하여 TV를 수출하는 방식을 취했고 점차 수출시장을 북미와 서유럽으로 확대해나갔다. 이즈음 미국과 EU가 삼성전자의 TV수출에 대해 반덤핑 제소 및 최저 수출가격제를 이용하여 수입을 규제하게 되자, 삼성전자는 1984년에 미국 뉴저지(New Jersey)주에 단독투자방식으로 생산자회사를 설립하여 현지에서 TV를 생산·판매하기 시작하였다. 그 후 여타 지역에도 현지 생산자회사, 판매법인, 지점 등을 설립하는 방식으로 국제화를 전개해 나갔다.

2) 해외시장 진출방식의 동태적 변화과정

기업들은 일단 국제경영활동을 시작하게 되면 해외시장 진출방식을 예측 가능한 방식으로 변화시켜 가는 것으로 알려지고 있다.[6]

<그림 6-1>은 기업이 시간이 지남에 따라 해외진출방식을 변화시켜 가는 과정을 보여주고 있다. 즉 기업들은 처음 해외시장에 진출할 때에는 해외경험이 없더라도 이용이 가능하고 위험도도 낮은 수출방식을 이용하다가 점차 경험이 쌓이고 위험부담능력을 갖추게 되면 이제는 해외직접투자와 같이 좀 더 적극적인 방식을 이용하여 진출하게 된다.

<그림 6-1>에서 보듯이 어떤 기업들은 때로 규모(scale)가 아주 작아서 현지

---

6) *Ibid.*, pp. 15~18.

판매지점이나 자회사를 통한 수출단계 그 이상으로는 발전하지 못하는 경우도 있지만, 또 다른 기업들의 경우에는 합작투자나 단독투자 등을 이용한 현지생산 및 마케팅단계에 이르기까지 지속적으로 발전해 나가기도 한다.

이와 같이 기업들은 처음에는 수출이나 계약방식 또는 해외직접투자와 같은 방식을 통해서 해외시장에 진출한 다음, 점차 해외마케팅 활동에 대한 통제를 강화할 수 있는 방식을 모색하게 된다. 이때 통제를 강화하기 위해서는 해외시장에 대해 훨씬 더 많은 자원을 투입해야 하며, 그에 따라 시장위험 및 정치적 위험에 대한 부담도 훨씬 더 높아지게 된다.

그러나 점차 해외시장에서의 경쟁에 자신감을 갖게 되면, 기업들은 해외사업에 대한 위험에 어떻게 대처해야 할 것인가에 대한 관심보다는 어떻게 시장통제력을 강화할 것인가에 대해 더 많은 관심을 갖게 된다. 따라서 기업들은 점차 수출이나 계약방식보다는 해외직접투자방식을 이용하여 해외시장에 진출하는 방식을 선택하게 된다.

그림 6-1 기업의 해외진출방식 변화과정

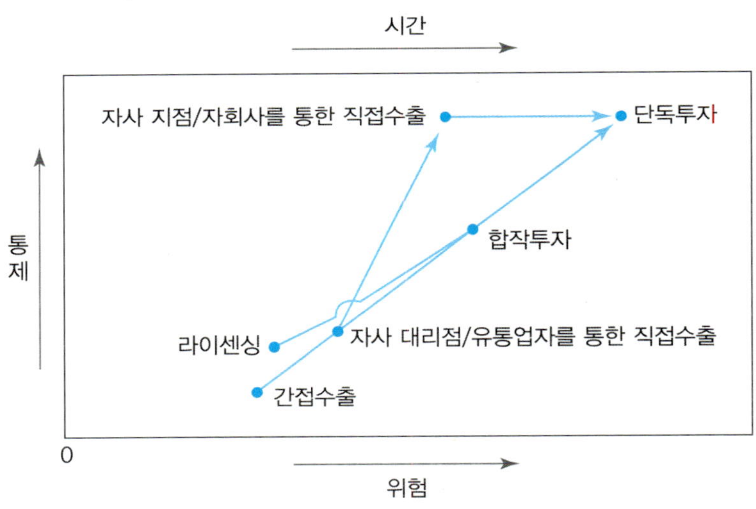

자료: *Ibid.*, p. 39.

3. 기업의 국제경영이념의 발전유형

히넌과 펄뮤터(Heenan & Perlmutter)는 기업의 국제경영이념의 발전유형을 본국지향형 기업, 현지지향형 기업, 지역지향형 기업, 세계지향형 기업으로 구분하여 설명하고 있다.7)

1) 본국지향형(ethnocentric) 기업

본국지향형 기업은 비록 국제경영활동을 하고는 있으나 아직 경영이념이 본국적 사고를 벗어나지 못하고 있는 경우로서, 모든 주요 의사결정이 본국 중심으로 이루어지고 해외자회사는 본사의 영업활동에 단지 부수적인 것으로만 간주될 뿐 별 다른 큰 의미를 갖지 못하며 아무런 재량권도 갖지 못한다.

그리고 해외자회사에 대한 통제가 중앙집권적(centralization)으로 이루어지며, 현지 자회사의 요직은 대부분 본사에서 파견된 직원으로 채워진다. 또한 인재나 제품도 본국산이 가장 우선적인 대우를 받는다.

2) 현지지향형(polycentric) 기업

현지지향형 기업은 해외자회사의 재무문제나 기술개발 등과 같은 아주 극히 중요한 사안에 대해서만 본사가 의사결정권을 갖고, 그 이외의 일상적 업무에 관한 권한은 현지 해외자회사에게 위임되어 분권화(decentralization)되는 경우를 말한다.

하지만 해외자회사의 인재가 본사에 등용되는 일은 찾아보기가 어렵다. 이와 같이 현지 해외자회사에게 일상적인 업무에 관한 권한을 위임하는 경영방침은 현지의 정부, 종업원, 소비자 등과 같은 현지 이해관계자들이나 또는 경제적 내셔널리즘에 대한 배려 차원에서 이루어지는 경우가 많다.

3) 지역지향형(regiocentric) 기업

지역지향형 기업은 주로 국제적인 지역시장, 예를 들면 EU, NAFTA 등과 같은 지역경제블럭의 요구를 중시하는 형태의 전략적 성향을 말한다. 지역지향형 기업은 개별 국가보다는 이들 국제적인 지역시장의 요구에 부응하기 위한 것이다.

---

7) D. A. Heenan and H. V. Perlmutter, *Multinational Organization Development*(Reading, Mass.: Addison-Wesley, 1979), pp. 17~21.

따라서 지역사업본부의 역할이 대단히 중요하다. 예를 들면, EU나 NAFTA에 설립된 생산시설들은 EU나 NAFTA 전체 회원국 시장에 부합하는 경영전략을 수립하여 시행하게 된다.

4) 세계지향형(geocentric) 기업

세계지향형 기업은 본사와 해외자회사가 단순한 국가주의적인 편견에서 벗어나 상호 의존관계를 가지고 범세계적인 관점에서 국제사업활동을 통합적으로 전개하는 전략적 성향을 말한다.

따라서 본사와 해외자회사간에 정책결정에 관한 의사소통이 자유롭게 이루어지며, 기업이 시스템 내부에 가지고 있는 모든 경영자원과 기업이 직면하고 있는 모든 환경요인을 최적으로 믹스(mix)하여 기업목표를 달성하게 된다. 결국 최고경영자가 보다 더 넓은 범세계적인 경영이념을 가지고 있을수록 보다 더 국제화된 기업이라고 할 수 있다.

CHAPTER 07

다국적기업

01 다국적기업

1. 다국적기업의 정의

다국적기업(Multinational Enterprise: MNE)이란 해외 여러 나라에 수많은 계열기업을 거느리고 범세계적인 관점에서 사업활동을 전개하는 기업으로서, 비록 계열기업들이 각기 다른 나라에 위치하고 있을지라도 서로 공동소유관계로 연결되어 있고, 자금이나 신용, 정보, 시스템, 특허권 등과 같은 경영자원을 공동으로 활용하면서 동시에 공동전략에 따라 움직이는 하나의 기업군이라고 정의할 수 있다.[1)]

UN경제사회이사회는 다국적기업을 자산, 판매, 생산, 고용 또는 이익 등과 같은 활동에 참여하고 있는 하나 또는 그 이상의 지점이나 자회사를 가진 기업이라고 광범위하게 정의하고 있다.[2)]

이렇게 볼 때, 다국적기업이란 범세계적 시야를 가지고 2개국 이상에서 제품이나 서비스를 생산·판매하고 최소한 한 개 이상의 해외자회사에 대한 운영을 통제하는 기업으로서, 기업 전체로서의 이익극대화와 성장에 그 목표를 두고 국제사업활동을 전개하는 기업이라고 정의할 수 있다.

2. 다국적기업시스템

다국적기업은 <그림 7-1>에서 볼 수 있는 바와 같이 본사와 해외자회사, 그

---

1) R. Vernon and L. T. Wells, Jr., *Manager in the International Economy*, 4th ed. (Englewood Cliffs, New Jersey: Prentice-Hall Inc., 1981), p. 4.

2) United Nations, *Multinational Corporations in World Development*(New York: UN, 1985), p. 6.

리고 장기거래관계를 맺고 있는 외국기업들이 서로 긴밀하게 연계되어 하나의 시스템을 이루게 된다.

그리고 다국적기업은 공동전략과 공동목표를 달성하기 위하여 시스템 구성원들 간에 기술 및 경영기법 등과 같은 경영자원을 공동으로 이용하거나 자본 및 제품 등을 상호 이전시키는 전략을 구사한다.

이 그림에서 본사(P)는 시스템내의 모든 구성원들에게 경영관리기법과 기술을 이전하고, S_1, S_3, A/D_j에게는 제품을, 그리고 신설된 S_2에게는 자본을 이전시켜 사업 착수를 도와줄 수 있다. 또 그 반대로 본사가 이들 해외자회사나 다른 계열기업들로부터 제품이나 기술, 그리고 자금 등을 제공받을 수도 있다. 즉, 해외자회사의 하나인 S_2로부터는 완제품을, 또 다른 해외자회사인 S_3로부터는 중간재에 대한 기술을 공급받을 수도 있다.

그림 7-1 다국적기업시스템

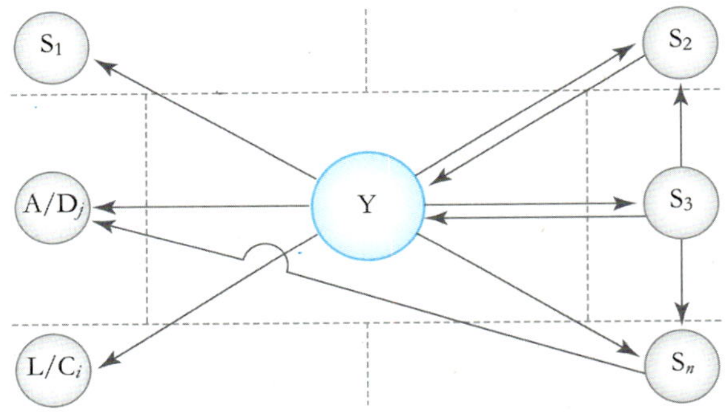

주: P: 본사(parent)
S: 해외자회사(subsidiary)
A/D_j: 외국대리점/유통업자(agent/distributer arrangements)
L/C_i: 라이센싱 또는 여타의 제휴협정(licensing or other contractual arrangements)

자료: F. R. Root, *Entry Strategies for International Markets*, Revised and Expanded ed.(New York: Lexington Books, 1994), p. 253.

3. 다국적기업의 생성 및 출현 배경

다국적기업이 이 세상에 나타나게 된 것은 그 역사가 결코 짧지 않다. 하지만 현대적인 의미의 다국적기업이 출현하기 시작한 것은 재봉틀을 생산한 미국의 싱어(Singer)사가 해외에 진출하여 재봉틀을 생산하기 시작한 18세기 중반부터라고 할 수 있다.[3] 또 19세기 말과 20세기 초에는 ITT, GE, Standard Oil, NCR, American Bell 등과 같은 선도적인 기업들이 해외에 자회사(subsidiary)를 설립하여 국제화하기 시작하였다.

이후 다국적기업의 성장 및 발전, 그리고 제2차 세계대전 이후 급성장하게 된 배경에는 다음과 같은 여러 가지 요인들이 복합적으로 작용하였다.

첫째, 운송, 정보 및 통신기술의 급속한 발달로 인해 기업들이 해외 도처에 산재해 있는 자신의 많은 자회사들을 본사가 직접 쉽게 관리할 수 있게 되었다는 점이다.

둘째, 20세기 중엽, 자본과 기술, 정보 그리고 경영 등에 대한 국제시장이 자원의 효율적인 이동에 적합한 메커니즘을 제공하지 못한 결과, 당시 독점적 기술을 소유하고 있던 기업들은 자기 기업이 소유하고 있는 이러한 자산적 지식을 해외로 이전시켜 그것을 해외에서 적극적으로 활용하는 것이 가장 이익적이었다는 점이다.

셋째, 제2차 세계대전 이후, 자본주의 경제권이 미국, EC(현재 EU), EFTA, 일본 등의 블럭경제권으로 세분화되었고, 이들이 역내우선주의를 채택함에 따라서 기업들이 외국기업으로서의 차별대우를 피하기 위해서는 이들 블럭경제권에 적극적으로 진출하지 않을 수 없었다는 점 등을 들 수 있다.

4. 다국적기업 현황

1) 개황

2018년 *Fortune Global 500*(July 19, 2018)에 발표된 전 세계 500대 다국적기업(MNE) 중 최상위 10대 기업의 주요 현황을 보면 [표 7-1]과 같다. 이 표를 보면, 미국의 Wal-Mart가 1위를 차지하고 있고, 2위는 중국의 State Grid, 그리고 3위는 중국의 Sinopec Group이 차지하고 있음을 알 수 있다. 이어서 그 다음으로는 China National Petroleum, Royal Dutch Shell, Toyota Motor, Volkswagen, BP, Exxon Mobil, Berkshire Hathaway 등이 그 뒤를 따르고 있다.

---

3) Singer사의 국제화 전개과정에 대한 자세한 내용은 다음 문헌을 참고할 것. 강태구, 글로벌기업(서울, 무역경영사, 2007), 제2장.

표 7-1 최상위 10대 다국적기업 현황 (단위: 백만달러, 명)

순위	다국적기업	국적	업종	매출액	수익	직원 수
1	Wal-Mart	미국	소매업	500,343	9,862.0	2,300,000
2	State Grid	중국	전력	348,903	9,553.4	913,546
3	Sinopec Group	중국	석유	326,953	1,537.8	667,793
4	China National Petroleum	중국	석유	326,008	−690.5	1,470,193
5	Royal Dutch Shell	네덜란드/영국	석유	311,870	12,977.0	84,000
6	Toyota Motor	일본	자동차	265,172	22,510.1	369,124
7	Volkswagen	독일	자동차	260,028	13,107.3	260,028
8	BP	영국	석유	244,582	3,389.0	74,000
9	Exxon Mobil	미국	석유	244,363	19,710.0	71,200
10	Berkshire Hathaway	일본	우편, 금융	242,137	44,940.0	377,000

자료: *Fortune Global 500*, July 19, 2018.

이들 다국적기업들은 대부분 각국을 대표하는 최대 규모의 기업들로서, 해외에 수많은 계열기업을 거느리고 범세계적인 시야에서 국제사업활동을 수행하고 있는 기업들이다. 또 이들은 지역적으로 뿐만 아니라 제품면에서도 고도의 다변화를 이루고 있으며 전체 매출액이나 수익, 자산 그리고 직원 수 등에 있어서도 국내보다는 해외부문이 높은 비중을 차지하고 있다. 그리고 이들의 국제사업활동은 시간이 흐를수록 더욱 더 증대되고 있으며, 그것도 수출보다는 해외직접투자가 더 큰 폭으로 급속하게 증대되고 있다.

2) 국가별 현황

*Fortune Global 500*를 이용하여 전 세계 500대 다국적기업의 국별 분포를 살펴보면 [표 7-2]와 같다. 이 표에서 볼 수 있는 바와 같이 미국이 126개사(25.2%)로 가장 높은 비중을 보이고 있고, 이어서 중국 120(24.0%), 일본 52(10.4%), 독일 32(6.4%), 프랑스 28(5.6%), 영국 21(4.2%), 한국 16(3.2%), 네덜란드 15(3.0%), 스위스 14(2.8%), 캐나다 12(2.4%)개사 등의 순을 보이고 있다.

이렇듯 전 세계 500대 글로벌기업은 대부분 북미 2개국(미국, 캐나다), 서유럽 5개국(프랑스, 독일, 네덜란드, 스위스, 영국) 그리고 동아시아 3개국(한국, 중국, 일본) 등이 차지하고 있음을 알 수 있다. 더구나 한국과 중국을 제외한 나머지 국가들은 모두 선진국들이며 상위 6개국(미국, 중국, 독일, 프랑스, 영국)은 모두 전 세계 최대 경제대국들이다. 전 세계 글로벌 500대 기업 중 이들 6개국이 차지하고 있는 기업 수는 379개에 달하고 있으며 그 비중은 무려 75.8%에 이르고 있다.

표 7-2 다국적기업의 국별 분포

국별	기업 수	구성비(%)	그 나라 대표기업
미국	126	25.2	Walmart(1)
중국	120	24.0	State Grid(2)
일본	52	10.4	Toyota(6)
독일	32	6.4	Volkswagen(7)
프랑스	28	5.6	AXA(27)
영국	21	4.2	BP(8)
한국	16	3.2	Samsung Electronics(12)
네덜란드	15	3.0	Royal Dutch Shell(5)
스위스	14	2.8	Glencore(14)
캐나다	12	2.4	Manulifie Financial(241)
기타	64	12.8	
합계	500	100.0	

주: ( )안은 그 나라 대표기업의 500대 글로벌기업 중의 순위
자료: *Ibid.*

여기에서 잠시 전 세계 500대 글로벌기업 중 우리나라의 16개 기업의 순위를 살펴보면 먼저 삼성전자(Samsung Electronics)는 매출액 2,119억4천만 달러를 기록하여 12위를 차지하고 있고, 그 다음으로는 현대자동차 78위, SK 홀딩스 84위, LG전자 178위, 포스코 184위, 한국전력 188위, 기아자동차 219위, 한화 244위, 현대모비스 380위, 삼성생명 421위, GS칼텍스 438위, SK하이닉스 442위, 삼성중공업 458위, KB금융 471위, LG디스플레이 483위 그리고 CJ 493위 등을 보이고 있다.

3) 산업부문별 주요 다국적기업 현황

전 세계 500대 다국적기업의 산업별 구성을 보면 전체적으로 제조업 분야가

가장 높은 비중을 차지하고 있고 그 다음으로는 서비스업과 1차산업이 그 뒤를 따르고 있다. 여기에서 주요 산업부문별 대표적인 다국적기업 현황을 보면 [표 7-3]과 같다.

표 7-3 산업부문별 주요 다국적기업 현황 (단위: 백만 달러)

산업부문	매출 1위 다국적기업	국적	매출액	500대 기업중 순위
항공 · 방위	Boeing	미국	93,392	64
의류	Christian Dior	프랑스	49,221	208
영업서비스	Compass Group	영국	28,578	413
화학	BASF	독일	72,677	112
에너지	State Grid	중국	348,903	2
엔지니어링/건축	China State Construction Engineering	중국	156,071	23
금융	Berkshire Hahtaway	미국	242,137	10
식품/의약품	Kroger	미국	122,662	39
식품/음료/담배	Nestle	스위스	91,222	69
건강관리	United Health Group	미국	201,159	15
가정용품	Proctor & Gamble	미국	66,217	135
산업재	General Electric	미국	122,274	41
자재	China Minmetals	중국	72,997	109
미디어	Disney	미국	55,137	176
자동차/부품	Toyota Motor	일본	265,172	6
소매업	Wal-Mart Stores	미국	500,343	1
기술	Apple	미국	229,234	11
정보통신	AT&T	미국	160,546	20
운송	China Post Group	중국	72,197	113
도매업	McKesson	미국	208,357	13

자료: *Ibid*.

5. 다국적기업의 경쟁우위

1) 다국적기업의 국제화 능력[4)]

(1) 금융중개자로서의 능력

다국적기업은 세계 도처의 자본시장(capital market)을 자유롭게 이용할 수 있는 특별한 능력을 소유하고 있기 때문에 그 어떤 기업보다도 쉽게 전 세계 시장에 진출할 수 있는 장점이 있다. 즉 다국적기업은 높은 수준의 브랜드와 환위험 회피능력 등을 소유하고 있기 때문에 자본시장 접근이나 환위험 회피 등의 측면에서 그 어떤 기업들보다도 더 유리한 입장에 서게 된다.

(2) 지역다변화 주체로서의 능력

국제상거래인 무역은 관세나 수송비 그리고 무역장벽 등과 같은 요인들 때문에 국내거래보다 훨씬 더 어려운 것이 사실이다. 그러나 다국적기업과 같이 일단 여러 나라에서 제품을 동시에 판매할 수 있는 능력을 갖추게 되면 시장이 훨씬 더 안정화되기 때문에 다른 기업에 비해 더 높은 경쟁력을 갖게 된다. 그리고 이에 따라서 자본비용(cost of capital)이 크게 낮아지게 되고 그 결과 다른 국내기업보다 높은 경쟁적 우위를 갖게 된다. 이렇듯 다국적기업은 지역다변화를 이룰 수 있는 능력을 보유하고 있다.

(3) 독점자로서의 능력

다국적기업은 중요 기술에 대한 특허권(patent)이나 유명상표(trade name) 또는 독특한 조직능력 등 다른 기업들이 쉽게 모방할 수 없는 독점적인 우위(monopolistic advantage)를 소유하고 있다. 따라서 다국적기업은 이러한 독점적 우위를 자신의 해외자회사에 이전·활용함으로써 그 시장 내의 여타 경쟁기업에 비해 상대적인 우위에 서게 된다.

(4) 시장창조자로서의 능력

다국적기업은 자신이 소유하고 있는 유명상표나 특허권 등과 같은 우위요소를 라이센싱과 같은 방식을 이용하여 활용할 수도 있다. 하지만 해외 현지기업들은

4) R. Vernon and L. T. Wells, *op. cit.*, pp. 4~5.

이러한 우위요소의 실제적인 가치를 자신들만큼 높게 평가해주지 않기 때문에, 다국적기업은 이러한 우위요소를 라이센싱과 같은 방식을 이용하여 활용하기보다는 오히려 해외자회사를 설립하여 이것을 자기 기업 내부에서 직접 판매하는 독점적인 내부시장(internal market)을 개발하게 된다.

이상의 네 가지 국제화 능력 중에서도 독점자로서의 능력과 시장창조자로서의 능력이 기업의 국제화에 가장 결정적인 역할을 하는 것으로 알려지고 있다.

2) 다국적기업의 경쟁적 우위[5]

(1) 기술상의 우위

다국적기업과 같이 기술혁신 및 연구개발에 많은 투자를 하고 있는 선도기업들은 자기 기업이 소유하고 있는 기술상의 우위(technological lead)를 최대한 활용할 수 있는 다양한 해외시장진출전략을 수립하여 구사한다. 일반적으로 선도기업들은 기술상의 우위가 뚜렷한 초기 단계에서는 수출방식을 이용하여 해외시장을 공급하지만 기술상의 우위가 점차 낮아지게 되면 해외에 자회사를 설립하여 현지에서 제품을 생산·공급하는 방식으로 전환하게 된다.

(2) 유명상표

다국적기업이 해외에서 생산활동을 전개할 수 있는 또 다른 전략은 자신의 유명상표(trade name)를 활용하는 것이다. 유명상표는 해외시장에서 경쟁력을 갖게 해주는 결정적인 요인이 되는데 통상 그것은 제품의 우수성에 기초하게 된다. 포장식품, 음료수, 약품 등과 같이 상표가 사업의 성공 여부에 결정적인 역할을 하는 업종에서는 수출방식으로는 유명상표의 이점을 효과적으로 활용할 수 없기 때문에 주로 해외생산방식을 이용하게 된다.

(3) 규모의 경제

다국적기업이 생산·판매하고 있는 대부분의 제품들은 기술이나 유명상표가 판매를 좌우하기보다는 오히려 규모의 경제가 더 큰 역할을 하고 있다. 즉 석유, 구리, 알루미늄, 중화학제품과 같은 산업에서는 기술이나 유명상표는 마케팅에 있

5) *Ibid.*, pp. 5~22.

어서 단지 부차적인 역할만을 수행할 뿐 규모의 경제(economies of scale)가 훨씬 더 큰 경쟁력의 원천이 되고 있다. 이들 산업은 기업의 규모가 크면 클수록 훨씬 더 효율적이기 때문에 한계생산비가 상대적으로 더 낮아지게 되고 다국적기업은 이러한 우위를 최대한 이익적으로 활용하게 된다.

(4) 정보수집능력

다국적기업은 세계 도처에 자회사나 지점을 소유하고 있기 때문에, 전 세계 어디에서 어떤 제품을 생산하는 것이 가장 효율적일 것인가를 효과적으로 탐색할 수 있는 정보수집능력(scanning capability)을 가지고 있다. 다국적기업은 이러한 무형자산을 해외생산입지 선정 등에 활용함으로써 다른 어떤 기업보다도 더 유리한 위치에 설 수 있다.

이렇듯 다국적기업은 자신이 소유하고 있는 이러한 각종 능력과 경쟁적 우위를 해외에서 최대한 이익적으로 그리고 독점적·배타적으로 활용함으로써 현지에서의 외국비용(cost of foreignness)을 상쇄하고도 여전히 지배권을 유지하면서 지속적으로 성장할 수 있는 것이다.

02 다국적기업과 해외직접투자 간의 관계

해외직접투자(Foreign Direct Investment: FDI)는 다국적기업(Multinational Enterprise: MNE)의 출현과 더불어 활발하게 이루어지기 시작하였고, 또 다국적기업은 해외직접투자를 통해서 성장·발전해왔기 때문에 다국적기업과 해외직접투자는 서로 상당히 유사한 개념으로 받아들여지고 있다.

하지만 이것을 굳이 구분한다면 여기에는 다음과 같은 분명한 차이가 있다.[6)]

첫째, 해외직접투자는 꼭 기업이 아니더라도 정부나 개인과 같은 경제주체(economic agent)에 의해서도 이루어질 수 있다.

둘째, 다국적기업의 국제사업활동에는 해외직접투자 외에도 수출이나 라이센싱

6) J. H. Dunning, "The Multinational Enterprise, the Background," in J. H. Dunning(ed.), *The Multinational Enterprise*(New York: Praeger Publishers, 1971), p. 6.

등과 같은 여타 형태의 국제사업활동도 포함되지만, 해외직접투자는 자신 이외의 다국적기업의 모든 국제사업활동을 반영하지는 못한다.

셋째, 해외직접투자 잔액(stock)은 다국적기업이 소유하고 있는 해외자회사의 자본만을 나타내는 것일 뿐 다국적기업이 소유하고 있는 모든 자원(예를 들면, 기술, 지식, 특허 등)을 나타내주는 것은 아니다.

이와 같이 다국적기업과 해외직접투자 간에는 엄밀한 의미에서 차이가 있지만 다국적기업이 해외직접투자의 대부분을 수행하고 있다는 점에서 이들은 상호 유사하고도 밀접한 개념으로 사용되고 있다.

03 해외직접투자

1. 해외직접투자의 정의

해외직접투자(Foreign Direct Investment: FDI)란 기업(개인 또는 정부)이 자사가 보유하고 있는 기술, 자본, 경영노하우 등과 같은 생산요소를 해외로 이동시켜 이것을 현지의 생산요소인 노동, 토지 등과 결합시켜 제품을 생산・판매하는 기업활동으로서, 투자기업이 직접 경영에 참여하는 국제사업방식을 말한다.

해외직접투자는 투자가 경영권을 지배할 목적으로 이루어지고 투자기업이 자회사를 직접 통제한다는 점에서 이자나 배당소득을 목적으로 하는 간접투자(indirect foreign investment)와 명확하게 구별된다.[7)]

우리나라의 경우에는 외국환관리규정에서 해외직접투자를 "거주자가 외국법인의 증권을 취득하거나 외국법인에게 장기대부를 함으로써 경영에 참가하는 행위와 거주자가 외국에 영업소를 설립하는 행위"로 규정하고 있다.

---

7) S. H. Hymer, *The International Operations of National Firms: A Study of Direct Foreign Investment*(Cambridge, Mass., The MIT Press, 1976), pp. 1~31.
강태구 역, 국내기업의 국제사업활동(전남대학교 출판부, 1998).

2. 해외직접투자의 형태와 유형

1) 해외직접투자의 형태

(1) 수평적 해외직접투자(horizontal FDI)

수평적 해외직접투자는 기업이 본국에서 생산하고 있는 것과 동일한 제품을 해외에서 생산하기 위해서 해외에 투자하는 경우를 말한다. 예를 들면, 전 세계 도처에서 동일한 제품을 생산·판매하고 있는 Coca Cola나 Sony와 같은 기업, 그리고 Bayer 등과 같은 다국적제약회사의 경우가 여기에 해당된다.

수평적 해외직접투자는 해외 여러 지역에서 복수공장을 운영함으로써 높은 수준의 규모의 경제를 달성할 수 있고, 잠재적 소비자가 위치하고 있는 지역에 분산투자함으로써 강력한 마케팅 기법을 구사할 수 있다.

(2) 수직적 해외직접투자(vertical FDI)

수직적 해외직접투자는 기업이 최종재의 생산에 필요한 원료나 중간재를 확보하기 위해서 해외에 투자를 하거나(후방통합: backward vertical foreign investment) 또는 최종 소비자에게 자신이 생산한 제품을 판매하거나 사용할 목적으로 해외에 투자하는 경우(전방통합: forward vertical foreign investment)를 총칭한다.

후방통합의 전형적인 예로는 Exxon 등과 같은 석유회사가 원유채굴에 투자를 하고 정제는 수요국에서 하는 경우를 들 수 있고, 전방통합의 예로는 GM과 같은 자동차회사가 본국에서 생산한 자동차를 판매하기 위해서 해외에 판매자회사를 설립하기 위한 해외투자를 하는 경우 등을 들 수 있다.

(3) 다각적 해외직접투자(conglomerate FDI)

다각적 해외직접투자란 생산물이 수평적으로나 수직적으로 연결되지 않는 직접투자로서, 기업이 여러 가지 분야의 사업을 동시에 수행하기 위해 여러 분야에 투자하는 경우를 말한다. 예를 들면, Exxon은 전 세계 79개국에서 주로 석유, 천연가스 개발, 정유 등 천연연료와 관련된 사업을 운영하고 있지만, 사실은 이 외에도 과테말라에서는 미니체인점망, 캐나다에서는 에소(Esso)주유소 운영 등과 같은 다각적인 해외직접투자를 하고 있다. 다각적 해외직접투자는 일반적으로 수익원을 다양화하고 위험을 분산시키기 위해 이루어진다.

2) 해외직접투자의 유형

(1) 자원추구형 해외직접투자(resources seeking FDI)

자원추구형 해외직접투자는 기업이 천연자원이나 인적자원 등을 확보하기 위해 해외에 투자하는 경우를 말한다. 천연자원추구형 해외직접투자는 토지, 광산, 석유 등과 같은 특정 천연자원을 해외에서 확보하기 위해 투자하는 경우로서, 예를 들어 BP, Standard Oil 등과 같은 다국적석유회사가 유전을 개발하기 위해 해외에 투자하는 경우가 여기에 해당된다.

다음으로 인적자원추구형 해외직접투자는 기업이 저렴한 인적자원을 이용하기 위해 해외에 투자하는 경우로서, 예를 들면 Samsung과 같은 다국적기업이 인건비가 비교적 저렴한 중국이나 베트남 등지에서 TV를 생산하기 위해 해외에 투자하는 경우를 들 수 있다.

그리고 기술확보를 위한 해외직접투자도 자원추구형 해외직접투자에 해당되는데, 그 한 예로서 네덜란드의 Philips나 독일의 Siemens가 해외 현지에 연구소를 설립하기 위해서 해외투자를 하는 경우 등이 여기에 해당된다.

(2) 시장추구형 해외직접투자(market seeking FDI)

시장추구형 해외직접투자는 기업이 기술, 브랜드(brand), 마케팅 및 경영기법 등 자신이 독점적·배타적으로 보유하고 있는 독점적 우위요소를 활용하여 현지 시장을 공급하기 위해 해외에 생산시설을 설립하여 진출하는 경우를 말한다.

이러한 형태의 해외직접투자는 수출방식을 이용하여 현지시장을 공급하는 것이 비용이 더 많이 소요되거나, 현지정부가 제품을 현지에서 생산할 수밖에 없을 정도로 높은 관세 및 비관세장벽을 구축하여 수입을 규제하는 등의 경우에 주로 활용된다. IBM, Siemens, Citicorp, Wal-Mart 등과 같은 기업의 해외진출은 모두 시장추구형 해외직접투자라고 하겠다.

(3) 효율성추구형 해외직접투자(efficiency seeking FDI)

효율성추구형 해외직접투자는 전 세계 시장을 가장 효율적으로 공급할 수 있는 생산체계를 구축하기 위해서 해외에 투자하는 경우를 말한다. 즉, 각각의 부품을 전 세계 여러 지역 중 가장 효율적으로 생산할 수 있는 지역에서 생산한 다음, 이것을 다른 지역으로 옮겨 거기에서 가장 효율적으로 조립하고, 또 이렇게 완성된 제품을 가장 효율적인 지역에 보관한 다음 유통시킴으로써 최소의 생산비와 유통비로 전 세계 모든 시장을 가장 효율적으로 공급하기 위해 이루어지는 해외투자가 그것이다.

예를 들어 Nike나 Sony와 같은 기업들이 저임노동력을 활용하기 위해서 임금이 싼 지역에서 집중적으로 제품을 생산하는 경우, 그리고 Mercedes-Benz가 규모의 경제를 달성하기 위해서 미국의 앨라배마 한 곳에서만 조립공장을 설립하여 제품을 집중적으로 생산하는 경우 등이 여기에 해당된다.

(4) 선진기술추구형 해외직접투자(technology seeking FDI)

선진기술추구형 해외직접투자는 기업이 선진국의 기술이나 경영노하우를 습득하기 위해 해외에 투자하는 경우로서 Philips, Siemens, NEC 등과 같은 기업들이 전자산업의 메카인 미국 실리콘벨리(Silicon Valley)에 투자하는 경우가 여기에 해당된다.

이러한 형태의 해외직접투자는 기업이 고급기술인력이 위치한 곳에 현지법인을 설립하여 이들 우수두뇌를 활용함으로써 선진기술에 보다 더 효율적으로 접근하기 위한 것이다.

이상에서 해외직접투자의 형태를 살펴보았는데, 위에 열거한 여러 가지의 해외직접투자 동기는 상호 배타적이라기보다는 상호 보완적인 성격을 가지며, 실제적인 해외직접투자는 한 가지 이상의 동기가 서로 결합되어 이루어지게 된다.

3. 해외직접투자 현황

1) 개황

1980년대 이후 꾸준하게 늘어나기 시작한 전 세계 해외직접투자는 <그림 7-2> 및 <그림 7-3>에서 볼 수 있는 바와 같이 비록 연대별로 약간의 기복을 보이기는 하였으나 전반적으로 볼 때 시간이 흐를수록 크게 증가하고 있음을 알 수 있다.

먼저 1980~2010년간의 개황을 살펴보면 1980년대에는 전 세계적인 외채위기와 경기침체 등으로 인해 잠시 둔화되는 양상을 보이기도 하였으나 그 후 2000년까지는 다시 꾸준한 증가세를 보였다. 그리고 이후 2001~2003년에는 증가세가 크게 둔화되었지만 2004~2007년에는 다시 큰 회복세를 보였고 2007년에는 정점에 달하기도 하였다. 하지만 2008년부터는 미국 서브프라임 모기지(sub-prime mortgage) 사태의 영향 등으로 인해 다시 큰 폭의 하락세를 기록하여 전 세계 해외직접투자가 큰 폭의 등락 양상을 보였다.

그림 7-2 전 세계 해외직접투자 유입 현황(1980~2010) (단위: 백만 달러)

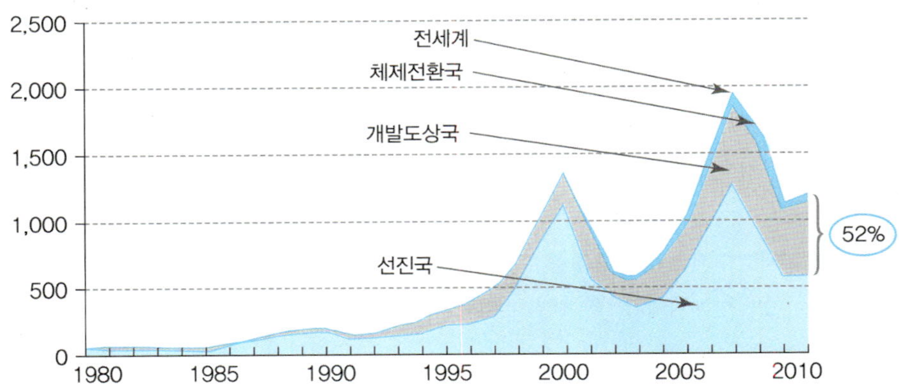

자료: UNCTAD, *World Investment Report 2011: Non-Equity Mode of International Production and Development*(UN, New York and Geneva, 2011). p. 3.

그러나 이러한 하락세는 <그림 7-3>에서 보듯이 최하점인 2009년을 지나 2010년에는 다시 크게 상승하였고 2011년에는 약간 개선되는 듯 했지만 2012~2013년에는 다시 하락세를 보였고 2014년에는 최저점을 기록하였다. 하지만 이러한 하락세는 2015~2016년간 다시 크게 개선되어 큰 폭의 증가를 보였지만 이는 다시 2016년을 기점으로 2017년까지 크게 하락하여 심한 기복현상을 보였다.

그림 7-3 전 세계 해외직접투자 유입 현황(2005~2017) (단위: 백만 달러, %)

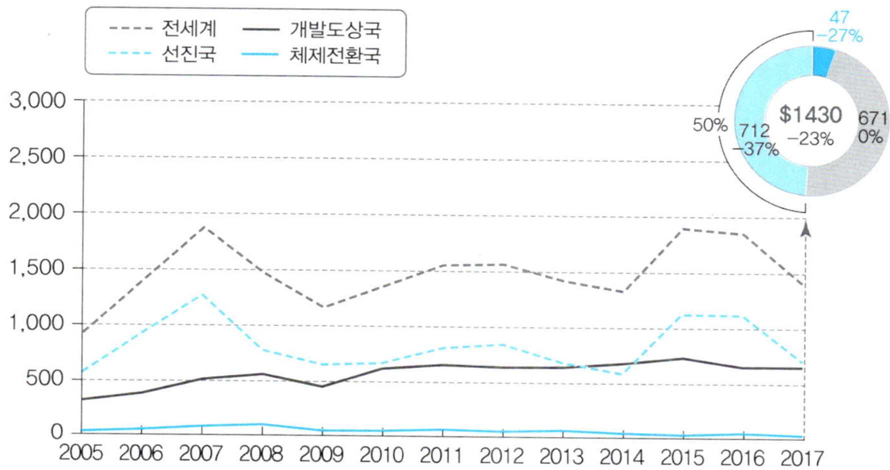

자료: UNCTAD, *World Investment Report 2018: Investment and New Industrial Policies*(UN, New York and Geneva, 2018). p. 2.

2) 해외직접투자 유출 현황

전 세계 해외직접투자의 유출현황을 살펴보면 [표 7-5]와 같다. 전 세계 해외직접투자의 누적액은 1980년 5,239억 달러, 1990년 1억 7,174억 달러, 2000년 5억 9,762억 달러, 2005년 10억 6,718억 달러를 거쳐 2010년에는 13억 2,334억 달러, 2015년에는 16억 2,199억 달러, 그리고 2017년에는 14억 2,997억 달러를 기록하여 전반적으로 볼 때 전 세계 해외직접투자는 시간이 흐를수록 지속적으로 증대되고 있음을 알 수 있다.

이것을 선진국과 개도국으로 나누어 보면, 2017년의 경우 선진국이 10억 921억 달러를 기록하여 전체 해외직접투자 중 70.6%를 차지하였고, 개발도상국은 3억 8,078억 달러를 기록하여 26.6%의 점유율을 보였다. 그리고 EU 경우에는 4억 3,574억 달러로서 30.5%를 보이고 있다. 사실 전 세계 해외직접투자 유출은 오랫동안 선진국에 의해 주도되어 왔음을 알 수 있다.

하지만 선진국의 점유율은 시간이 흐를수록 점차 낮아지고 있고, 개발도상국의 점유율은 조금씩 상승하고 있어서 선진국 주도 현상이 조금씩 개선되어 가고 있는 것은 사실이다. 이는 일부 선진국들의 경쟁력 약화에 더하여 한국, 중국,

BRICs 및 ASEAN 등과 같은 개발도상국들의 지속적인 성장과 경쟁력 강화에 따른 것으로 해석된다.

표 7-5 해외직접투자 유출 현황(1980~2017)

투자국	연도 말 누적액(10억 달러)								
	1980	1985	1990	1995	2000	2005	2010	2015	2017
선진국	507.3	675.2	1,637.2	2,621.1	5,248.5	9,271.9	9,351.9	11,835.7	10,092.1
미국	220.1	251.0	430.5	699.0	1,244.6	2,051.2	3,289.0	2,625.7	3,422.7
일본	19.6	43.9	201.4	238.4	281.6	386.8	562.6	1,342.3	1,604.5
EU	–	–	768.2	–	2,179.7	6,244.4	4,757.6	6,066.5	4,357.4
영국	80.4	100.3	229.2	304.8	901.7	1,238.0	110.2	−834.9	996.1
독일	43.1	59.9	148.4	258.1	442.8	967.3	1,048.6	1,081.8	823.4
프랑스	23.5	37.0	120.1	207.9	496.7	853.2	841.1	532.0	581.2
개발도상국	16.4	32.5	79.8	252.8	710.3	1,273.6	3,275.6	4,062.4	3,807.8
전 세계 총계	523.9	707.8	1,717.4	2,879.3	5,976.2	10,671.8	13,233.4	16,219.9	14,299.7
투자국	국별 분포(%)								
	1980	1985	1990	1995	2000	2005	2010	2015	2017
선진국	96.8	95.3	95.3	91.0	87.8	86.9	70.7	70.7	70.6
미국	42.0	35.4	25.0	24.2	20.8	19.2	24.9	16.2	23.9
일본	3.7	6.2	11.7	8.2	4.7	3.6	4.3	8.3	11.2
EU	–	–	44.7	–	36.5	58.5	35.9	37.4	30.5
영국	15.3	14.1	13.3	14.1	15.0	11.6	0.8	−0.5	7.0
독일	8.2	8.4	8.6	8.9	7.4	9.1	7.9	6.7	5.8
프랑스	4.4	5.2	6.9	7.2	8.3	8.0	6.4	3.3	4.1
개발도상국	3.1	4.5	4.6	8.7	11.8	11.9	26.8	25.0	26.6
전 세계 총계	100.0	100.0	100.0	100.0	100.0	100.0	100.0	100.0	100.0

주: 통계에서 일부국가가 제외된 관계로 총계가 정확히 100%가 되지 않음.
자료: UNCTAD, *World Investment Report 2018: Investment and New Industrial Policies*(UN, New York and Geneva, 2018) 및 1980~2017년 각 호를 기초로 작성.

다음으로 이것을 주요 투자국별로 살펴보면, 2017년 말 현재 미국이 3억 4,227억 달러로서 전체의 23.9%를 기록하여 1위를 차지하고 있고, 다음으로 영국이 9,961억 달러로서 7.0%를 보이고 있으며 다음으로는 독일이 823억 달러로서 5.8%를 보이고 있다. 미국의 점유율은 지속적으로 낮아지다가 최근에 이르러 다시 회복세를 보이고 있고, 일본은 상승세, 영국과 독일, 프랑스는 소폭 하락세를 보이고 있는 점이 특기할 만하다.

3) 해외직접투자 유입 현황

전 세계 해외직접투자의 유입현황을 살펴보면 [표 7-6]과 같다. 이 표에서 볼 수 있는 바와 같이 2000년대 중반에 이르기까지 선진국이 전 세계 해외직접투자의 70% 정도를 받아들이고 있어서, 선진국들이 유출에서 뿐만 아니라 유입에 있어서도 대부분을 차지해 왔음을 알 수 있다.

표 7-6 세계 해외직접투자 유입 현황(1980~2017)

투자국	연도 말 누적액((10억 달러)								
	1980	1985	1990	1995	2000	2005	2010	2015	2017
선진국계	374.9	546.2	1,397.9	2,051.7	4,210.2	7,117.1	6,019.0	11,412.5	7,123.8
미국	83.0	184.6	394.9	535.5	1,238.6	1,625.7	2,282.5	4,657.7	2,753.8
일본	3.2	4.7	9.8	33.5	54.3	100.9	−12.5	33.1	104.3
EU	–	–	768.2	–	2,179.7	4,499.1	3,131.0	5,158.7	3,035.8
영국	63.0	64.0	203.8	199.7	482.7	816.7	459.1	327.2	150.9
독일	36.6	36.9	119.6	192.8	460.9	502.8	461.3	332.8	347.3
프랑스	22.8	33.6	100.0	185.3	266.6	600.8	339.1	453.5	498.0
개도국계	240.8	347.2	487.6	849.3	1,979.2	2,757.0	5,735.7	7,440.3	6,706.6
중국	–	–	65.7	–	648.8	850.7	1,057.4	1,356.1	1,363.2
전 세계 총계	615.8	893.5	1,888.6	2,937.5	6,314.2	10,192.7	12,436.7	19,213.0	14,298.1
투자국	국별 분포(%)								
	1980	1985	1990	1995	2000	2005	2010	2015	2017
선진국계	60.9	61.1	74.0	69.8	66.7	69.8	48.4	59.4	49.8
미국	13.5	20.7	20.9	18.2	19.6	15.9	18.4	24.2	19.3
일본	0.5	0.5	0.5	1.1	0.9	1.0	–	1.7	0.7
EU	–	–	40.7	–	34.5	44.1	25.2	26.8	21.3
영국	10.2	7.2	10.8	6.8	7.6	8.0	3.7	1.7	1.6
독일	5.9	4.1	6.3	6.6	7.3	4.9	3.7	1.7	2.4
프랑스	3.7	3.8	5.3	6.3	4.2	5.9	2.7	2.4	3.5
개도국계	39.1	38.9	25.8	28.9	31.3	27.0	46.1	38.7	46.9
중국	–	–	3.5	–	10.3	8.3	8.5	7.1	9.5
전 세계 총계	100.0	100.0	100.0	100.0	100.0	100.0	100.0	100.0	100.0

자료: *Ibid.*

제2편

이에 반해 개발도상국은 오랫동안 단 30% 내외의 점유율을 보여 왔고 때로는 그보다 줄어드는 경우도 없지 않았다. 하지만 2010년 이후부터는 그 점유율이 점차 증가하여 2017년의 경우에는 46.9%에 이르러서 거의 절반을 차지하고 있다. 이는 선진국의 점유율이 49.8%로 크게 하락한 것과 비교하면 획기적인 것으로 받아들여지고 있다.

이러한 유입현황을 주요 유입국별로 살펴보면 2017년의 경우 미국이 약 19.3%를 받아들여 여전히 전 세계에서 가장 많은 해외투자를 받아들이는 국가로 기록되고 있고, 그 다음으로는 프랑스가 3.5%, 그리고 독일과 영국이 각각 2.4%와 1.6% 등의 낮은 점유율을 보이고 있다. 일본의 경우에는 단지 0.7%만을 기록하여 해외투자 유출 점유율 11.2%와 비교하여 극히 비대칭적인 현상을 보이고 있다. 그리고 중국에 대한 투자는 2000년 이후 괄목할 만한 성장을 비여 지속적인 증가세를 보이고 있고 2017년 그 수치는 9.5%에 달하고 있다.

4) 해외직접투자의 산업별 현황

전 세계 해외직접투자를 산업별로 살펴보면 [표 7-7]과 같다. 이 표를 보면 2015년의 경우 1차산업에 대한 해외직접투자가 6.0%, 제조업 26.0%, 그리고 서비스업 68.0%를 기록하고 있다. 해외직접투자의 산업별 구성비는 시대의 흐름에 따라서 큰 변화를 보이고 있는데, 1차산업에 대한 투자는 지속적인 감소현상을 보이다가 2005년 이후로는 큰 증가세를 보이긴 하였으나 2015년에 이르러서는 6.0%, 2017년에는 5.9%라는 아주 낮은 비중을 기록하고 있다.

다음으로 제조업에 대한 해외직접투자는 1980년 43.8%에서 2005~2007년에는 24.4%까지 줄어든 바 있으나 2010년에는 48.0%로 다시 증가하는 듯 보였고 2015년에는 26.0%, 2017년에는 33.5%를 기록하고 있다.

마지막으로 서비스업에 대한 해외직접투자는 1차산업이나 제조업에 비해 괄목할 만한 신장세를 보여 1990년 50.0%, 2000년 74.0%, 2005~2007년 57.9% 등의 높은 비중을 보였으나 2010년에는 30.0%로 많이 낮아지기도 하였고 2015년에는 다시 그 비중이 68.0%, 2017년에는 59.6%로 급증하여 서비스산업의 중요성이 날로 높아지고 있음을 알 수 있다.

표 7-7 해외직접투자의 산업별 구성비

(단위: %)

	1980	1990	2000	2005~2007	2009	2010	2015	2017
1차산업	18.5	11.2	1.0	9.7	30.0	22.0	6.0	5.9
제조업	43.8	38.7	25.0	24.4	37.0	48.0	26.0	33.5
서비스업	37.7	50.0	74.0	57.9	33.0	30.0	68.0	59.6
계	100.0	100.0	100.0	100.0	100.0	100.0	100.0	100.0

자료: *Ibid*.

5) 최근 전 세계 해외직접투자의 특징

최근 전 세계 해외직접투자의 몇 가지 특징을 살펴보면 다음과 같다.

첫째, 선진국에 대한 투자는 크게 줄어드는데 반해, 개발도상국에 대한 투자는 크게 늘어가고 있다는 점이다. 이는 다국적기업들이 원자재 가격 상승, 생산비 절감, 해외시장 개척 등을 위해 개발도상국에 대한 해외직접투자를 계속 늘려가고 있기 때문이다.

둘째, 다국적기업들이 연구·개발(R&D)활동을 해외로 확대해 가고 있고, 그 대상은 주로 중국과 인도로서 이들이 가장 큰 이익을 향유하고 있다.

셋째, 개발도상국들은 그동안 외국인직접투자를 유치하는 입장에 그쳤었으나 최근 일부 개발도상국들은 점차 해외투자국으로서의 위상도 높여가고 있다.

넷째, 서비스분야의 해외직접투자가 크게 늘고 있고, 특히 그 중에서도 금융분야의 해외직접투자가 크게 증대되고 있다는 점이다.

CHAPTER 08

국제경영환경

01 경제적 환경

1. 투자대상국의 경제적 환경

1) 투자대상국 국민경제의 특성

기업이 해외에 진출하여 국제사업활동을 전개하고자 할 때, 가장 먼저 파악해야 할 것은 투자대상국의 시장규모이다. 그것은 시장규모에 따라서 투자하고자 하는 사업의 종류, 사업의 규모, 그리고 사업기간 등이 크게 달라질 수 있기 때문이다.

투자대상국의 시장규모를 파악하는 데 있어서 도움이 되는 주요 경제변수들을 개략적으로 살펴보면 다음과 같다.

① 경제체제: 시장경제체제, 중앙통제경제체제, 혼합경제체제

② 경제정책: 재정정책, 통화정책, 경제개발계획, 소득분배

③ 인구특성: 인구규모, 인구성장률, 인구특성별 분포, 출산율, 평균수명

④ GNP 및 GNI: GNP 규모 및 성장률, 1인당 GNP 규모 및 성장률, GNI 규모 및 1인당 GNI

⑤ 경제발전단계: 국민경제발전단계, 경제성장률, 산업별 구조 및 변동추이, 시장잠재력

⑥ 기술수준: 제품기술, 공정기술, 과학자 수, 특허등록 수, 연구개발투자 규모

⑦ 무역패턴: 수출입량, 수출입구조, 수출입현황, 수출입추이

⑧ 국제수지: 국제수지상태, 대외무역의존도, 외채, 환율

⑨ 외국인투자정책: 재정 및 금융상의 유인책, 외국인투자 통제 및 이행요구 등의 억제책, 과실송금규제

⑩ 경제지리: 도시화 정도, 부존자원, 지세, 운송거리, 토지이용, 기후

⑪ 경제하부구조: 도로, 철도, 에너지공급, 전신, 전화, 교통수단
⑫ 기타: 인플레이션, 노동력, 노사관계, 경제통합 가입 여부

2) 투자대상국의 국제경영관련제도 및 정책

(1) 무역정책

통상 투자대상국 정부는 기업의 현지사업전략에 직·간접적으로 영향을 미칠 수 있는 여러 가지 무역정책을 수립하여 시행하고 있다.

① 수출지원정책
수출지원정책으로는 수출보조금지원, 세제지원, 수출지원금융, 외환관리상의 수출지원, 수출보험제도, 수출보상제도, 평가절하, 통상조약 및 협약체결 등이 있다.

② 수입제한정책
수입제한정책으로는 관세장벽과 비관세장벽이 있다. 관세장벽은 관세를 가지고 장벽을 쌓는 것으로서 여기에는 상계관세, 덤핑방지관세, 보복관세 등이 있다. 그리고 비관세장벽은 관세가 아닌 다른 수단을 이용하여 장벽을 쌓는 것으로서 여기에는 수입할당제, 관세할당제, 수입과징금제, 수입예치금제, 차별적 정부구매, 수입금지제, 생산보조금, 외화할당제, 수출자율규제, 시장질서협정 등이 있다.

(2) 외환정책

기업이 해외에 진출하여 국제사업활동을 성공적으로 수행하기 위해서는 환율변동에 따른 위험과 각국의 금융규제를 극복할 수 있어야 한다. 특히 환율변동은 기업의 미래 현금흐름에 직접적인 영향을 미치기 때문에 이와 관련한 변수들을 철저히 분석하는 것이 그 무엇보다도 중요하다. 투자대상국의 외환정책과 관련하여 기업이 반드시 파악해야 할 변수로는 환율제도, 외환관리제도, 환율변동 등이 있다.

(3) 조세제도

조세제도는 국가마다 다르고 국제적인 조세협약이나 세법은 내용이 항상 바뀌기 때문에 기업의 국제사업활동에 심각한 문제를 일으키는 요인이 된다. 따라서 성공적인 국제사업활동을 위해서는 기업의 재무문제에 중대한 영향을 미치는 이러한 조세제도를 면밀하게 파악하는 것이 무엇보다도 중요하다.

투자대상국의 조세제도에는 조세협약, 이중과세방지제도, 각종 조세상의 특혜,

법인세, 영업세, 부가가치세, 관세, 물품세, 지상배당세 및 원천징수세 등과 관련된 것들이 있다.

(4) 외국인투자정책

기업이 해외에 진출하여 성공적인 사업활동을 수행하기 위해서는 투자대상국 정부가 외국인투자에 대해 어떤 정책을 수립하여 시행하고 있는가를 사전에 철저하게 파악해야 한다.

투자대상국은 일반적으로 외국인투자를 유인하는 정책과 외국인투자를 제한하는 정책을 수립하여 시행하고 있다. 외국인투자를 유인하는 정책으로는 외국인투자에 따른 경제적 효과를 향유하기 위해서 세제 및 관세상의 유인책을 제공하거나 보조금을 지급하는 등의 정책이 있다. 그리고 외국인투자를 제한하는 정책으로는 외국기업에 대한 진입통제 및 소유권 제한, 천연자원 추출통제, 금융통제, 이행요구, 재산수용 등이 있다.

2. 국제무역환경

1) 관세와 무역에 관한 일반협정(GATT)

(1) GATT의 기본원칙

제2차 세계대전 후 1947년 GATT(General Agreement on Tariffs and Trade)는 국제간의 자유무역을 확대하기 위하여 무역의 자유화와 최혜국대우를 그 기본원칙으로 창설되었다.

① 무역의 자유화

무역의 자유화는 국제간에 무역이 자유롭게 이루어질 수 있도록 무역을 제한하는 갖가지 조치들을 과감하게 없애자는 것이다. 결국 자유로운 무역을 저해하는 것은 관세와 무역제한조치이므로, 관세를 인하하고 무역제한조치를 철폐하자는 것이 그 기본 골격이다.

여기에서 관세인하라 함은 각국이 관세만을 유일한 합법적인 무역제한수단으로 인정하고 당시 각 나라들 간에 적용되고 있던 높은 관세를 인하함으로써 무역을 자유화하자는 것이다. 그리고 무역제한조치 철폐는 각국이 무역을 양적으로 규제하고 있던 제반 무역제한조치를 철폐하여 무역을 자유화하자는 것이다. 사실 무역제한조치는 관세보다도 훨씬 더 강력하고도 직접적으로 무역을 제한하는 정책으로 알려져 있다. 결국 GATT는 관세인하와 무역제한조치 철폐를 통해서 무역의 자유화를 실현하고자 한 것이다.

② 최혜국대우(Most Favored Nation: MFN)

최혜국대우란 만약 어떤 GATT 회원국이 다른 어떤 회원국의 상품에 대해 관세상 특별한 예우를 제공하고 있다면 이것을 그 나라 이외의 여타 회원국의 동일한 상품에 대해서도 아무 차별 없이 동일하게 적용하자는 것이다.

GATT는 이상에서 살펴본 무역자유화와 최혜국대우의 원칙을 중심으로 그동안 여러 차례의 다자간무역협상을 타결시킨 결과, 이제 관세는 더 이상 무역을 제한하는 수단으로서 별다른 효과를 발휘할 수 없을 정도로 크게 인하되었다.

하지만 1970년대에 들어서면서 세계경제가 어려움에 처하게 되고 각국의 신보호무역주의가 확산되면서 GATT체제는 점차 그 한계를 드러내기 시작하였고 그 결과, 1950~60년대의 세계무역 촉진 및 증대와 관세인하에 공헌했던 그 위상이 크게 손상을 입게 되었다.

(2) 신보호무역주의와 GATT

1970년대에 들어서면서부터 브레튼우즈체제(Bretton Woods System)의 붕괴와 오일쇼크(oil shock) 등의 영향으로 인해서 세계무역 규모가 크게 위축되면서 세계경제도 불황과 인플레이션, 고실업, 국제수지 악화 등의 어려움을 겪게 되었다.

이런 과정에서 미국을 중심으로 한 선진제국의 경제력이 크게 약화되는 가운데 무역자유화 경향이 점차 퇴조하기 시작하였고, 국제무역에서는 선진제국이 주도하는 신보호무역주의 경향이 강하게 나타나기 시작하였다.

여기에서 신보호무역주의(new protectionism)란 선진국들이 선진국보다 늦게 비교우위를 획득해 가는 후진국의 수출제품에 대해서 관세가 아닌 비관세장벽(Non-Tariff Barrier: NTB)이나 예외조항 등을 원용 또는 남용하여 보호무역정책을 실시하는 것을 말한다.

예전의 전통적인 보호무역주의는 후진국들이 자국의 유치산업을 보호하기 위해 선진국으로부터 수입되어 들어오는 제품에 대해 관세장벽을 이용하여 보호무역정책을 실시하였고, 그 목적이 미시경제적인 문제들을 해결하기 위한 것이었다. 이에 반해 신보호무역주의는 선진국들이 자국의 실업 및 국제수지 등과 같은 거시경제적인 문제들을 해결하기 위하여 관세가 아닌 비관세장벽을 이용하여 후진국의 수출을 제한했다는 점에서 전통적인 보호무역주의와 그 성격이 전혀 다르다.

신보호무역주의하에서 선진국들은 GATT가 예외로 규정하고 있던 긴급수입제한조치(safeguard clauses), 반덤핑관세 및 상계관세 등을 남용하는가 하면, 예전에 볼 수 없었던 수출자율규제(Voluntary Export Restraint: VER)나 시장질서협정(Orderly Marketing Agreement: OMA) 등과 같은 새로운 무역제한조치들을 강구하여 무역을 제한하였다.

그 결과 비교우위에 입각하여 국제분업을 촉진하고 이를 위해 국제협력을 강화한다고 하는 GATT의 기본정신과 GATT가 표방하던 최혜국대우와 호혜주의의 원칙은 사실상 사라지고 말았다.

이러한 결과는 GATT가 비관세장벽에 대한 명확한 규정을 가지고 있지 못했고 무역제한조치에 대해 너무 많은 예외를 인정해주었기 때문에 야기된 당연한 결과였다. 결국 이와 같은 GATT규정의 불완전성과 법적 구속력의 미비는 1970년대의 신보호무역주의를 강력하게 규제할 수 없게 만든 요인이 되고 말았다.

2) 세계무역기구(WTO)

1970년대에 들어서 서방 선진국들이 GATT의 규정을 악용하여 후진국의 수출제품에 대해 반덤핑관세 및 상계관세를 부과하고, GATT체제를 우회하는 수출자율규제 및 시장질서협정 등과 같은 신보호무역정책을 실시하는가 하면, 농산물 및 섬유류 등에 대해 다자간 또는 쌍무적 규제조치를 취하는 등 GATT의 예외조치를 악용하거나 남용하는 사례가 너무 빈번하게 발생하였다.

그 결과 세계무역질서는 점차 문란해지기 시작하였고 신보호무역정책에 대한 규제능력과 분쟁해결절차를 명시적으로 가지고 있지 못했던 GATT로서는 악화되어가는 국제무역환경을 개선시키는 데 속수무책일 수밖에 없었다. 더구나 당시 GATT는 세계무역에서 점차 그 비중이 증대되어 가고 있던 서비스, 해외투자, 지적재산권 등과 같은 새로운 분야를 포괄할 수 있는 규정이나 능력을 가지고 있지 못했다.

이에 따라, GATT체제의 이러한 미비점을 보완하고 유지하기 위해 새로운 다자간 무역협상이 필요하게 되었고, 그 일환으로서 1987년에 우루과이라운드 협상(Urguay Round)이 시작되었다. 그리고 이 협상이 7년 동안의 오랜 협상과정을 거쳐 1995년에야 이르러 비로소 새로운 세계무역규범인 WTO(World Trade Organization)체제가 출범하게 되었다.

WTO는 우루과이라운드 협정을 이행하는 기구로서, 특히 공산품의 관세인하와 시장개방 확대, 농산물교역에 대한 다자간 협정의 채택, GATT규범의 명료화와 교역의 공정성 제고, 서비스교역에 대한 새로운 다자간 규범의 도입, 지적재산권보호의 무역체제 도입 등을 주 내용으로 하고 있다.

WTO체제는 이전의 GATT체제와 비교하여 다음과 같은 몇 가지 특징을 가지고 있다.

첫째, WTO체제는 농산물 및 섬유, 그리고 무역관련투자 및 지적재산권 보호 등 무역에 영향을 미칠 수 있는 관련제도에 대한 규정을 크게 강화하였다. 또한 상품무역뿐만 아니라 국제거래에서 점차 그 비중이 높아져 가고 있던 서비스무역을 새로운 분야로 추가하였다.

둘째, WTO체제는 과거의 GATT체제에 비해 훨씬 더 강력한 통제력을 갖추고 있다. 즉, WTO는 단순한 협정에 불과했던 GATT와는 달리 분쟁이 발생하는 경우 공권력을 동원하여 당사국의 의사에 반하는 판정을 내릴 수 있는 권한을 가지고 있으며, 이를 이행하지 않을 경우 광범위한 보복조치를 취할 수 있도록 되어 있다. 또 의사결정과정에서 예전의 만장일치제도와는 달리 다수결방식을 도입하는가 하면, 문제해결을 위한 시한을 설정해둠으로써 신속한 의사결정이 가능하도록 하고 있다.

셋째, WTO는 GATT와 달리 개발도상국을 배려하는 평등이념이 크게 퇴색된 반면 선진국에게 유리한 자유이념이 크게 강화되었다. 또한 개발도상국의 산업관련 보조금 지원이 전면 금지되는가 하면, 시장개방이나 새롭게 추가된 서비스분야에서도 개발도상국에 대한 배려가 전혀 이루어지지 않았다.

3. 국제금융환경

1) 환율 및 외환시장

(1) 환율

환율(foreign exchange rate)이란 일국통화와 타국통화 간의 교환비율을 뜻한다.

그리고 그 비율은 외환시장에서 그 외환에 대한 수요와 공급에 의해 결정된다.

환율에는 현물환율과 선물환율이 있다.

현물환율(spot exchange rate)은 [표 8-1]과 같이 뉴욕, 동경 등의 금융시장에서 매일 매일 게시되는 환율을 뜻하며, 이때 이루어지는 외환거래를 현물환거래(spot transaction)라고 하고 현물환거래가 이루어지는 시장을 현물환시장(spot market)이라고 한다.

선물환율(forward exchange rate)은 미래 특정 시점에 외환을 매매하기로 하는 선물환계약을 현재 시점에서 체결할 때 이용되는 환율을 말한다. 영국 파운드와 일본의 엔 그리고 스위스 프랑과 같은 몇몇 통화들은 1개월 선물환율, 3개월 선물환율, 6개월 선물환율을 게시하고 있다.

표 8-1 환율 고시의 예

Apr. 2, 2019

NEW YORK (Dow Jones)--The New York foreign exchange mid-range rates below apply to trading among banks in amounts of $1 million and more, as quoted at 4 p.m. Eastern time by Reuters and other sources. Retail transactions provide fewer units of foreign currency per dollar.

	In US$		Currency Per US$	
	Today	Prev. Day	Today	Prev. Day
Americas				
Canada (dollar)	0.7515	0.7491	1.3307	1.3350
Mexico (peso)	0.0522	0.0515	19.1404	19.4304
Asia-Pacific				
Australian (dollar)	0.7111	0.7096	1.4063	1.4092
China (yuan)	0.1490	0.1490	6.7115	6.7121
Japan (yen)	0.00898	0.00902	111.35	110.85
South Korea (won)	0.0008821	0.0008792	1133.72	1137.40
Europe				
Euro area (euro)	1.1216	1.1219	0.8916	0.8914
Russia (ruble)	0.01533	0.01521	65.222	65.736
Switzerland (franc)	1.0014	1.0047	0.9986	0.9953
U.K. (pound)	1.3105	1.3035	0.7631	0.7672
Middle East/Africa				
Kuwait (dinar)	3.2871	3.2889	0.3042	0.3041
Saudia Arabia (riyal)	0.2666	0.2666	3.7506	3.7505

자료: *The Wall Street Journal*, 2nd Apr., 2019 일부 발췌.

선물환율을 이용하여 이루어지는 외환거래를 선물환거래(forward exchange transaction)라고 하고 선물환거래가 이루어지는 시장을 선물환시장(forward exchange market)이라고 한다. 선물환거래는 무역업자나 투자가들이 환위험(exchange risk)을 회피하고자 하는 경우에 주로 이용된다.

(2) 외환시장

외환시장(foreign exchange market)이란 외환거래가 이루어지는 시장을 총칭하는 개념으로서, 외환의 매입자와 매도자 그리고 이들의 매매를 지원하는 딜러(dealer)와 브로커(broker)들을 연결하는 통신망을 통해 거래가 이루어지는 추상적이고도 총체적인 개념으로서의 거래메커니즘을 뜻한다.

외환시장의 통상적인 거래자로는 외국환은행, 고객, 통화당국, 외환브로커 등이 있다. 외국환은행은 환포지션을 조정하거나 또는 창조하기 위해서 외환을 거래하고, 고객들은 무역과 같은 실제 국제거래를 결제하거나 환율변동으로 발생하는 이익을 취하기 위해서 외환을 거래한다.

또 통화당국은 다른 나라의 중앙은행이나 국제기구와의 거래를 위해서 외환을 거래하며, 외환브로커는 외환거래를 중개하여 중개수수료를 취하기 위해서 외환을 거래한다.

2) 국제통화제도

(1) 브레튼우즈체제(Bretton Woods System)

브레튼우즈체제는 1944년 미국 뉴햄프셔(New Hampshire)주 브레튼우즈(Bretton Woods)에서 개최된 국제통화회의에서 결정된 국제통화제도를 뜻한다.

이 국제통화회의에서는 ① 각국이 국제무역 및 금융에 관해 합의된 일련의 규칙을 준수하는가를 감독하고, ② 일시적인 국제수지의 어려움에 처한 국가에 대해 차입의 편의를 제공해주기 위하여 국제통화기금(International Monetary Fund: IMF)을 설립하고, 경제부흥을 위한 자금을 제공해주기 위해 국제부흥개발은행(International Bank for Reconstruction and Development: IBRD)을 설립하기로 하는 안을 확정하였다.

브레튼우즈체제는 금환본위제도로서 미국은 금(gold)의 가격을 1온스(ounce)당 미화 35달러로 고정시키기로 하고, 다른 나라들이 금을 달러로 바꾸어달라고 요구하면 어떠한 규제나 제약을 가하지 않고 그 가격으로 금을 사거나 팔기로 하였다. 그리고 미국 이외의 나라들은 자국통화의 가격을 금이나 달러에 고정시키기로 하고, 자국의 환율이 최초 평가(par value)의 상하 1%를 초과하여 변동하는 경우 외환시장에 적극적으로 개입하여 환율 변동 범위를 1% 내로 맞추기로 하였다.

이러한 내용을 기본 메커니즘으로 하고 있던 브레튼우즈체제는 상당기간 동안 별 다른 문제없이 잘 운영되었다. 그러나 이 메커니즘의 운영을 전적으로 책임지고 있던 미국이 만성적인 국제수지 적자와 급격한 금준비 축소에 직면하게 되자 달러의 가치를 평가절하하지 않을 수 없게 되었다.

여기에 더하여 미국의 국제수지가 지속적으로 적자를 보였고 이에 미국 달러에 대한 불신마저 크게 높아지고 각 나라들은 미국 달러보다는 오히려 금이나 다른 강세통화(독일 마르크, 일본 엔, 스위스 프랑)를 보유하고자 하였다. 그 결과 종국적으로 금가격이 지속적으로 상승하여 더 이상 이 제도를 유지하기가 어렵게 되었다. 이에 1971년 미국 닉슨대통령이 금태환정지를 선언함으로써 그동안 잘 운영되어오던 브레튼우즈체제는 무너지고 말았다.

한편, 1971년 12월에는 브레튼우즈체제를 유지하기 위한 고육책의 하나로 금의 달러가격을 1온스당 35달러에서 38달러로 인상하고, 환율의 변동폭도 예전의 상하 1%에서 상하 2.25%로 확대하는 조치를 취했다. 하지만 이러한 추가조치에도 불구하고 달러는 미국의 막대한 국제수지 적자 때문에 또 다시 1온스당 42.22달러로 평가절하하지 않을 수 없게 되었다.

이어서 1973년에 달러에 대한 불리한 투기가 다시 재현되자 브레튼우즈체제는 더 이상 유지되지 못하고, 각국은 자국이 원하는 바에 따라서 자국통화를 독자적으로 변동하도록 하든지, 아니면 공동으로 변동하도록 하든지 각국이 자국의 환율 운용방식을 자유롭게 선택하도록 함으로써 마침내 고정환율제도가 폐지되고 관리변동환율제도로 이행하게 되었다.

3) 현재의 국제통화제도

(1) 관리변동환율제도

1973년부터 각국은 자국의 환율을 자국의 뜻에 따라 자유롭게 변동하도록 하는 실질적인 변동환율제도(floating exchange rate system)를 채택하고 있다. 이 제도하에서는 각국 통화당국이 자국 환율의 장기적인 추세에는 영향을 미치지 않지만 단기적 변동을 완만하게 유지할 수 있도록 외환시장에 개입해야 할 책임이 있다.

변동환율제도는 1976년 자메이카협정(Jamaica Accords)에서 공식적으로 인정되었는데, 이 협정에서는 다음과 같은 몇 가지에 대한 합의가 이루어졌다. 첫째, 변동환율제도를 합법적으로 인정하기는 하지만 고정환율제도를 완전히 포기하는 것은 아니며 IMF회원국의 85% 이상의 찬성이 있으면 다시 조정가능한 고정환율제도로 복귀할 수 있도록 융통성을 두었다. 둘째는 금의 공정가격을 폐지함과 동시에 금의 역할을 축소하였다. 그리고 셋째는 특별인출권(Special Drawing Right: SDR)의 지위를 국제통화상의 주요 준비자산으로 격상시켰다.

오늘날 전 세계 여러 나라들이 활용하고 있는 환율제도를 분류하면 [표 8-2]과 같다. 이 표를 보면 2017년 현재 190개국 중 12.5%가 고정환율제도를 채택하고 있고, 42.2%가 고정환율제도와 변동환율제도를 절충한 절충형태의 환율제도를 채택하고 있으며, 완전자유변동환율제도를 채택하고 있는 국가는 39.5%를 보이고 있다.

표 8-2 IMF의 환율제도 분류

환율제도	분류	2017	
		국가수	비율(%)
고정환율제도 (12.5%)	독립적 법화가 없는 환율협정	13	6.8
	통화위원회제도	11	5.7
절충형태의 환율제도 (42.2%)	전통적인 고정페그제도	43	22.4
	안정장치 페그	24	12.5
	크롤링 페그	3	1.6
	크롤링 유사 환율제도	10	5.2
	크롤링 밴드	1	0.5
변동환율제도 (39.5)	변동환율제도	38	19.8
	완전자유변동환율제도	31	16.1
기타 (9.4%)	기타 환율제도	18	9.4
계 (100.0%)		190	100.0

자료: IMF, Annual Report on Exchange Arrangements and Exchange Restrictions 2017 (Washington, October 2017).

(2) 유럽통화제도

유럽연합(European Union: EU)은 브레튼우즈체제 하에서의 환율 변동폭이 상하 1%에서 상하 2.25%로 확대될 당시에 EU 내의 환율을 안정시키고자 하는 목적으로 EU국가 통화 간의 환율은 특별히 좀 더 좁게 상하 1.125% 내에서만 변동하도록 하자는 데 합의하였는데, 이것이 소위 스네이크(the snake within the tunnel)제도이다.

스네이크제도는 1979년 유럽통화제도(European Monetary System: EMS)로 발족되었는데, EMS는 역내통화 간에는 고정환율제도를 유지하면서도 역외통화들에 대해서는 변동환율제도를 채택하는 양면적인 독특한 성격을 가지고 있었다. EMS에서는 각국 경제의 중요도에 따라 가중치를 부여한 유럽통화단위(European Currency Unit: ECU)를 창출하고 각국은 이 통화단위에 대해 각국의 중심률(central rate)을 산출한 다음, 회원국의 통화가 여타국 통화의 중심률로부터 2.25%(이탈리아의 경우는 6%) 이상 이탈하는 경우 양국이 외환시장에 직접 개입하여 환율을 원래대로 복귀시키도록 하고 있었다.

한편, EMS는 1999년에 들어서 다시 경제통화동맹(Economic and Monetary Union: EMU)으로 발전되었다. EMU는 단일통화은행인 유럽통화은행을 설립하여 통화정책을 전담하게 하고, 1999년부터 EU 개별국가의 통화를 폐지하는 대신 유로(Euro)라는 단일통화를 창출하여 사용하도록 하고 있다. 2017년 현재 EMU에 참여하고 있는 나라는 오스트리아, 벨기에, 핀란드, 프랑스, 독일, 스페인, 덴마크, 스웨덴 등 25개국이다(www.musicschoolunion.eu).

4. 국제경제기구

1) 경제협력개발기구(OECD)

OECD(Organization for Economic Cooperation and Development)는 민주주의와 자유시장경제를 추구하는 국가들이 세계경제현안을 협의하고 합의를 통해 해결방안을 도출하는 경제기구이다. 이 기구는 1961년 유럽과 미국 등 20여 개국이 마샬원조를 받아들이기 위한 기관으로 설립했던 유럽경제협력기구(Organization for European Economic Cooperation: OEEC)를 발전적으로 개편하여 설립된 것이다.

OECD의 설립목적은 첫째, 통화의 안정을 유지하면서 고도성장을 촉진하고 고용증대 및 생활수준의 향상을 도모하며, 둘째, 개발도상국의 경제개발을 지원하고, 셋째, 무차별·다각적 원칙에 따른 세계무역의 확대에 기여하기 위한 것이다.

OECD는 UN이나 WTO처럼 모든 국가에게 가입자격이 주어지는 것이 아니라 민주주의와 자유시장경제라는 공통적인 가치관을 가진 국가 중에서 기존 회원국의 추천을 통해 가입할 수 있다. OECD의 회원국은 2017년 현재 36개국이며 한국은 1996년에 29번째로 가입하였다.

OECD의 의사결정은 회원국 전체의 합의를 통해 만장일치로 이루어진다. 따라서 특정 회원국이 반대하는 사항에 대하여 어떤 결정이나 권고를 채택할 수 없을 뿐 아니라 개별 회원국은 자국의 특수한 사정에 따라서 결정사항에 대한 적용을 면제받을 수 있다.

2) 유엔무역개발위원회(UNCTAD)

UNCTAD(United Nations Conference on Trade and Development)는 선진국과 개발도상국 간의 교역을 증진시키고, 개발도상국의 경제개발문제의 원칙과 정책을 수립하여 이에 대한 적절한 조치를 강구하는 한편, 개발도상국의 경제개발문제에 대해 책임 있는 활동을 전개함으로써 선진국과 개발도상국 간의 경제적 격차를 완화하기 위해 1962년에 설립된 세계적 규모의 개발도상국 회의이다.

개발도상국들은 남북격차를 줄이기 위해서는 무엇보다도 개발도상국의 수출을 늘리는 것이 가장 이상적인 방법이라고 보았다. 하지만 기존의 GATT체제는 그 자체가 선진국 이해중심의 무역질서로서 이 체제 하에서는 수출을 증대시킬 수 없다고 판단하고, 독자적으로 개발도상국의 문제를 해결하기 위한 새로운 테두리를 모색하게 되었는데, 그것이 UNCTAD설립이라는 형태로 나타나게 되었다.

개발도상국들은 UNCTAD를 통해서 개발도상국이 생산하고 있는 여러 가지 상품에 관한 국제상품협정 체결과 개발도상국이 선진국 시장에 수출하고 있는 단순공산품의 수출에 대한 특혜 수혜, 개발도상국의 농산물수출에 대한 선진국의 수입규제 철폐, 개발도상국에 대한 기술이전과 다국적기업에 대한 규제 강화, 그리고 개발도상국에 대한 해외원조 증대 등을 요청하였다.

그러나 개발도상국은 일반특혜관세제도(Generalized System of Preference: GSP)

를 제외하고는 아무 것도 얻은 바가 없다. GSP제도는 선진국들이 일정 기간 동안 모든 후진국으로부터 수입되는 공산품에 대해 관세상의 혜택을 제공함으로써 후진국의 공업부문을 보호해주자는 취지였지만, 오늘날에는 이마저 유명무실한 제도가 되고 말았다.

3) 국제부흥개발은행(IBRD)

IBRD(International Bank for Reconstruction and Development)는 1944년의 브레튼우즈협정에 기초하여 각국의 경제부흥과 경제개발을 촉진하기 위해 1946년에 발족된 국제금융기관으로서, 현재는 주로 개발도상국의 사회간접자본투자, 공업화, 농업투자에 대한 금융지원 등을 실시하고 있다. 일명 세계은행(World Bank)이라고도 한다.

IBRD는 세계은행의 융자대상에서 제외되고 있는 프로젝트에 대해 조건이 완만한 융자를 해 주고 있는 국제개발협회(International Development Assistant: IDA)와 개발도상국의 사기업을 융자대상으로 하고 있는 국제금융공사(International Finance Corporation: IFC)를 합해서 세계은행그룹이라고 부르고 있다.

위 국제개발협회는 개발도상국의 경제개발을 지원하고 생활수준을 향상시키기 위해 장기 저리의 개발자금을 공여하고자 설립된 국제협력기관이며, 국제금융공사는 개발도상국의 생산적인 민간기업의 발전을 촉진하기 위해 설립된 국제투자기관이다. 우리나라는 1955년에 가입하였으며 전 세계 거의 대부분의 나라들이 이 기구에 가입해 있다.

5. 지역경제통합

지역경제통합이란 회원국 간의 무역장벽을 철폐하여 역내무역을 증진시키고 비회원국에 대해서는 공동으로 차별적인 무역정책을 취함으로써 회원국의 이익을 보호하기 위한 지역경제조직체를 말한다.

경제통합에는 자유무역지역, 관세동맹, 공동시장, 경제동맹, 정치동맹 등이 있다.

① 자유무역지역(Free Trade Area)

자유무역지역은 정치적 · 경제적으로 밀접한 관계를 가지고 있는 둘 이상의 가맹국이 상품이동에 대한 관세를 철폐하여 역내 자유무역을 보장하고, 비가맹국에 대해서는 각국의 독자적인 관세정책과 무역정책을 실시하는 연합을 뜻한다. 자유무역지역의 대표적인 예로는 유럽자유무역지역(EFTA)과 라틴아메리카자유무역지역(LAFTA)을 들 수 있다.

② 관세동맹(Customs Union)

관세동맹이란 회원국 간 역내 자유무역은 기본적으로 실시하고 이에 더하여 비가맹국에 대해 공동관세와 공동무역정책을 실시하는 경제통합을 뜻한다. 대표적인 예로는 EEC 가입 이전의 구Benelux와 1958년의 EEC를 들 수 있다.

③ 공동시장(Common Market)

공동시장이란 관세동맹보다 더 강화된 경제통합으로서 가맹국 간에 상품뿐만 아니라 노동, 자본 등 생산요소의 자유로운 이동이 보장되는 경제통합을 뜻한다. 공동시장의 대표적인 예로는 유럽경제지역(EEA), 중미공동시장(CACM), 안데안공동시장(ANCOM), 카리브공동시장(CARICOM) 등을 들 수 있다.

④ 경제동맹(Economic Union)

경제동맹이란 공동시장에서 한걸음 더 나아가, 가맹국 간에 산업 · 재정 · 통화정책 등 경제전반에 걸쳐 공동정책을 실시하는 경제통합을 뜻한다. 경제동맹의 대표적인 예로는 1992년 EU국가들의 경제 및 통화통합(EMU)을 들 수 있다.

⑤ 정치동맹(Political Union)

정치동맹이란 완전한 정치통합을 뜻하는데, 예를 들어 예전의 동구경제상호원조회의(COMECON)는 경제문제에 대한 정치적 동맹이라고 할 수 있다.

02 문화적 환경

1. 문화의 정의

문화인류학자인 타일러(Tylor)에 따르면 "문화란 지식, 신앙, 예술, 법률, 도덕, 관습 그리고 사회의 한 구성원으로서 인간에 의해 얻어진 모든 능력이나 관습 등을 포함하는 복합총체"라고 정의하고 있다.[1]

결국 문화란 인간집단이 여러 세대를 통해 형성해 온 하나의 생활양식 및 규범으로서 그것은 천성적으로 가지고 태어나는 것이 아니라 오랜 생활을 통해 반복적으로 습득된 하나의 행위라고 할 수 있다.

이와 같이 문화는 오랜 세월에 걸쳐 습득되고 여러 세대를 거쳐 사회적으로 계승된 행위이기 때문에 각 나라들은 자국이 속하는 문화권에 따라서 각기 다른 문화를 갖게 된다.

2. 문화의 구성요소

문화를 구성하는 대표적인 요소로는 언어, 물질문명, 예술, 교육수준, 종교, 가치관, 사회조직 등을 들 수 있다. 이들 문화요소를 구성하는 하위요소들을 보면 다음과 같다.

① 언어: 사용언어, 사용언어의 수, 침묵적 언어
② 물질문명: 식관습, 주거, 기구, 직업, 의복, 기술
③ 예술: 음악, 회화, 조각, 민요, 드라마, 댄스
④ 교육수준: 고등교육기관 등록률, 문맹률, 교육제도
⑤ 종교: 불교, 가톨릭, 신교, 희랍정교회, 힌두교, 유태교, 회교
⑥ 가치관: 직업의식, 물질소유욕, 전통에 대한 태도
⑦ 사회조직: 가족제도, 사회계층

일반적으로 문화를 구성하는 이들 요소들은 국가나 문화권에 따라서 현저한 차이를 보이게 되는데, 이러한 이질적인 문화요소에 대한 이해부족은 원활한 국제경영활동을 어렵게 만드는 주요 요인으로 작용한다.

따라서 성공적인 국제경영활동을 수행하기 위해서는 자기 기업이 진출하고자 하는 국가의 이질적인 문화요소를 철저히 분석하는 것이 무엇보다도 중요하다.

3. 이질문화에 대한 평가

기업이 이질적인 문화적 환경하에서 국제경영활동을 성공적으로 수행하기 위해서는 최소한 자사의 국제경영활동에 직접적으로 영향을 미칠 것으로 판단되는 주

1) 한상복 · 이문웅 · 김광억, 문화인류학개론(서울, 서울대학교 출판부, 1994), pp. 65~66.

요 문화요소를 상세하게 파악하고, 그 이질성의 정도를 정확하게 평가할 수 있는 능력을 갖추어야 한다.

이질문화를 평가하는 방법에는 통상 문화의 이질성을 평가하는 방법과 문화가 어떻게 변화되어 가는가를 평가하는 방법이 있다. 문화의 이질성을 평가하는 방법은 국제경영활동을 수행함에 있어서 문제가 될 수 있는 문화의 이질성 자체를 평가하는 것이고, 문화적 변화를 평가하는 방법은 어떠한 문화요소가 어떠한 속도로 변화되어 갈 것인가를 파악하는 것이다.

4. 이질문화에 대한 적응

1) 현지적응 방안

해외에서 국제경영활동을 수행하는 기업들은 이질적인 문화요소가 국제경영활동에 미치게 될 영향을 분석·예측하고 이를 토대로 현지적응방안을 마련하는 것이 중요하다.

현지적응에는 세 가지 방안이 있는데, 이들은 제품정책의 적응, 개인적인 적응 그리고 제도적인 측면에서의 기업적응이 그것이다. 먼저 제품정책 면에서의 적응은 싱어(Singer)사가 회교국가에서는 부인들이 외부인과 격리되어 있다는 점을 고려하여 재봉틀의 효용을 부인들의 남편들에게 교육시켜 재봉틀을 판매했던 것과 같이 제품정책을 현지의 문화적 환경에 부합하게 적응시키는 것을 의미한다.

다음으로 개인적인 적응은 현지의 언어 및 대인관계 그리고 시간개념 등 현지인의 행동패턴에 적응하는 것을 뜻하며, 제도적인 적응은 기업이 조직구조나 조직정책을 현지의 각종 제도에 부합하게 적응하는 것을 의미한다.

2) 자기중심적 기준의 탈피

이질문화에 적응하기 위해서는 이질문화를 평가하는데 있어서 자기중심적 기준을 탈피하는 것이 무엇보다도 중요하다. 여기에서 자기중심적 기준(Self Reference Criterion: SRC)이란 국제경영자가 이질적 환경을 분석·평가하여 어떤 의사결정을 내릴 때 무의식적으로 자신이 속해 있는 문화적 기준에 따라 판단하는 것을 뜻한다.

자기중심적 기준의 영향을 최소화하기 위해서는 비교문화분석이 필요한데, 비교문화분석은 다음과 같은 과정을 거쳐 이루어지게 된다.

제1단계: 문제나 목표를 자국의 문화특성, 관습, 규범에 따라 정의한다.

제2단계: 문제나 목표를 외국의 문화특성, 관습, 규범에 따라 정의한다.

제3단계: 자기중심적 기준이 당해 문제에 미치는 영향을 찾아내고, 이것이 국제경영활동상 어떻게 문제를 복잡하게 만드는가를 세심하게 검토한다.

제4단계: 자기중심적 기준의 영향을 제거한 상태에서 당해 문제를 재정의하고 그 문제를 해외시장여건에 맞게 해결한다.

03 정치적 환경

1. 정치적 위험

정치적 위험(political risk)이란 '특정 국가의 사업환경을 급격하게 변화시켜 기업의 이익과 목표에 영향을 미치는 정치적 영향력'이라고 정의할 수 있다.[2)]

국제경영활동을 수행하는 기업의 경우, 정치적 위험을 너무 과소평가해도 안 되고 또 너무 과대평가해서도 안 된다. 그것은 정치적 위험을 너무 과소평가하여 무리하게 해외사업을 전개하면 실패할 가능성이 높아지고, 그 반대로 너무 과대평가하여 해외사업을 포기하면 이익적인 해외사업기회를 놓치게 될 가능성이 크기 때문이다. 따라서 이러한 잘못을 범하지 않기 위해서는 정치적 위험을 철저하게 분석하는 것이 무엇보다도 선행되어야 한다.

해외에서 국제경영활동을 수행하는 기업이 직면하게 되는 대부분의 정치적 위험은 소유권에 관한 위험이라기보다는 기업운영과 관련된 미시적 위험이 대부분을 차지하고 있다.

2. 정치적 위험과 국제경영

정치적 위험은 기업의 국제경영활동의 성패에 결정적인 영향을 미치게 된다.

---

2) S. J. Kobrin, "Political Risk: A Review and Reconsideration," *Journal of International Business Studies*(Spring/Summer 1979), pp. 67~70.

여기서 정치적 위험은 크게 두 가지로 나눌 수 있는데, 그 하나는 투자국과 관련된 위험이고, 다른 하나는 피투자국과 관련된 위험이다.

먼저 투자국과 관련된 정치적 위험은 투자국이 국제적으로 경영활동을 전개하는 자국 기업을 자국의 법률이나 자국의 국내문제와 관련하여 통제하려고 하는 경우, 그리고 자국의 법률을 자국 영토 밖에까지 연장하여 적용하려고 하는 경우에 나타나게 된다.

다음으로 피투자국과 관련된 정치적 위험은 피투자국이 자국에 진출한 외국인 투자기업의 경영활동에 대해 심사제도를 활용하거나 또는 재산몰수 및 재산수용 등과 같은 방법을 이용하여 통제하려고 하는 경우에 나타나게 된다.

3. 정치적 위험의 근원과 그 영향

정치적 위험은 투자기업의 입장에서 볼 때, 현지국의 정치적 상황이 자기 기업의 해외투자의 수익성에 영향을 미치는 경우, 그리고 경영자가 현지정부 정책의 연속성과 안정성을 확신하지 못하는 경우 등에 발생하게 된다.

정치적 위험은 [표 8-3]에서 볼 수 있는 바와 같이 크게 일반적인 정치적 불안정성에 따른 위험, 소유권 및 통제 위험, 경영상의 위험 그리고 이전상의 위험으로 분류할 수 있다.

표 8-3 정치적 위험의 종류

정치적 위험의 종류	정치적 위험의 형태
일반적인 불안정 위험	혁명, 체제전복, 정국동요, 외부의 침입
소유권 및 통제위험	국유화, 경영에 대한 간섭, 징발, 강매, 강제 계약재협상, 계약철회
경영상의 위험	수입규제, 현지부품사용요구, 조세부과, 가격통제, 외국인직원 채용 제한, 노동법/태업, 수출의무 부과, 외국기업 차별
이전상의 위험	과실 및 로열티 등 송금 제한, 환위험

자료: F. R. Root, *Entry Strategy for International Markets*, Revised and Expanded ed. (New York: Lexington Books, 1994), p. 153.

일반적인 불안정 위험(general instability risk)은 현지국 정치시스템의 불확실성에 따른 위험을 말한다. 이러한 위험은 최소한 해외사업의 일시적인 중지나 손실을 야기시키게 되는데, 혁명, 체제전복, 정국동요 그리고 외부침입 등이 그 대표적인 예들이다.

소유권 및 통제 위험(ownership/control risk)은 현지정부가 외국기업의 해외자회사에 대한 소유권과 통제권을 강제로 탈취하거나 제약함으로써 발생하게 되는 위험을 말한다. 이러한 형태의 위험에는 국유화, 경영에 대한 간섭, 징발, 강매, 강제 계약재협상 그리고 계약철회 등이 있다.

경영상의 위험(operation risk)은 현지정부가 외국인투자기업의 생산, 마케팅, 재무 등의 경영관리활동을 제약하는 정책을 폄으로써 발생하게 되는 위험을 말한다. 이러한 형태의 위험에는 수입규제, 현지부품사용요구, 조세부과, 가격통제, 외국인직원 채용 제한, 노동법/태업, 수출의무 부과 그리고 외국기업 차별 등이 있다.

이전 위험(transfer risk)은 현지정부가 과실 등의 자금을 해외로 유출하지 못하도록 규제하는 경우에 발생하게 되는 위험을 말한다. 이러한 위험으로는 과실 및 로열티 등의 송금 제한과 환위험 등이 있다.

4. 정치적 위험의 평가와 회피방안

1) 정치적 위험의 평가

국제경영활동을 수행하는 기업들이 정치적 위험을 분석할 때 활용하는 방법에는 ① 투자조사단을 파견하는 방법, ② 전문가의 자문을 받는 방법, ③ 델파이 예측기법을 이용하는 방법, ④ 계량적 모델을 이용하는 방법 등이 있다.

투자조사단을 파견하는 방법(Grand Tours)은 투자하고자 하는 현지국에 투자조사단을 직접 파견하여 투자와 관련된 내용을 직접 현지조사하도록 하는 방법이다.

전문가의 자문을 받는 방법(Old Hands)은 투자하고자 하는 국가나 지역에 대해 전문적인 지식이나 경험을 가지고 있는 사업가, 외교관, 언론인 또는 기업가 등으로부터 전문적인 의견을 구하는 방법이다.

델파이 예측방법(Delphi Forecasts)은 정치적 위험을 야기시킬 수 있는 요인들을 파악하여 추출한 다음, 전문가들이 이들 요인을 투자대상국 내에서의 중요도에 따라 가중치를 부여하거나 서열을 매겨 체크리스트(checklist)를 작성하고, 이 체크리스트상에 매겨진 각 요인들의 서열을 종합하여 정치적 위험에 대한 종합지수를 산출하는 방법이다.

계량적인 방법(Quantitative Methods)은 정치적 위험 요인을 각 요인이나 하부 요인으로 세분한 다음, 각 요인들에 대해 그 요인을 측정할 수 있는 지수를 선택하는 방법이다.

기업들은 정치적 위험을 평가함에 있어서, 이상의 네 가지 방법을 상호 보완적으로 활용함으로써 한 가지 방법에만 의존하는 경우에 발생할 수 있는 오류를 피하면서 종합적인 평가를 내리는 것이 일반적이다.

2) 정치적 위험의 회피 방안

정치적 위험을 평가하고 나면 그 다음은 그것을 최소화할 수 있는 방안을 모색하는 것이 필요하다. 정치적 위험을 최소화하는 방안에는 크게 두 가지가 있는데, 그 하나는 제품과 해외사업패턴이 정치적 위험에 직면할 수 있는 가능성을 파악하여 그것을 줄이는 방법이고, 또 다른 하나는 이러한 위험에 직면하는 경우 손실을 최소화할 수 있도록 보험제도를 활용하여 위험을 공공기관에 전가하는 방법이다.

정치적 위험을 해외투자보험이나 보증제도를 이용하여 공공기관에 전가하는 대표적인 방법으로는 OPIC(Overseas Private Investment Corporation) 등을 이용하는 방법이 있다. 미국의 경우 OPIC은 투자이익 및 원리금의 불태환, 재산몰수나 재산수용에 따른 재산손실, 전쟁 또는 혁명에 따른 재산손실 등을 보증해 주고 있다.

우리나라의 경우에도 해외직접투자 보험제도를 이용하면 해외직접투자에 수반되는 갖가지 위험, 즉 재산수용 위험, 전쟁 위험, 송금불능 위험 등의 불가항력적인 비상위험에 따른 손실이 발생하였을 경우 그 일부를 보상받을 수 있다.

04 법률적 환경

1. 국제경영활동과 각국의 법률체계

기업의 국제경영활동은 그 본래적인 특성상 해외에서 이루어지게 되고 그것이 이루어지는 해외 현지국은 투자국과 전혀 다른 법률체계를 가지고 있기 때문에 사업 활동이 종종 현지 법률과 충돌하게 되고 때로는 심각한 법률문제로까지 비화(飛火)되는 경우도 없지 않다.

더구나 국제경영활동과 관련된 법률적인 문제를 효율적으로 규율하고 해결해 줄 수 있는 어떤 국제적인 기관이나 법률이 존재하지 않고 있기 때문에 투자기업들은 종종 곤혹스러운 입장에 처하기도 한다.

굳이 국제적인 유관기관이나 법률을 들어보라고 하면, 국제사법재판소(International Court of Justice)와 국제법 그리고 조약 및 협약 등을 들 수 있다. 하지만 국제사법재판소를 이용하는 데는 한계가 있고 국제법은 국제경영활동을 규율할 수 있는 법률이라고 보기 어려우며, 조약(treaties)이나 협약(convention)도 다국적 기업의 각종 경영활동을 포괄할 수 있을 만큼 충분치 못하다는 현실적인 제약이 있다.

이렇듯 국제경영활동을 합법적·통일적으로 규율할 수 있는 국제적인 법률은 현재까지 존재하지 않고 있으며, 다만 현실적으로 상호주의와 최혜국대우가 통용되고 있을 뿐이다. 상호주의란 특정 외국정부가 자국의 국민이나 법인에 대해 동일한 권리를 부여한다는 것을 전제로 그 외국인이나 외국법인에게 자국법에 따른 특정 권리를 부여하는 것을 의미한다. 그리고 최혜국대우는 어느 한 조약 당사국이 제3국에게 보장하고 있는 것과 동일한 특혜를 다른 조약당사국에 대해서도 특별한 차별 없이 자동적으로 부여하는 것을 의미한다.

2. 국제경영활동상의 법률적 문제

1) 법률적 조직형태의 선택

기업이 국제경영활동을 전개하기 위해 해외에 진출할 때 가장 먼저 직면하게 되는 문제는 어떠한 기업형태나 조직형태로 선택하여 진출할 것인가 하는 것이다. 특히 현지국의 재판권에 직접 귀속되는 지점(branch)을 설립할 것인가 아니면 본사와는 법률상 아무런 관계가 없는 주식회사와 같은 현지법인을 설립하여 진출할 것인가 하는 것이 가장 중요한 법률적인 문제가 된다.

어떤 법률적인 조직형태로 진출할 것인가는 투자국이나 피투자국의 행정적인 투자허가 등과 같은 절차법적인 측면은 물론, 조세나 재판귀속의 한계 등 실체법상 큰 차이가 있게 된다. 따라서 투자기업은 자사의 목적과 능력에 따라서 소기의 목적을 효과적으로 달성할 수 있는 조직형태를 선택하게 되는데 통상 지점과 현지법인, 그리고 합작투자가 가장 많이 활용되고 있다.

2) 법의 영토외 적용

법의 영토외 적용(extraterritoriality)은 미국과 같은 특정 국가가 자국의 법을 국경을 초월하여 다른 나라의 법률 관할권내까지 연장 적용하는 것을 의미한다. 미국은 자국의 독점규제법(Antitrust Act)과 수출관리법(Export Administration Act), 그리고 해외부패방지법(Foreign Corrupt Practices Act) 등을 해외 다른 나라에서 활동하고 있는 자국 기업들에게까지 연장·적용하고 있는데, 이는 국제간 법률적인 문제를 야기시키는 주된 요인이 되기도 한다.

예를 들어, 미국의 독점규제법은 미국기업이 해외에서 행한 반경쟁적 행위(카르텔이나 무역제한조치에 가담하거나 가격을 담합하는 행위)가 미국의 통상이나 또는 해외에 소재하고 있는 미국기업의 경쟁적 지위를 저해하는 경우 이 법의 적용을 받도록 규정하고 있다.

그리고 수출관리법은 자기 나라 대통령에게 특정 상품 및 기술을 특정 공산권 국가와 거래하지 못하도록 규제하거나 완전히 봉쇄할 수 있는 권한을 부여하고 있다.

끝으로 해외부패방지법은 자유시장경제체제에서 외국정부의 관리에게 뇌물 또는 리베이트(rebate)를 제공하거나 중간상에게 과도한 수수료를 제공하는 것을 전적으로 금지하고 있다.

3. 해외투자협정 및 조세협정

1) 해외투자협정

오늘날 각국은 자국기업의 해외투자를 촉진하고 보호하기 위하여 피투자국과 투자협정을 체결하여 자국기업의 해외투자가 재산몰수, 환율불안정, 통화불태환 그리고 전쟁, 혁명 또는 폭동 등에 의해 손실을 입게 되는 경우 이러한 해외투자 손실을 보증해주고 있다.

각국 정부는 이러한 협정을 통해 자국관할권내에서 활동하고 있는 외국인과 외국인투자기업들에게 재판권 및 재산취득권과 같은 기본권을 보장해주고 있다.

해외투자협정에서는 통상적으로 외국인투자기업에 대하여 내국민대우(national treatment)와 최혜국대우(most-favored-nation clause: MFN) 또는 국제법에 따른 대우를 보장해주고 있다.

2) 조세협정

국제적으로 사업활동을 수행하는 기업들은 해외사업활동에서 획득한 동일한 소득에 관해 투자본국과 피투자국 모두에게 세금을 납부해야 하는 이중과세 문제에 직면하게 된다. 만약 해외사업활동으로 벌어들인 소득에 대해 이중으로 세금을 납부해야 한다면 어떤 기업도 해외사업을 추진하지 않을 것이기 때문에 각국은 자국기업의 해외사업활동을 촉진하고 동시에 자국에 진출한 외국기업의 해외사업활동도 보장해주기 위해 양국 간 이중과세방지협약을 체결하여 이 문제를 해결하고 있다.

이중과세방지를 위한 구체적인 방법으로는 외국세액공제제도, 외국소득면제제도, 외국소득공제제도 등이 있다. 외국세액공제제도는 투자자가 해외에서 얻은 소득에 대해 원천지국이 부과한 세액을 거주지국 투자자의 과세부담에서 공제해주는 제도이고, 외국소득면제제도는 거주지국이 원천지국에서 과세된 해외사업소득을 국내과세 대상에서 면제해주는 제도이다. 그리고 외국소득공제제도는 원천지국에서 과세된 외국납부세액을 거주지국의 과세 대상 소득에서 공제해 주는 제도이다.

4. 재산수용

재산수용(expropriation)이란 보상의 유무에 관계없이 어떤 나라가 자국에 투자한 외국인기업의 재산 및 재산권을 강제로 징수하여 처분하는 행위를 말한다. 재산수용에 관한 권리는 주권에 속하는 것으로서, 이른바 영토주의원칙이 통설이며 해당 목적물이 수용국 내에 위치하는 한 이는 원칙적으로 유효한 것으로 받아들여지고 있다.

결국 모든 국가는 자국의 법률이 정하는 바에 따라서, 그리고 자국의 목표와 우선순위에 따라서 자국관할권내에서 이루어지고 있는 외국인투자를 규제하고 관할할 수 있을 뿐 아니라, 한걸음 더 나아가 외국인 재산을 국유화하거나 수용할 수 있는 권리를 갖는다. 다만 목적물을 수용함에 있어서는 신속하고 적절한 현실적인 보상이 이루어져야 한다.

5. 다국적기업에 대한 국제적 규제

다국적기업(MNE)이 세계경제에서 차지하는 비중이 점차 증대되고 그 규모 또한 거대해짐에 따라 다국적기업과 투자본국 및 피투자국 정부 간에 여러 가지 형태의 충돌이 빈번하게 발생하고 있으며 때로는 특정 국가의 주권이 위협을 받기도 한다.

이 때문에 전 세계 여러 나라에서 사업활동을 수행하고 있는 이들 다국적기업에 대해 일정한 규제가 필요하다는 논의가 대두되었고, 더 나아가 다국적기업의 행동이 공공의 이익, 특히 피투자국의 이익에 반하는 것이라면 마땅히 규제를 받아야 한다는 인식이 확산되었다.

다국적기업에 관한 규제는 1948년 아바나헌장(Havana Charter)에서부터 시작되었으나 별 실효를 거두지는 못하였고 1968년 이후 국제상업회의소(ICC)와 OECD에서 다국적기업에 대한 행동강령이 작성되었다.

그 후 1970년대에 ITT사건의 발발로 다국적기업에 대한 규제논의가 UN으로 옮겨지는 한편 다국적기업이 남북문제의 일환으로 다루어지기 시작하였다. 그리고 1974년에는 UN에서 신국제경제질서 수립선언 및 행동계획이 채택되었고 1975년에는 UN에 다국적기업위원회가 설치되기도 하였다.

CHAPTER 09

해외사업전략

01 해외사업방식의 선택

1. 해외사업방식의 특성

1) 해외사업방식의 종류

기업이 국제적으로 사업을 추진할 수 있는 방식에는 크게 수출방식, 계약방식, 그리고 해외직접투자방식이 있다.

수출방식은 기업이 제품을 국내에서 생산하여 해외에 판매하는 경우를 말한다. 그리고 계약방식은 기업이 외국기업과 일정한 계약(예를 들면, 라이센싱계약, 프랜차이징계약, 관리계약 등)을 체결하여 이 계약 하에서 국제사업을 추진하는 경우이다. 그리고 해외직접투자방식은 기업이 자본과 기술, 인력을 해외 현지에 가지고 나가서 이것을 현지의 생산요소와 결합하여 제품을 생산·판매하는 경우를 말한다.

2) 해외사업방식의 대안

(1) 수출방식

수출방식에 의한 해외진출은 기업이 자기 나라에서 제품을 생산하여 해외에 수출하는 경우로서, 기업이 제품을 해외 현지국이 아닌 자기 나라에서 생산해서 해외에 판매한다는 점에서 계약방식이나 해외직접투자방식에 의한 해외시장진출과 그 성격이 다르다.

수출방식은 적은 비용으로도 쉽게 해외시장에 진출할 수 있고 위험이 낮으며, 입지상의 경제성 및 경험곡선상의 경제성을 실현할 수 있다는 장점을 가지고 있다. 하지만 운송비가 많이 소요되고 무역장벽에 직면할 가능성이 있으며 현지 판매대리점을 관리해야 하는 단점도 가지고 있다.

(2) 계약방식

계약방식에 의한 해외진출은 기업이 자사가 보유하고 있는 기술이나 지식을 일정한 대가를 받고 외국기업에게 이전하기로 하는 장기계약을 체결하여 해외시장에 진출하는 경우를 말한다. 계약방식은 상품이 아닌 기술이나 지식을 이전한다는 점에서 수출방식과 다르고 자본투자가 필요하지 않다는 점에서 해외직접투자방식과도 구별된다.

계약방식은 해외직접투자가 필요하지 않고, 적은 비용으로도 해외시장에 진출할 수 있으며, 무역장벽과 위험을 회피할 수 있다는 장점을 가지고 있다. 하지만 이익이 극히 제한적이고 현지기업을 경쟁기업으로 육성하게 될 가능성이 높다는 단점이 있다.

(3) 해외직접투자방식

해외직접투자방식에 의한 해외진출은 기업이 자사의 경영자원을 해외로 이전하여 현지의 생산요소와 결합, 현지에서 제품을 생산·판매하기 위해 투자하는 경우를 말한다. 현지에서의 제품생산은 단순 조립·가공방식으로부터 완제품을 생산하는 방식에 이르기까지 다양하다.

해외직접투자방식은 규모의 경제를 실현하고 기술을 보호하며 무역장벽을 우회하고 이익을 극대화할 수 있다는 장점을 가지고 있다. 하지만 많은 자본을 투자해야 하고 사업위험이 높으며 투자회수에 너무 오랜 시간이 소요된다는 단점이 있다.

2. 해외사업방식의 선택

기업이 어떤 방식으로 해외시장에 진출할 것인가는 기업 내·외적인 여러 가지 요인들을 복합적으로 고려하여 결정하게 되는데, 이러한 요인들이 <그림 9-1>에 제시되어 있다.[1)]

---

1) F. R. Root, *Entry Strategies for International Markets*, Revised and Expanded ed.(New York: Lexington Books, 1994), pp. 28~38.

그림 9-1 해외사업방식 선택의 결정요인

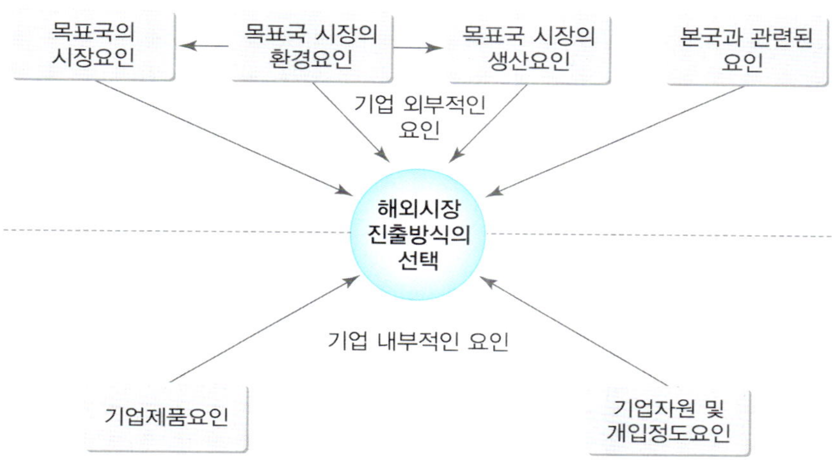

자료: F. R. Root, *Entry Strategies for International Markets*, Revised and Expanded ed.(New York: Lexington Books, 1994), p. 29.

1) 기업 외부적인 요인

(1) 목표국의 시장요인

목표국의 시장규모가 작은 경우에는 간접수출이나 라이센싱방식이 선호되고, 시장규모가 큰 경우에는 직접수출이나 해외직접투자방식에 의한 현지생산이 선호된다. 그리고 목표시장이 완전경쟁구조를 가지고 있으면 수출방식이 선호되고, 불완전경쟁구조를 가지고 있으면 해외직접투자방식이 선호된다.

(2) 목표국의 생산요인

목표국의 생산요인에는 천연자원, 노동, 에너지, 하청기업, 그리고 사회간접시설 등의 양적·질적 수준 등이 있다. 통상 목표국에서의 생산비가 낮은 경우에는 수출방식보다 해외직접투자에 의한 현지생산방식이 선호되고, 높은 경우에는 현지생산 이외의 방식이 선호된다.

(3) 목표국의 환경요인

목표국이 관세나 쿼터 등을 이용하여 수입을 규제하면 수출방식 이외의 방식이 선호되고, 외환통제 등 외국인투자를 규제하면 해외직접투자보다는 여타 방식의 진출이 선호된다. 그리고 목표국이 지리적으로 먼 곳에 위치하고 있으면 운송비가 적게 소요되는 방식이 선호되고, 목표국의 경제가 활황이면 해외직접투자방식에 의한 현지생산이 선호된다. 또 문화적 거리가 멀거나 정치적 위험이 높은 경우에는 해외직접투자 이외의 방식이 선호된다.

(4) 본국과 관련된 요인

자국의 시장규모가 큰 경우에는 해외직접투자방식이 선호되고, 반대의 경우에는 수출방식이 선호된다. 또 경쟁기업이 해외 현지에 해외직접투자를 하면 자신도 이를 따라 해외직접투자를 하고, 현지시장에서의 경쟁이 심하면 수출이나 라이센싱방식이 선호된다. 그리고 자국의 생산비가 목표시장국보다 높으면 계약이나 현지생산방식이 선호되고, 자국 정부가 수출을 촉진하고 해외직접투자를 제한하는 정책을 쓰면 수출방식이나 계약방식이 선호된다.

2) 기업 내부적인 요인

(1) 기업의 제품요인

자기 기업이 경쟁기업보다 차별화된 제품을 생산·판매하는 경우, 그 차별화 수준이 높으면 수출방식이 선호되고 낮으면 해외직접투자방식에 의한 현지생산이 선호된다. 그리고 서비스사업의 경우에는 수출이 불가능하기 때문에 서비스사업활동을 현지에서 수행할 수 있는 현지생산방식이나 라이센싱방식이 선호된다.

(2) 기업의 자원 및 개입정도 요인

기업이 경영자원(경영, 자본, 기술, 생산기법 및 마케팅)을 더 많이 보유하고 있으면 있을수록 다양한 해외진출방식을 두루 활용할 수 있다. 그리고 해외시장에 대한 개입의 정도가 높으면 높을수록 해외직접투자방식이 선호되고, 해외사업에 대한 경험이 많으면 많을수록 국제적 시장개입의 정도도 높아지게 된다.

02 수출전략

1. 간접수출(indirect exporting)

1) 간접수출의 의의

간접수출이란 제품을 생산한 기업이 자신이 직접수출하는 것이 아니라 자국에 소재하고 있는 중간수출상(국내판매조직, 수출관리상사, 협력기구 등)을 통해서 제품을 수출하는 경우를 말한다. 따라서 제품을 생산한 기업은 수출하고자 하는 제품을 납기에 맞추어 중간수출상에게 판매하는 것으로서 모든 수출업무에서 벗어나게 된다. 간접수출의 예로는 우리나라 운동화 생산업체들이 미국의 Nike를 통해서 주문자상표부착방식(Original Equipment Manufacturing: OEM)으로 운동화를 수출했던 경우 등을 들 수 있다.

2) 간접수출의 장단점

간접수출의 장점으로는 첫째, 기업이 자신의 능력만으로는 개척이 불가능한 해외시장을 자기 자본을 들이지 않고 개척할 수 있고, 둘째, 수출경험이 풍부한 전문 중간수출상을 이용함으로써 위험을 회피할 수 있다.

반면 단점으로는 첫째, 제품을 중간수출상에게 판매한 이후에는 그 제품의 수출마케팅에 대한 통제권을 상실하게 되고, 둘째, 중간수출상이 자기 기업 제품 외에 여타 다른 여러 기업의 제품을 함께 취급하는 경우 수출량이 적거나 이익이 낮은 제품에 대해 관심을 소홀히 할 수 있다.

2. 직접수출(direct exporting)

1) 직접수출의 의의

직접수출은 제품을 생산한 기업이 직접 다른 중간수출상을 통하지 않고 해외에 소재하고 있는 자사의 대리점/유통업자, 자사지점/자회사를 통하여 수출을 하거나 또는 자신이 직접 해외 최종소비자에게 제품을 수출하는 경우를 말한다. 예를 들면, 한국의 삼성전자가 미국에 설립한 자사의 지점이나 자회사를 통하거나 또는 미국의 최종소비자에게 직접 컴퓨터나 TV를 판매하는 경우가 그것이다.

직접수출의 경우에는 수출기업이 직접 시장 및 고객접촉, 시장조사, 물적유통, 수출서류 작성 그리고 가격결정 등과 같은 제반 수출마케팅활동을 계획하고 수행한다는 점에서 간접수출과 크게 다르다.

2) 직접수출의 장단점

직접수출의 장점으로는 첫째, 자신이 직접 해외마케팅활동을 수행함으로써 수출활동 전반에 대한 통제를 강화하고 이익을 증대시킬 수 있으며, 둘째, 해외지점이나 거래처와 직접 접촉함으로써 현지시장의 최신 경향을 마케팅전략에 충분히 반영할 수 있어서 마케팅 노력을 개선할 수 있다.

반면 단점으로는 첫째, 무역업무 전반에 대한 전문적인 지식과 경험을 충분히 갖추고 있지 못한 경우 실패할 가능성이 높고, 둘째, 손실 및 클레임 처리 등의 비용이 가중됨으로써 위험이 증대되고 또 이를 해결할 수 있는 수출전문가를 육성·고용하는 데 많은 비용이 소요된다.

3. 구상무역(countertrade)

1) 구상무역의 정의

구상무역이란 제품을 수출입할 때 화폐(money)를 개입시키지 않고 수출과 수입을 서로 연계시켜 거래하는 국제거래를 말한다. 원래 구상무역은 통화가 쉽게 태환(convert)되지 않는 나라와의 교역에서 이용되기 시작하였으나, 최근에는 그 개념이 더 확대되어 상품뿐만 아니라 기술이전, 서비스, 그리고 기자재 등의 거래에 따른 현금거래를 대체하거나 보완하는 방법으로 이루어지는 모든 형태의 무역거래를 포괄하는 개념으로 받아들여지고 있다.

2) 구상무역의 종류

구상무역은 대금지불 여부, 대금지불 형태, 대응구매의 여부 등에 따라서 바터(barter), 대응구매(counter purchase), 보상무역(buyback), 스위치무역(switch trading), 상계무역(offset trade) 등으로 구분된다.

바터(barter)는 거래당사자간에 동일한 가치를 갖는 상품을 화폐를 개입시키지 않고 물물교환 형태로 거의 동시에 수출입하는 거래방식을 말한다. 이러한 방식에 의한 수출입은 주로 정부 간 거래에서 많이 이용되고 있다.

대응구매(counter purchase or parallel barter)는 자기가 수출한 수출품에 대응하여 수입업자 또는 수입업자 중개하의 제3자로부터 그에 해당하는 만큼의 제품 또는 서비스를 구매함으로써, 수출과 수입을 상호 연계시키는 형태의 거래를 말한다.

보상무역(compensation or buyback)은 수출기업이 산업시설의 건설에 필요한 설비, 면허, 기술정보 등을 제공하고, 그 대가로 이 설비로부터 생산된 제품을 일정기간 구매하기로 하는 장기계약을 체결하여 수행하는 거래를 말한다. 이 방식은 주로 턴키(turn-key) 방식의 플랜트 수출에서 많이 활용되고 있다.

스위치무역(switch trading)은 수출입 양국이 쌍무무역협정을 체결, 일정기간 동안 거래를 계속하는 경우에 발생하는 양국 간의 무역불균형을 시정하기 위하여 활용하는 거래방식을 말한다.

상계무역(offset trade)은 수출업자가 수출제품을 생산할 때 그 완제품 속에 수입국이 생산한 일부 제품이나 부품을 포함시켜 생산하도록 하는 거래를 말한다. 이러한 방식의 수출입거래는 대부분 개발도상국이 선진국으로부터 항공기나 군용 항공기, 또는 군수품과 같은 제품을 수입할 때 활용된다.

03 국제계약전략

1. 라이센싱(licensing)

라이센싱은 라이센싱을 제공하는 기업(licensor)이 일정한 로열티(royalty)나 수수료(fee) 등을 받고, 자사가 보유하고 있는 특허(patent)나 노하우(know-how), 등록상표(trademark), 또는 기술공정(technical process) 등과 같은 무형자산(intangible asset)을 다른 특정 기업(licensee)에게 일정기간 사용할 수 있도록 권리를 제공해주는 방식으로 이루어지는 국제사업을 말한다.

라이센서는 이 무형자산의 사용권을 제공함으로써 본국에 가만히 앉아서 해외시장에 직접 진출하는 것과 같은 효과를 거두게 된다. 일례로, 프랑스의 Pierre Cardin이나 미국의 IBM과 같은 기업이 일정한 대가를 받고 자신의 등록상표나 기술공정을 해외 다른 기업에게 일정기간 동안 사용할 수 있도록 권리를 제공해주고 일정한 대가를 받는 경우가 여기에 해당된다.

라이센싱은 무역장벽을 쉽게 회피하면서 낮은 비용과 위험으로 해외시장에 쉽게 진출하고 또 연구개발비를 줄일 수 있다는 장점을 가지고 있다. 반면, 기술에 대한 통제권이 상실되고, 지적재산권 보호가 미약한 경우 위험이 높아지며, 입지 및 경험곡선상의 경제성을 실현할 수가 없고 경쟁기업을 육성하게 될 위험이 있다는 단점도 가지고 있다.

2. 프랜차이징(franchising)

프랜차이징은 프랜차이징을 제공하는 기업(franchisor)이 독립적인 해외의 다른 기업(franchisee)에게 일정한 로열티나 수수료를 받고, 자사의 브랜드명(brand name)이나 등록상표(trademark) 등에 대한 사용권을 허가해주는 국제사업방식으로서 라이센싱의 한 형태이다.

이 방식에서는 쌍방간의 계약에 따라서 프랜차이저가 프랜차이지의 기업운영을 지속적으로 지원해주거나 또는 사업운영에 필요한 물품을 공급해주기도 한다. 예를 들어, McDonald's가 해외 다른 나라 기업들에게 맥도날드라는 자신의 등록상표를 사용할 수 있도록 권리를 제공해주고 계속해서 그 기업이 맥도날드 체인점을 잘 운영할 수 있도록 지원해주는 경우가 여기에 해당된다.

프랜차이징은 양 기업이 각기 독립성을 유지하면서 최종 소비자에 이르는 재화 및 서비스의 일부를 각기 생산한다는 점에 그 특성이 있으며, 통상 즉석식품, 자동차 임대, 건설, 음료, 호텔, 모텔, 주유소 등과 같은 산업에서 많이 이용되고 있다.

프랜자이징은 적은 비용과 낮은 위험으로 해외진출이 가능하고 라이센싱보다는 통제력을 더 강화할 수 있으며 정치적 위험을 피할 수 있다는 장점이 있다. 반면 이익이 극히 제한적이고 품질에 대한 통제가 불가능하며 범세계적인 전략적 조정이 불가능하다는 단점이 있다.

3. 관리계약(management contract)

관리계약이란 양 파트너가 기업의 소유와 경영을 별도로 분리하여, 한 파트너는 그 사업의 운영에 필요한 시설을 제공하고 다른 파트너는 그 운영시설에 대한 경영을 담당하는 형태로 이루어지는 국제사업방식을 말한다. 이것은 일종의 합작투자(joint venture)라고도 할 수 있다.

이때 경영을 담당하는 파트너는 자신이 관리노하우(managerial know-how)를 제공하는 대가로 합작투자기업의 일부 소유권이나 로열티 또는 관리대가를 지급받게 된다. 일례로, 미국의 Hilton Hotel이 외국의 호텔들과 관리계약을 맺고 그 호텔들을 관리해주는 경우가 여기에 해당된다.

관리계약은 위험이 거의 없고 전문 경영지식이나 경험을 활용할 수 있다는 장점을 가지고 있으나 경영의사결정에 대한 참여가 불가능하고, 이익이 수수료에 국한되며, 파트너 기업을 경쟁기업으로 육성하게 될 위험이 있다는 단점이 있다.

4. 턴키프로젝트(turn-key project)

턴키프로젝트란 기업이 외국으로부터 공장이나 기타 산업시스템을 발주받아 이를 설계·건설한 다음, 그 초기운영까지를 마친 뒤 해외발주자에게 제공하는 일괄수주계약방식으로서 플랜트수출(plant export)이라고도 한다.

턴키프로젝트를 건설하여 제공하는 기업은 완성된 시설을 제공하는 대가로 해외발주자로부터 기계설비 및 공장설계, 공정 노하우 그리고 현지인 훈련 등에 대한 일정한 대가(fee)를 받게 된다. 일례로, 미국의 Westinghouse가 한국으로부터 영광원자력 건설을 수주받아 이를 완공한 다음, 일정기간의 시운전까지를 거쳐 한국에 제공했던 경우가 여기에 해당된다.

턴키프로젝트는 해외투자 철수 시 하나의 대안으로 활용할 수 있고 공정기술을 활용하여 수익을 확보할 수 있다는 장점을 가지고 있으나 경쟁기업을 양성할 가능성이 있고, 장기적인 시장확보가 불가능하며, 정치적·법률적 변화에 따라 직접적인 영향을 받을 수 있다는 단점이 있다.

5. 계약생산(contract manufacture)

계약생산은 기업이 자신이 직접 제품을 생산하는 것이 아니라 생산능력을 가지고 있는 해외 특정 국가의 기업을 물색하여 그 기업으로 하여금 자기 기업이 요구하는 사양의 제품을 생산·공급토록 하는 국제사업방식으로서, 그 제품에 대한 마케팅은 자기 기업이 직접 책임을 지는 형태이다.

이 방식은 라이센싱과 해외직접투자의 중간형태라고 할 수 있으며, OEM방식에 의한 수출도 일종의 계약생산이라고 할 수 있다. 미국의 Nike는 중국, 한국 기업들과 계약을 맺어 일정한 품질과 가격조건으로 나이키운동화를 생산·공급토록 하고 그 운동화에 대한 마케팅은 자신이 직접 책임을 지고 있다.

계약생산은 투자가 필요하지도 않고 관세장벽을 회피할 수 있으며, 저렴한 생산비를 이용할 수 있다는 장점을 가지고 있는 반면, 품질관리가 어렵고 제품의 공급이 제한적이라는 단점이 있다.

6. 전략적 제휴(strategic alliance)

전략적 제휴란 평소 경쟁관계에 있는 기업들이 특정 사업이나 특정 기능부문에서 어떤 특정 목적을 달성하기 위해 일시적으로 협력하는 국제사업방식으로서 기술개발, 조달, 생산, 마케팅, 디자인, 엔지니어링, 유통 등의 분야에서 이루어지는 제휴관계를 뜻한다. 이때 기업 간의 제휴는 무한정 지속되는 것이 아니라 원래 달성하고자 했던 목적이 달성되고 나면 그 관계가 종료되는 특성을 가지고 있다.

전략적 제휴의 대표적인 예로는, 항공산업의 경우 유럽 여러 나라의 소규모 항공회사들이 미국의 Boeing사에 대항하고자 하는 목적으로 공동으로 설립한 Airbus, 그리고 자동차산업의 경우 GM-Toyota 간의 합작투자 등을 들 수 있다.

전략적 제휴는 경쟁이 첨예화되고 있는 오늘날과 같은 세계시장에서는 더 이상 자기 기업 단독으로 경쟁적 우위를 확보하는 것은 불가능하기 때문에, 경쟁관계에 있는 기업들이 상호 대등한 입장에서 서로의 경쟁적 우위를 결합하여 경영자원을 공유하고 전체적인 경쟁력을 향상시키기 위해 많이 활용하고 있다. 이러한 제휴는 통상 기술개발, 조달, 생산, 마케팅, 디자인, 엔지니어링, 유통 등과 같은 광범위한 분야에서 활용되고 있다.

전략적 제휴는 참가기업들이 경영의 독립성을 유지하면서 사업을 공동으로 추진하기 때문에 위험을 분산시킬 수 있고, 안정적인 수익 확보가 가능하며, 제휴파트너기업의 기술 및 자본에 쉽게 접근할 수 있다는 장점을 가지고 있다. 하지만 동시에 제휴파트너 기업과 이익을 분할해야 하고, 범세계적 사업계획 수립과 운영이 어렵다는 한계도 가지고 있다.

04 해외직접투자전략

1. 해외직접투자이론

1) 독점적 우위이론(Monopolistic Advantages)

국제사업활동을 위해 해외에 진출하는 기업은 통상 외국기업이라는 점 때문에 현지기업보다 여러 가지 면에서 불리한 입장에 놓이게 되고 이러한 본래적인 불리한 점으로 인해 외국비용(cost of foreignness)을 부담하게 된다.

독점적 우위이론은 이렇듯 현지기업에 비해 본래적으로 불리한 입장에 놓여 있는 이들 외국기업이 어떻게 현지기업과 경쟁하여 현지에서 성공적으로 사업 활동을 수행할 수 있는가에 초점을 맞추어 해외직접투자가 발생하는 현상을 이론적으로 규명하고 있다.[2)]

이 이론은 현지에 직접투자로 진출하는 외국기업은 현지의 제반 환경, 즉 소비자의 기호나 사업활동에 대한 제도적·법률적인 틀, 그리고 현지 경영관습 등에 관해 현지기업보다 더 잘 알고 있지 못하기 때문에, 이러한 본래적인 불리한 점을 극복하고 현지에서 성공적으로 사업활동을 수행하기 위해서는 반드시 이러한 불리한 점을 충분히 상쇄하고도 남을 만한 어떤 특별한 능력을 소유해야 한다는 점을 강조하고 있다.

---

2) S. H. Hymer, *The International Operations of National Firms: A Study of Direct Foreign Investment*(Cambridge, Mass.: MIT Press, 1976).
강태구 역, 국내기업의 국제사업활동(전남대출판부, 1998).
C. P. Kindleberger, *American Business Abroad: Six Lectures on Direct Investment*(New Haven and London: Yale University Press, 1969).

그리고 이 이론에서는 이러한 특별한 능력을 기업특유의 독점적 우위요소(monopolistic advantage)라고 지칭하고 있다. 독점적 우위요소는 기업이 장기간의 투자를 통해서 기업내부에 축적해 놓은 자기기업 특유의 자산적 지식으로서, 통상 높은 수준의 생산기술이나 마케팅 노하우, 경영관리능력, 상표 및 특허권 그리고 규모의 경제 등과 같은 형태를 띠는 것들이라고 주장한다.

결국, 외국기업이 현지에서 외국기업으로서의 불리한 점을 극복하고 현지기업과 성공적으로 경쟁할 수 있는 것은 이들 기업이 이러한 독점적 우위요소를 소유한 상태로 현지에 투자하여 이러한 우위요소를 현지에서 적극적으로 활용하여 사업 활동을 전개하기 때문에 해외직접투자가 발생하게 된다는 주장이다.

여기에서 해외직접투자는 이러한 독점적 우위요소를 소유하고 있는 것 그 자체만으로 이루어지게 되는 것이 아니라, 기업이 그것을 외부적으로 활용하기보다는 기업 내부적으로 활용하는 것이 훨씬 더 이익적인 경우에만 이루어지게 된다는 점을 강조하고 있다.

이것은 시장불완전성(market imperfection)을 가지고 설명할 수 있는데, 외국기업은 시장이 불완전한 경우, 자신이 보유하고 있는 이러한 기업특유의 독점적 우위요소를 현지기업에게 제값을 받고 판매할 만한 시장이 존재하지 않기 때문에, 이들을 최대한 이익적으로 활용할 수 있는 방안을 찾게 되고 이것이 자사의 이익을 극대화할 수 있는 해외직접투자라는 형태로 나타나게 된다는 것이다.

물론 이때 해외직접투자는 수출 또는 라이센싱 방식을 이용하는 경우보다 훨씬 더 이익적인 경우에만 이루어지게 된다는 점은 두말할 필요가 없다.

2) 시장내부화이론(Internalization Theory)

시장내부화이론은 기업이 지식시장의 불완전성에 기초하여, 일반적으로 정상적인 시장거래를 통해서 이루어지는 여러 가지 외부시장기능을 기업체계 내에 내부화하여 내부시장을 창출하고, 이를 통해서 자신의 지식 등을 활용함으로써 불확실한 시장거래에 따르는 비용이나 위험을 제거 또는 축소하고 이익을 창출하게 된다는 이론이다.[3)]

---

3) P. J. Buckley and M. Casson, *The Future of the Multinational Enterprise*(London and Basingstoke: The Macmillan Press, 1976).
강태구 역, 다국적기업의 장래(전남대학교 출판부, 1995).

그리고 이와 같은 시장내부화가 국경을 넘어 이루어질 때 해외직접투자가 발생하게 되고 그 결과로 기업의 해외진출이 이루어지게 된다는 주장이다.

여기서 시장거래(arm's length transaction)란 외부시장에서 소유권의 교환을 통해서 이루어지는 정상적인 거래를 뜻하며, 내부거래(internal transaction)란 기업내부의 내부시장에서 소유권이 이전되지 않고 이루어지는 개념상의 거래를 뜻한다.

버클리와 카슨(Buckley & Casson)은 오늘날의 기업활동에서는 예전의 전통적인 생산이론에서 통상적으로 강조되던 제품이나 서비스의 생산만 중요한 것이 아니라, 지식이나 숙련 등의 형태를 띠면서 중간생산물의 흐름과 밀접한 관련을 가지고 있는 마케팅, 연구개발, 직업훈련, 경영팀의 구축, 자금확보 및 금융자산관리 등과 같은 활동이 매우 중요한 역할을 수행한다는 점을 강조하고 있다.

그들은 특히 지식과 같은 중간재시장은 불완전하기 때문에 기업들은 내부시장을 창출하여 여기에서 이러한 것들을 이용하고, 이러한 불완전한 시장을 우회하면서 이익을 극대화하고자 한다고 주장한다. 실제로 기업들은 기업내에서 시장거래비용보다 더 낮은 비용으로 거래를 할 수 있다면 시장기능을 대신하여 거래를 내부화하게 되는데, 이때 내부화는 내부화에 따른 이익과 비용이 한계적으로 같아지는 수준에 이르기까지 계속되는 것으로 보고 있다.

여기에서 외부시장이 불완전한 경우란 다음과 같은 경우를 뜻한다. 즉, ① 발명가의 발명품이 특허권이나 상표권에 의해 법적으로 보호받지 못하는 한, 그 발명품의 이용자에게 대가를 청구할 수 없는 것과 같은 경우, ② 규모의 경제가 존재하는 경우, ③ 지식과 같이 어떤 한 사람이 소비한다고 해서 다른 사람이 소비할 수 있는 양이 줄어들지 않는 경우, ④ 정부의 간섭으로 인해서 사적 비용 · 수익과 사회적 비용 · 수익 간에 차이가 발생하는 경우 등이 그것이다.

그리고 시장불완전성의 발생요인으로는 ① 미래시장의 부재, ② 가격차별화가 불가능한 경우, ③ 경쟁으로 인한 비용 및 사회적 불확실성의 증대, ④ 판매자와 구매자간 상품에 대한 지식의 차이, ⑤ 국제시장에 있어서의 정부의 간섭 등을 들고 있다.

3) 절충이론(Eclectic Theory)

더닝(Dunning)에 의해 주장된 절충이론은 해외직접투자는 어떤 한 가지 요인만으로 이루어지는 것이 아니라 기업특유의 우위요소와 내부화 우위요소, 그리고

입지상의 우위요소가 동시에 복합적으로 작용하여 이루어지게 된다는 주장이다.[4)]

여기에서 기업특유의 우위요소(owner specific advantage)란 투자기업이 외국기업으로서의 불리한 점을 충분히 극복하고도 현지기업과 성공적으로 경쟁할 수 있게 해주는 우위요소로서, 일반적으로 기술, 지식, 특허 등과 같이 투자기업이 일정기간 동안 독점적·배타적으로 이용할 수 있는 자산적 권리(proprietary asset)를 뜻한다.

다음으로 내부화 우위요소(internalization advantage)란 기업이 자사가 보유하고 있는 우위요소를 외부시장을 통해서 이용하기보다 이를 내부화하여 기업 내부에서 직접 활용함으로써 더 많은 이익을 얻을 수 있는 우위를 뜻한다. 이러한 우위요소로는 외부시장 거래비용 절감 및 재산권 보호를 위한 비용 절감 등이 있다.

마지막으로 입지상의 우위요소(locational advantage)는 기업이 해외에 투자할 때 현지에서 얻을 수 있는 생산입지상의 우위를 말한다. 이러한 우위요소로는 현지국만 독특하게 가지고 있는 천연자원, 저렴한 노동력, 현지국의 투자유인책 등이 있다.

더닝은 독점적 우위이론만으로는 해외직접투자가 수출이나 라이센싱방식보다 더 유리하다는 점을 설명할 수가 없고, 또 내부화이론으로는 입지상의 우위요소를 설명할 수가 없기 때문에, 이들 세 가지 우위요소를 모두 이용해야만 해외직접투자를 충분하게 설명할 수 있다는 주장이다.

결국 기업특유의 우위요소를 기업 내부에 내부화하는 것이 그것을 라이센싱을 통해 외부시장에 판매하는 것보다 더 유리할 때 수출이나 해외직접투자를 선택하게 되고, 기업특유의 우위요소를 해외로 이전하여 해외 현지의 입지상의 우위요소와 결합하여 제품을 생산하는 것이 수출이나 라이센싱을 이용하는 경우보다 더 유리할 때 해외직접투자를 선택하게 된다는 주장이다.

더닝은 수출, 라이센싱, 해외직접투자 등을 설명할 때 이들 세 가지 우위요소 중 어떤 우위요소들을 가지고 이들 각각의 해외진출방식을 설명할 수 있는가를 [표 9-1]과 같이 제시하고 있다. 즉 해외직접투자는 기업특유의 우위요소, 내부화 우위요소 그리고 입지상의 우위요소 모두를 동원해야만 충분한 설명이 가능하다는 점을 강조하고 있다.

---

4) J. H. Dunning, *International Production and Multinational Enterprise*(London: George Allen & Unwin, 1981), Ch. 2~3.

표 9-1 해외시장진출방식과 그 결정요소

결정요소 / 진출방식	기업특유의 우위요소	내부화 우위요소	입지상의 우위요소
해외직접투자	○	○	○
수출	○	○	×
라이센싱	○	×	×

4) 제품수명주기이론(Product Life Cycle Theory)

제품수명주기이론은 <그림 9-2>에서 볼 수 있는 바와 같이 제품이 신제품단계, 성숙제품단계, 표준화제품단계를 거치면서 무역과 생산입지가 변화되어 가는 현상을 가지고 공산품의 무역과 해외직접투자가 발생하는 현상을 규명하려는 이론이다.[5)]

제품수명주기이론을 이해하기 위해서는 먼저 제품수명주기의 각 단계별 특징을 파악하는 것이 필요한데, 이는 각 단계에 따라서 매출액과 수익, 목표시장, 경쟁, 생산비 등이 달라지고 이것이 기업의 단계별 전략을 크게 변화시키기 때문이다. 이들 단계별 특징을 살펴보면 다음과 같다.

먼저 신제품단계(new product stage)의 특징을 보면, 통상 신제품은 미국과 같이 우수한 기술, 높은 소득, 광활한 시장 등의 제반 여건이 잘 갖추어진 나라에서 가장 먼저 개발되는 경향이 있다. 그리고 이렇게 개발된 신제품은 먼저 국내 고소득층에 의해 소비되고, 그 정보가 해외에 알려지게 되면 점차 해외수요도 창출되기 시작한다. 이때 원혁신국(미국) 기업은 기술격차를 이용하여 이 신제품을 비용이 적게 소요되고 경제, 문화, 소득 측면에서 동질성이 높은 유럽 선진국에 먼저 수출하게 된다.

이어 성숙제품단계(growth stage)에 이르게 되면 경험효과에 힘입어 비효율적인 제품디자인과 생산방법이 사라지게 되고 제품은 점차 안정을 찾게 된다. 또 구매자의 지식이 증가하고 수요는 가격탄력적이 되며, 생산비를 낮추는 것이 점차 중요한 문제로 대두된다. 그리고 이제 원혁신국기업 이외의 유럽 선진국 기업들도 점차 그 제품을 생산할 수 있게 되고 그 제품에 대한 세계시장 수요는 계속해서

5) R. Vernon, "International Investment and International Trade in Product Cycle," *Quarterly Journal of Economics*(May 1966), pp. 190～207.

증대된다.

이 시점에서, 유럽시장은 점차 유럽 선진국 기업들이 공급하기 시작하고 차츰 미국으로부터의 수입을 대체하게 된다. 이 과정에서 유럽 선진국들은 자국의 이 유치산업을 보호하기 위하여 미국으로부터 수입되는 동일한 제품에 대해 관세 및 비관세장벽을 구축하여 장벽을 쌓게 된다.

바로 이때 원혁신기업인 미국기업은 자기 기업이 오랫동안 공급해오던 유럽 수출시장을 상실하지 않기 위해서, 그리고 유럽에서 생산된 제품이 미국 내로 역수입되어 들어오는 경우 상실할지도 모르는 자국시장을 방어하기 위하여, 자사의 오랜 생산경험을 이용하여 자국보다 인건비가 훨씬 저렴한 유럽국가에 자회사를 설립하여 해외생산을 시작하게 된다. 바로 이 시점에 미국기업의 대유럽 해외직접투자가 발생하게 된다.

다음으로 표준화제품단계(maturing stage)에 이르게 되면, 제품 및 생산기술이 전 세계적으로 표준화되고 이에 따라 점차 가격경쟁이 심해지게 되며, 유럽선진국들은 후진국의 기술습득과 저임금, 그리고 수출드라이브정책 등에 밀려 점차 후진국과의 경쟁에서 뒤지게 될 위험에 처하게 된다.

결국 시간이 지나면 유럽시장에 대한 수출 그리고 더 나아가서는 원혁신국인 미국시장에 대한 수출까지도 후진국이 담당하게 된다. 바로 이 시점에서 원혁신국기업이나 유럽선진국기업의 대후진국 해외직접투자가 이루어지게 된다. 이는 원혁

그림 9-2 제품수명주기이론

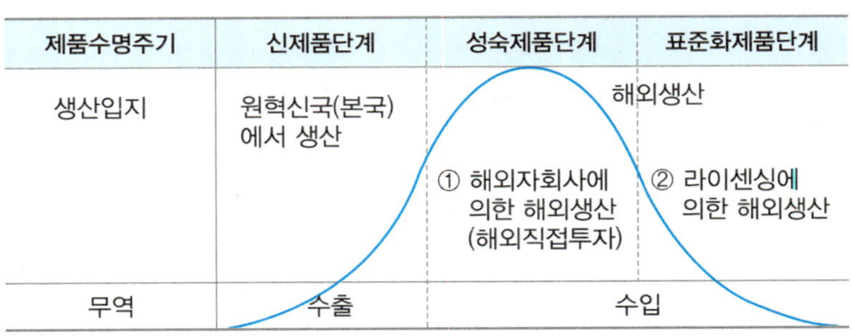

자료: A. M. Rugman, D. J. Lecraw and L. D. Booth, *International Business: Firm and Environment* (New York: McGraw-Hill, 1986), p. 116.

신국기업이나 유럽기업들이 한편으로는 자국의 시장지위를 방어하고, 또 다른 한편으로는 후진국이 가격경쟁을 이용하여 자기나라에 제품을 역수출하기 이전에 생산비가 저렴한 이들 후진국에 해외직접투자를 하여 제품을 생산하고자 하기 때문이다.

5) 과점이론(Oligopolistic Reaction)

과점이론은 과점산업에 있어서의 해외직접투자는 경쟁기업 상호간의 작용-반작용(action-reaction)에 의해서 상호의존적으로 이루어지게 된다는 주장이다.[6] 여기에서 과점산업이란 차별화된 제품이나 동일한 제품을 취급하는 몇몇 소수 거대기업이 시장을 완전히 지배하는 그런 산업을 뜻한다.

과점산업은 다음과 같은 점에서 경쟁산업과 그 성격을 달리한다.

첫째, 과점산업에 속하는 기업들은 상호의존적이기 때문에 이윤이나 성장에 관한 의사결정에 있어서 동일산업 내의 선도기업을 추종하는(follow the leader) 상호의존성을 취하게 된다. 즉, 과점기업은 경쟁기업이 신제품을 도입하여 경쟁상우위를 확보하려고 하거나 새로운 시장에 진출하려고 하거나 또는 새로운 원료공급원을 확보하려고 하는 경우, 자기기업의 시장점유율을 위협하는 이러한 경쟁기업의 행동(action)에 대해 즉각적인 반작용(reaction)을 보이게 된다.

둘째, 과점산업에 속하는 기업들의 경우에는 경쟁이 심화되는 것을 방지하기 위하여 진입장벽(barriers to entry)을 구축하는 것이 절대적으로 필요하게 된다. 이는 과점기업들이 그 산업 내에서 신참기업을 배제시킬 수 있는 진입장벽을 구축함으로써 독점적 이윤을 누릴 수 있기 때문이다. 이때 이용되는 가장 일반적인 진입장벽으로는 차별화된 제품, 특허, 등록상표, 유명 브랜드 등이 있다.

아래에서는 해외직접투자에 대한 과점적 행동이 시사하는 바를 과점적 대응, 내부적 규모의 경제, 수직적 해외직접투자 등의 관점에서 살펴본다.

먼저 과점적 대응을 보면, 과점산업에서는 경쟁상태에 있는 상대기업이 어떤 특정국가에 투자를 하는 경우, 그와 경쟁관계에 있는 다른 기업이 가장 손해를 적게 보면서도 가장 효과적으로 대응할 수 있는 방법은 자신도 상대 경쟁기업을 뒤쫓아 바로 그 나라에 투자하여 시장상실 위협에 대응하는 것이다.

제2편

---

6) F. T. Knickerbocker, *Oligopolic Reaction and Multinational Enterprise* (Boston, Mass.: Harvard University Press, 1973), Ch. 3.

다음은 내부적 규모의 경제이다. 다국적기업은 수평적 통합 또는 수직적 통합을 통해서 현지 비다국적기업이 달성할 수 없는 생산상의 규모의 경제에 따른 이익을 달성할 수 있다. 즉, 다국적기업은 현지시장규모가 최적규모의 공장(optimal-size plant)을 유지할 수 있을 만큼 충분히 크지 않은 경우에도 거기에서 생산된 제품을 여타 지역의 자회사를 통해서 판매할 수 있기 때문에 최적규모의 공장을 운영할 수 있다.

끝으로 수직적 해외직접투자이다. 수직적 해외직접투자는 제조산업 및 천연자원분야의 동질적 과점하에서 흔히 찾아볼 수 있는 특성으로서 철강, 알루미늄, 동, 석유산업에 대한 해외직접투자는 모두 이러한 투자에 속한다. 기업은 ① 단순한 필요, ② 과점적 불확실성의 회피, ③ 과점적 대응, ④ 신참기업에 대한 진입장벽의 구축, ⑤ 수직적 통합의 기술적 우위 등과 같은 이유 때문에, 필요한 원료를 독립적인 여타 해외기업으로부터 구매하기보다는 오히려 후방적 통합(backward integration)을 선택하게 된다.

2. 해외직접투자의 전략적 의사결정

1) 해외직접투자의 의사결정 과정[7)]

해외직접투자는 기업이 기술, 자본, 인력 등 자사의 경영자원을 해외 현지의 생산요소와 최적으로 결합하여 이익을 극대화하기 위해 해외직접투자를 하는 국제경영방식이다. 따라서 기업이 해외직접투자를 성공적으로 수행하기 위해서는 무엇보다도 해외직접투자안에 대한 체계적인 심사가 필요하다. <그림 9-3>은 해외직접투자를 결정하기 위한 체계적인 심사과정을 보여주고 있다.

① 제1단계: 해외직접투자안의 심사 필요성 여부 결정

해외직접투자안은 먼저 수출, 라이센싱 등 여타 대안적인 해외진출방식에 대한 이용 가능성 여부를 분석한 다음, 특정 해외직접투자안을 심사할 필요가 있는가를 결정한다.

② 제2단계: 투자대상국의 투자환경 분석

제1단계에서 여러 가지 해외진출방식 중 해외직접투자방식이 투자대상국에 가

7) F. R. Root, *Entry Strategies for International Markets*, Revised and Expanded ed. (Lexington, Mass., Lexington Books, 1994), pp. 143~165.

장 적합한 진출방식이라고 결정되면, 그 다음은 투자대상국의 현재 및 미래의 투자환경을 면밀하게 분석한다.

그림 9-3 해외직접투자 결정과정의 주요 체크포인트

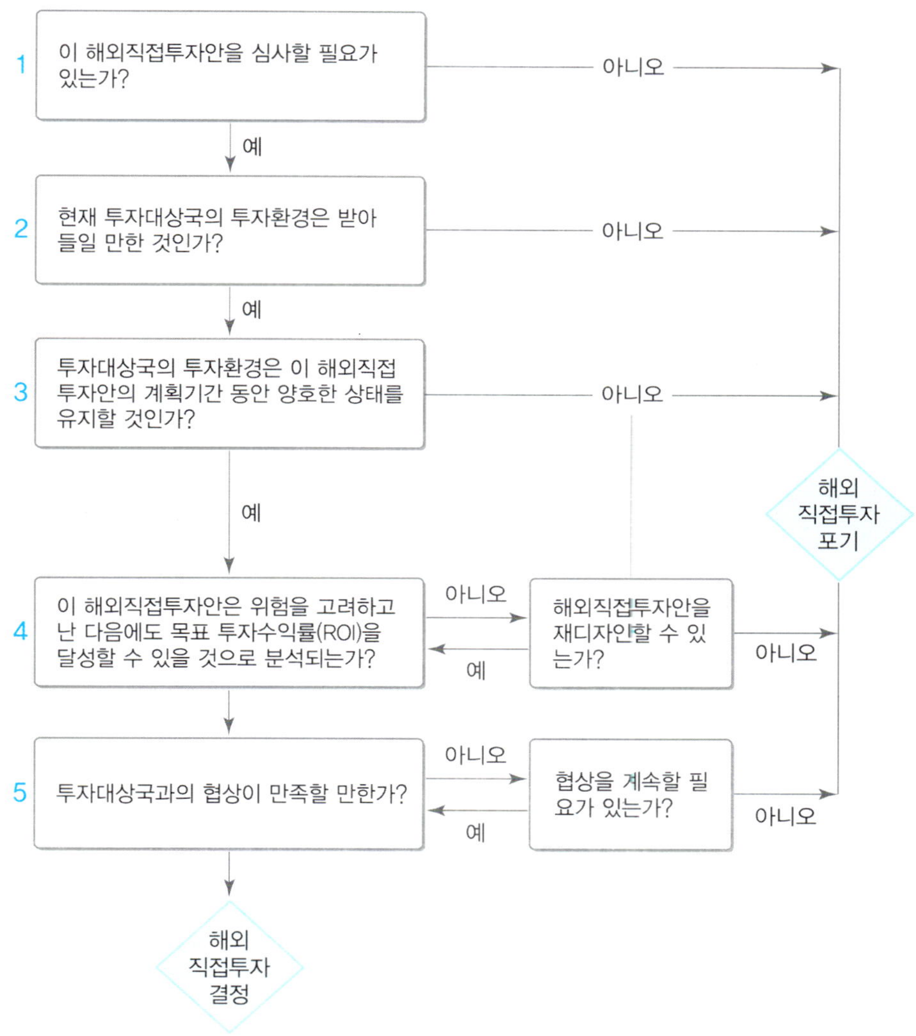

자료: F. R. Root, *Entry Strategies for International Markets*, Revised and Expanded ed.(Lexington, Mass., Lexington Books, 1994), p. 148.

③ 제3단계: 해외직접투자안의 수익성 분석

제2단계의 투자환경 분석에서 투자대상국의 투자환경이 투자계획기간 동안 양호할 것으로 판단되면, 그 다음은 해외직접투자안의 수익성을 분석한다. 이 단계에서는 특히 위험(risk)을 고려한 상황에서도 해외직접투자안이 목표 투자수익률을 달성할 수 있을 것인가를 다시 한 번 검토한다.

④ 제4단계: 투자대상국 정부와의 협상 및 투자결정

제3단계의 수익성 분석에서 해외직접투자안이 목표수익률을 보장할 수 있을 것으로 판단되면, 그 다음은 투자대상국과의 협상을 추진하고 협상이 순조롭게 이루어지면 최종적으로 해외직접투자를 결정하게 된다.

2) 해외직접투자안의 심사 필요성 여부 결정

해외직접투자안을 심사하는 첫 단계에서는 과연 이 해외직접투자안을 심사할 필요가 있는가의 여부를 결정하게 된다. 이 투자안을 심사할 필요가 있는가의 여부는 수출이나 계약 등과 같은 대안적인 해외시장 진출방식의 이용 가능성을 분석한 다음에 결정하는 것이 바람직하다.

만약 기업내의 의사결정자들이 해외직접투자가 가장 적합한 현지시장 진출방식이라고 결론을 내리게 되면, 그 다음은 신설(greenfield)방식으로 진출할 것인가 아니면 인수·합병(M&A)방식으로 진출할 것인가, 그리고 단독투자(sole venture)방식으로 진출할 것인가 아니면 합작투자(joint venture)방식으로 진출할 것인가를 결정해야 한다. 이 문제에 관해서는 다음 소절에서 자세히 다루게 된다.

3) 현지국의 투자환경분석

다음은 투자대상국의 투자환경을 분석하게 되는데, 여기에서는 제시된 해외직접투자안의 수익성 및 안정성에 영향을 미치는 정치적, 경제적, 문화적, 법률적 환경이 모두 포함되어야 한다.

그리고 투자환경분석에는 각 요인들의 현재 상황뿐만 아니라 장래의 변화까지도 모두 포함되어야 하는데, 여기에서 투자환경분석을 위한 체크리스트(checklist)를 보면 [표 9-2]와 같다.

표 9-2 투자대상국의 투자환경분석을 위한 체크리스트

1. 일반적인 정치적 안정성 ① 과거의 정치행태 ② 정부의 유형 ③ 여당 및 야당의 강점과 이데올로기 2. 외국인투자에 대한 현지정부의 정책 ① 외국인투자기업의 과거 경험 ② 외국인투자에 대한 현지정부의 태도 ③ 외국인투자 유인책과 제한정책 3. 여타 정부정책 및 법률적 요소 ① 계약의 강제성 ② 법원의 공정성 ③ 기업법 및 상법, 노동법, 조세	4. 거시경제적 환경 ① 경제에 대한 정부의 역할 ② 국민총생산(GNP)의 규모 및 성장률 ③ 인플레이션율 5. 대외지불관계 ① 국제수지, 외환상태 ② 과실송금규제 ③ 환율

자료: *Ibid.*, pp. 151~152에서 일부 발췌.

4) 해외직접투자안에 대한 수익성분석

투자대상국의 투자환경이 사업계획 기간 동안 양호할 것으로 판단되면, 그 다음은 해외직접투자안의 수익성을 분석해야 한다. 만약 투자안이 자사가 바라는 수익률이나 여타의 진출목표를 충족시키지 못할 것으로 판단되면 그 투자안은 재조정할 수밖에 없다.

해외직접투자안의 수익성을 평가하기 위해서는 투자안의 규모, 수익 및 비용을 결정짓는 모든 변수들을 규명하고 측정해야 하는데, [표 9-3]은 이러한 변수들을 요약해 놓은 것이다.

표 9-3 해외직접투자안의 수익성평가를 위한 체크리스트

1. 시장변수 ① 해외투자 제품계열에 대한 목표시장의 시장규모와 예상 성장률 ② 경쟁상태 ③ 마케팅 및 유통하부구조 2. 생산 및 공급변수 ① 생산시설에 대한 자본투자 ② 공장입지의 이용가능성 및 비용 ③ 천연자원, 에너지, 기타 원자재의 이용가능성 및 비용	3. 노동변수 ① 현지국의 관리자, 기술자, 사무원의 이용가능성 및 비용 ② 해외파견직원의 이용가능성 및 비용 ③ 노사관계 4. 자본조달변수 ① 현지의 장기투자자본 및 운전자본의 이용가능성 및 비용 ② 현지정부의 재정적 유인책의 이용가능성 및 규모

5. 조세변수
① 조세의 유형과 세율
② 투자국과의 조세협정

자료: *Ibid.*, pp. 158~159에서 일부 발췌.

5) 투자대상국 정부와의 협상 및 투자결정

해외직접투자안이 목표수익률을 달성할 수 있을 것으로 평가되면, 그 다음은 현지국 정부와의 협상 과정을 거치게 된다. 투자대상국 정부는 외국인투자안에 대한 협상과정에서 자국의 이익을 위해 외국인투자안을 여러 가지 각도에서 심사하게 되며 필요한 경우에는 일부 내용을 조정하도록 요구하기도 한다.

외국인투자에 대한 투자대상국 정부의 규제는 극히 다양할 뿐 아니라 투자안에 따라서 심사기준도 상이하고 또 그 적용도 매우 신축적이다. 따라서 무엇보다도 투자대상국 정부의 심사기준과 평가방법을 사전에 명확하게 파악하는 것이 중요하다.

마지막으로 협상이 쌍방간에 만족할 만한 수준에서 타결되면 기업은 최종적으로 투자대상국에 대한 해외직접투자를 결정하게 된다.

3. 소유권 및 진출형태 선택전략

1) 소유권 형태의 선택

(1) 단독투자(sole venture)

단독투자는 기업이 의결권주의 95% 이상을 자신이 단독으로 소유하는 형태로 해외에 진출하는 경우를 말하며, 이렇게 설립된 해외현지기업을 완전소유자회사(wholly owned subsidiary)라고 한다. 단독투자의 한 예로는, 기아자동차가 단독으로 미국 조지아주에 자동차생산공장을 설립하여 진출한 경우, 그리고 현대자동차가 단독으로 폴란드에 트럭공장을 신설하여 진출한 경우 등을 들 수 있다.

단독투자는 신설(greenfield)이나 인수·합병(M&A) 등 어떤 형태로도 가능하다.

일반적으로 단독투자 형태의 진출은 기업이 강력한 독점적 우위(monopolistic advantage)를 소유하고 있거나 제품 생산과정에서 모기업이 자회사에게 원자재를 공급한다든지 하는 등의 경우에 주로 활용된다.

단독투자가 선호되는 경우를 자세하게 살펴보면 다음과 같다.

첫째, 청량음료나 화장품 등과 같이 차별화된 소비재 제품을 통일적인 마케팅 기법을 이용하여 전 세계에 판매하고자 하는 경우

둘째, 성숙기 제품에서 볼 수 있는 바와 같이 생산비를 절감하기 위해 범세계적 관점에서 생산설비를 합리화거나 집중화하는 것이 우선시되는 경우

셋째, 국제적 과점기업이 원료나 자원을 생산하는 경우

넷째, IBM과 같은 신제품개발지향형 기업의 전략적 선택

한편, 합작투자를 하고 싶더라도 합작투자에 필요한 현지파트너를 이용할 수 없는 경우 등에는 부득이 단독투자방식을 이용하지 않을 수 없다.

단독투자는 본사가 제품이나 기술을 강력하게 통제할 수 있고 자사의 경영방침을 독자적으로 운영할 수 있으며 기술이나 노하우의 누출을 방지할 수 있다는 장점이 있다.

(2) 합작투자(joint venture)

합작투자는 2개 이상의 기업(개인 또는 정부기관)이 자본이나 자원을 공동으로 출자하여 기업을 설립한 다음 그 기업의 운영에 공동으로 참여하는 국제사업방식으로서 전체 참여기업이 그 기업에 대해 공동소유권을 갖는 경우를 말한다. 합작투자에 있어서 공동소유의 대상은 주식, 채무, 무형자산, 경영노하우, 기술노하우, 유형자산 등 어떤 것이라도 가능하다.

합작투자의 예로는, GM-Toyota 간 자동차 생산을 위한 합작투자, 그리고 LG정보통신-베트남기업 VNPT 간 전화교환기 생산을 위한 합작투자 등을 들 수 있다.

합작투자는 합작에 참여하는 기업들이 소유권과 경영을 분담하며 자본 및 기술 등 상대방 기업이 소유하고 있는 강점을 서로 이용할 수 있고 위험을 분담할 수 있다는 점에서 상호 이익적인 투자방식이라고 할 수 있다. 따라서 합작투자는 단독투자에 비해 해외자회사에 대한 통제보다는 현지파트너의 공헌이 필요한 경우에 주로 활용된다.

합작투자는 일반적으로 다음과 같은 경우에 주로 선호된다.

첫째, 현지정부가 단독투자방식의 진출을 규제하는 경우

둘째, 제품생산에 필요한 원료나 자원을 현지파트너가 생산하고 있는 상태에서, 그 원료나 자원을 확보하는 것이 현지진출의 전제조건이 되는 경우

셋째, 다각적인 제품을 취급하는 기업의 경우, 제품라인별 판매채널을 현지에서 독자적으로 창출해가기보다는 기존의 채널을 이용하기로 하는 경우

넷째, 해외사업에 필요한 자본 및 경영능력 부족 등을 현지파트너와의 제휴를 통해 해결하고자 하는 경우 등이다.

2) 진출형태의 선택

(1) 신설방식(greenfield)

신설방식이란 기업이 예전에 없던 생산시설을 현지에 새롭게 설립하여 해외에 진출하는 경우를 말한다. 이 방식은 기업이 처음부터 자신이 원하는 기업을 자신이 원하는 방식대로 운영하고자 하는 경우에 주로 활용된다. 실례로는 우리 현대자동차가 미국 앨라버마주에 해외직접투자를 할 때 자동차생산 공장을 새롭게 설립하여 진출한 경우가 여기에 해당된다.

신설방식은 자신이 직접 해외시장 개입의 규모와 생산시설을 통제할 수 있기 때문에 비용이 훨씬 더 적게 들고 가장 최신의 생산기술 및 경영기법을 활용할 수 있다는 장점이 있다. 하지만 시간이 너무 많이 소요된다는 단점도 있다.

신설방식은 다음과 같은 이점을 가지고 있다.

첫째, 자신이 직접 해외시장 개입의 규모와 생산시설을 통제할 수 있기 때문에 비용이 훨씬 적게 소요된다.

둘째, M&A의 경우와 달리 피인수기업의 문제점까지 떠맡게 될 위험이 없다.

셋째, 최신의 생산기술 및 경영기술을 활용할 수 있다.

넷째, 고용 및 경쟁 면에서 피투자국의 환대를 받을 수 있다.

다섯째, 자신이 직접 가장 저렴한 입지를 선택할 수 있다.

여섯째, M&A 대상기업을 찾을 수 없는 경우 차선책으로 이용할 수 있다.

(2) 인수 · 합병방식(Merger & Acquisition: M&A)

인수·합병은 둘 이상의 기업이 하나로 통합되어 단일기업이 되거나(merger) 또는 어떤 기업이 다른 기업의 주식 또는 자산을 취득하여 경영권을 획득하는 방식(acquisition)으로 해외에 진출하는 경우를 말한다. 그 한 예로 우리나라의 LG전자는 미국에 진출할 당시 기존에 미국에서 운영중에 있던 제니스(Zenith)라는 기업을 인수하여 진출하였다.

M&A방식은 다음과 같은 장점을 가지고 있다.

첫째, 신속한 해외시장 진출과 투자자본 회수가 가능하다.

둘째, 현지에서 이미 가동중인 계속기업을 인수하기 때문에 운영 초기에 발생할 수 있는 문화적, 법률적, 관리적 문제를 피할 수 있다.

셋째, 현지기업의 기술 및 상표, 유통구조, 그리고 경영기법을 일거에 획득할 수 있다.

넷째, 피투자국의 경쟁구조를 교란시키지 않고 또 경쟁상의 보복을 피할 수 있다.

이 외에도 신설이나 합작투자 형태로 진출하는 경우에 직면할 수 있는 문제점을 상당부분 보완해 줄 수 있다. 또 해외자회사의 운영에 대한 불확실성을 감소시켜 주고 경쟁력 증대 및 다국적화에 효과적으로 활용할 수 있다는 이점도 가지고 있다. 이러한 유용성 때문에 조직능력에 한계가 있거나 또는 조속한 현지진출이 필요한 경우 M&A방식이 많이 이용되고 있다.

4. 해외투자철수전략

1) 해외투자철수의 정의

해외투자철수(foreign divestment)란 국제사업활동을 수행하던 기업이 자사의 여러 가지 전략이나 동기에 따라서, 또는 자사의 목적을 보다 더 효율적으로 달성하기 위해서 당해 해외사업을 다른 기업에게 매각 또는 청산하거나, 해외투자 재산을 본국으로 회수하거나 또는 다른 지역으로 재배치하는 것을 뜻한다.[8)]

2) 해외투자철수의 유형

(1) 해외투자철수의 형태

해외투자철수 유형에는 주식매각과 기업청산, 합병, 국유화 등이 있다. 이중 가장 일반적인 형태는 해외투자사업체의 주식매각과 기업청산이라고 할 수 있다. 주식매각은 자기 기업의 주식을 다른 기업에게 매각하는 것이고 기업청산은 기업을 완전히 처분하는 것이다. 그리고 합병은 기업이 현지의 다른 기업과 합병하여 법

8) J. J. Boddewyn, *International Divestment: A Survey of Corporate Experience*(New York: Business International, 1976), p. 5.

률적으로 소멸하는 것이고, 국유화는 현지국 정부가 외국인기업의 현지자산을 취득하는 경우이다.

(2) 해외투자철수의 유형

해외투자철수는 그것이 자발적이냐 아니면 비자발적이냐에 따라서 자발적인 철수와 비자발적인 철수로 구분할 수 있다.

자발적인 철수는 기업이 자신의 자발적인 의사결정에 따라 해외투자를 전략적으로 철수하는 경우로서, 현지 경영활동의 실패나 현지국 투자여건의 악화 때문에 철수하거나 또는 자사의 자원을 보다 더 합리적으로 이용하기 위해 철수하는 경우 등이 여기에 해당된다. 특히 경영자원의 합리적인 이용과 포트폴리오전략에 따른 철수는 적극적인 철수(active divestment)라고 한다.

그리고 비자발적인 철수는 해외투자기업의 재산이 현지국 정부의 강제적인 조치에 의해서 국유화(nationalization)되거나 수용(expropriation)되는 경우에 발생하는 철수로서 강제적인 철수(forced divestment)라고도 한다.

3) 해외투자철수의 원인

해외투자기업이 투자를 철수하는 요인은 기업내부적인 요인과 기업외부적인 요인으로 나누어 볼 수 있다. 기업내부적인 요인은 경영정책상 해외철수가 필요하거나 또는 자신이 기업외부의 사업환경에 적응할 수 없는 경우이다.

경영정책상 해외투자철수가 필요한 경우는 다음과 같다.

첫째, 범세계적인 생산 · 판매거점을 재편성하고자 하는 경우

둘째, 현지법인 및 모기업의 실적 등 경영성과가 부진한 경우

셋째, 경쟁기업에 대한 경쟁적 우위가 소멸한 경우

넷째, 경쟁적 우위를 자신이 직접 이용하기보다는 외국기업에게 판매하거나 임대하는 것이 보다 더 이익적인 경우

한편, 기업외부적인 요인에 의한 해외투자철수는 경제적 · 정치적 변화 등 자신과 직접 관계가 없는 기업외적 환경변화에 따른 경우로서, 여기에는 경제적 요인, 정책적 요인, 정치적 요인, 사회적 요인 등이 포함된다. 여기에서 경제적 요인으로는 제품에 대한 수요부진과 임금상승을 들 수 있고, 정책적 요인으로는 설비 및 원자재 · 부품의 수입제한과 외자정책의 변경 등을 들 수 있다. 그리고 정치 · 사

회적 요인으로는 민족주의 및 반외자 감정의 고조, 정정(政情)불안, 사회불안 등을 들 수 있다.

4) 계획적 해외투자철수전략

해외투자철수는 이제 더 이상 해외에서 실패한 사업을 처리하는 대책으로 간주되어서는 안 된다. 왜냐하면 해외투자철수는 외부적인 이유로만 발생하는 것이 아니라, 해외사업의 재배치나 조직변경 등 경영전략상의 필요에 의해서 영업성과에 관계없이 계획적, 전략적으로 활용될 수 있기 때문이다.

그런 의미에서 이제는 해외투자철수를 해외사업 전개에 따른 하나의 전략으로 파악하고, 해외진출 초기단계에서부터 해외투자진출과 함께 하나의 전략으로 계획하고 취급하는 것이 필요하다.

다시 말해서, 기업은 특정 해외투자의 한계를 그 사업의 출발시점에서부터 미리 예측하고 이를 해외진출전략에 반영하여 필요한 경우에는 계획적으로 철수(planned divestment)하는 전략도 강구해야 한다.

5. 해외직접투자의 영향

1) 투자본국에 미치는 영향

(1) 긍정적인 영향

투자본국(home country)은 해외직접투자를 통해 자사의 독점적 기술과 같은 경영자원을 해외에 이전하여 현지의 생산요소와 결합·활용함으로써 이익을 극대화할 수 있고, 자국에서는 확보할 수 없는 기술이나 천연자원, 그리고 저임노동력 등과 같은 생산요소를 확보할 수 있다.

또 해외 현지에 생산공장을 설립하여 제품을 생산·판매함으로써 현지시장을 확보·확대하는 한편, 현지에 대한 원재료나 부품 등의 수출을 통해서 국내 고용을 증대시키고 해외직접투자에 따른 과실을 본국에 송금함으로써 자국의 국제수지를 개선시킬 수 있다.

(2) 부정적인 영향

해외직접투자는 기업이 자본을 가지고 해외에 진출하기 때문에 투자본국의 이용 가능한 국내 자본이 그만큼 줄어들게 되고, 이것은 때로 투자본국의 생산기반을 위축시켜 산업공동화(deindustrialization)와 실업을 유발하기도 한다. 또 투자본국의 국제경쟁력을 약화시키는 한편 국제수지를 악화시키는 요인이 되기도 한다.

그리고 해외에 진출한 자국 기업이 자사의 이익만을 위해 본국의 통제를 벗어나 독자적으로 활동하는 경우 본국경제의 자주성이 위협을 받게 되고, 피투자국과 충돌을 빚는 경우 본국에게 정치외교적인 부담이 되기도 한다.

2) 피투자국에 미치는 영향

(1) 긍정적인 영향

피투자국(host country)은 외국인직접투자를 받아들임으로써 그 외국인투자가 아니었더라면 이용할 수 없는 대규모 자본을 조달할 수 있고, 또 이들이 가지고 들어오는 높은 수준의 기술 및 경영기법 등과 같은 경영자원을 확보할 수 있다.

또 외국인직접투자가 아니었더라면 성취가 불가능한 공업화를 달성할 수 있어서 고용을 창출·증대시키는 한편, 경제성장에도 큰 도움이 된다. 아울러 수입대체효과 및 수출촉진효과를 유발시켜 피투자국의 국제수지를 개선시켜 준다.

(2) 부정적인 영향

외국인직접투자는 때로 피투자국을 경제적으로 지배하기도 하고 그 나라 기업간의 경쟁을 가로막아 발전을 저해하기도 한다. 또 투자 시 가지고 들어온 자본금을 크게 상회하는 과실을 투자본국에 지속적으로 송금하거나 현지에서 얻은 이익을 계열기업 간 이전가격(transfer pricing) 조작을 통해서 본국에 집중 송금하는 경우 피투자국의 국제수지에 부정적인 영향을 미치게 된다.

그리고 때로 피투자국의 천연자원을 독점·채취함으로써 부당한 이득을 취하는가 하면, 자국의 법률을 피투자국에까지 연장·적용함으로써 피투자국의 주권을 침해하기도 하고, 자국의 문화와 가치관을 피투자국에게 일방적으로 전파함으로써 피투자국의 전통적 문화가치를 파괴하기도 한다.

CHAPTER

10 국제경영관리

01 국제생산

1. 국제생산의 의의

국제경영에 있어서 '생산(production)'이라는 개념은 단순히 제품생산 그 자체만을 의미하는 것이 아니라, 제품생산에 필요한 원료 확보에서부터 생산된 제품을 최종 해외 소비자에게 인도할 때까지와 관련된 모든 활동을 포괄하는 넓은 개념으로 이해해야 한다.

따라서 국제생산에서는 다음과 같은 문제들을 다루게 된다.[1)]

① 목표시장을 어디에서 공급할 것인가?

② 어느 정도까지를 자기 기업이 직접 생산하고 또 어느 정도까지를 외부에서 구매할 것인가?

③ 자기 기업이 직접 생산하지 않기로 했다면, 다른 기업으로부터 무엇을 어디에서 구입할 것인가?

④ 자기 기업이 최소한 일부라도 직접 생산하기로 했다면, 생산시설을 어떻게 갖출 것인가?

⑤ 제품을 한 공장에서 생산할 것인가, 아니면 여러 공장에서 분산하여 생산할 것인가? 그리고 공장들을 서로 연계하여 생산할 것인가, 아니면 각기 독립적으로 생산할 것인가?

⑥ 어떤 종류의 생산설비(기술)를 이용할 것인가?

⑦ 최적입지는 어디로 할 것인가?

⑧ 연구개발활동은 어디에서 수행할 것인가?

제2편

1) R. D. Robinson, *Internationalization of Business*(Hinsdale, Ill., Dryden Press, 1984).

2. 국제생산입지의 선정

1) 최적입지의 선정

기업이 해외에 진출하여 국제경영활동을 전개하고자 하는 경우, 가장 먼저 고려해야 할 것이 바로 생산입지이다. 그것은 제품을 어디에서 생산하느냐에 따라서 생산원가가 달라지고, 이는 곧 그 제품의 국제경쟁력을 결정하게 되기 때문이다.

따라서 범세계적으로 사업활동을 수행하는 글로벌기업은 비교우위(comparative advantage)와 경쟁우위(competitive advantage)를 최대한 살릴 수 있는 최적입지를 선정하는 것이 그 무엇보다도 중요하다. 여기에서 비교우위란 국가간의 요소비용의 차이에 의해 발생하는 입지특유의 우위(location-specific advantage)를 말하고, 경쟁우위는 기술, 상표, 정보 등 기업간의 차이에서 발생하는 기업특유의 우위(firm-specific advantage)를 말한다.

2) 최적입지 선정기법

(1) 체크리스트 평가법

BERI(Business Environment Risk Intelligence)사는 [표 10-1]에서 볼 수 있는 바와 같이 정치적 위험과 관련이 깊다고 생각되는 15가지의 변수를 설정하고, 100명 정도의 전문가들이 이들 변수에 대한 각국의 지수를 평가하여 정치적 위험을 분석하고 있다. 그리고 전체적인 정치적 위험 외에 정치적인 위험, 운영상의 위험, 재무적인 위험, 민족주의의 위험을 별도로 평가한다.

이 체크리스트에서 전체 가중치는 25이며, 총 100점 만점으로 지수를 평가하고, 평가결과는 투자대상국이 어느 정도의 지수에 속하느냐에 따라 [표 10-2]와 같이 평가하게 된다.

즉, 평가 결과 총점이 71점 이상이면 투자를 해도 좋은 투자양호국가로 평가할 수 있고, 점수가 56~70에 해당되면 비록 투자는 가능하지만 상당한 정도의 주의가 필요한 국가로 평가할 수 있으며, 55점 이하이면 투자가 별로 바람직하지 않는 국가로 평가할 수 있다. BERI사의 서비스를 활용하게 되면 해외직접투자 결정에 있어서 전체 대상국가의 종합지수를 활용할 수 있다.

표 10-1 BERI사의 체크리스트 평가표

변 수	가 중 치					비 고
	전체 지수	정치 지수	운영 지수	재무 지수	민족 주의	
정치적 안정성 (political stability)	3	6				예상치 못한 정치적 변화 가능성과 정치적 변화가 국제사업활동에 미치는 영향의 정도
경제성장 (economic growth)	2.5		5			GNP 실질성장률
화폐의 태환성 (currency convertibility)	2.5		5	5	5	현지통화를 외화로 교환할 때 겪게 되는 어려움의 정도 및 국제금융시장에서의 현지통화의 수용성 정도
노동비용/생산성 (labor cost/productivity)	2		3			자금수준, 노동생산성, 생산설비의 근대화 정도, 기업의 사회적 비용부담
장기자본 조달 (long－term capital)	2			5		장기자금의 차입 및 자본조달의 어려움의 정도
단기차입능력 (short－term credit)	2			5		외국계기업이 이용 가능한 단기자금의 차입 가능성 및 현금운용에 필요한 현지 금융기관의 발달 정도
외국인투자환경 (foreign investment credit)	1.5	5			8	정치제도가 민간기업의 사회적 비용을 부담하는 정도와 자본주의 원칙의 허용수준
국유화 (nationalization)	1.5	5			8	재산수용 및 보상의 정도와 민족자본에 대한 우대조치
물가상승 (monetary inflation)	1.5	3		3		물가상승의 정도와 물가상승이 기업에게 미치는 충격을 완화할 수 있는 제도의 효율성 수준
국제수지 (balance of payments)	1.5	3		3		경상수지 및 자본수지의 현황과 외국인투자자의 수익에 영향을 미치는 국제수지의 추이
계약의 실행성 (contract enforceability)	1.5		4	2		계약사항을 존중하는 정도와 언어 및 국민감정의 차이 때문에 발생하는 분규의 정도
관료의 업무지연 (bureaucratic delays)	1	3		2	4	세관통관 및 외화송금 등 정부의 대민업무 처리속도와 능률
통신 및 운송 (communications/ transportations)	1		3			기업이 이용할 수 있는 통신설비 및 운송관계 경제하브구조에 대한 평가
현지의 경영능력 (local management)	1		2			현지에서 자본을 출자하거나 경영에 참여할 수 있는 현지인의 수 및 질적 수준
전문적인 서비스 (professional support)	0.5		3			회계·법률·판매·기술·건축청부 등에 있어서 기업의 사회적 비용부담
계	25	25	25	25	25	

평가기준: 수 = 4, 우 = 3, 미 = 2, 양 = 1, 가 = 0

자료: F. T. Harner, "Business Environment Risk Index, Appendix B," *BERI Ltd. System for Selected Countries*(August 1981), p. 9 일부 첨가.

제 2 편

표 10-2 BERI사의 정치적 위험 평가 기준

종합지수	평 가
86~100	투자에 전혀 위험이 없는 매우 양호한 투자환경 국가
71~85	전형적인 선진국의 투자환경
56~70	보통 정도의 위험을 가지고 있지만, 사업활동에 치명적인 영향을 미칠 정도로 불안하지는 않는 국가
41~55	투자환경이 매우 위험하여 투자결정에 신중을 기해야 할 국가
0~41	현지 사업활동이 불가능할 정도로 위험이 높은 국가

(2) 컨트리 리스크(country risk) 활용 방법

유로머니(*Euromoney*)는 컨트리 리스크의 범주를 [표 10-3]과 같이 질적 평가와 양적 평가로 나누고, 질적 평가는 다시 경제적 성과 30%, 정치적 위험 30%, 구조적 위험 10%로, 그리고 양적 평가는 외채지표 10%, 신용등급 10%, 은행대출접근 10% 등의 가중치를 주어 전 세계 187개국의 컨트리 리스크를 평가하고 있다.

그리고 이렇게 산출된 총점을 가지고 그 점수가 높을수록 양호한 사업환경을 가진 국가로, 그리고 그것이 낮을수록 사업환경이 불량한 국가로 평가한다.

[표 10-4]는 유로머니지(誌)가 평가한 2019년도 최상위 10개국과 최하위 10개국의 컨트리 리스크 순위와 총점을 보여주고 있다. 이 표를 보면 투자환경이 가장 양호한 국가로는 노르웨이, 룩셈부르크, 스위스, 덴마크, 스웨덴 등이 있고, 투자여건이 가장 좋지 않은 최하위 국가들로는 피지, 에리트레아, 마샬군도, 미크로네시아, 뉴칼레도니아 등이 있다.

한편, 한국은 총점 72.28점을 기록하여 187개국 중 29위를 기록하고 있다.

여기에서는 최상위 10개국과 최하위 10개국에 대한 순위와 총점만 기술되어 있지만, 유로머니를 이용하면 매 해 전 세계 각국의 리스크 평가표를 활용할 수 있다. 이 평가표는 여타의 자료와 함께 해외투자 대상국 선정에 대한 기초자료로 활용할 수 있다.

표 10-3 Euromoney의 컨트리 리스크 평가표

구분	평가요소	가중치(%)	평 가 자 료
질적 평가	경제적 성과	30	– 은행의 안정성, 경제성장 전망, 실업률, 경상·재정수지, 통화 및 통화정책의 안정성
	정치적 위험	30	– 부패정도, 정부의 배당 지급불능 및 자본송금불능 위험, 정부의 안정성, 정보에 대한 접근성 및 투명성, 제도적 위험, 규제 및 정책환경
	구조적 위험	10	– 인구통계, 하드 인프라, 노동시장 및 노사관계, 소프트 인프라
양적 평가	외채지표	10	– 총 외채잔액/GNP, 외채상환/수출, 경상수지/GDP
	신용등급	10	– Moody's, S&P, Fitch IBCA의 국가 신용평가 등급 평균
	은행대출접근	10	– 국제자본시장에 대한 각국의 접근성
종합평점 = 가중치×[산출점수 – 최저점수) / (최고점수 – 최저점수)]			

자료: https://www.euromoneycountryrisk.com.

표 10-4 Euromoney의 컨트리 리스크 평가표

최상위 10개국			최하위 10개국		
순위	국가	총점 (100.00)	순위	국가	총점 (100.00)
1	노르웨이	93.44	178	라오스	9.52
2	룩셈부르그	91.69	179	안티구아 바부다	9.3
3	스위스	90.31	180	기니	8.53
4	덴마크	88.74	181	브룬디	8.35
5	스웨덴	88.74	182	중앙아프리카공화국	7.55
6	싱가포르	87.48	183	피지	6.52
7	캐나다	87.17	184	에리트리아	5.13
8	핀란드	86.96	185	마샬군도	4.21
9	네덜란드	86.67	186	미크로네시아	0.00
10	호주	85.36	187	뉴칼레도니아	0.00

자료: *Euromoney*, Jan. 2019.

3. 글로벌 소싱(global sourcing)

1) 글로벌 소싱

글로벌 소싱이란 기업이 국제사업활동을 전개함에 있어서 범세계적인 시야에서 원료나 부품을 조달하는 것을 말한다. 다국적기업은 전 세계에 소재하고 있는 자기 자회사를 통해 원료나 부품을 구입하고 이를 이용하여 제품을 생산·판매하기 때문에 국제경영활동에 있어서 글로벌 소싱은 대단히 중요한 전략이다.

국제적으로 생산된 제품을 전 세계 시장에 공급하는 방법에는 집중화 조달, 분산화 조달, 통합화 조달이 있다. 집중화 조달(centralized sourcing)은 제품을 어떤 한 지역에서 집중적으로 생산한 다음, 이것을 전 세계 여러 지역에 공급하는 방법이고, 분산화 조달(distributed sourcing)은 기업이 각기 다른 개별시장의 수요에 부응하기 위해서 목표시장에서 제품을 생산·공급하는 방법이며, 통합화 조달(integrated sourcing)은 제품 자체는 개별 목표시장에서 생산하지만 판매는 본사가 통합적으로 관리하는 방법을 말한다.

한편, 글로벌 소싱에 있어서는 원료나 부품을 자체적으로 조달할 것인가 아니면 외부에서 조달할 것인가도 중요한 문제가 되는데, 다국적기업은 자기가 필요로 하는 제품이나 부품을 모두 자체적으로 생산·조달할 필요는 없으며, 때에 따라서는 생산공정의 일부나 전부를 다른 외부 기업에게 의뢰하여 이를 생산·조달토록 하는 것이 오히려 이윤극대화와 경쟁우위 확보에 도움이 된다.

이때 자체조달 대 외부조달 간의 선택은 기본적으로 자사가 필요로 하는 제품의 양과 최소의 효율적 생산규모 간의 관계에 의해서 결정되는데, 필요로 하는 제품의 양이 많으면 자체적으로 생산하고 적으면 외부로부터 조달하는 것이 효율적이다.

2) Ford자동차의 글로벌 소싱

Ford는 1993년 월드카(World Car) 글로벌생산프로그램을 수립하고 이 프로그램의 일환으로 유럽에서는 Mondeo, 그리고 북아메리카에서는 Contour와 Mystique 등의 세 가지 자동차를 생산하여 전 세계에 판매하는 전략을 구사하였다.

이 프로그램에서 Ford는 월드카를 개발하기 위해 전 세계적으로 800명에 달하는 설계전문가를 모집하여 글로벌 엔지니어링 팀을 구성한 다음, 설계는 소형승용

그림 10-1 Ford의 글로벌 소싱

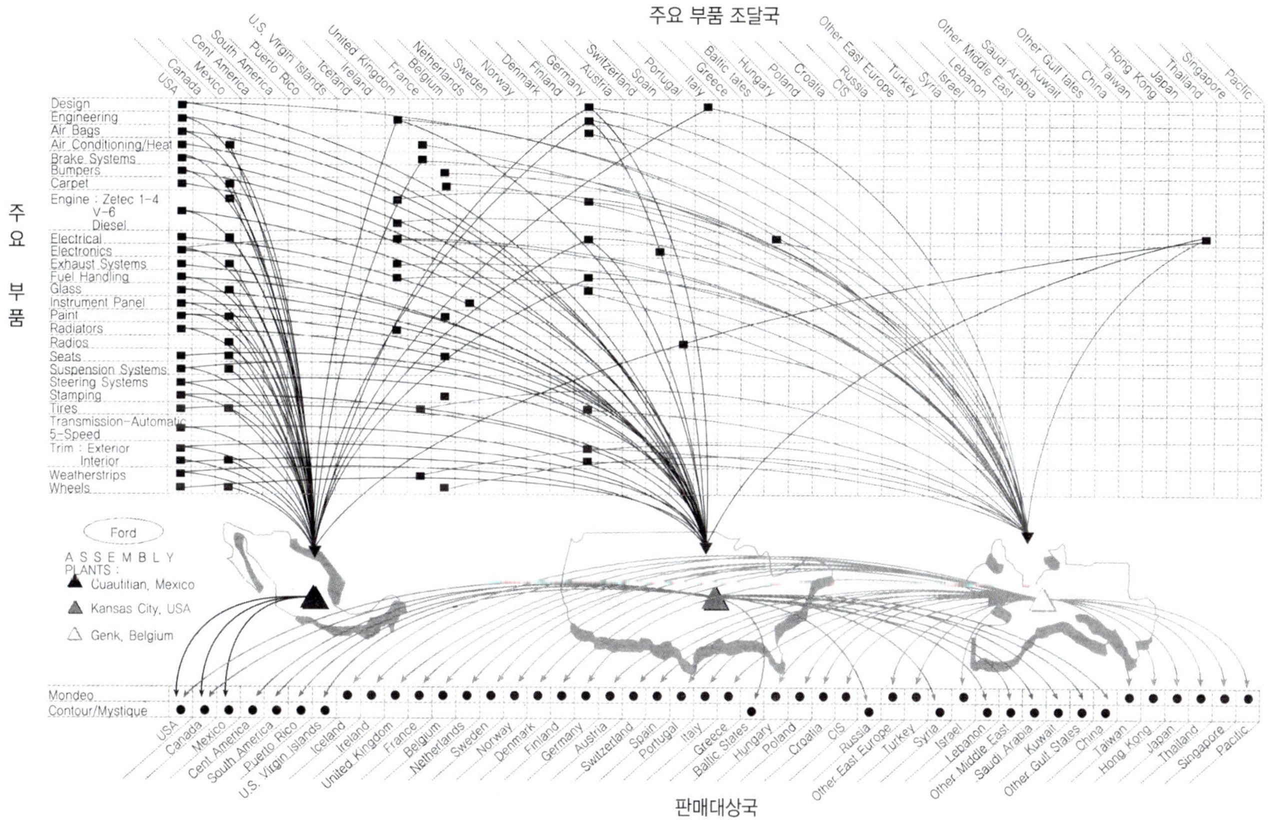

자료: M. R. Czinkota, I. A. Ronkainen, M. H. Moffett and E. O. Moynihan, *Global Business*, 2nd ed. (Fort Worth, Philadelphia: The Dryden Press, 1998), p. 13.

차 분야의 전문가를 많이 보유하고 있는 유럽 Ford에 할당하고, 자동 트랜스미션과 에어컨 설계는 북미에 할당하고, 4기통 엔진과 수동 트랜스미션, 그리고 차대 버팀장치는 유럽에서 설계하도록 분산 배치하였다.

그리고 범세계적인 부품공급을 위해 <그림 10-1>에서 볼 수 있는 바와 같이 5단 트랜스미션은 유럽에서 생산하고 자동 트랜스미션은 미국에서 생산하도록 하였다. 또 갖가지 부품을 북미와 유럽 여러 지역에서 생산·공급하도록 하였다. Ford는 이러한 글로벌 소싱전략을 통해 운송비 절감은 물론 현지정부의 현지부품 사용요구에도 효과적으로 부응하는 획기적인 성과를 거둘 수 있었다.

<그림 10-1>에서 왼쪽 종축에는 각종 자동차 부품들이 열거되어 있고, 상단에 나열된 국가들은 왼쪽 종축에 열거된 각 부품을 생산해서 최종 조립국인 미국, 멕시코, 벨기에의 세 조립공장으로 공급하는 나라들이고, 하단의 국가들은 최종 판매대상국들로서 포드가 미국, 멕시코, 벨기에의 세 조립공장에서 생산한 완성차를 이들 국가들에게 판매하는 글로벌소싱 네트워크를 보여주고 있다.

4. 국제로지스틱스

국제로지스틱스(international logistics)란 제품생산에 필요한 원료확보 지점에서부터 생산된 제품을 최종소비자에게 인도하기까지의 원료 및 제품의 흐름, 그리고 그에 따른 정보의 흐름을 용이하게 하는 모든 이동 및 저장과 관련된 활동을 계획, 조직, 통제하는 것을 뜻한다.

국제로지스틱스는 크게 국제물적공급(international physical supply)과 국제물적유통(international physical distribution)으로 구분할 수 있다. 국제물적공급에는 제품생산에 필요한 원재료를 획득하여 이를 생산공장으로 이동시키는 것과 관련한 수송, 재고, 포장, 하역, 정보처리 등과 같은 활동이 포함되고, 국제물적 유통에는 생산된 제품을 소비자에게 제공하는 과정에서 수행하게 되는 제품계획, 포장, 주문처리, 수송, 창고관리, 하역, 재고관리, 정보처리 등과 같은 각종 활동이 포함된다.

오늘날 기업들이 급속하게 글로벌화를 추진하고 국제사업활동상 로지스틱스와 관련된 비용이 전체비용의 10~25%를 차지함에 따라서, 어떻게 하면 전 세계적으로 분산되어 있는 생산 및 소비거점들을 효율적으로 네트워크화하여 원재료, 부품, 완제품의 흐름을 합리화하고 생산 및 소비거점들 간의 유기적인 관계를 효율적으로 유지할 것인가가 중요한 과제가 되고 있다.

국제로지스틱스 기능을 성공적으로 수행하기 위해서는 국제로지스틱스를 구성하고 있는 수송, 포장, 보관 등의 개개 기능이 보다 더 합리적으로 이루어져야 하며, 이들 모든 기능이 하나의 통합된 범세계적 로지스틱스 시스템으로 구축되어 운영되어야 한다.

02 국제마케팅

1. 국제마케팅의 정의

1) 국제마케팅의 정의

국제마케팅(international marketing)이란 국경을 초월하여 이루어지는 마케팅활동으로서 '기업이 이익을 달성하기 위하여 한 나라 이상의 소비자 또는 사용자에게 재화와 서비스를 이전시키는 사업활동'이라고 정의할 수 있다.[2)]

국제마케팅은 국내마케팅과 달리 마케팅활동이 자기 나라와 전혀 다른 이질적인 환경 하에서 이루어지기 때문에, 한편으로는 시장기회가 크게 확대되는 것을 뜻하지만 다른 한편으로는 위험 또한 크게 늘어나는 셈이 된다.

이에 따라 국제마케팅 목표를 효과적으로 수행하기 위해서는 확대된 시장기회는 최대한 이익적으로 활용하고 높아진 위험은 최소화하는 전략을 강구하는 것이 중요하다.

2) 국제마케팅의 환경

<그림 10-2>는 기업들이 국제마케팅 활동을 수행하는 과정에서 직면하게 되는 국내·외 환경을 보여주고 있다.

기업이 국제마케팅 활동을 수행하는 과정에서 직면하게 되는 환경은 크게 국내환경과 해외환경으로 나눌 수 있고, 이것은 다시 통제가능요소(controllable factor)

제2편

2) P. R. Cateora, M. C. Gilly and J. L. Graham, *International Marketing*, 13th ed.(New York, NY, McGraw-Hill Irwin, 2009), p. 9.

와 통제불능요소(uncontrollable factor)로 나눌 수 있다.

여기에서 기업은 국내환경 중 가격(price), 제품(product), 판매촉진(promotion), 유통경로(place) 등과 같은 기업내적인 요소에 대해서는 통제가 가능하지만 자국의 국내환경인 정치적 요소, 경쟁구조, 경제적 환경 등과 같은 기업외적 요소에 대해서는 통제가 불가능하다. 더구나 해외의 통제불능요소인 해외 여러 나라의 정치, 경제, 경쟁, 기술수준, 유통구조, 지리 및 하부구조, 문화 등에 대해서는 통제가 전혀 불가능하다.

그런데, 이들 국내외 통제불능요소들은 국제마케팅활동 전반에 부정적인 영향을 미쳐 기업의 성공적인 사업활동을 어렵게 만들게 된다. 따라서 국제마케팅관리자는 이들 통제불능요소들을 가능한 한 통제가능 요소로 전환시키는 것이 무엇보다도 중요하다.

그리고 만약 통제불능요소들을 통제가능요소로 전환시키는 것이 불가능하다면, 최소한 이들 국내외 통제불능요소들이 국제마케팅활동 전반에 미치게 될 부정적인 영향을 사전에 미리 예측·판단하여, 이에 효과적으로 대응할 수 있는 방안을 강구해야 한다.

그림 10-2 국제마케팅 환경

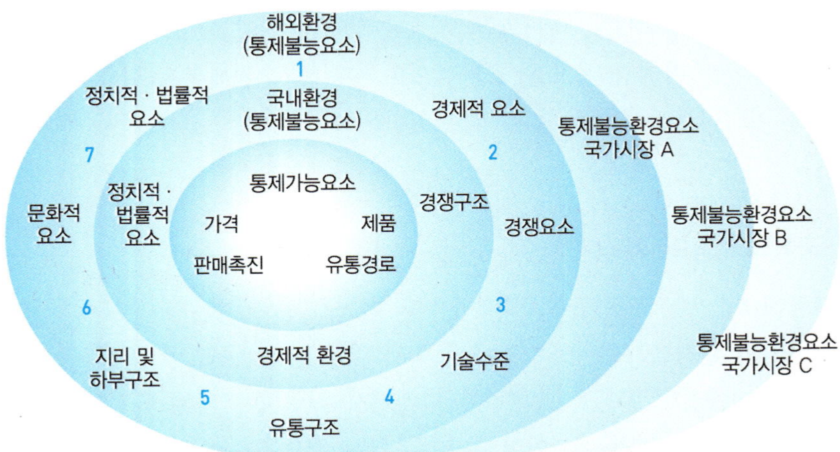

자료: P. R. Cateora, M. C. Gilly and J. L. Graham, *International Marketing*, 14th ed.(New York, NY, McGraw−Hill Irwin, 2009), p. 11.

2. 국제마케팅조사

국제마케팅조사(international marketing research)는 기업이 자사의 효율적인 마케팅전략을 수립·시행하여 전 세계 소비자의 욕구를 최대한 충족시키기 위해서, 목표시장의 제반 환경에 관한 자료와 정보를 수집·분석하는 활동을 말한다.

국제마케팅조사는 토털마케팅(total marketing)적 관점에서 시장기회를 확인·평가하고 각 시장을 비교·분석하는 단계로부터 마케팅목표를 설정하고 시장에 참가할 때까지의 모든 의사결정 전반에 걸쳐 이루어져야 한다.

그림 10-3 해외시장의 환경분석

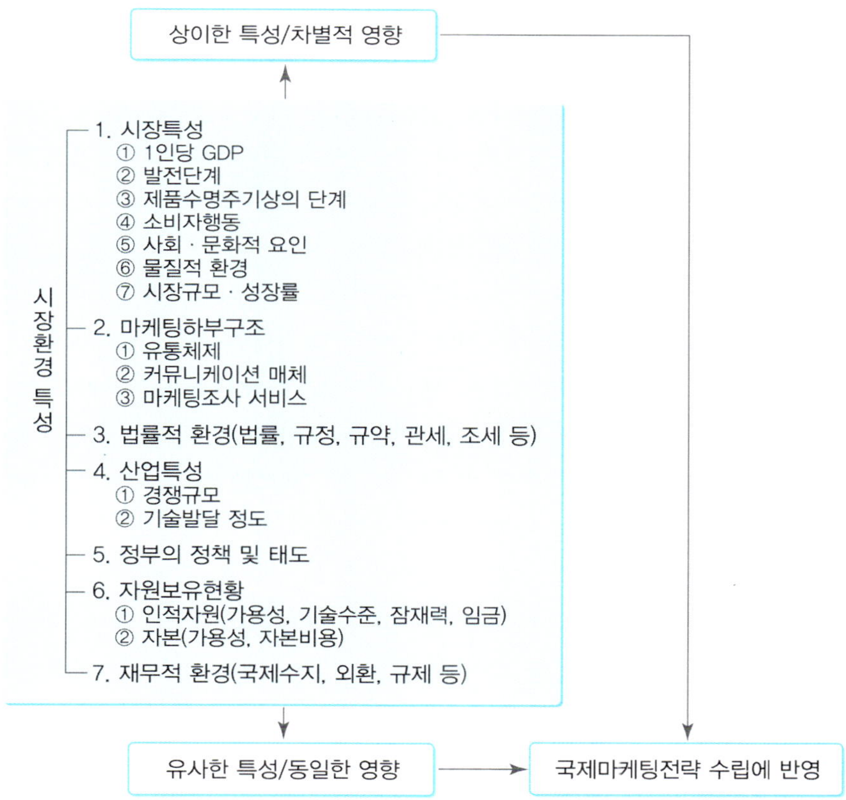

자료: W. J. Keegan, *Global Marketing Management*, 4th ed.(Englewood Cliffs, New Jersey, Prentice-Hall, 1989), p. 47.

또한 마케팅조사는 단순히 현재의 시장상황만을 파악하는 데 그치지 않고, 그러한 시장상황이 장래 마케팅활동에 어떤 영향을 미치고 또 그것이 어떻게 전개되어 갈 것인가를 미리 예측함으로써 기업의 장 · 단기 마케팅활동에 필요한 기초자료를 제공할 수 있어야 한다.

국제마케팅조사에서는 <그림 10-3>에서와 같이 시장특성, 마케팅하부구조, 법률적 환경, 산업특성, 정부의 정책 및 태도, 자원보유현황, 재무적 환경 등을 면밀하게 조사하는 것이 필요하다.

3. 시장세분화와 표적시장 선정

1) 시장세분화

시장세분화(market segmentation)란 각 시장에 따라 소비자들의 기호와 욕구가 다르고, 이 때문에 특정 제품에 대한 수요도 개별 시장에 따라 달라질 것이라는 가정 하에서, 시장을 여러 가지 변수(예: 인구, 지리, 심리, 행동 등)를 이용하여 마케팅활동에 유사한 반응을 보일 것으로 예상되는 세분시장(market segment)으로 묶어 구분하는 것을 말한다.

시장세분화는 특정 제품에 대한 특정 시장 소비자들의 기호가 전혀 이질적이고, 나아가서 이러한 이질적인 소비자들을 어떤 동질적인 세분시장(homogeneous segment)으로 묶어 분류할 수 있으며, 동시에 이렇게 세분화된 시장이 특정 제품이나 특정 마케팅믹스에 대해 전혀 다른 반응을 보이게 될 때 그 의미를 갖게 된다.[3] 각 세분시장은 최소한 특별한 마케팅믹스를 정당화시켜 줄 수 있을 만큼 충분히 큰 잠재적 판매가능성을 가져야 한다.

2) 표적시장 선정

표적시장 선정은 <그림 10-4>에서 볼 수 있는 바와 같이 ① 예비심사, ② 업계시장잠재력 평가, ③ 기업판매잠재력 평가 등의 단계를 거치게 된다.

---

3) F. R. Root, *Entry Strategies for International Markets*, Revised and Expanded ed. (New York, Lexington Books, 1994), pp. 196～200.

(1) 예비심사

예비심사에서는 전 세계 모든 국가를 대상으로 소비자/사용자 프로필, 시장규모에 대한 직접적인 평가, 시장규모에 대한 지표 등을 활용하여 표적시장 대상으로 삼을 것인가에 대한 합격/탈락을 결정한다.

여기에서 소비자/사용자 프로필은 해외시장에 진출시킬 제품에 대한 소비자의 특성을 파악하는 것이고, 시장규모에 대한 직접적인 평가는 생산량, 판매량, 소비량, 수입량 등과 같은 자료를 가지고 해당 제품의 각국 시장규모를 직접 평가하는 것이다.

그리고 시장규모에 대한 지표를 이용하는 방법은 UN, IMF, World Bank 및 여타 국제기구들이 발행하는 각종 정기간행물에 수록된 간접적인 지표를 가지고 시장규모를 평가하는 것이다.

(2) 업계시장잠재력 평가

이 단계에서는 예비심사를 통과한 복수의 진출대상국을 대상으로, 자기 기업이 진출시키고자 하는 제품에 대한 이들 국가의 시장잠재력을 더욱 세밀하게 평가하여 합격/탈락 여부를 결정한다. 이를 위해서는 먼저 진출시키고자 하는 제품에 대한 각국의 업계시장잠재력(industry market potential)을 평가해야 한다.

업계시장잠재력이란 전략계획기간 동안 각국의 동일 산업에 속해 있는 모든 경쟁업체들이 전체적으로 어느 정도를 판매하게 될 것인가를 측정하는 것을 뜻한다.

(3) 기업판매잠재력 평가

이 단계에서는 업계시장잠재력 평가를 통해서 시장잠저력이 높다고 선정된 몇몇 국가를 대상으로 다시 자사의 계획된 진출방식과 마케팅노력으로 전략계획기간 동안 이들 국가에서 달성할 수 있는 기업판매잠재력(company sales potentials)을 평가한다. 여기에는 진입조건(관세 및 비관세장벽), 경쟁상태, 유통채널, 소비자/사용자행동 등에 대한 평가가 포함된다.

기업은 이 평가를 통해서 자사제품이 목표시장에서 경쟁력을 가질 수 있는지, 그리고 어떠한 마케팅노력을 필요로 하는지를 알아낼 수 있고, 진출시키고자 하는 제품의 판매량을 예측할 수 있다.

이상 세 가지 단계를 거쳐 최종적으로 자기 기업이 진출시키고자 하는 제품의 표적시장국을 선정하게 된다.

그림 10-4 표적시장 선정 모델

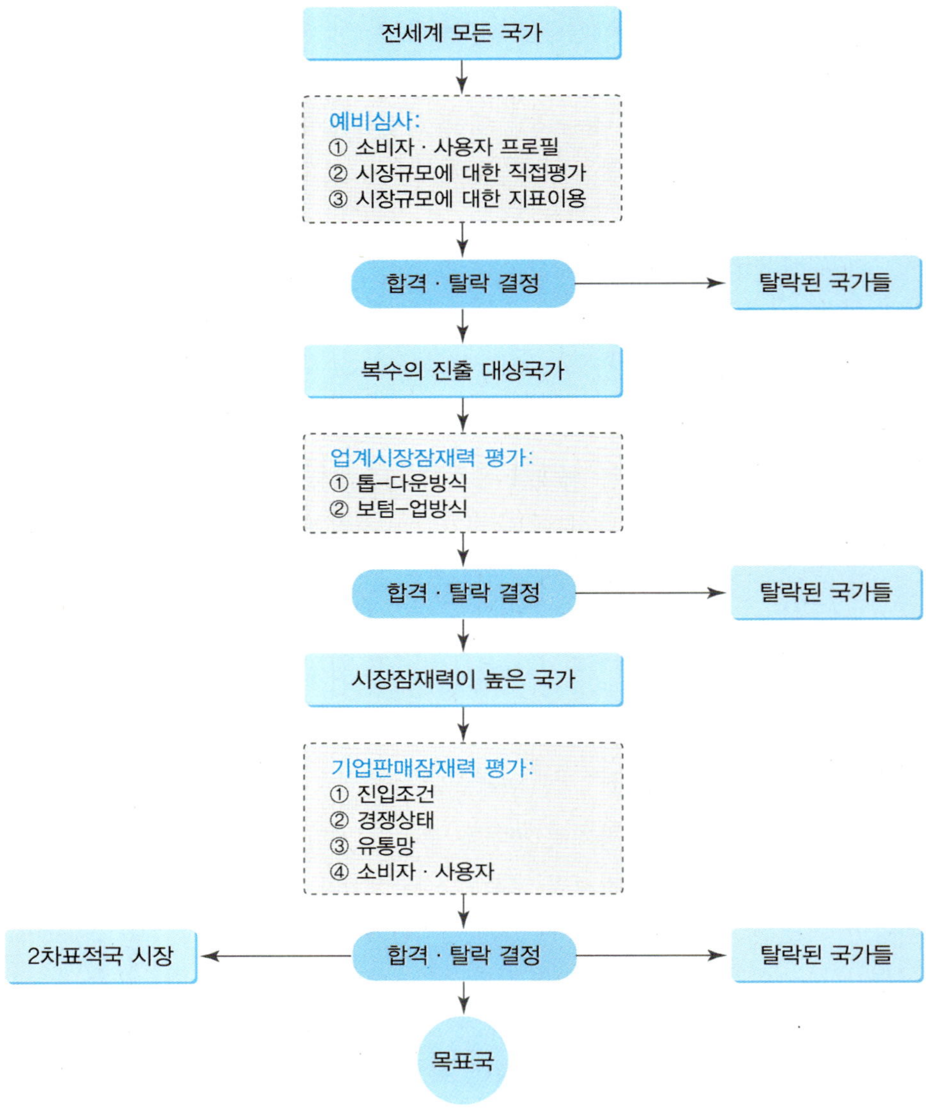

자료: F. R. Root, *Entry Strategies for International Markets*, Revised and Expanded ed.(New York, Lexington Books, 1994), p. 56.

4. 국제마케팅전략 개발

1) 국제마케팅전략 개발

국제마케팅전략은 기업의 기본방침, 주요 경영정책, 정책의 변경, 그리고 목표 달성을 위해 계획기간 동안 기업의 제반 경영자원을 어떻게 효율적으로 활용할 것인가를 결정하는 작업이다. 여기에는 주요 국제시장 기회의 확인, 국제마케팅 자원 및 인재의 배치, 판매, 시장진입, 그리고 이익목표를 달성하기 위한 주요 프로그램 결정 등이 포함된다.

기업의 국제마케팅전략 수립에는 시스템적 접근방법이 많이 활용되는데, 이 접근방법에 의한 국제마케팅전략 수립과정을 보면 <그림 10-5>와 같다.

그림 10-5 마케팅전략의 개발

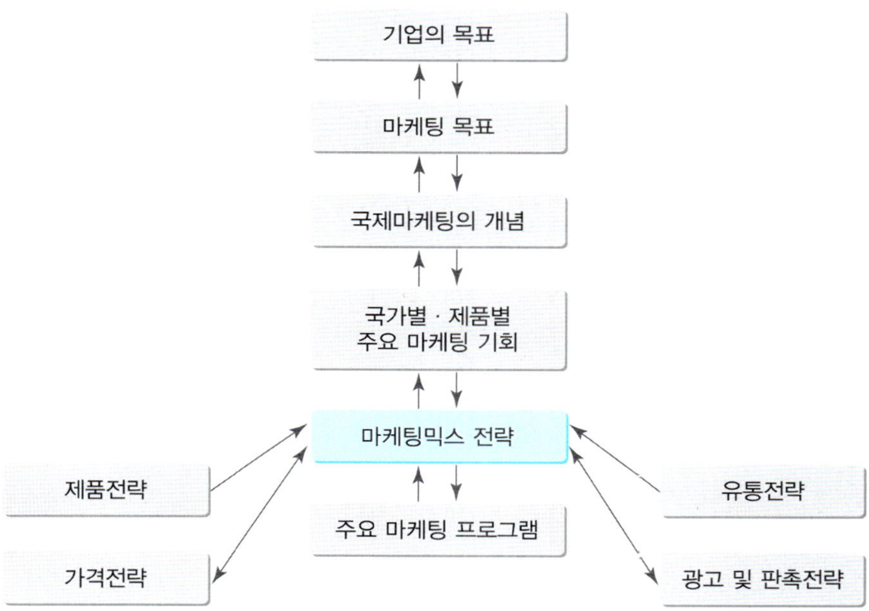

첫째, 마케팅전략의 기조를 국제마케팅개념에 입각하여 설정한다.

둘째, 각 지역의 마케팅환경과 잠재적 수요를 분석하여 최적의 국가별 · 제품별 마케팅기회를 결정한다.

셋째, 세계 각 지역에 대한 마케팅믹스전략을 수립한다.

2) 국제마케팅믹스전략

국제마케팅의 개념이 수립되고 국가별 · 제품별 마케팅기회가 포착되면, 그 다음은 국제마케팅믹스전략을 수립해야 한다. 국제마케팅믹스전략은 기업내의 통제가능요소인 제품(product), 가격(price), 유통(place), 촉진(promotion)의 4P를 다양한 해외목표시장의 여건에 부응할 수 있도록 혼합하고 조정하는 활동을 말한다.

여기에서 국제마케팅믹스전략의 체계를 보면 <그림 10-6>과 같다. 이 그림에서 마케팅믹스전략은 기업의 목표를 효율적으로 달성하는 데 필요한 구성요소, 즉 4P들 간의 상호관계를 보여주고 있다.

그림 10-6 국제마케팅믹스전략

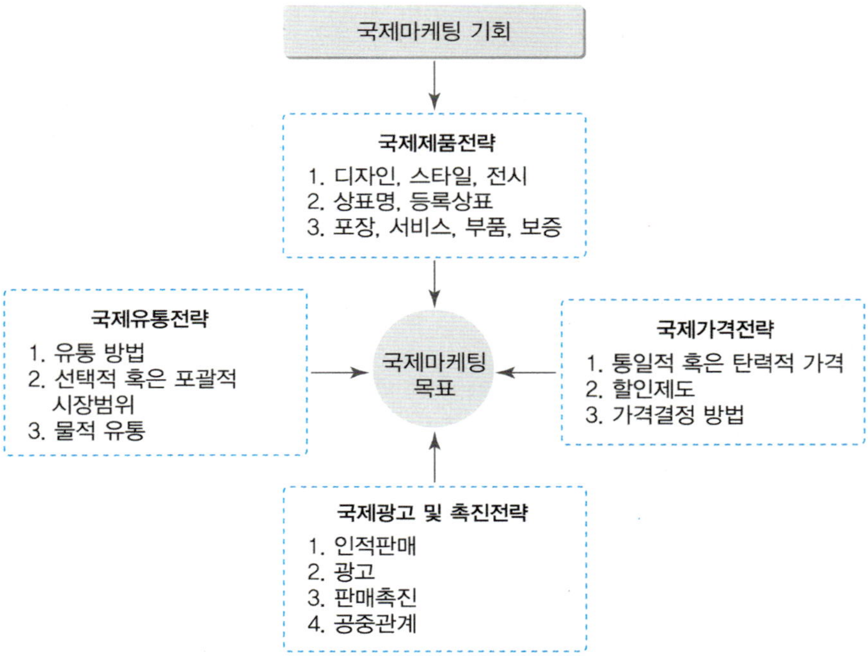

기업은 해외목표시장의 제반 특성을 고려하여 마케팅믹스를 조정하고, 기업의 이익과 마케팅목표가 효율적으로 달성될 수 있도록 최적으로 믹스해야 한다. 또 마케팅믹스전략은 갖가지 해외시장의 여건 변화와 경쟁기업의 반응 등에 탄력적으로 적응할 수 있는 융통성을 갖도록 수립되어야 한다.

3) 국제마케팅전략의 표준화와 차별화

국제마케팅전략의 표준화는 해외시장에서의 마케팅전략을 국내시장에서의 그것과 동일하게 적용하는 것을 뜻하고, 국제마케팅전략의 차별화는 마케팅전략을 다른 해외 개별시장의 기호와 욕구, 그리고 여건에 맞추어 각기 달리 수립하는 것을 말한다.

국제마케팅전략의 표준화는 경제성과 효율성을 달성할 수 있다는 장점이 있으나 각국의 독특한 시장여건을 일일이 고려하지 못하고, 차별화전략은 차별화된 시장 고객의 욕구는 충분히 충족시켜 줄 수 있으나 기업을 일관성 있게 운영하기가 어렵고 비용도 많이 소요된다는 단점이 있다.

기업은 이 두 가지 전략을 명확히 구분하여 활용하기보다는 오히려 제품이나 시장에 따라서 이 두 가지 전략을 적절하게 배합하는 통합적인 마케팅전략을 활용하는 것이 보다 더 효과적이다.

5. 국제제품전략

1) 국제제품수명주기(international product life cycle)

제품수명주기란 제품도 사람과 비슷하게 일정한 수명을 가지고 있어서 처음 시장에 도입되는 도입단계를 시작으로, 그 다음으로 그 시장에서 성장하고, 성숙하고, 그리고 최종적으로는 그 시장으로부터 사라지는 일련의 과정을 거치게 된다는 주장이다.

이러한 제품수명주기는 국제제품전략에 다음과 같은 몇 가지 시사점을 제공해준다. 첫째, 모든 제품은 일련의 제품수명주기 단계를 거치게 되고, 제품의 수명주기는 제품 그 자체나 개별시장에 따라서 각기 다르게 나타나게 된다. 따라서 기업이 각 나라 간에 존재하는 이러한 제품수명주기상의 격차를 잘 활용하면 새로운 시장기회를 포착하거나 또는 제품의 성장기나 성숙기를 연장시켜 이익을 극대화시킬 수 있다.

둘째, 제품의 수명주기가 서로 유사한 단계에 있는 여러 시장을 하나의 세분시장으로 묶게 되면, 이 세분시장에 대해 표준화된 국제마케팅전략을 활용할 수 있다.

2) 국제제품의 표준화전략과 적응화전략

제품전략에는 기본적으로 표준화전략과 적응화전략이 있다.

국제제품의 표준화전략은 기존에 국내시장에서 판매하고 있는 제품을 아무것도 변경하지 않고 그대로 국제시장에 판매하는 전략이며, 적응화전략은 국내에서 판매하는 제품을 해외 현지시장의 여건에 부합하게 수정하여 판매하는 전략이다.

제품표준화전략은 규모의 경제를 실현할 수 있다는 장점이 있지만 과연 그것이 더 효과적인가 하는 것은 제품적응화전략을 이용하는 경우에 실현할 수 있는 매출액 및 이익과 비교해 보아야 한다.

그리고 제품적응화전략은 표준화의 경우보다 현지시장의 수용성이 높아서 판매는 높일 수 있지만, 과연 이것이 이익과 직결될 것이냐 하는 것은 제품적응화에 소요되는 비용에 따라서 달라진다.

3) 국제제품의 시장확대전략

기업이 해외시장을 확대하는 방법에는 세 가지가 있다. 첫 번째는 시장점유율을 높이기 위해 기존시장에 대한 침투를 확대하는 방법이고, 두 번째는 새로운 제품시장에 제품라인을 확장하는 방법이며, 세 번째는 기존의 영업활동을 새로운 국가에 확대하는 방법이다.

이 세 번째 방법인 지리적인 확장전략도 하나의 중요한 국제마케팅전략이 될 수 있는데, 여기에는 [표 10-5]에서 볼 수 있는 바와 같은 다섯 가지의 제품-커뮤니케이션 전략대안이 있다.[4)]

① 전략 1: 제품확장-커뮤니케이션확장전략

이 전략은 국내시장에서와 동일한 제품 및 마케팅 커뮤니케이션을 해외 모든 시장에 그대로 확장하여 적용하는 전략이다.

---

4) W. J. Keegan and M. C. Green, *Global Marketing*, 6th ed.(Boston, Mass., Pearson Education, Inc., 2011), pp. 314~320.

② 전략 2: 제품확장–커뮤니케이션적응전략

이 전략은 제품의 기능이나 사용조건은 국내시장에서와 같거나 비슷하지만, 그 제품이 각 현지시장에서 전혀 다른 기능을 갖거나 또는 전혀 다른 용도로 사용될 때, 제품 그 자체는 그대로 두고 마케팅 커뮤니케이션만을 현지시장에 맞게 적응시키는 전략이다.

③ 전략 3: 제품적응–커뮤니케이션확장전략

이 전략은 제품은 현지의 사용조건에 맞게 적응시키고, 커뮤니케이션은 국내시장용으로 개발하여 사용하던 것을 현지시장에 그대로 확장하여 사용하는 방법이다.

④ 전략 4: 제품적응–커뮤니케이션적응전략

이 전략은 현지의 사회·문화적인 여건이나 경제적인 여건 때문에 위의 세 가지 전략을 이용할 수 없는 경우에, 제품과 커뮤니케이션 모두를 현지시장에 맞게 적응시키는 전략이다.

⑤ 전략 5: 제품혁신전략

제품혁신전략은 이상의 여러 가지 전략을 가지고도 새로운 해외시장의 욕구를 충족시킬 수 없을 때, 새로운 혁신제품을 개발하여 시장에 진입시키는 방법이다.

표 10-5 국제 제품–커뮤니케이션믹스 전략대안

전략	제품의 기능이나 필요성	제품사용 조건	소비자의 제품구매 능력	제품 전략	커뮤니케이션 전략	제품의 예
전략 1	동일	동일	있음	확장	확장	청량음료
전략 2	상이	동일	있음	확장	적응	자전거, 모터스쿠터
전략 3	동일	상이	있음	적응	확장	가솔린, 세제
전략 4	상이	상이	있음	적응	적응	의류, 엽서
전략 5	동일	–	있음	개발	새로운 커뮤니케이션개발	수동세탁기

4) 신제품개발

(1) 국제시장에서의 신제품의 개념

국제마케팅에 있어서 신제품이라 함은 다음과 같은 네 가지 부류의 제품을 모두 포괄하는 넓은 의미로 이해할 수 있다.

첫째, 완전한 신제품이나 기술혁신

둘째, 일부 수정된 기존제품

셋째, 시장에는 이미 출시되었지만 자기 기업으로서는 처음 취급하는 제품

넷째, 자기 기업으로서는 이미 취급하고 있지만, 특정 시장에는 처음으로 판매되는 제품 등

만약 어떤 기업이 기술혁신을 지속적으로 이룰 수 있고, 또 계속해서 완전한 신제품을 국제시장에 출시할 수 있다면 그 기업은 두 말할 필요 없이 시장을 선도하고 지속적인 이익을 누릴 수 있을 것이다.

하지만 이 세상 어떤 기업도 계속해서 기술혁신을 이루고 또 신제품을 개발해 내는 것은 거의 불가능하다. 또 신제품개발은 실패율도 높고, 시장의 특성에 따라서는 넓은 의미의 신제품 판매가 훨씬 더 이익적이고 유효한 마케팅수단이 될 수 있다는 점에서 기업의 국제마케팅전략에 시사하는 점이 크다고 하겠다.

(2) 신제품개발과정

신제품은 다음과 같은 일련의 과정을 거쳐 개발된다.

① 새로운 아이디어의 창출

신제품에 관한 아이디어를 고객, 원료공급업자, 경쟁기업, 유통업자, 자사의 연구실, 합작회사, 그리고 각종 관련기관이나 출판물 등을 통해서 수집한다.

② 새로운 아이디어의 평가

수집된 새로운 아이디어를 제품의 시장성, 수익성, 경쟁상태 등은 물론 판매예상지역의 제반 환경 및 자사의 목표와 능력 등을 종합적으로 고려하여 분석·평가한다.

③ 사업성분석

신제품 아이디어에 대한 평가가 만족스럽게 나오면, 그 다음은 신제품 아이디

어가 과연 성공적인 사업활동으로 직결될 수 있을 것인가를 장차 예상되는 판매액, 비용, 이익 등을 기초로 평가한다.

④ 신제품개발

신제품 아이디어에 대한 평가가 양호하게 나오고, 사업성분석도 만족할 만한 결과를 보이면 다음은 신제품을 생산한다. 그리고 이 단계에서 신제품을 국내에서 생산할 것인가 아니면 해외에서 생산할 것인가를 결정한다.

⑤ 시장시험

신제품이 개발되면 그 다음은 개발된 신제품을 국내시장 및 몇몇 잠재적 해외시장에서 실질적인 시장시험을 실시한다.

⑥ 상업화

시장시험이 만족스러운 결과를 보이면, 그 다음은 신제품을 상업화한다.

6. 국제가격전략

1) 국제가격전략의 의의

국제가격전략(international pricing strategy)이란 기업이 자사의 마케팅목표를 효과적으로 달성하기 위하여 해외소비자에게 판매되는 제품의 가격을 계획하고 결정하는 모든 활동을 말한다.

가격(price)은 소비자의 기호변화와 경쟁에 민감하게 반응하고, 당해 기업의 경쟁력과 시장점유율, 그리고 매출액 및 이익에 결정적인 영향을 미치기 때문에 국제마케팅활동을 성공적으로 수행하는 데 있어서 결정적인 요소가 된다. 특히 가격은 제품이나 유통, 그리고 촉진과는 달리 공급 및 수요변화에 즉각적으로 부응할 수 있도록 쉽게 변경이 가능하다는 점에서 전략적 중요성을 갖는다.

2) 국제가격결정

(1) 국제가격결정방법

국제가격결정방법에는 원가중심가격결정방법, 수요중심가격결정방법, 경쟁중심가격결정방법 등이 있다.

원가중심가격결정(cost-oriented pricing)은 제품의 단위당 비용에 일정비율의 금액을 가산하여 가격을 결정하는 방법이다. 여기에는 제품의 구매원가에 일정률의 이윤을 가산하여 가격을 책정하는 방법과 사후에 확정된 원가에 일정률의 이윤을 가산하여 가격을 결정하는 방법이 있다.

수요중심가격결정(demand-oriented pricing)은 비용보다는 해외시장 소비자의 지각과 수요에 따라서 가격을 결정하는 방법이다. 여기에는 구매자의 지각에 따라서 가격을 결정하는 지각가치가격결정방법과 동일한 제품의 가격을 시장에 따라 각기 다르게 결정하는 차별가격결정방법이 있다.

경쟁중심가격결정(competition-oriented pricing)은 제품의 가격을 경쟁기업의 가격설정을 중심으로 일정비율만큼 높거나 또는 낮게 책정하는 방법을 말한다. 여기에는 시장에서 이미 결정되어 있는 시가에 따라서 가격을 결정하는 방법과 입찰을 낙찰 받으려고 경쟁기업보다 더 낮게 가격을 책정하는 방법이 있다.

(2) 범세계적인 가격결정전략

범세계적인 가격결정전략에는 본국중심적인 가격결정정책, 현지국중심적인 가격결정정책, 범세계적인 가격결정정책 등이 있다.[5)]

본국중심적인 가격결정정책(ethnocentric pricing policy)은 특정제품의 최종 소비자가격을 전 세계적으로 동일하게 책정함으로써 고객이 운임 및 수입세를 부담하도록 가격을 결정하는 방법이다.

현지국중심적인 가격결정정책(polycentric pricing policy)은 현지사정은 현지자회사가 가장 잘 알고 있다는 전제하에, 현지자회사로 하여금 가격을 현지에 가장 적합하게 책정하도록 위임하여 결정하는 방법이다.

범세계적인 가격결정정책(geocentric pricing policy)은 전 세계적인 단일가격을 고집하지도 않고 동시에 현지자회사의 가격결정의 필요성을 무시하지도 않는 방법이다. 이는 가격책정에 현지의 시장요소들도 고려되어야 하고 동시에 가격결정이 전사적인 관점에서 이루어져야 한다는 점을 감안한 가격결정방법이다.

---

5) *Ibid.*, pp. 348~349.

7. 국제유통전략

1) 국제유통경로전략

국제유통전략이란 기업이 해외시장에서 마케팅하는 제품이나 서비스를 생산자로부터 현지소비자에게 가장 효율적으로 도달하게 할 수 있게 하는 최적판매경로를 결정하는 전략이다. 국제유통전략의 수립에는 비용, 소요자본, 통제, 시장침투범위, 기업 및 시장의 특성, 유통경로의 연속성 등이 고려되어야 한다.

국제유통전략이 수립되고 나면 다음은 국제유통경로전략을 수립해야 한다. 국제유통경로전략에서는 먼저 자사가 어떤 형태의 유통경로를 개척·유지·관리할 수 있는가 하는 기업내부적인 요인을 파악하고, 그 다음으로 목표시장국의 제반환경과 유통구조 그리고 도·소매 마케팅활동 등과 같은 기업외부적인 요인을 평가·분석한다.

그 다음에는 시장규모와 경쟁여건 등을 고려하여 적합한 유통경로를 선택하면 되는데, 이때 가장 중요하게 고려해야 할 요소로는 중간상의 이용가능성, 여타 유통경로의 이용가능성, 유통경로에 소요되는 비용, 중간상의 활동을 통제할 수 있는 정도 등이 있다. 이때 선택 가능한 유통경로를 보면 <그림 10-7>과 같다.

그림 10-7 국제유통경로 대안

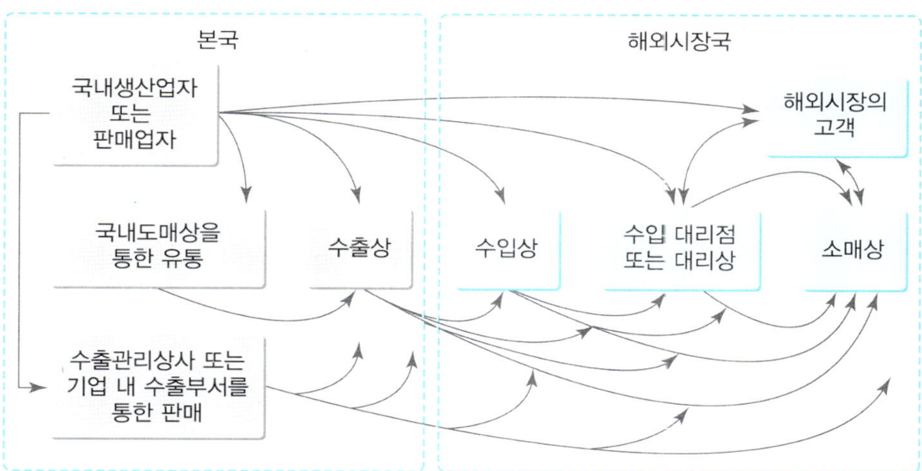

자료: P. R. Cateora et al, *op. cit.*, p. 408.

2) 국제유통경로관리

기업이 자사의 능력이나 취급 제품 및 현지시장국의 특성을 고려하여 적절한 유통경로를 선택하고 나면, 그 다음은 이러한 유통경로를 효율적으로 관리하고 또 환경변화에 적합하게 수정하는 등의 조치가 뒤따라야 한다.

국제유통경로관리에 있어서, 해외유통기구인 대리상이나 중간상들은 자기들의 이익을 추구하는 데 일차적인 관심을 가지고 있다. 따라서 국제마케팅관리자는 이들을 직접 통제하기보다는 오히려 적절한 훈련과 개발, 그리고 판매에 따른 적절한 보수지급 등의 동기를 부여하여 자사제품을 우선 취급하도록 이들을 잘 관리하는 것이 중요하다.

또한 국제마케팅관리자는 유통경로를 효율적으로 관리하기 위하여 중간상의 영업상태를 점검하고 유통경로가 자기 기업의 제반목표를 성공적으로 달성하는 데 효율적으로 작용할 수 있도록 이를 수정하는 것이 필요하다.

8. 국제촉진전략

1) 국제광고전략

국제광고전략이란 어떤 한 국가에서 생산된 제품이나 서비스를 다른 나라에 판매하기 위하여 국제적으로 수행하는 광고전략을 뜻한다. 광고가 소비자에게 정보를 전달하고 설득력 있는 소구(訴求)를 수행한다는 점은 국제광고도 국내광고와 특별히 다르지 않다.

하지만 국제광고는 정치, 경제, 사회, 문화 등 제반환경이 상이한 해외시장을 그 대상으로 하기 때문에 국내광고에서와 전혀 다른 요인들을 고려해야 하는 특성을 가지고 있다.

그 중에서도 특히 광고메시지의 선정과 광고매체선정이 가장 중요하다. 광고메시지는 자사의 제품을 목표시장, 예상 구매자, 언어 등을 고려하여 예상고객에게 가장 강력하게 소구할 수 있는 내용으로 개발해야 하며, 여기에는 광고주제, 분위기, 제품의 특성에 대한 표현 등이 포함되어야 한다. 메시지는 가능한 한 짧은 것이 좋으며 시각적 표현을 가미하는 것도 바람직하다.

그리고 광고매체의 선정에 있어서는 광고매체에 대한 현지의 환경, 즉 광고매체의 이용가능성과 비용, 광고매체의 특성과 효과, 그리고 전파영역 등을 충분히 고려하여야 한다.

2) 광고의 표준화와 현지적응화

광고의 표준화는 광고를 전 세계적으로 동일하게 이용하는 전략이고, 광고의 현지적응화는 광고를 각 지역의 특성에 맞게 적응시키는 전략이다.

광고의 표준화는 비용절감, 광고의 국제성, 그리고 광고 조정능력 등과 같은 장점을 가지고 있다. 표준화전략은 Coca Cola, Kodak 등과 같이 범세계적인 시장을 목표로 제품을 개발하거나 동일한 제품을 전 세계 시장에 동시에 판매하는 글로벌기업들이 선호하는 방식이다.

광고의 현지적응화는 광고 메시지나 매체를 국가마다 달리해야 한다는 데서 출발한 광고전략으로서 특정지역의 제반환경을 고려한 광고가 그렇지 않은 광고보다 훨씬 더 높은 소구력을 갖는다는 점에 근거하고 있다. 이는 인간의 본성이나 동기는 비록 전 세계적으로 비슷하다고 하더라도 서로 다른 심리적·문화적 욕구를 가진 잠재적인 고객을 충족시켜줄 수 있는 방법은 크게 다를 수 있다는 데 기초하고 있다.

3) 국제인적판매

국제인적판매는 해외 현지시장에 지점이나 법인을 설립하고, 여기에서 자사 판매원이 현지 소비자에게 직접 제품을 판매하는 방법이다. 국제인적판매는 고객을 직접 대면하여 제품을 판매하기 때문에 제품에 대한 소비자의 반응이나 기호 그리고 판매저항을 정확하게 파악할 수 있고, 제품과 관련된 정보를 고객의 욕구나 구매동기에 맞추어 제공할 수 있는 장점이 있다. 또 고객에게 제품을 상세하게 설명해줌으로써 구매의욕을 높일 수 있다.

03 국제재무

1. 국제재무관리의 의의와 특성

국제재무관리는 글로벌기업이 자금을 효율적으로 조달하여 이것을 기업내부에서 최적으로 사용하여 국제경영활동을 수행하고, 그로부터 획득한 이익을 주주들에게 배당해주거나 사내에 유보시키는 일련의 기업 자금관리를 뜻한다.

국제재무관리에 있어서도 국내 사업활동 때 활용하는 재무관리의 기본원리를 그대로 적용할 수 있지만, 국제재무관리에서는 이에 더해 특별히 환율변동, 물가수준, 자본비용, 자본조달수단 및 조달원의 다양성, 그리고 각국의 정치·경제적 환경과 더불어 법률, 세무구조, 상관습 등과 같은 불확실하고도 이질적인 요소들을 추가적으로 검토하고 고려해야 한다.

2. 환위험의 개념과 종류

1) 환위험의 개념

환위험(exchange risk)이란 기업의 외화표시 자산이나 부채 또는 현금흐름이 예기치 못한 환율변동으로 인해 영향을 받아서 기업의 순이익 및 가치가 변동될 수 있는 가능성이라고 정의할 수 있다.

환위험과 유사한 용어로 환노출(exchange exposure)이 있는데, 이는 기업이 환위험에 처해 있는 상태 또는 그 범위를 뜻한다. 엄밀한 의미에서 환위험은 예기치 못한 환율변동으로 인한 환차손의 가능성을 의미하는 데 반해, 환노출은 환차익까지를 포함하는 넓은 개념으로 이해할 수 있다.

2) 환위험노출의 종류와 측정

글로벌기업은 세계 여러 나라에서 각기 다른 현지통화를 가지고 국제경영활동을 수행하기 때문에 기업의 제반 경영활동이 환율변동으로 인한 환위험에 노출되게 된다. 여기에서 환위험노출은 기업의 수익성, 순현금흐름, 시장가치 등이 환율

변동으로 인해 변동될 가능성을 측정하는 것을 의미한다.

환노출에는 거래적 노출, 환산노출(회계적 노출), 경제적 노출이 있는데, 이들 상호간의 관계를 환율변동 시점을 중심으로 살펴보면 <그림 10-8>과 같다.

그림 10-8 환위험노출

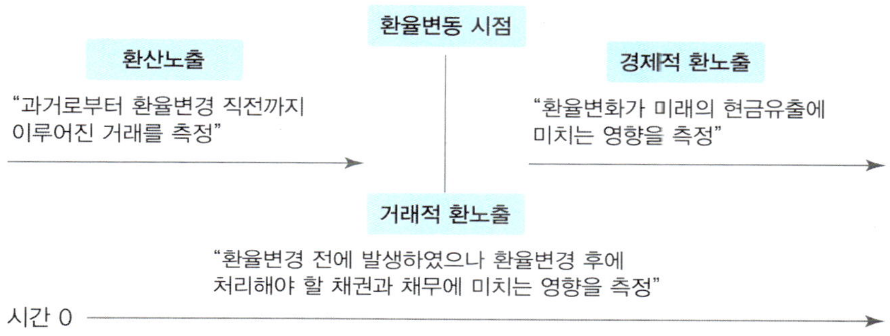

자료: D. K. Eiteman, A. I. Stonehill and M. H. Moffet, *Multinational Business Finance*, 12th ed. (Boston, NJ: Prentice Hall, 2010), p. 283.

환산노출 또는 회계적 노출(translation exposure or accounting exposure)이란 글로벌기업이 연결재무제표를 작성하거나 해외 여러 나라에서 사업활동을 수행한 결과로 얻은 재무결과를 서로 비교하기 위해 이미 현지국 통화로 측정되어 있는 자산, 수익, 부채 및 비용을 자국통화로 환산하는 과정에서 발생하게 되는 환차손이나 환차익을 말한다. 환산노출은 회계기간중에 발생하는 것도 아니고 기업의 현금흐름에 직접적인 영향을 미치는 것도 아니다.

경제적 노출(economic exposure)이란 예측하지 못한 환율변동으로 인해서 발생하게 되는 미래의 이익가능성이나 손실가능성을 뜻한다. 예측하지 못한 환율변동은 기업의 미래 매출액, 수요, 가격 및 원가 등에 영향을 미쳐 궁극적으로는 기대현금흐름에 영향을 미치게 된다.

거래적 노출(transaction exposure)은 외화표시 거래에 있어서 거래가 이루어졌던 시점과 대금이 실제로 결제되는 시점 사이에 환율이 변동됨으로써 발생하게 되는 환위험노출을 말한다. 즉, 거래 자체는 환율변동 이전에 이루어졌으나 대금은 환율변동 이후에 결제해야 하는 외화표시 거래의 경우에 발생하게 되는 이익가능성 또는 손실가능성을 뜻한다.

3. 국제자본예산

1) 자본예산의 기초

자본예산(capital budgeting)이란 기업이 가용자원을 최대한 효율적으로 활용하여 기업의 가치를 극대화시키기 위해 장기투자안들을 평가하고 선택하는 일련의 과정을 뜻한다.

자본예산분석은 통상, 첫째, 예상투자에 대한 세금공제후의 예상현금흐름을 측정하고, 둘째, 이 현금흐름을 기업의 가중평균자본비용(weighted average cost of capital: WACC) 또는 할인율(discount rate)을 이용하여 현재가치로 할인하는 두 가지 단계를 거치게 된다.

자본예산과 관련하여 해외투자안의 경제성 분석에는 다음과 같은 네 가지 기법이 주로 이용되고 있다.

(1) 회계적 이익률

회계적 이익률(accounting rate of return: ARR)은 어떤 투자안의 회계적 방법으로 측정된 평균이익을 평균투자액으로 나눈 값이다. 여기서 회계적인 평균이익은 매기의 감가상각비와 법인세를 차감한 후의 이익을 평균한 것이고 평균투자액은 투자의 장부가치를 평균한 것이다.

$$ARR = \frac{\text{연평균회계적이익}}{\text{평균투자액}}$$

해외투자안은 회계적 이익률이 미리 정해진 목표이익률보다 높으면 채택되고 낮으면 기각된다.

(2) 회수기간

회수기간(payback period)은 투자원금을 얼마나 빨리 회수할 수 있느냐를 가지고 투자안의 우선순위를 결정하는 방법이다. 이때 회수기간은 투자안의 현금흐름으로 최초투자액을 완전히 회수하는 데 소요되는 기간으로 정의된다.

예를 들어 매기의 현금흐름이 일정한 금액 C로 주어지는 경우

$$\text{회수기간} = \frac{I_0}{C}$$

단, I_0 : 최초투자액
C : 매기에 일정하게 주어지는 현금흐름

이 방법에서 해외투자안은 투자 회수기간이 허용 가능한 목표회수기간보다 짧으면 채택되고 길면 기각된다. 투자안의 우선순위는 회수기간이 짧은 순서대로 결정된다.

(3) 내부수익률

내부수익률(internal rate of return: IRR)은 투자안의 현금유입의 현재가치와 현금유출의 현재가치를 일치시키는 할인율을 말한다. 이것은 순현금흐름의 현재가치와 최초투자액을 일치시키는 할인율 또는 순현재가치를 0으로 만드는 할인율과 같은 뜻이다.

$$\sum_{t=0}^{T} \frac{CI_t}{(1+R)^t} = \sum_{t=0}^{T} \frac{CO_t}{(1+R)^t}$$

$$\sum_{t=1}^{T} \frac{C_t}{(1+R)^t} = I_0$$

$$\sum_{t=1}^{T} \frac{C_t}{(1+R)^t} - I_0 = 0$$

이때 R이 투자안의 내부수익률이 된다.

내부수익률을 이용한 해외투자안의 선택은 투자안의 내부수익률과 그 투자로부터 얻어야 할 최소의 필요수익률, 즉 자본비용을 비교하여 선택한다. 해외투자안의 내부수익률이 자본비용보다 크면 그 투자안은 채택되고, 내부수익률이 자본비용보다 작으면 기각된다. 따라서 자본비용은 투자안의 채택 여부를 결정하는 기각률(cut-off rate)로서의 의미를 갖는다.

제2편

(4) 순현재가치

순현재가치(net present value: NPV)는 투자에 따른 미래 순현금흐름(현금유입－현금유출)의 현재가치에서 최초투자액을 뺀 값으로 정의할 수 있다. 결국 순현재가치는 투자로 인해서 기업가치가 얼마만큼 증대될 수 있는가를 나타내는 것이다.

$$NPV = \sum_{t=0}^{T} \frac{CI_t}{(1+k)^t} - \sum_{t=0}^{T} \frac{CO_t}{(1+k)^t}$$

$$= \sum_{t=1}^{T} \frac{C_t}{(1+k)^t} - I_0$$

단, T : 투자안의 수명. 따라서 $t=0,\ 1,\ 2,\ \cdots,\ T$이다.
CI_t : t기의 현금유입
CO_t : t기의 현금유출
C_t : t기의 순현금흐름. $C_t = CI_t - CO_t$이다.
I_0 : 최초투자액
k : 투자안의 자본비용

위 식에서 현재가치를 계산하기 위해 할인율로 사용되고 있는 자본비용(cost of capital)은 그 투자를 위하여 조달된 자본의 기회비용으로서, 기업의 자본제공자(채권자 및 주주 등의 청구권자)가 투자안에 대해 요구하는 최소의 기대수익률, 즉 필요수익률(required rate of return)을 의미한다. 이 방법에 의한 해외투자안의 선택은 기업가치가 증가하는 투자안은 채택되고 감소하는 투자안은 기각된다. 따라서 투자안의 순현재가치가 0보다 크면 채택되고 0보다 작으면 기각된다.

(5) 수익성지수

수익성지수(profitability index: PI)는 투자안으로부터 얻어지는 미래 순현금흐름의 현재가치를 최초투자액으로 나눈 값이다. 수익성지수는 최초투자액에 비해 순현금흐름의 현재가치가 몇 배인가를 구하고자 하는 것이다.

$$PI = \sum_{t=1}^{T} \frac{C_t}{(1+k)^t} \div I_0$$

수익성지수에 의한 해외투자안의 선택은 수익성지수가 1보다 큰 경우에는 채택되고 1보다 작은 경우에는 기각된다.

2) 국제자본예산

해외투자안에 대한 자본예산의 이론적 프레임은 국내기업에서의 그것과 크게 다를 바 없지만, 국제자본예산에서는 특별히 해외자회사와 모기업의 현금흐름, 외국의 세제, 재산몰수, 자금봉쇄, 환율변동 및 물가변동, 기본적 경영리스크의 차이 등이 추가로 고려되어야 한다는 점에서 약간 다르다.

최근 기대순현금흐름의 측정에 있어서 이러한 여러 가지 요인을 고려한 분석모델이 개발되었는데, 이것이 바로 레써드(Lessard)의 조정현재가치법(Adjusted Present Value: APV)이다.[6)]

이 방법에 따르면 해외투자안의 조정현재가치는 다음과 같다.

$$APV = -I + \frac{X}{c} + \frac{(b \times D) \times t}{b} + \frac{(b - b') \times D'}{b}$$

단, I : 최초투자액
X : 완전자기자본조달을 가정했을 경우의 연간 세후 기대현금흐름
c : 완전자기자본조달을 가정했을 경우의 투자안에 대한 위험이 조정된 필요수익률
b : 기업의 국내차입이자율
D : 부채자본조달금액
t : 한계세율
b' : 국내이자율로 환산된 현지차입이자율
D' : 현지부채자본조달금액

여기서 세제혜택이나 보조금 등을 고려하면 위의 APV는

$$APV = -I_0 + \sum_{i=1}^{n} \frac{X_i}{(1+k^*)^i} + \sum_{i=1}^{n} \frac{T_i}{(1+id)^i} + \sum_{i=1}^{n} \frac{S_i}{(1+id)^i}$$

단, T_i : i기의 세제혜택에 따른 세금절감액
S_i : i기의 투자안에 대한 세전 이자보조금
id : 세전부채비용

이상에서 여러 가지 국제자본예산기법을 살펴보았는데, 글로벌기업들은 해외투

6) D. Lessard, *International Financial Management: Theory and Application*(New York, John Wiley & Sons, 1985), p. 500.

제 2 편

자안을 어떤 한 가지 방법으로만 평가하기보다는 위 두세 가지 방법을 동시에 활용하여 이를 종합적으로 평가하는 것이 일반적이다.

그 중에서도 기업들은 내부수익률법, 순현재가치법, 투자회수기간법, 회계수익률법의 순으로 가장 많이 활용하는 것으로 알려지고 있다.

4. 국제자금조달

1) 국제자금조달원의 선택

글로벌기업은 자신이 필요한 자금을 국내외의 다양한 조달원을 통해서 가장 유리한 조건으로 조달하여 활용하고 있다. 이때 해외자회사가 이용할 수 있는 자금조달방법으로는 ① 해외자회사의 내부금융을 통한 조달, ② 본사와 자회사간의 자금이동을 통한 조달, ③ 외부금융을 통한 조달 등이 있다.

해외자회사의 내부금융을 통한 자금조달에는 모기업으로부터의 투자와 현지에서의 주식발행 및 내부유보를 통한 조달 등이 있고, 본사와 자회사간의 자금이동에 의한 자금조달에는 주식투자, 현금대여, 기업간 리딩(leading)과 래깅(lagging) 등의 방법이 있다. 그리고 외부금융을 통한 자금조달에는 본국의 금융기관이나 국제금융기관, 현지금융기관, 본국은행지점, 금융주식회사 등을 통한 자금조달이 있다.

글로벌기업들은 통상 본국으로부터 본국통화를 조달하기보다는 오히려 해외시장에서 외화자금을 조달하는 쪽을 선호하는 것으로 알려지고 있다. 그리고 미국 글로벌기업의 경우 해외자회사의 내부자금조달은 대부분 부채금융이 차지하고 있고 주식을 발행하여 자금을 조달하는 비율은 단지 26.4%에 불과한 것으로 밝혀지고 있다.

2) 국제자금조달방법

국제자금조달방법에는 무역금융을 통한 조달과 국제금융시장을 통한 조달이 있다.

무역금융을 통한 자본조달은 무역거래에 있어서 연지급수입, 수출선수금 또는 현지금융을 이용하는 방법이다. 연지급수입은 수입대금의 지급을 물품을 인수한 후 일정기간 유예받는 조건으로 수입하는 것을 말하며, 수출선수금은 수출상품을 선적하기 이전에 수출대금의 전액 또는 일부를 수입업자로부터 미리 받는 것을 말한다. 그리고 현지금융은 필요한 자금을 국내은행의 보증신용장(Standby L/C)을 담보로 현지에서 조달하는 것을 말한다.

한편, 국제금융시장을 통한 자금조달은 유로커런시시장, 유로본드시장 등을 통해 조달하는 방법이다. 유로커런시시장(Eurocurrency market)은 특정 통화가 통화발행국 이외의 장소에서 거래되어 예치되거나 대출되는 시장을 말하며, 유로본드시장(Eurobond market)은 채권이 채권에 표시된 통화의 발행국 이외의 지역에서 발행되고 매매되는 시장을 말한다.

5. 국제자금운용관리

1) 국제현금관리

글로벌기업은 현금을 본사에서 집중관리함으로써 각종 통화의 강세와 약세, 이자율 등을 용이하게 파악할 수 있고, 특정 해외자회사가 자금을 필요로 하거나 또는 차입하고자 하는 경우 자금을 즉시 공급할 수 있다. 또 자금을 가장 저렴하게 이용하면서도 가장 높은 수익을 올릴 수 있고 현금손실도 피할 수 있다.

한편, 국제적인 현금관리를 위해서는 다자간네팅(multilateral netting)을 이용하는 것이 효과적인데, 이 방법을 이용하게 되면 일정 기간마다 각 계열기업간에 자금이 잘못 배치됨으로써 발생하는 채권과 채무의 순차액만을 서로 주고받을 수 있으므로 현금흐름을 수반하지 않고도 대금을 결제할 수 있는 장점이 있다.

2) 이익배당 및 로열티 송금

배당송금은 글로벌기업이 자금을 해외자회사에서 모회사로 이동시키는 가장 전형적인 방법이다. 글로벌기업은 해외자회사로 하여금 일정부분의 이익을 정기적으로 본사에게 송금하도록 함으로써 필요한 투자자금을 공급하고 주주에게 배당금을 지급할 수 있다.

본국에 대한 송금에는 배당송금뿐만 아니라 로열티나 라이센스 대가 또는 경영관리 수수료(fee) 등도 포함된다. 로열티나 각종 수수료 등은 시장가격이 형성되어 있지 않기 때문에 모기업과 자회사간에 자금을 이전시키는 주요 수단으로 활용되기도 한다.

3) 이전가격정책

글로벌기업은 전사적 이익을 중시하기 때문에 계열기업간의 원료, 부품, 중간재, 최종생산물, 특허, 경영노하우 등의 거래에 있어서 이전가격(transfer pricing)을 활용하고 있다.

이전가격이란 글로벌기업이 자금을 본사에 집중시키고자 하는 경우를 가정해보면, 본사가 해외자회사에게 제품을 수출할 때는 수출가격을 국제가격보다 높게 책정하고, 반대로 해외자회사가 본사에 수출할 때는 수출가격을 국제가격보다 낮게 책정하는 전략을 말한다.

일반적으로 글로벌기업들은 과세경감, 환손실 회피, 그리고 해외자회사에 대한 융자 등과 같은 목적을 달성하고자 하는 경우 이전가격을 주로 활용한다.

6. 국제조세관리

글로벌기업은 이중과세방지제도나 이전가격 또는 조세천국 등을 이용하여 조세부담을 효율적으로 경감시키고 있다.

이중과세방지제도는 국제간의 자유로운 자본이동을 위하여 각국이 이중으로 과세를 하지 않기로 하는 국가간 협정으로서, 여기에는 조세를 면제 또는 공제하거나 경감해주는 제도가 있다.

글로벌기업은 계열기업간의 원료, 부품, 완제품, 그리고 서비스거래에 대해 이전가격을 활용하면 과세대상이익을 줄여 과세부담을 경감시킬 수 있다. 또 세율이 낮은 지역으로 자금을 이동시키면 과세부담도 줄이고 이윤도 극대화 할 수 있다.

끝으로 소득에 대해 과세를 면제하거나 세율이 극히 낮은 조세천국(tax haven)에 자회사나 지점을 설치하여 이전가격을 활용하면 특혜를 누릴 수 있다.

04 국제인사

1. 국제인사관리의 중요성

국제인사관리는 글로벌기업이 국제사업활동을 성공적으로 수행할 수 있는 인재를 선발·육성하여 해외에 파견하고, 동시에 현지인을 선발·채용·관리하는 일련의 활동을 말한다. 국제인사관리의 기본내용은 국내인사관리의 경우와 크게 다를 바 없지만 국제인사관리는 그 자체가 이질적인 해외 환경 하에서 이루어진다는 점에서 차이가 있다.

그리고 국제인사관리는 본사에서 파견된 국내 직원과 현지에서 채용된 외국 직원 모두를 충족시켜주면서, 동시에 본사의 해외사업 목표를 효과적으로 달성하고, 또 현지에서의 인사관리가 현지의 역사적·사회경제적·제도적 측면에 부합하게 이루어져야 한다는 과제를 안고 있다.

바로 이러한 점들이 국제인사관리가 국내 인사관리보다 더 어려운 점이다. 이 이외에도 해외파견근무를 마치고 귀국하는 본사직원에 대한 관리, 그리고 국제적 노사관계관리 등도 글로벌기업이 해결해야 할 중요한 국제인사관리상의 과제들이다.

2. 국제경영자

1) 국제경영자의 지위

국제경영자는 자신이 현재 처해 있는 입장에 따라서 각기 다른 여러 가지 지위를 갖는다. 즉, 현지에 대해서는 본사를 대표하는 한 사람의 대표자이고, 현지 자회사에 있어서는 최고경영자이면서, 동시에 현지사회의 한 구성원이기도 하고 또 현지국의 입장에서는 한 사람의 외국인이라는 여러 가지의 지위를 동시에 갖는다.

이렇듯 국제경영자는 그 지위와 직능, 그리고 직책에 따라서 여러 가지 기능을 동시에 성공적으로 수행해야 하기 때문에 그 임무가 막중하며, 이 때문에 자질을 갖춘 국제경영자를 선발하는 것이 무엇보다도 중요한 문제가 된다.

2) 국제경영자의 자질

(1) 기본자질

해외에 파견되는 국제경영자가 본인이 맡은 임무를 성공적으로 수행하기 위해서는 무엇보다도 먼저 본사의 기업목표를 명확하게 이해하고 그 목표를 달성하는데 필요한 제반 자질을 충분히 갖추어야 한다. 동시에 해외자회사가 위치하고 있는 현지의 이익을 고려하면서도 동시에 그 자신이 현지의 이질적인 문화환경에 잘 적응할 수 있어야 한다.

해외파견 국제경영자가 갖추어야 할 기본자질을 보면 [표 10-6]과 같다.

표 10-6 해외파견 국제경영자가 갖추어야 할 자질

능력	적응성	개인적인 특성
기술적 지식 지도능력 경험 및 과거업적 책임지역에 대한 전문지식 언어	해외근무에 대한 흥미 각종 관계에 있어서의 능력 문화적 감정이입 능력 신경영스타일에 대한 판단력 환경적 제약요인에 대한 판단력 가족의 적응능력	나이 교육 성별 건강 결혼관계

자료: M. R. Czinkota, I.A. Ronkainen, M. H. Moffett, *International Business*, 8th ed.(Hoboken, NJ: John Wiley & Sons, 2011), p. 610.

(2) 기본자질의 내용

국제경영자가 갖추어야 할 중요한 몇몇 기본자질의 내용을 자세하게 살펴보면 다음과 같다.[7)]

① 문화적 적응능력

해외파견관리자는 자기 나라와 전혀 다른 문화권에서 국제사업활동을 수행해야 하기 때문에 개인적으로 이질적 문화환경에 쉽게 적응할 수 있는 능력을 갖추어야 한다.

7) J. M. Heller, "Criteria for Selecting an International Manager," *Personnel*(May / June 1980), pp. 18～22.

② 업무수행능력

해외파견관리자는 본사와 전문기술진으로부터 멀리 떨어져 있고 직무와 관련한 모든 의사결정을 독자적으로 내려야 하기 때문에, 이와 관련한 업무수행능력을 갖추어야 한다.

③ 어학능력

해외파견관리자는 해외에서 업무를 수행하기 때문에 국제어 또는 현지어를 자유자재로 구사할 수 있는 능력을 갖추어야 한다. 어학능력을 갖추지 못하면 본인의 현지적응도 어렵지만 맡은 바 업무도 성공적으로 수행할 수 없다.

④ 리더십 및 개인적 속성

해외파견관리자는 리더십을 갖추고 있어야 하며, 개인적으로는 업무를 성공적으로 수행하는 데 필요한 충분한 교육, 독립성 및 주도력, 창조성, 인내성, 국제적 시야 등을 지녀야 한다.

⑤ 가족의 적응능력

해외파견관리자는 통상 가족을 동반하여 파견되는 것이 일반적이므로 이질문화에 대한 적응은 해외파견관리자 본인보다 오히려 가족에게 더 많은 부담을 안겨주게 된다. 따라서 해외파견관리자가 안정된 상태에서 업무를 수행할 수 있기 위해서는 가족들의 원활한 현지적응이 무엇보다도 중요하다.

3. 국제경영자의 선발과 교육

1) 국제경영자의 해외파견 및 복귀과정

해외파견관리자가 국제경영활동을 수행하는 과정에서 겪게 되는 해외파견 및 복귀과정을 살펴보면 <그림 10-9>와 같다.

① 본사 근무

② 해외파견직원 모집

③ 해외파견직원 선발

④ 해외파견 교육

⑤ 해외파견 근무

⑥ 해외근무 결과보고

⑦ 귀국
⑧ 본사 복귀

그림 10-9 국제경영자의 해외파견 및 복귀과정

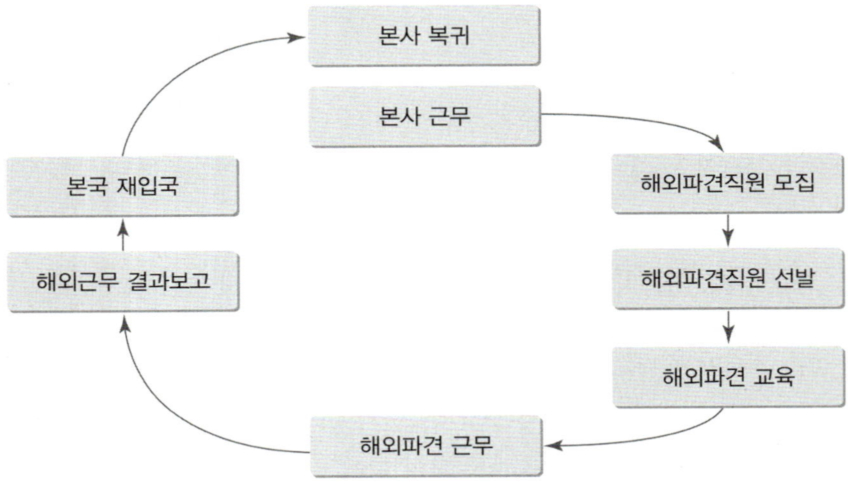

자료: N. J. Adler, *International Dimensions of Organizational Behavior*, 3rd ed.(Boston, Mass., PWS-Kent, 1997), p. 237.

2) 국제경영자의 선발

글로벌기업은 본국에서 관리자를 선발하여 해외에 파견하기 이전에, 현지에 파견되어 맡게 될 직무가 본국인이 아닌 현지인을 채용하더라도 충분히 수행 가능한 것인가를 먼저 확인하는 것이 중요하다. 그런 다음 만약 그 직무가 현지인을 가지고도 충분히 해 낼 수 있는 것이라면 굳이 비용이 더 많이 소요되는 본국인을 파견시키기보다 현지인을 선발하여 기술 및 관리기법을 훈련시킨 다음 이들을 활용하는 것이 효과적이다.

그러나 해외직무가 현지인으로는 충족될 수 없는 그런 직무라면 부득이 본국의 본사나 외부에서 관리자를 선발하여 파견해야 한다. 그리고 이때 해외파견관리자가 수행해야 할 현지직무가 현지사회와 어느 정도의 상호작용을 갖는가를 확인하는 것이 중요하다.

이는 글로벌기업이 그 직무에 꼭 맞는 관리자를 파견시키기 위한 작업의 일환으로서, 만약 그 직무가 현지문화와 광범위하게 접촉해야 하는 것이라면 인간관계 변수와 환경변수를 중요하게 고려하여 선발하고, 환경의 차이가 별로 중요하게 작용하지 않는 그런 직무라면 직무변수를 중요하게 고려하여 선발하는 것이 합리적이다.

3) 국제경영자의 채용대안

국제경영자의 채용대안에는 본국인 채용, 현지인 채용, 제3국인 채용 등이 있다.

본국에서 채용된 본국 국제경영자는 모기업의 정책을 잘 숙지하고 있어서 업무를 효율적으로 수행할 수 있다는 장점은 있으나, 모기업의 경영스타일이나 문화가 해외자회사에 그대로 이식되고 현지에서 채용된 현지인 직원의 승진기회가 박탈된다는 등의 단점이 있다.

다음으로 현지에서 채용된 현지 국제경영자는 현지의 사정을 잘 알고 있고 또 현지정부나 노동조합 등과 원만한 관계를 유지할 수 있다는 장점은 있지만, 현지인이 해외자회사의 주요 직위를 지배하게 되면 해외자회사 운영에 대한 본사의 통제력이 약화되는 단점이 있다.

끝으로 제3국인 국제경영자는 국적에 관계없이 전 세계적으로 가장 유능한 전문가를 선발하여 이용할 수 있다는 이점은 있지만, 이에 반해 현지환경에 익숙하지 않고 현지 정부관리들과도 원만한 관계를 유지할 수 없다는 단점이 있다.

4) 국제경영자에 대한 교육

글로벌기업은 일정한 자질을 갖춘 국제경영자를 선발한 다음에는 이들에 대해 현지에서 수행해야 할 업무나 현지적응 등의 내용을 잘 교육·훈련시켜 유능한 경영자로 양성해야 할 책임이 있다.

이를 위해서는 통상 선발된 해외파견요원에 대해 지역연구프로그램, 문화적 융화훈련, 언어훈련, 감수성훈련, 현장실습 등과 같은 교육을 실시하는 것이 바람직하다.[8]

---

8) R. L. Tung, "Selection and Training of Personnel for Overseas Assignments," *Columbia Journal of World Business*, Vol. 16, No. 1(Spring 1981), pp. 68~78.

① 지역연구프로그램

지역연구프로그램에서는 해외파견관리자에게 그 파견국가의 사회정치적인 역사, 지리, 경제발전 단계, 문화적 관습 등을 교육시킨다. 교육내용은 해외파견관리자가 파견지역의 환경에 쉽게 적응하는 데 도움이 되는 내용을 중심으로 한다.

② 문화적 융화훈련

해외파견관리자가 현지문화를 이해하고 적응할 수 있도록 상이한 문화 속에서 겪은 에피소드 등을 이용하여 문화융화훈련을 실시한다.

③ 언어훈련

국제적인 언어 또는 해외파견국의 언어를 훈련시킨다.

④ 감수성훈련

해외파견관리자가 해외근무 시 직면하게 될 현지의 생소한 행동유형이나 가치체계를 습득하고 받아들이며, 이질문화 속에서 업무를 원활하게 수행할 수 있도록 감수성훈련을 시킨다.

⑤ 현장실습

해외파견관리자를 해외 현지 또는 국내 집단거주지역에 파견하여 미리 경험을 쌓게 한다.

4. 해외파견관리자의 경력 · 보상관리

1) 해외파견관리자의 경력관리

해외에 파견되는 국제경영관리자는 대부분 여러 가지 의구심을 갖게 되는데, 그것들은 해외파견이 과연 자기의 경력에 도움이 될 것인가, 귀국 후에 본사에서 어떤 직무를 다시 맡게 될 것인가, 그리고 해외에서 근무하는 동안 본사가 자기를 잊고 고가평가를 나쁘게 하지는 않을까 하는 것 등이 그것이다.[9)]

이렇게 되면 많은 비용을 들여 교육시킨 해외파견관리자가 현지에 가서 제 기능을 제대로 발휘할 수 없게 된다. 따라서 이러한 문제점을 해결하기 위해서는 무엇보다도 본사가 해외파견관리자의 본사근무와 해외근무를 계획적으로 실시하는

---

9) S. H. Robock and K. Simmonds, *International Business and Multinational Enterprises*, 3rd ed.(Homewood, Ill., Richard D. Irwin, 1983), pp. 541~542.

것이 가장 중요하다. 그리고 해외파견관리자에게 향후 본인의 진로와 승진 등이 어떻게 될 것인가에 대해 본사의 인사정책을 명확하게 알려주고 그들에게 해외근무에 대한 의욕을 고취시켜주어야 한다.

이를 위해서는 본사의 인사방침이 확고하게 수립되어 있어야 하고, 현지 인사권에 관해서는 현지의 장에게 분권화하여 위임하는 것이 필요하다. 그리고 해외파견관리자의 경력도 효율적으로 관리하여 이것이 귀국 후 본사 업무 재배치 등에 도움이 될 수 있도록 해주어야 한다.

2) 해외파견관리자의 보상관리

해외파견관리자에 대한 보상은 그 직원과 동일한 업무를 수행하고 있는 본사 직원의 임금, 본국의 임금환경, 그리고 국제시장에서의 제3국인의 임금 등을 종합적으로 고려하여 결정해야 한다.

통상 해외파견관리자의 보수는 본국 근무시에 받은 임금 이외에 환율, 인플레이션, 세금, 그리고 생활비 차이 등 현지상황에 따라서 생계비를 유지할 수 있는 수준으로 조정되어 지급되어야 한다. 또 보상관리는 해외파견에 따른 문화적 · 정치적 · 경제적 충격을 충분히 고려하는 수준에서 결정되어야 한다.

해외파견관리자의 임금은 통상 기본급, 부가급, 수당 등으로 구성된다. 여기에서 기본급은 본국의 기본급이 그대로 적용된다. 그리고 부가급은 이질적인 환경하에서 직무를 수행하는 데 대한 보수로서 기본급에 대한 일정비율이나 일정금액으로 지급되며, 근무지역이나 근무기간을 고려하여 조정할 수 있다. 수당에는 해외파견관리자가 정상적인 생활을 계속할 수 있도록 지급되는 생활수당, 주거수당, 교육수당 등이 있다.

5. 해외파견관리자에 대한 귀국 후 관리

글로벌기업은 오랫동안 해외에서 근무하다가 귀국하는 관리자의 본사복귀에 대해 체계적인 접근방안을 개발하여 활용하는 것이 중요하다. 해외파견관리자의 본사복귀에는 다음과 같은 몇 가지 배려가 절대적으로 필요하다.[10]

---

10) M. C. Harvey, "The Other Side of Foreign Assignments: Dealing with the Repatriation Dilemma," *Columbia Journal of World Business*, Vol. 17, No. 1(Spring 1982), pp. 53~59.

첫째, 조직에 대한 재교육 및 직위설정 문제이다.

본사에 복귀한 관리자에게는 해외파견 기간 동안 본사의 변화된 정책과 절차, 기업전략, 새로운 직원 및 기존직원의 새로운 임무, 귀국직원의 새로운 직위 등에 대한 재교육이 이루어져야 한다.

둘째, 재정문제에 관한 카운슬링 제공이다.

본사는 본국에 복귀한 직원에 대해 재정문제에 대한 카운슬링과 재정지원을 해주어야 한다. 여기에는 본국 복귀에 따른 소득감소와 생활습관 적응에 대한 자문, 그리고 주택구입에 대한 장기저리자금 융자 등이 포함된다.

셋째, 직책상의 재적응시간 제공이다.

본사복귀 직원에게는 그 직원이 본사에서 맡게 되는 새로운 직위 및 직책에 맞는 기법(skill)을 익혀서 업무에 쉽게 적응할 수 있도록 일정한 시간적 여유를 주어야 한다.

넷째, 가족 재교육이다.

본국에 귀국한 해외파견 직원의 가족은 이제 본국에 귀국하는 것 자체가 다시 새로운 환경이 되어버린 만큼, 본사는 이들이 국내생활에 잘 적응할 수 있도록 일정 기간 동안 잘 배려하면서 전문적인 카운슬링을 제공해주어야 한다.

6. 국제노사관계

글로벌기업과 노동조합의 대표들은 노사관계에 있어서 임금이나 근로자의 노동조건 등에 관해 협상을 한다.

이 과정에서 글로벌기업의 경영자들은 항상 노동조합이 교섭력을 국제적으로 확장하여 전 세계적으로 운영되고 있는 자신들의 사업에 타격을 주지나 않을까 우려한다. 그리고 이를 타개하기 위한 방안의 하나로서 해외 여러 지역에 생산공장을 설립하여 만약 어떤 특정지역에서 파업이 발생하면 다른 지역 공장에서 제품을 조금 더 생산하여 이것을 소비자에게 공급하는 방식으로 전략을 펴고 있다.

이에 반해 해외 현지 노동조합들은 자신들의 고용주인 글로벌기업으로부터 임금 이외의 급부(nonwage benefits)를 더 얻어내기 위해 해외 여러 나라의 다른 자회사들과 상호 연대하여 공동전략을 펴기도 한다.

국제적인 노사관계를 원활하게 관리·유지하기 위해서는 현지국의 노동환경 및 노동자들의 행태, 그리고 노동조합이나 현지정부의 태도 등을 주의 깊게 관찰하고 이에 효과적으로 대응하는 방안을 강구하는 것이 중요하다.

05 국제조직

1. 기업의 국제화와 조직구조

기업이 글로벌기업으로 성장해가는 데는 [표 10-8]에서 볼 수 있는 바와 같이 일정한 경로를 거치는 것이 일반적이며, 국적에 관계없이 대체적으로 유사한 패턴을 따르는 것으로 알려지고 있다.

즉, 해외진출 초기에는 대부분 수출을 통해서 국제경영활동에 진입하고 조직측면에서는 수출과가 국제경영 업무를 담당한다. 이어서 수출이 간접수출에서 직접수출단계로 접어들고 직접수출이 본격적으로 이루어지기 시작하면 조직구조는 수출과에서 수출사업부로 바뀌게 된다.

또 수출이 기업의 전체 경영활동에서 차지하는 비중이 점차 높아지고, 국제경영활동이 단순한 수출에서 벗어나 점차 라이센싱이나 해외생산 등과 같은 다양한 형태로 발전하게 되면 조직구조는 수출사업부에서 국제사업부로 바뀌게 된다.

다음으로 기업의 해외진출이 범세계적으로 광범위하게 이루어지고 경영활동이 다각화되면 기업의 조직도 이를 반영하여 범세계적인 지역별 조직구조, 제품별 조직구조, 직능별 조직구조 또는 이들 여러 조직구조를 혼합한 여타의 범세계적인 조직구조로 발전하게 된다.

하지만 모든 기업들이 이와 같은 획일적인 발전과정을 거치는 것은 아니며, 경우에 따라서는 중간단계의 조직구조를 뛰어넘기도 하고, 또 발전속도에 따라서는 어떤 특정 형태의 조직구조가 바뀌지 않고 상당기간 동안 오래 지속될 수도 있다.

표 10-8 기업의 국제화과정과 조직구조의 변화

국제화단계	국제화전략	조직구조
1단계: 간접수출 또는 비정기적 수출	해당 없음	해당 없음, 또는 수출과 신설
2단계: 직접수출	직접수출을 통해 해외시장에 진출	수출사업부
3단계: 직접투자	일부 국가에는 직접투자방식으로 진출, 여타 국가에는 직접투자 이외의 방식으로 진출	국제사업부
4단계: 다국적 생산 및 마케팅	전 세계시장을 다수국전략 또는 글로벌전략에 따라 복수 공급원으로부터 공급	지역별 조직구조 또는 제품별 조직구조

자료: F. R. Root, *op. cit.*, p. 264.

2. 글로벌기업의 조직구조

1) 국제사업부(international division)

국제사업부는 <그림 10-10>에서 볼 수 있는 바와 같이 국내조직의 일부로 조직되며 직능별, 제품별 또는 지역별로 조직된 국제사업부 내에 해외영업활동 전반을 관장하도록 해 놓은 조직구조이다. 국제사업부는 국제사업에 대한 정책과 범세계적인 전략기획을 책임지며 조직상 여러 국내사업부와 동등한 위치에 놓인다.

그림 10-10 국제사업부 조직구조

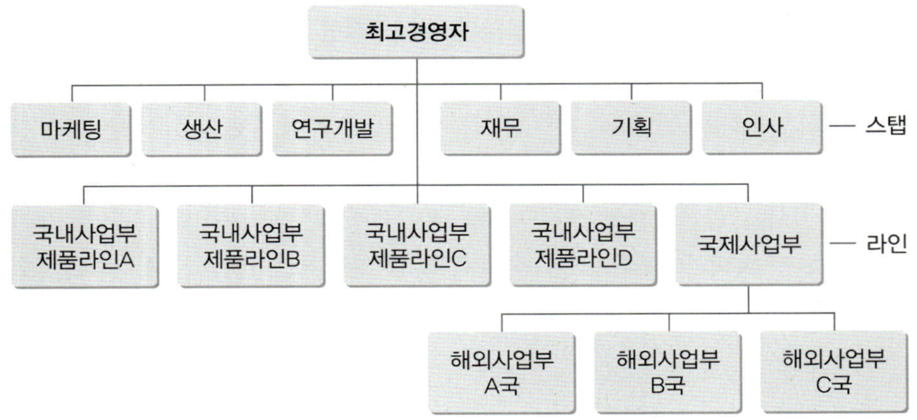

이 조직구조는 환경변화에 민감하지 않은 소수제품을 취급하는 기업 또는 국제사업 상의 판매와 이익이 국내사업에 비해 별로 중요하지 않은 경우에 주로 이용된다.[11] 그리고 기업이 국제적인 노하우나 경험을 결집시켜 지역적으로 시장을 확대하거나 새로운 시장을 개척하고자 하는 경우 등에 많이 활용된다.

2) 범세계적 제품별 조직구조(global product structure)

제품별 조직구조는 <그림 10-11>에서 볼 수 있는 바와 같이, 본사가 기업의 전반적인 사업목표와 각 제품사업부별 목표를 수립하고, 제품그룹별로 구성된 각 사업부가 전 세계를 대상으로 그 제품에 대한 모든 활동을 계획·통제·관리하고 최고경영자에게 직접 보고하도록 조직되어 있는 구조를 말한다.

제품별 조직구조는 제품별 다각화전략을 추구하는 글로벌기업에서 쉽게 찾아볼 수 있는데, 그 이유는 막대한 연구개발투자를 필요로 하는 제품다각화의 경우 이 조직구조가 국내사업부와 국제사업부간에 기술 및 신제품의 이전과 통제를 쉽게 해주기 때문이다.

이러한 조직구조는 화학, 동력기기, 전기 및 전자제품을 취급하는 기업에서 쉽게 찾아볼 수 있다. 또 비록 서로 간에 별 관계가 없더라도 제품이 다각화되어 있는 범세계적 콩글로머리트(conglomerate)에서도 찾아볼 수 있는 조직구조이다.[12]

제 2 편

그림 10-11 범세계적 제품별 조직구조

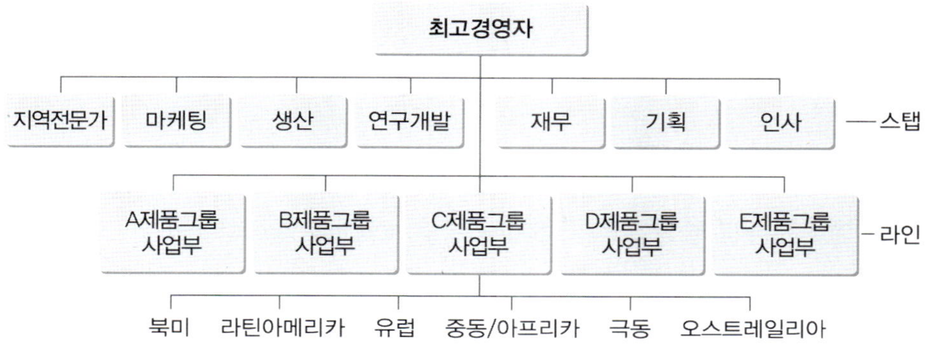

11) R. D. Robinson, *op. cit.*, p. 84.
12) S. M. Davis, *Managing and Organizing Multinational Corporations*(New York, Pergamon Press, 1979), pp. 204~205.

3) 범세계적 지역별 조직구조(global area structure)

지역별 조직구조는 <그림 10-12>에서 볼 수 있는 바와 같이 조직을 지역별로 편성해 놓은 조직구조를 말한다. 여기에서 각 지역담당관리자는 담당 지역내에서 이루어지는 모든 국제사업활동에 대한 권한과 책임을 가지며 최고경영자에게 직접 보고하는 체제를 갖추고 있다.

이 조직구조는 국제사업활동상 각 지역이나 시장특성이 중요한 의미를 갖는 경우, 그리고 최종소비자시장에 성숙제품을 공급하고자 하는 경우에 주로 채택된다. 또 글로벌기업이 안정적인 기술을 이용하여 집중생산과 전문생산을 통해 제조비용을 낮추고 가격이나 제품차별화 수단으로 마케팅기법에 중점을 두고자 하는 경우에 주로 활용된다. 그러나 제품라인이 확대되고 최종시장이 다양화되면 지역별 조직구조는 더 이상 적합하지 않게 된다.

그림 10-12 범세계적 지역별 조직구조

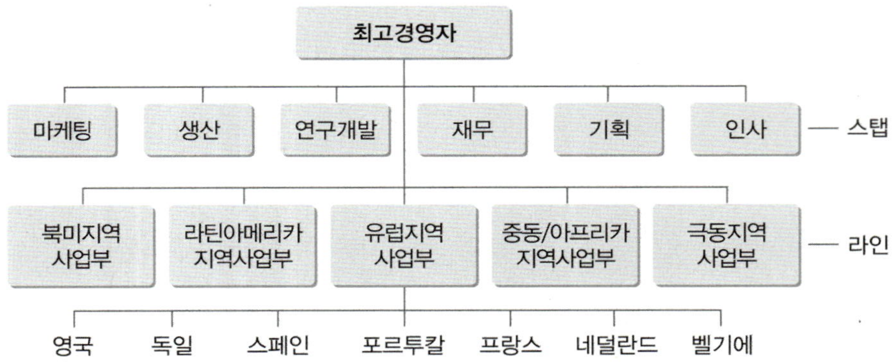

4) 범세계적 기능별 조직구조(global functional structure)

기능별 조직구조는 <그림 10-13>에서 볼 수 있는 바와 같이 기업의 조직을 기업의 기본적 업무인 생산, 마케팅, 재무, 연구개발 등의 기능담당자가 범세계적인 시야에서 업무활동, 계획, 통제 등에 대한 집행책임을 지도록 짜여진 조직구조를 말한다.

따라서 경영관리적인 관점에서 보면 가장 단순한 조직형태라고 할 수 있는데,

예를 들어 마케팅부서의 경우 모든 판매기업과 유통업자에 대한 통제권을 가지고 범세계적인 마케팅활동 전반에 대한 책임을 지도록 되어 있는 그런 조직구조이다. 기능별 조직구조에서는 부서간의 협력이 가장 중요하기 때문에 기능담당자들은 지역별·제품별 스탭으로부터 지원을 받게 된다.

기능별 조직구조는 주로 취급제품이 극소수의 규격제품에 한정되어 있거나 고객이 아주 소수이거나, 아니면 고도로 통합된 제품라인을 취급하는 철강, 석유, 자동차산업 등의 기업에서 쉽게 찾아 볼 수 있다.

그림 10-13 범세계적 기능별 조직구조

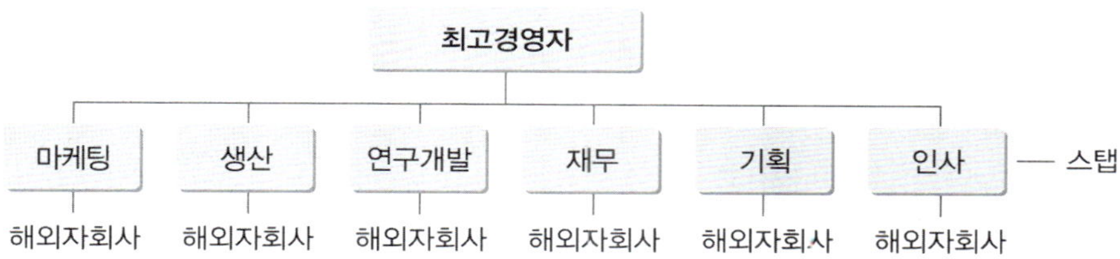

5) 기타 조직구조

(1) 혼합 조직구조(mixed structure)

혼합 조직구조는 제품별 조직구조, 지역별 조직구조, 직능별 조직구조 중 두 가지 또는 그 이상의 조직체계를 혼합해 놓은 조직구조를 말한다.

이러한 조직구조는 제품별 조직구조, 지역별 조직구조, 직능별 조직구조 간의 상호의존성을 적절히 다루는 한편, 범세계적 제품구조와 범세계적 지역구조를 동시에 갖고자 하는 경우에 주로 채택된다. 이러한 조직구조에서는 일반관리자가 두 조직구조 중 어느 한쪽에만 보고하도록 하여 명령체계를 일원화하는 것이 필요하다.

혼합 조직구조는 그 자체가 매수·합병의 결과로 나타난 것이거나 아니면 국제제품별 조직구조에 국제사업부를 가지고 있던 기업이 범세계적 제품별 조직구조로 이행해 가는 과정에서 일시적으로 채택하게 되는 조직구조라고 할 수 있다.

(2) 매트릭스 조직구조(matrix structure)

매트릭스 조직구조는 제품별 조직구조, 지역별 조직구조, 직능별 조직구조를 서로 중첩시켜놓은 조직구조를 말한다. 글로벌기업들은 상호의존적인 사업, 필수불가결한 자원, 전략, 지리적 영역 등에 대한 계획과 조직, 그리고 통제를 용이하게 하기 위해 이와 같은 조직구조를 채택한다.

(3) 유럽통할본부(European headquarter office)

이 조직구조는 EU와 같은 경제공동체 내에서의 제품생산 및 판매가 확대됨에 따라 유럽지역을 총괄 관리하기 위해 짜놓은 조직구조를 말한다.

이 조직구조에서 라인관리자인 유럽담당관리자는 유럽지역의 경영활동 전반에 대한 책임을 지며 새로운 프로젝트를 창안하고 그 산하의 각국 관리자들이 제출한 제안들을 검토하고 유럽지역에서 이루어지는 모든 사업을 전반적으로 감독하고 조정하는 역할을 담당한다.

3. 글로벌기업의 전략과 조직구조의 선택

기업의 조직구조는 영원불변한 것이 아니라 기업이 어떤 전략을 선택하느냐에 따라서 크게 달라진다. [표 10-9]는 글로벌기업의 전략과 조직구조 형태 간의 일반적인 성향을 보여 주고 있다.

즉, 일반적으로 해외제품의 다양성이 낮은 경우에는 기능별 조직구조를 선택하고 다양성이 높은 경우에는 제품별 조직구조를 선택하는 경향이 강하다. 또 해외사업규모가 비교적 작은 경우에는 국제사업부 조직구조를 선택하고 큰 경우에는 지역별 조직구조나 제품별 조직구조를 선택하는 경향이 있다.

이 외에 글로벌기업의 조직구조 선택은 자회사들 간의 제품변경의 차이, 제품변경 회수, 해외생산 규모, 해외자회사의 수, 해외자회사의 외부소유권 비율, 해외인수 수준 등에 따라서도 달라진다.

표 10-9 기업의 전략과 조직구조의 선택

기업의 전략	조직형태			
	기능별 조직구조	국제사업부	지역별 조직구조	제품별 조직구조
해외제품의 다양성	낮은 경우			높은 경우
자회사간의 제품변경의 차이	작은 경우			
제품변경				많은 경우
해외사업규모		소규모	대규모	대규모
해외생산규모			대규모	
해외자회사 수	극소수	소수	다수	다수
해외자회사의 외부 소유권 비율	낮은 경우			
해외인수 수준	낮은 경우			

자료: W. G. Egelhoff, "Strategy and Structure in Multinational Corporations: An Information-Processing Approach," *Administrative Science Quarterly*, 27, 1982, pp. 435~458.

4. 본사와 해외자회사간의 의사결정 권한

1) 집권화와 분권화

집권화(centralization)란 본사가 해외자회사의 운영에 대한 제반 의사결정을 직접 지휘・통제하는 경우를 말하고, 분권화(decentralization)란 그 권한을 현지자회사에게 위임하여 현지자회사가 그것을 현지여건에 맞게 자율적으로 운영하도록 하는 전략을 말한다.

현실적으로 본사가 해외자회사의 모든 활동을 직접 지휘・통제하거나, 반대로 해외자회사가 일상적인 모든 문제까지를 본사의 지시를 받아 수행하는 경우 모두 가능하지도 않고 또 바람직하지도 않다. 따라서 글로벌기업은 어떤 특정문제에 대해서는 본사가 집권관리를 하고 또 다른 문제들에 대해서는 해외자회사에게 위임하는 방식을 취하고 있다.

2) 집권/분권 관리되는 의사결정과제

(1) 의사결정과제의 분류

국제경영활동에 있어서 현지자회사의 관리와 관련된 의사결정은 전략적 의사결정과제, 관리적 의사결정과제, 업무적 의사결정과제로 구분할 수 있다.

전략적 의사결정과제는 신규투자, 증자, 기업합병, 신제품개발, 수주계약, 생산·판매의 로지스틱스, 그리고 자원의 배분 등과 같이 기업 전체의 전략적 의사결정이 필요한 중요한 의사결정과제를 말한다.

관리적 의사결정과제는 전략적 목표를 달성하기 위한 일정계획, 자원의 배분계획 작성 등 계획의 입안과 문제해결을 위한 최적방안의 강구 등과 관련된 관리적 차원의 의사결정과제를 말한다.

그리고 업무적 의사결정과제는 해외자회사의 일상적인 관리업무 등에서 볼 수 있는 바와 같이, 일정한 관리규칙에 따라 주어진 범위 안에서 자원을 배분하는 표준화된 일상적 업무와 관련된 의사결정과제를 말한다.

(2) 집권/분권 관리되는 의사결정과제

글로벌기업은 일반적으로 국제사업활동을 수행하는 데 필요한 중요한 전략적 의사결정에 있어서는 강력하게 집권관리를 한다. 여기에는 진출시장 선정, 기업의 범세계적 배치, 신규투자 및 증자, 기업합병, 신제품 개발, 수주계약, 해외진출형태 및 소유권 선택 등이 포함된다. 또 생산, 마케팅, 인사, 재무 등의 기능분야에 있어서도 비교적 중요도가 높은 의사결정과제들은 본사가 집권관리 한다. 이러한 의사결정과제들은 통상 공식화하거나 메뉴얼화할 수 없는 것들이다.

다음으로 분권관리되는 의사결정과제에는 관리적 의사결정과제의 일부와 업무적 의사결정과제 전체가 여기에 포함된다. 관리적 의사결정과제에는 전략적 목적을 달성하기 위한 일정계획, 자원의 배분계획 작성 등 계획의 입안과 문제해결방침 등이 포함된다. 일상적인 업무적 의사결정과제는 일정한 가이드라인 하에서 해외자회사에게 위임되는 것이 일반적이다.

P·A·R·T

03 무역상무

제3편 무역상무는 상품의 국제매매를 주된 대상으로 하고 이와 관련된 운송, 금융, 화물보험, 국제통신 등의 서비스 지원을 받고 있다. 따라서 이들과 관련된 폭넓은 전문적 지식을 융・복합적으로 이해하여야 한다. 제3편에서는 무역거래의 기초, 무역거래의 계약체결, 무역거래의 계약실행에 관한 내용을 기술하고 있다.

제11장에서는 무역거래의 기초부분으로서 무역거래의 개념, 무역관리제도와 무역의 형태, 수출입절차를 설명하였다. 특히 최근의 추세인 전자무역의 수출입 주요 프로세스 및 전자상거래 수출기업과 유관기관의 전자상거래 업무 프로세스를 정리하였다.

제12장에서는 무역거래의 계약체결에 관하여 거래상대방의 선택부터 수출입 거래의 교섭에 이르기까지의 모든 과정에 관하여 기술하였다. 여기에서는 거래관계의 창설, 무역계약의 체결, 무역계약서의 작성, 무역계약의 종류, 무역계약의 기본조건, 정형거래조건(Incoterms 2010) 등을 다루었다. 또한 최근 무역거래 전자화에 따른 전자무역에 관한 최신 내용을 정리하였다.

제13장에서 **제15장**까지는 주된 무역대금결제방식인 신용장, 무역운송과 해상보험, 수입통관에서 클레임 해결에 이르는 무역거래의 계약실행 단계를 다루고 있다.

제13장에서는 신용장을 중심으로 송금, 추심 등의 무역대금결제방식에 대한 내용을 정리하였다.

제14장에서는 무역운송과 해상보험에 관한 내용을 다루고 있다. 여기에서는 해상운송, 선적서류, 국제복합운송 및 해상보험의 주요 용어, 해상보험증권, 협회적하약관, 해상손해 등을 다루고 있다.

제15장에는 클레임과 중재에 관한 내용을 정리하였다. 오프라인 무역의 클레임과 중재제도 및 전자무역 클레임과 ADR을 기술하고 있다.

CHAPTER 11

무역거래의 개요

01 국제무역

1. 국제무역의 성장

대부분의 국가들은 제2차 세계대전 이래로 괄목할 만한 국제무역의 증가와 더불어 경제발전을 하고 있다. 국제무역의 증가는 국가들의 경제적 이익과 전 세계인의 복지향상 실현을 가져왔다.

2008년부터 2009년 사이의 세계적인 경제위기로 인한 국제무역의 전체적인 규모의 감소는 일시적이었다. 전 세계인들의 생활수준 향상으로 국제적으로 더 많은 상품을 구매할 수 있게 되어 국제무역이 더욱 활발하게 이루어지고 있다.

국제무역 전문가들은 무역성장의 주요 촉진자(facilitators)이며, 고가의 상품을 적시에 안전하게 인도할 책임을 지는 경영자(managers)의 역할을 하고 있다. 그들은 아래와 같은 과업들을 책임지고 있다.[1)]

- 원격지간 물품운송 준비
- 운송수단 결정
- 국제운송에 적합한 포장
- 운송중에 발생할 수 있는 물품의 위험을 파악하고 적절한 보험수배
- 올바른 지불통화 선택과 환위험 회피전략을 선택함으로써 국제대금결제와 관련된 위험을 최소화
- 수입국 세관통관에 필요한 서류 준비
- 수출입업자 당사자 간에 운송과 서류에 대한 책임의 적절한 분담

1) Pierre A. David, *International Logistics*, 4ed.(Cicero Books, 2013), pp. 2~3.

- 수출입업자 당사자 간에 가장 적합한 대금결제방식 결정
- 수입국과 국제기구의 법규준수
- 운송중이 아닌 물품을 적합한 창고와 유통센터에 저장

제3편의 각 장에서는 이러한 국제무역 경영자들의 모든 과업들을 자세하게 설명하고 있다.

2. 주요 수출입 국가

[표 11-1]과 [표 11-2]는 세계자유무역기구(WTO) 통계자료에 따른 2017년도의 15개 주요 수출입국가를 나타내고 있다.

대부분의 국가들은 자유무역정책과 다자간 자유무역협정을 많은 국가들과 체결하고 있으며, 자유무역정책들이 경제성장과 발전을 촉진하고 있다는 사실을 보여주고 있다.

표 11-1 주요 수출 국가들(Leading exporters in world merchandise trade, 2017)

순위	국가(Country)	수출 (미화 10억 달러)	비 율
1	중국(China)	2,263	12.8%
2	미국(United States)	1,547	8.7%
3	독일(Germany)	1,448	8.2%
4	일본(Japan)	698	3.9%
5	네덜란드(Netherlands)	652	3.7%
6	한국(Republic of Korea)	574	3.2%
7	홍콩(Hong Kong, China)	550	3.1%
8	프랑스(France)	535	3.0%
9	이탈리아(Italy)	506	2.9%
10	영국(United Kingdom)	445	2.5%
11	벨기에(Belgium)	430	2.4%
12	캐나다(Canada)	421	2.4%
13	멕시코(Mexico)	409	2.3%

14	싱가포르(Singapore)	373	2.1%
15	아랍에미리트 연방(U.A.E.)	360	2.0%
	상위 15개 수출국	11,211	63.2%
	기타 국가	6,519	36.8%
	전 세계	17,730	100.0%

자료: 세계무역기구(World Trade Organization; WTO) 통계 데이터베이스, 2017.

표 11-2 주요 수입 국가들(Leading importers in world merchandise trade, 2017)

순위	국가(Country)	수입 (미화 10억 달러)	비 율
1	미국(United States)	2,410	13.4%
2	중국(China)	1,842	10.2%
3	독일(Germany)	1,167	6.5%
4	일본(Japan)	672	3.7%
5	영국(United Kingdom)	644	3.6%
6	프랑스(France)	625	3.5%
7	홍콩(Hong Kong, China)	590	3.3%
8	네덜란드(Netherlands)	574	3.2%
9	한국(Republic of Korea)	478	2.7%
10	이탈리아(Italy)	453	2.5%
11	인도(India)	447	2.5%
12	캐나다(Canada)	442	2.5%
13	멕시코(Mexico)	432	2.4%
14	벨기에(Belgium)	403	2.2%
15	스페인(Spain)	351	1.9%
	상위 15개 수입국	11,530	64.1%
	기타 국가들	6,494	35.9%
	전 세계	18,024	100.0%

자료: 세계무역기구(World Trade Organization; WTO) 통계 데이터베이스, 2017.

주요 수출 국가들의 무역현황을 보면 특징들이 있는데 예를 들면, 미국은 미화 8,360억 달러 적자로 수출보다 약 54%를 더 수입하고 있다. 영국은 수출보다 미화 2,120억 달러를 더 수입하고 있으며 이는 수출보다 약 45%를 더 수입하고 있는 셈이다.

한편, 중국은 미화 4,210억 달러의 무역흑자로 수출의 81%만을 수입하고 있다. 독일은 미화 2,810억달러 흑자로 수출의 80%만을 수입하고 있으며, 네덜란드와 벨기에 또한 수출의 88%와 94%만을 각각 수입하고 있다. 중국의 무역흑자는 저렴한 제조업 노동비용 때문이지만 반면에 독일, 네덜란드와 벨기에는 전 세계에서 가장 비싼 인건비가 소요된다. 예를 들면, 벨기에의 시간당 제조업 노동비용은 미국보다 50%가 높다.[2] 이들 국가들은 그들의 혁신제품을 수출하기 위하여 끊임없는 노력을 함으로써 무역흑자를 달성하고 있다.

몇 국가들은 세계무역의 의존도가 매우 높아서, 그들의 국내총생산(GDP)의 많은 비중을 수출에 의존한다. 벨기에는 생산의 87%, 네덜란드는 78%, 독일은 39%를 수출하고 있다. 대조적으로 미국은 GDP의 10%만을 수출하고 일본은 14%만을 수출한다. 중국은 GDP의 28%를 수출하고 있다.[3]

마지막으로 위 목록의 모든 국가들은 원자재나 농산물보다는 대부분 완제품을 수출입하고 있다.

02 무역거래의 의의

대외무역법에서 "수출"이란 매매, 교환, 임대차, 사용대차(使用貸借), 증여 등을 원인으로 국내에서 외국으로 물품이 이동하는 것이며, "수입"이란 수출의 경우와 반대로 외국으로부터 국내로 물품이 이동하는 것이라고 정의하고 있다.[4]

관세법에서는 "수입"이란 외국물품을 우리나라에 반입하거나 우리나라에서 소비 또는 사용하는 것이며, "수출"이란 내국물품을 외국으로 반출하는 것을 말하고 있다.[5]

즉, 무역은 국가와 국가 간에 물품을 사고파는 국제상거래이며, 이러한 물품매

2) The Conference Board, 2016.
3) World Bank, 2016.
4) 대외무역법(2019년 개정, 시행령 제2조 3항 및 4항).
5) 관세법(2018년 개정, 제2조 1항 및 2항).

매와 관련된 외국과의 거래를 무역거래라고 한다.

최근 국제상거래는 물품매매를 비롯하여 기술 · 서비스 · 자본이동을 수반하는 플랜트 수출, 특허 · 상표 · 노하우 등 지적재산권의 국제라이센스, 합작투자 · 건설공사, 판매 · 대리점, 국제 M&A 등의 다양한 형태로 나타나고,[6] 거래방식도 종이서류에서 인터넷을 통한 전자무역으로 발전하고 있다. 이와 같이 무역거래가 대형화 · 거액화 · 장기화되어 그 내용도 복잡다기해졌으나, 일반적으로는 상품을 매체로 한 국제 간의 물품매매의 형태로 이루어진다.

무역거래와 국내의 상거래가 양자 모두 상품의 매매가 거래의 기본요소인 점에는 다를 바가 없다. 그러나 무역거래는 국가를 서로 달리하는 거래라는 점에서 국내거래와는 두드러지게 다른 특성을 가지고 있다.

우선 무역거래는 상적(商的) · 법리적(法理的) 관점에서 볼 때, 물품매매계약의 체결을 통하여 당사자 간에 계약이 성립되고, 통관, 운송, 보험 및 결제 등을 통하여 계약이 이행되며, 무역클레임의 해결을 통하여 계약이 종료되는 3과정으로 이루어지는 무역매매이다. 따라서 무역거래는 물품매매계약을 주 계약으로 하고, 세 가지의 종속계약, 곧, 해상운송계약, 해상보험계약 및 환계약 등을 수반하게 된다.

또한 무역거래는 법역(法域)을 달리하는 당사자 간에 이루어지는 국제물품매매이기 때문에 국제적으로 통일된 물품매매법이 존재하지 않으며, 이에 따라 계약의 성립, 이행 및 해석상의 준거법(準據法) 적용 등이 중요한 문제로 대두된다.

한편, 무역거래는 현실적 인도(actual delivery)를 주로 하는 국내거래와는 달리, 서류에 의한 상징적 인도(symbolic delivery)를 주로 하기 때문에 상품 그 자체보다 서류의 중요성이 더욱 크다는 점에 두드러진 특징이 있다.

더군다나 무역거래는 원래 언어, 풍속, 기후, 풍토뿐만 아니라, 법제, 상관습, 통화, 도량형 등이 상이한 국가 · 지역 간의 거래이기 때문에 국내거래와는 비교할 수 없을 만큼 번잡하고 까다로운 상황이 존재하기 마련이다.

최근 인공지능(AI), 빅데이터(Big Data), 사물인터넷(IoT) 등 모든 기술과 산업이 융합되는 제4차 산업혁명시대의 무역 분야에도 새로운 비즈니스 모델이 도입되고 있다. 우리나라 수출 중소기업들에게는 블록체인 등 새로운 기술 등 비즈니

---

6) C. M. Schmitthoff, *Export Trade*, 10th ed.(Stevens & Sons, 2000), pp. 1~2.

스 환경 변화에 대비한 무역인프라 구축 및 전략 수립이 매우 긴요한 시점이다.

1. 수출입거래의 관리

통상 우리가 사용하고 소비하는 상품은 그 자체가 외국으로부터 수입된 것이거나, 그 구성요소에 외국으로부터 수입된 부품이나 재료가 사용되고 있다. 혹은 우리나라에서 제조된 공산품, 특히 전기, 자동차, 광학기기 등은 상당부분이 외국에 수출되고 있다.

이와 같이 상품의 수출입에 수반되는 계약의 교섭, 체결, 이행 및 거래절차 등을 다루고, 국제매매를 관리하는 것을 「무역상무(貿易商務)」라고 한다. 또는 「무역실무(貿易實務)」, 「무역거래(貿易去來)」, 「무역매매(貿易賣買)」라고 부르는 경우도 있다.

2. 「상류」, 「물류」, 「금융」의 이해

무역실무는 상품의 국제매매를 주된 대상으로 하고 그것에 관련된 운송, 금융, 화물보험, 국제통신 등의 서비스 지원을 받고 있다. 따라서 이들과 관련된 넓은 전문적 지식이 요구된다. 이들을 병행적으로 상호 관련하여 이해하여야 한다.

크게 나누면 우선, 매매는 정보의 교환과 계약의 교환 · 체결, 이행상의 지시, 상담, 보고 등의 「상류(商流)」와 계약의 이행단계에서의 운송으로서의 「물류(物流)」, 대금결제로서의 「금융(金融)」의 세 가지 흐름으로 이해해야 한다. 그리고 그 상호관계와 기능을 구체적인 거래 가운데서 올바르게 파악하는 것이 필요하다.

3. 국제무역의 특수성

국내매매와 달리 무역은 국가 간의 매매로서 여러 가지 위험 속에서 이루어진다.[7)]

첫째, 서로 다른 국가에서 영업하고 있는 당사자 간의 국제매매라는 점에서 거래교섭 과정의 복잡성에 따른 위험이 발생한다.

---

7) 椿弘次, 入門 · 貿易實務(日本經濟新聞社, 2001), pp. 15~26.

둘째, 기업 간의 거래가 대형화, 거액화, 그리고 나아가 교섭으로부터 이행완료까지 장기간이 걸린다는 점이다.

셋째, 무역거래를 규율하는 국제적인 통일법이나 규칙이 충분히 정비되어 있지 않고 관습적 규칙이나 표준약관 등을 바탕으로 한 개개의 계약에 의한 결정이 중시된다는 점이다. 따라서 거래당사자들은 국제상업회의소의(ICC)의 정형거래조건(Incoterms)이나 신용장통일규칙(UCP) 등을 개별계약에 활용하고 있다.

4. 국제무역의 위험

무역상무(貿易商務)는 아래의 국제무역의 위험에 어떻게 대처할 것인가에 대하여 기업을 비롯한 국제무역당사자들이 수백 년 동안 시행착오를 거쳐서 연구하고 실천해 온 무역거래실무의 체계이다. 그 바탕에는 국제매매론, 무역과 관세 등에 관한 국가의 규제법이나 규칙 등이 있다.

이와 함께 무역상무를 공부하기 위해서는 국제경제론은 물론 국제마케팅 등 관련된 학문 분야에도 관심을 가질 필요가 있으며, 무역실무를 둘러싼 환경으로서 상대국가의 대외정책에도 주의를 기울여야만 한다.

1) 신용위험

국제무역거래의 경우 국내물품매매와는 달리 거래의 당사자인 수출입 업자가 서로 다른 국가에서 영업하고 있기 때문에 물품인도와 인수 및 대금결제 간에 시차가 발생한다. 이로 인해 일어 날 수 있는 많은 위험과 문제가 있다.

일반적으로 무역거래에서 수출업자는 대금회수불능의 위험에 처할 수 있고, 반면 수입업자는 원하는 계약물품을 적기에 공급받을 수 있느냐 하는 상품입수불능의 위험에 직면할 수 있다.[8] 이와 같은 불안을 신용위험(credit risk)라고 부른다. 국내의 매매에서도 같은 위험이 있지만 무역의 경우에는 그 위험이 크고 예측하기 힘들며 복잡하다. 무역당사자는 주로 신용장에 의해 이 위험에 대처할 수 있으며 무역상무에 있어서 매우 중요한 과제이다.

제 3 편

8) 박대위 · 구종순, 무역개론(유원북스, 2012), p. 366.

2) 운송위험

국제운송은 국제무역의 이행에 있어서 매우 중요한 기능을 하고 있다. 장거리의 국제운송에서는 화물의 손상, 혹은 물리적 손실이 발생하기 쉽다. 이것을 운송위험(transit risk)이라고 부른다. 무역거래는 기업 간 거래로서 거래수량이 많고, 운송비를 절감하기 위하여 단위수량 거래가 많기 때문에 자연히 운송단위는 크게 된다. 따라서 국내거래 이상으로 이 위험에 대처할 필요가 있다. 해상보험은 운송과정에서 발생하는 여러 가지 위험을 제거해 줌으로써 원활한 무역거래를 뒷받침해 주고 있다. 무역당사자는 주로 해상보험에 의해 이 위험에 대처하고 있다.

3) 환위험

국제무역의 경우 이종 통화의 사용에 따른 환율문제가 발생한다. 이 때문에 계산시점의 환율과 계약이행시의 환율이 다르면, 환차손·익이 발생한다. 이것을 환위험(foreign exchange risk)이라고 부른다.

이러한 위험을 회피하기 위하여 각 국가마다 자국 통화의 교환가치를 적절한 수준에서 안정적으로 유지하려고 한다. 이와 함께 무역업자도 외화운용의 지식을 가지고 환차손을 회피하는 노력을 하여야 한다. 또한 장기계약의 경우 가격조정의 여지를 남겨두는 계약조항을 삽입하는 등의 교섭을 하여야 한다.

4) 의사소통의 장해·법률상의 위험

무역에서는 언어 그 자체가 의사소통(communication)의 장해가 되어 원활한 거래를 방해한다. 다른 국가·문화 간의 거래인 이상, 거래 고유의 용어정의, 거래규칙의 해석, 거래를 규율하는 법률 등이 국제적으로 통일되어 있지 않아서, 때때로 그것을 둘러싸고 의견의 대립에서 분쟁으로 발전하여 거래가 중단되거나 취소되는 경우도 있다. 계약을 올바르게 이행해도 다소의 차이로 계약조항에 위배되는 결과를 가져오는 경우도 있다. 이것들은 무역실무상의 의사소통 장해이며 법률상의 위험(legal risk)이라고 부른다.

국제기구와 국제동업자 단체에 의해 통일규칙이 제정·정비되어 이용하기 쉬운 표준약관이 작성됨에 따라 국제거래의 법률에 관한 공통의 이해가 넓어지고 전문용어의 정의도 한층 안정되고 있다. 한편 출판·정보통신의 발전에 따라 거래규칙이 전 세계적으로 보급되었다. 또한 국제 교통수단 및 인터넷 등의 통신수단이 발달되어 당사자가 직접 대면하여 교섭하는 기회가 늘어나고 있기 때문에 의사소통상의 장해는 상당히 줄어들고 있다.

5) 정치적 요인 · 천재지변의 위험

2000년대 후반 미국 등 선진국에서 발생한 금융위기는 전 세계의 경기 침체를 가져왔으며, 이후 유럽 등으로 확산되어 각 국의 경제와 무역구조의 재편으로 이어지고 있다. 이러한 경제위기 이외에도 세계 각지에서의 지역분쟁, 내란 · 정변, 노사분쟁 등은 무역의 원활한 발전을 저해하며, 개별 계약의 채산을 악화시키고 이행을 매우 어렵게 한다.

이와 같은 정치 · 경제적인 급격한 사정의 변화 등을 국가위험 또는 정치위험이라고 부른다. 무역 거래당사자는 상대국의 최신의 거시적인 정치 · 경제 사정 정보를 수집하고 이것에 신중히 대처해야 한다. 그리고 국가는 무역보험을 제공하고 이것을 지원하고 있다.

또한 지진, 태풍, 홍수 등의 자연재해도 마찬가지이다. 이러한 사태가 발생할 때에는 「불가항력 약관(force majeure clause)」을 적용하여 위험을 회피하는 것이 일반적이다.

03 무역관리제도

1. 무역관리의 목적

무역관리(trade control)란 국가가 제도, 기구 또는 법규에 의하여 무역거래에 대하여 간섭, 통제 또는 규제하는 것을 총체적으로 일컫는 말이다.

대외교역을 영위하고 있는 모든 국가들은 정도의 차이는 있지만 어느 정도의 수출입의 관리를 정부에 관장하여 무역에 대하여 일정한 제약을 가하고 있다. 이는 정부의 관리와 감독이 없이는 무역거래의 질서가 문란해질 수 있고, 많은 외화와 노력의 낭비를 초래할 우려가 있기 때문이다.

특히 부존자원이 빈약하고 과밀한 인구 등으로 인하여 상대적으로 대외무역의 존도가 높은 우리나라의 입장에서는 대외교역이 국민경제 전반에 미치는 영향이 지대하므로, 잘 계획되고 질서정연한 대외교역을 위한 수출입의 관리가 그만큼 더 요긴하다고 할 수 있다.

이러한 점들을 감안하여 우리나라의 헌법 제125조에서는 「국가는 대외무역을 육성하며 이를 규제·조정할 수 있다」라고 명문화하고 있으며, 또한 우리나라의 대외무역법 제1조에서도 무역관리의 목적에 대하여 「이 법은 대외무역을 진흥하고 공정한 거래질서를 확립하여 국제수지의 균형과 통상의 확대를 도모함으로써 국민경제의 발전에 이바지함을 목적으로 한다」라고 규정하고 있다.

2. 무역관리법규

우리나라의 대외무역은 다음과 같은 법률적 근거에 의거하여 운영·관리되고 있다.

첫째로, ① 헌법, ② 대외무역법, 동(同) 시행령 및 동 관리규정 등에 근원을 두고 있다.

둘째로, 대외무역과 직접 관련되는 법들로는 ① 수출검사법, ② 수출보험법, ③ 수출자유지역설치법, ④ 관세법, ⑤ 관세환급특례법, ⑥ 외국환거래법, ⑦ 외자도입법, ⑧ 중재법, ⑨ 무역금융규정 등을 들 수 있다.

셋째로, 이들 외에도 특별법에 근거한 무역거래관계법들이 있다.

이 중에서 대외무역법, 관세법, 외국환거래법은 소위 무역의 3대 기본법이라고 하고 우리나라 무역관리제도의 근간을 이루고 있다. 본 절에서는 이들 세 가지 기본법을 약술하고 특히 대외무역법에 초점을 맞추어 우리나라의 현행 무역관리제도를 살펴보기로 한다.

1) 대외무역법

무역에 관한 일반법이며 기본법인 대외무역법은 1986년 12월 31일 법률 제3895호로 제정·공포되어 1987년 7월 1일부터 시행하게 되었다. 현재는 대외무역법 시행령이 2019년에 개정되어 시행되고 있다. 그 동안 여러 차례의 일부개정을 통하여 시대의 흐름을 반영하고 있다.

대외무역법은 대외무역을 진흥하고 공정한 거래질서를 확립하여 국제수지의 균형과 확대를 도모함으로써 국민경제의 발전에 이바지함을 목적으로 하고 있다.

현행 대외무역법의 주요 내용은 ① 통상의 진흥, ② 수출입거래, ③ 수입에 의한 산업피해조사, ④ 수출입의 질서유지, ⑤ 수출입관련조합 등, ⑥ 보칙, ⑦ 벌칙 등으로 구성되어 있다.

2) 외국환거래법

현재 외국환거래법은 2017년 개정되어 시행되고 있다. 이 법은 외국환거래 기타 대외거래의 자유를 보장하고 시장기능을 활성화하여 대외거래의 원활화 및 국제수지의 균형과 통화가치의 안정을 도모함으로써 국민경제의 건전한 발전에 이바지함을 목적으로 하고 있다. 외국환거래법은 ① 거주자와 비거주자의 구분, ② 환율 및 지급수단, ③ 외국환은행과 환전상, ④ 외국환수급계획, ⑤ 외국환의 집중, ⑥ 결제방법에 대한 제한 등으로 구성되어 있다.

3) 관세법

관세법은 관세의 부과・징수 및 수출입물품의 통관을 적정하게 하여 국민경제의 발전에 기여하고 관세수입의 확보를 목적으로 하는 법으로, 1967년 11월 29일 법률 제1976호로 제정・공포되고 수차에 개정되어 현재 2018년 개정법률이 2019년 5월 1일부터 시행되고 있다.

관세법은 관세의 과세와 징수 및 통관의 규정을 핵심으로 한 제도로서 국제관세협력, 운송기관, 보세구역, 운송, 관세사, 관세공무원의 직권, 벌칙, 조사와 처분의 규정을 두고 있으며, 총칙과 부칙을 함께 두고 있다.

또한 관세법에는 별도로 관세율표가 부속되어 있고 관세법에서 위임된 사항과 그 시행에 관하여 필요한 사항을 정하기 위한 관세법시행령과 동법시행령의 시행에 따른 관세법시행규칙이 제정・시행되고 있다.

관세법은 ① 관세와 징수, ② 국제관세협력, ③ 운수기관, ④ 보세구역, ⑤ 운송, ⑥ 통관, ⑦ 관세사, ⑧ 세관공무원의 직권, ⑨ 벌칙 등을 주요 내용으로 규정하고 있다.

4) 기타 무역관계법

(1) 무역거래기반조성에 관한 법률

무역거래기반조성에 관한 법은 무역거래기반을 효율적·체계적으로 조성하여 균형적인 무역거래의 확대와 국민경제의 발전에 이바지함을 목적으로 하여 2000년 1월 28일에 제정되었다.

(2) 무역업무자동화 촉진에 관한 법률

이 법은 무역업무의 자동화를 촉진하여 무역절차의 간소화와 무역정보의 신속한 유통을 실현하고 무역업무의 처리시간과 비용을 절감하여 산업의 국제경쟁력을 높임으로써 국민경제의 발전에 이바지함을 목적으로 하여 1991년 12월 31일에 제정되었다.

(3) 수출보험법

수출보험법은 수출무역, 기타 대외거래에서 발생하고, 통상의 보험으로는 구제하기 곤란한 위험으로 인한 재산상의 손실을 보상하는 보험제도를 확립함으로써 수출무역, 기타 대외거래의 진흥을 도모함을 목적으로 1968년 12월 31일에 제정·공포되어 시행되고 있다.

(4) 중재법

중재법은 해당 당사자간의 합의로 사법상의 분쟁을 법원의 판결에 의하지 아니하고 중재인의 판정에 의하여 신속하게 해결함을 목적으로 1966년 3월 16일 공포·시행되고 있다. 그리고 대한상사중재원의 중재법에 의하여 상사중재를 공정·신속하게 하기 위한 절차를 규정함을 목적으로 하는 상사중재규칙을 제정하여 1973년 4월 3일자로 대법원의 승인을 받아 시행하고 있다.

(5) 수출자유지역설치법

수출자유지역설치법은 임해의 특정지역에 수출자유지역을 설치하여 외국인의 투자를 유치함으로써 수출의 진흥, 고용의 증대 및 기술의 향상을 기하여 국민경제의 발전에 기여함을 목적으로 1970년 1월 1일 제정·시행되고 있다.

(6) 농수산물수출진흥법

농수산물수출진흥법은 농수산물의 생산·수집·가공 및 수출체계를 계열화하여 안정된 수출기반을 조성함으로써 소득증대에 기여함을 목적으로 1971년 1월 9일에 제정되었다.

3. 무역업의 창업과 무역업고유번호

1) 무역업의 창업과 무역업고유번호 신청

무역업신고제가 2000년 1월 1일부터 폐지되고 기존의 무역업신고번호 대신 무역업고유번호가 신설되었다.

개정된 대외무역관리규정(대외무역관리규정의 개정 중 개정고시, 산업통상자원부고시 제1999-521호, 1999년 12월 4일) 제3-5-1호의 규정에 의거하여 산업통상자원부장관은 동법시행령 제30조 및 제31조의 규정에 의한 전산관리체제의 개발·운영을 위하여 무역거래자별 무역업고유번호를 부여한다.

무역거래자는 관세법 제137조의 규정에 의한 수출(입)신고시 무역업고유번호를 수출(입)자 상호명과 함께 기재하여야 한다. 무역을 업으로 하고자 하는 자는 무역업고유번호를 한국무역협회장에게 신청하여야 한다. 한국무역협회장은 접수 즉시 신청자에게 고유번호를 부여한다. 고유번호의 신청 및 부여는 다음의 「무역업고유번호부여(신청)서」 서식에 의해서 하여야 하며, 우편·팩시밀리·전자메일(e-mail)·전자문서교환체제(EDI) 등의 방법으로 할 수 있다. 무역업고유번호를 부여받은 무역업자는 상호, 대표자, 주소, 전화번호 등의 변동이 있는 경우에는 변동 사실을 신속하게 한국무역협회장에게 통보하여야 한다. 한국무역협회장은 고유번호를 부여한 경우 또는 고유번호를 부여받은 무역업자의 상호, 대표자, 주소, 전화번호 등의 변동사실을 통보받은 경우에는 무역업고유번호 관리대장에 이를 기록하고 계속 관리하여야 한다.

부칙 제2조(무역업신고번호에 대한 경과조치)의 규정에 의거하여 이 고시 시행 이전에 대외무역법 제10조의 규정에 의하여 부여받은 무역업신고필증상의 신고번호는 이 고시에 의해 부여받은 무역업고유번호로 본다.

무역업고유번호부여(신청)서

무역업고유번호신청서
APPLICATION OF TRADE BUSINESS CODE

처리기간(Handling Time)
즉 시(Immediately)

① 상 호 (Name of Firm)		② 무역업고유번호 (Trade Business Code)		
③ 주 소 (Address)			④ 업 종 (Business Type)	
⑤ 전화번호 (Phone Number)		⑥ 전자우편주소 (Email Address)		
⑤ 팩스번호 (Fax Number)		⑦ 사업자등록번호 (Business Registry Number)		
⑧ 대표자 성명 (Name of Rep.)		⑨ 주민등록번호 (Passport Number)		

대외무역법 시행령 제21조 및 대외무역 관리규정 제24조의 규정에 의하여 무역업고유번호를 위와 같이 신청합니다.

I hereby apply for the above-mentioned trade business code in accordance with Article 24 of the Foreign Trade Management Regulation.

신 청 일 : 년 월 일
Date of Application Year Month Day

신 청 인 : (서명)
Applicant Signature

사단법인 **한국무역협회 회장**
Chairman of Korea International Trade Association

유의사항 : 상호, 대표자, 주소, 전화번호 등 변동사항이 발생하는 경우 변동일로부터 20일 이내에 통보하거나 무역업데이타베이스에 수정입력하여야 함.

210㎜×297㎜
일반용지 70g/㎡

2) 무역대리업의 신고제 폐지

종전의 대외무역법에서 무역대리업은 외국의 수입업자 또는 수출업자의 위임을 받은 자(외국의 수입업자 또는 수출업자의 지사 또는 대리점 포함)가 국내에서 수출물품의 구매 또는 수입계약의 체결과 이에 부대(附帶)되는 행위를 업으로 영위하는 것을 말하며 갑류무역대리업과 을류무역대리업[9]으로 구분하고 있었으나 개정대외무역법에서는 이를 삭제하였다.

종전의 대외무역법에서 갑류무역대리업 신고는 한국무역대리점협회장에게, 을류무역대리업 신고는 한국수출외국기업협회장에게 신고하도록 하였으나, 모두 폐기되었다(제2조 5항; 삭제 2000. 12. 29).

3) 수출입지역

원칙적으로 수출입거래는 세계 어느 지역과도 가능한 것이나, 교역상대국이 우리나라의 국제협정상의 권익을 부인하거나, 우리나라의 무역에 대하여 부당하거나 차별적인 부담 또는 제한을 가하거나, 인간의 건강과 안전, 환경보전 또는 국내자원보호 등을 위하여 필요한 때에는 특별조치를 통해 수출입을 제한 또는 금지할 수 있도록 대외무역법에 명시하고 있다. 이 밖에도 수출입공고에 의하여 특정지역과의 교역을 제한하거나 금지할 수 있는 근거를 마련해 두고 있으며, 그 구체적 수단으로서 산업통상자원부장관이 필요할 경우 교역상대국의 수출입허가서, 최종소비지증명서 및 검정증명서 등을 제출하도록 하는 제도를 마련해 두고 있다.

4) 수출입품목의 품질관리

우리나라 정부는 수출품의 품질 및 대외성가의 유지·향상을 위해서 일정한 품목에 대하여 품질검사기준을 설정하고 이 검사에 합격한 것에 한하여 수출할 수 있도록 하는 수출검사법을 제정하여 수출품의 품질관리를 하고 있다.

이 수출검사는 세관검사와 구별되는 것으로, 관세법 제140조에 의한 세관검사

9) 갑류무역대리업이란 무역대리업 중 외국의 수출업자를 대리하여 국내에서 물품매도확약서의 발행을 주된 업으로 하고 부수적으로 수출물품의 구매알선행위를 업으로 영위하는 것을 말하고, 을류무역대리업은 무역대리업 중 외국의 수입업자를 대리하여 국내에서 수출할 물품의 구매와 구매알선 및 이에 부대되는 시장조사 등의 행위를 업으로 영우하는 것을 말한다.

는 신고물품의 재료·종류·수량·규격 등의 실물확인검사이고, 수출검사법에 의한 검사는 그 물품의 성능·구조·외관·견고도·안정성 등의 품질요건에 대한 검사가 그 주요내용을 이룬다.

5) 관세의 관리

관세(customs, tariffs)라 함은 관세영역(관세선)을 출입하는 물품에 대해서 법률이나 조약에 의거하여 부과하는 조세(租稅)이다.

우리나라의 관세법 제1조에서는 「관세의 부과, 징수 및 수출입물품의 통관을 적정하게 하여 국민경제의 발전에 기여하고 관세수입의 확보를 기함을 목적으로 한다」고 규정하고 있어 조세법으로서의 성격, 통관법으로서의 성격, 그리고 단속법으로서의 성격을 아울러 가지고 있다고 할 수 있다.

또한 정부는 관세와 연관하여 관세감면제도, 관세환급제도, 자진신고납부제도, 탄력관세제도 등을 통하여 국제무역거래를 관리·통제 및 조절하고 있다.

6) 특별법에 의한 관리

무역거래에 관련되는 법규로는 전술한 3대 기본법 이외에 수출검사법, 공산품품질관리법, 수출보험법, 수출산업공업단지개발조성법, 공업단지관리법, 한국수출입은행법, 농수산물수출진흥법, 수출자유지역설치법, 군납에 관한 법률 및 무역금융규정 등 많은 관계법규가 있고, 또한 대외무역법에 예외규정을 둠으로써 동법에 우선 적용되는 특별법으로서 농업협동조합법과 수산업협동조합법 및 외자도입법 등이 있다.

4. 수출입승인 및 그 절차

1) 수출입관리의 기본원칙

대외무역법개정법률(1996년 12월 30일 공포, 법률 제5211호) 제14조 및 대외무역법시행령개정안(1997년 3월 1일 시행) 제25조에 의거하여 수출입승인품목으로 지정된 물품의 승인기관은 종전의 외국환은행에서 산업통상자원부장관이 지정하는 기관(종전의 추천기관 등)으로 변경되었다. 수출입승인품목이 아닌 종전의 수출입자동승인품목은 승인대상에서 제외되어 자유화되었다.

대외무역법은 이 법의 범위 내에서는 수출입 및 대금의 영수 또는 지급은 자유롭게 이루어진다고 규정하고 있다. 대외무역법 및 기타 무역관계법규에서 별도로 정하고 있지 않은 사항에 대하여는 자유무역질서를 저해하지 않는 범위 내에서 수출입행위는 기본적으로 자유롭게 이루어진다. 무역관계법규, 수출입공고 등에서 수출입제한조치가 공고되지 아니한 품목은 자유롭게 수출입할 수 있고 수출입제한조치가 공고된 수출입승인품목은 산업통상자원부장관이 지정한 수출입승인기관장의 승인이 있어야 수출입할 수 있다.

2) 수출입제한

산업통상자원부장관이 대외무역법 제14조(수출입의 제한) 제1항의 규정에 의하여 수출·수입을 제한할 수 있는 물품은 다음과 같다.

① 헌법에 의하여 체결·공포된 조약이나 일반적으로 승인된 국제법규상의 의무이행을 위하여 산업통상자원부장관이 지정·고시하는 물품

② 생물자원보호를 위하여 산업통상자원부장관이 지정·고시하는 물품

③ 교역상대국과의 경제협력증진을 위하여 산업통상자원부장관이 지정·고시하는 물품

④ 방위산업용 원료·기재, 항공기 및 동 부분품, 기타 원활한 물품수급·과학기술의 발전 및 통상·산업정책상 필요하다고 인정하여 산업통상자원부장관이 당해 품목을 관장하는 관계행정기관의 장과 협의를 거쳐 지정·고시하는 물품

5. 수출입공고

1) 수출입공고의 의의

수출입별도공고는 대외무역법시행령에 규정된 방위산업용, 과학기술용 및 산업정책상 필요한 물품과 수출입공고에서 별도 공고하도록 한 품목 등을 고시하고 있다.

수출입공고의 보완적 성격을 가진 수출입별도공고는 다음의 사항을 고시하고 있다.

① 수출자유지역 입주업체의 수출입절차간소화를 위한 별도조치
② 항공기 및 동 부분품의 수입
③ 대외무역법 제28조의 규정에 의한 한시적 수입제한 및 동법 제29조의 규정에 의한 잠정조치품목의 수입
④ 통상정책상 필요한 물품 등의 수출입

전략물자수출입공고는 전략물자의 수출제한 및 수입증명서 발급에 관한 사항에 관한 규정을 고시한 공고이다.

수출입통합공고는 대외무역법 외에 다른 법령의 해당물품에 대한 수출입의 요건 및 절차 등을 정하고 있는 경우에 수출입요건 확인 및 통관업무의 간소화와 무역질서유지를 위하여 다른 법령이 정한 물품의 수출 또는 수입의 요건 및 절차에 관한 사항을 조정하고 이를 통합하여 규정한 공고이다.

수출입공고 등의 제한내용과 통합공고에서 정한 수출입 요건확인의 내용이 동시에 적용된 경우에는 두 공고의 제한내용이 모두 충족되어야만 수출 또는 수입할 수 있다.

2) 품목분류기준

우리나라의 수출입공고상의 수출입품목분류는 원래 1950년 UN경제사회이사회에서 선포한 「표준국제무역상품분류(Standard International Trade Classification: SITC)」 방식에 의하여 행하여졌으나, 1971년부터 관세협력이사회(Customs Cooperation Council: CCC)에서 발간한 「브뤼셀 관세품목분류(Brussel Tariff Nomenclature: BTN)」 방식에 따라 품목을 분류해 오다가 1976년 CCC총회에서 특정도시의 명칭을 사용한 BTN보다 관세협력이사회의 명칭을 따서 「관세협력이사회품목분류(Customs Cooperation Council Nomenclature: CCCN)」방식으로 변경하게 됨에 따라서 우리나라도 1977년 상반기부터 품목분류를 CCCN방식으로 표시하게 되었다.

그러나 CCCN을 채택하고 있지 않은 국가와 CCCN을 채택하고 있는 국가간에 무역통계를 비교하는 데에 많은 시간과 노력의 낭비가 따랐고, 무역구조의 변화와 과학기술발전에 부응할 필요성과 관세·통계·운송·보험 등에 공용하기 위하여 「신국제통일상품분류(The Harmonized Commodity Description and Coding System: HS)」방식을 제정하였는데, 이 조화제도는 1988년 1월 1일부터 한국을 포함한 세계의 주요 무역국가들이 채택·사용하고 있다.

3) 품목분류

종전의 수출입공고는 네거티브 리스트 시스템(Negative List System)이고 공고별표에서 수출금지품목과 수입금지품목을 계기하지 않고 수출제한승인품목과 수입제한승인품목만 계기하였고, 수출입공고 표 1에 계기되지 아니한 품목은 수출자동품목이라 하고 수출입공고 표 2에 계기되지 아니한 품목은 수입자동승인품목이라고 한다. 1996년 12월에 개정된 대외무역법개정법률 부칙 제8조의 규정에 의거하여 동법 제14조 제1호 중 "자동승인품목"을 삭제하고 동조 제1호 및 제2호 중 "제한승인품목"은 각각 "수출입을 요하는 품목"으로 개정되었다.

수출입승인품목은 대외무역법시행령 제24조의 규정에 따라 산업통상자원부장관의 승인을 얻어 수출·수입하도록 지정된 물품과 국가별로 수출·수입의 균형을 유지하기 위하여 산업통상자원부장관이 당해 물품을 관장하는 관계행정기관의 장과 합의하여 고시한 품목 등을 말한다(동법시행령 제25조).

수출입승인품목은 산업통상자원부장관이 수출·수입을 제한하며, 그 구체적인 품목은 다음과 같다.

① 일반적으로 승인된 국제법규 또는 WTO 등 다자간·양자간 협정의무 이행을 위하여 지정한 물품
② 생물자원보호를 위하여 지정한 물품
③ 양국간 경제협력 증진을 위하여 지정한 물품
④ 방위산업용 원료·기재·항공기 및 동 부분품, 기타 통상·산업 정책상 필요하다고 인정하여 지정한 물품

04 무역의 형태

무역거래가 행하여지는 형태는 다종·다양하다. 여기서는 실무적으로 가장 널리 이용되고 있는 무역매매의 형태들을 개략적으로 설명한다.[10)]

1. 직접형태와 간접형태

직접거래와 간접거래로 구분하는 경우에는 다음과 같은 두 가지 관점이 있다.

하나는 직접거래(direct trade)로 자국의 매도인이나 매수인이 외국의 매수인 또는 매도인과 국제상거래를 행함에 있어서 그들 사이에 일체 중개자를 개입시키지 않는 것을 말한다. 이에 대하여 간접거래(indirect trade)란 매도인과 매수인간의 국제상거래에 중개자를 개입시켜 그의 손을 거치도록 하는 것을 의미한다.

또 하나의 관점으로는 수출국 또는 수입국의 생산자(제조업자)가 해외의 거래상대자와 직접 거래교섭을 행하여 스스로 모든 거래에 대한 책임을 지고 거래활동을 수행하는 직접무역의 경우가 있다. 이에 비해서 간접무역이란 생산자의 무역활동에 자국내의 무역상사 등이 개입하여 이들 중간상(export/import middleman)의 손을 거쳐서 국제상거래가 수행되는 것을 말한다.

2. 매매형태와 교환형태

상품의 수요자가 공급자로부터 상품을 취득하고자 할 때, 오늘날 가장 일반적인 방법으로 여겨지고 있는 것은 매매에 의한 것이다. 매매란 상품과 통화와의 교환이다. 계약상품을 인도하고 대금을 수령하는 측을 매도인(seller), 상품을 수취하고 대금을 지급하는 측을 매수인(buyer)이라고 부른다. 무역거래에 있어서의 매매는 매도인·매수인이 각각 상이한 국가·지역에 거주하고 있음을 말한다.

한편 어떠한 시점에 의해서 또는 양국간의 정부간 협정 등에 의하여 대금이라는 화폐의 유출이 없이 대금에 비등한 금액의 상품을 보상으로 제공하는 형태의

10) 山川健編 著, 貿易商務の手引(酒井書店, 1994), pp. 2~5.

무역활동을 보게 된다. 이는 물물교환(barter trade)이라고 불리어지는 거래방식으로 이 거래형태는 오늘날 다양화가 이루어져 보다 넓은 개념으로서의 연계무역(counter trade)에 포함된다. 즉, 오늘날 연계무역이라 함은 수출과 수입이 연계된 무역거래를 총칭하는 광의의 개념으로 그 해석이 확대되고 있으며 거래기간, 청산의 형태, 교역되는 상품의 관계, 계약서의 수 등을 기준으로 크게 물물교환(barter), 대응구매(counter-purchase), 제품환매(buy-back), 상계무역(offset trade), 스위치무역(switch trade) 등으로 구분된다.

3. 위탁형태

매매에 의한 거래에 있어서는 매매의 합의가 이루어진 다음에 상품의 수도(受渡)가 이행된다. 그러나 합의에 앞서서 공급자가 해외업자에게 상품을 송부하고 현지에서의 판매를 위탁하게 되는 거래방법이 있다. 이러한 형태의 무역활동을 위탁판매무역(consignment trade)이라고 한다. 판매를 위탁한 공급자는 판매된 금액에 상응하여 수수료를 수탁자에게 지급하게 된다.

이러한 판매방식은 신규상품의 진입이나 신시장의 개발에 흔히 이용되는데, 수입업자 측에서는 자금부담이 경감되며 클레임 제기의 필요성이 없으나 위탁판매자의 입장에서는 대금회수불능의 위험이 있어 본·지사 간이나 오랜 거래선 간이 아니면 잘 이루어지지 않는다.

이것과는 반대로 수탁자가 상품을 무환(無換)으로 수입하여 상품이 판매된 범위 내에서 대금결제가 이루어지는 수탁판매무역도 있다. 이는 수탁자가 판매대리인으로서 위탁자 지정의 조건에 따라 상품을 매각하고 남은 제품은 위탁자에게 반환하며, 판매대금에서 제 경비 및 판매수수료 등을 공제한 잔액만을 위탁자에게 송금하면 된다.

그러므로 수입업자는 판매에 대한 위험이 없고 수입에 따른 자기자금이 전혀 소요되지 않는다는 장점 때문에 무분별한 수입이 조장될 우려가 없지 않다.

4. 중계형태

수요자와 공급자 간의 상품매매가 제3국의 업자를 통해서 행하여질 때, 그 제3

국의 업자의 관점에서 본 무역활동을 중계무역(中繼貿易; intermediate trade)이라고 한다. 거래되는 상품은 공급국으로부터 일단 제3국으로 수입되고 그 후에 재차 제3국에서 수요국으로 수출된다. 이때에 두 가지의 매매계약이 존재하게 되며, 제3국의 업자는 공급자에 대해서는 매수인이 되어 대금을 지급하고, 수요자에 대해서는 매도인이 되어 대금을 수취한다. 이러한 경우 중계상은 수입금액과 수출금액의 차이를 일종의 중계수수료 식으로 취득하게 된다.

또한 전술한 중계무역과 비슷하게, 동일상품에 두 가지의 매매계약이 존재하고 제3국의 업자가 개입하는 경우일지라도 상품이 공급국에서 수요국으로 직송되고 제3국을 경유하지 않는 형태를 취하는 경우가 있다. 이것을 중개무역(仲介貿易; merchandising trade)이라고 일컫는다.

5. 가공형태

원자재를 외국에서 수입하여 이를 가공·정제한 후, 외국에 수출하는 무역활동을 일반적으로 가공무역(processing trade)이라고 한다. 이 가공무역형태는 수탁가공무역과 위탁가공무역으로 구분된다.

수탁가공무역이란 물품 가공상의 가득액을 가득하기 위하여 원자재의 일부 또는 전부를 거래상대자의 위탁에 의하여 자국에서 이를 가공 후 위탁자 또는 그가 지정하는 자에게 수출하는 무역거래방식이다. 이때 원자재가 무환으로 수입되는 경우는 무환수탁가공(無換受託加工)이라고 하고, 원자재가 유환으로 수입되면 유환수탁가공(有換受託加工)이라고 한다.

위탁가공무역이란 가공임(加工賃)을 지급하는 조건으로 외국에서 가공할 원자재의 일부 또는 전부를 거래상대자에게 수출하여 이를 가공한 후 가공물품을 다시 수입하는 거래방식이다.

한편 수탁가공무역과 같이 자국에서 가공하여 수출하는 경우를 능동적 가공무역(active improvement trade) 또는 가공수출무역이라고 한다. 또한 위탁가공무역과 같이 외국에서 가공·수입하는 경우를 수동적 가공무역(passive improvement trade) 또는 가공수입무역이라고도 한다.

05 전자무역

1. 전자무역의 의의

1) 전자무역의 생성배경

오늘날 세계경제는 정보통신기술의 발전에 힘입어 인터넷기반의 디지털경제시대로 다가가고 있다. 특히 인터넷 사용의 확산은 기업 활동의 글로벌화를 가속화하고 무역거래방식과 관행을 근본적으로 변화시킴으로써 새로운 무역의 패러다임을 등장시키고 있다.

이러한 변화는 무역거래의 대상물품, 거래당사자, 활동영역, 활동경로, 업무처리방식 등을 급격히 변화시키고 있다.

이에 따라 전통적 무역에 대한 상대개념으로서의 무역에 대한 새로운 용어가 필요하게 되었고, 이렇게 해서 생성된 용어가 전자무역(Electronic Trade)이다.

2) 전자무역의 개념

「전자무역이란 무역의 전부 또는 일부가 컴퓨터 등 정보처리능력을 가진 장치와 정보통신망을 이용하여 이루어지는 거래를 말한다」고 정의하고 있다. 정보처리능력을 가진 장치는 「전자적 수단」을 뜻하고 전자적 수단에는 인터넷을 이용하지 않는 팩스, 텔렉스 및 전화기는 제외된다.

대외무역법의 전자무역의 정의에는 거래형태 및 절차만이 아닌 무역거래의 대상도 포함되어 있다. 전자무역의 대상을 일반적인 물품(유체물) 이외에 전자적 형태의 무체물도 포함시키고 있으며, 이러한 무체물의 수출입도 전자무역으로 정의하고 있다(2016년 개정 대외무역법).

전자무역은 해외시장조사, 마케팅, 계약교섭, 계약체결, 운송, 보험, 대금결제, 통관 등의 제반무역업무의 전부 또는 일부를 세계적 개방형 네트워크인 인터넷과 보안성이 높은 VAN 등을 이용하여 이행하고, 무역서류의 업무처리상 EDI가 중요한 수단이 되며, 국내외 데이터베이스를 동시에 이용함으로써 국내거래와 해외무역거래가 동시에 이루어진다.

전통적 무역인 오프라인무역이 팩스, 텔렉스, 전화 및 우편을 이용하는 무역이라면, 전자무역은 컴퓨터와 인터넷을 이용하는 무역이다. 오프라인무역은 물리적 장소에서 거래상대방과 직접 대면하는 거래인데 전자무역은 시간적, 공간적 제한 없이 사이버공간에서 거래상대방과 대면하지 않고 이루어지는 거래이다.

3) 전자무역과 오프라인무역의 비교

전자무역과 오프라인무역을 비교하면 무역거래의 이행순서에는 큰 차이가 없으나, 무역거래의 구체적 수단과 방법에는 큰 차이가 있다. 전통적인 기존의 오프라인무역의 거래방식은 해외시장조사에서 수출대금의 회수까지 다단계의 복잡한 절차가 필요하여 많은 비용과 시간이 소요된다. 그러나 전자무역의 거래방식은 마케팅, 계약, 운송, 보험, 통관, 대금결제 등 무역거래의 전부 또는 일부를 인터넷 및 EDI 등의 정보통신기술과 사이버 공간을 이용함으로써 무역을 편리하고 신속하게 경제적으로 이루어지게 한다.

전자무역과 전통적 무역의 거래단계별 특징을 비교하면 [표 11-3]과 같다.

표 11-3 전통적 무역과 전자무역의 비교

거래절차	전통적 무역	전자무역
(1) 해외시장 조사	무역거래알선기관(KOTRA, KOTIS 등) 방문, 주한대사관의 자료이용, 현지조사, 무역전문 조사기관에 조사의뢰	무역관련기관의 웹 사이트 및 국내외의 검색엔진을 이용하여 정보 수집
(2) 거래상품의 선정	무역거래알선기관 방문 선정의뢰, 국별, 품목별 수출입 통계 및 Directory 활용, 국내외 무역전시회 참가	무역관련기관의 웹 사이트를 이용
(3) 마케팅 및 홍보	대중매체를 통한 광고, 상품목록 배포, 무역전시회 참가	무역거래 알선사이트 및 검색엔진에 등록, Usenet, Mailing List 등록, 사이버 무역전시회
(4) 마케팅 범위	지역 및 시간의 제한	전 세계적 마케팅 24시간 마케팅 활동 가능
(5) 거래대상 선정	국내외의 상업회의소, KOTRA, 한국무역협회 등에 거래알선의뢰, Directory에서 거래처 선정, 해외출장, 국내외 무역전시회 참가	인터넷을 이용한 시장조사에 의하여 거래상품 및 거래처 선정, 무역거래알선 웹사이트, 유즈넷에서 자기취급상품의 거래처 선정, 검색사이트를 통하여 거래처 선정
(6) 거래제의 수단	무역서한, 팩스, 텔렉스	E-mail

거래절차	전통적 무역	전자무역
(7) 대면방법 및 장소	물리적 장소에서 거래상대방과 직접 대면 상담	가상공간에서 거래상대방과 비대면 상담
(8) 계약교섭	조회나 그 회답은 무역서한, 팩스, 텔렉스로 하고 가격표, 상품목록, 견본을 동봉하거나 별봉으로 보낸다.	조회 및 그 회답은 E-Mail로 한다. E-mail과 함께 첨부파일로서 전자상품목록, 견본, 그림 및 명세서를 보낼 수 있다.
(9) 신용조회	은행신용조회처, 동업자신용조회처, 상업흥신소, 수출보험공사, 신용보증기금, KOTRA 등에 직접 조회의뢰	국내외의 신용조사기관의 웹사이트 방문, 국내외의 기업신용정보, Database 사이트 방문, Yellow Page 웹사이트 방문
(10) 계약체결 수단	주문, 오퍼 및 승낙은 무역서한, 전신, 팩스, 텔렉스	주문, 오퍼 및 승낙은 E-mail 및 Internet Fax
(11) 대금결제 방식	송금결제방법, 추심결제방법, 신용장결제방법 등	신용카드, 전자화폐, 전자수표, 전자자금이체, Trade Card, Bolero Project, SWIFT에 의한 전자신용장
(12) 운송계약	프레이트 포워터(Freight Forwarder), 항공회사, 해운회사에 직접 계약 신청	각 운송회사의 웹사이트를 방문하여 운항스케줄, 운임 열람, EDI 및 Internet으로 운송계약 신청
(13) 보험계약	보험회사에 직접 방문하여 보험계약 신청	보험회사 웹사이트를 방문하여 Internet 및 EDI로 보험계약 신청
(14) 통관	서류통관	EDI 통관(Paperless)
(15) 클레임 중재	오프라인 무역거래에서 발생한 클레임은 대한상사중재원에서 중재	온라인 무역의 특징인 비대면성을 이용한 사기 및 부정거래가 자주 발생. On Line ADR에 의한 해결 전자거래진흥원의 전자거래분쟁조정위원회에 조정의뢰
(16) 무역업무 처리수단	서류, 직접무역 유관기관 직접 방문	Internet, EDI 등의 정보기술(IT) 이용
(17) 통신수단	무역서한, 전신, 팩스, 전화	E-mail, 인터넷 팩스 및 인터넷 전화

4) 전자무역의 기대효과

1990년대의 인터넷의 급속한 보급과 최근의 정보통신기술(IT)의 급속한 발전은 무역에도 커다란 영향을 미치고 있고 새로운 패러다임을 만들어 가고 있다. 전자무역의 기대효과는 전 세계 대상의 글로벌 마케팅, 거래처 발굴 및 해외정보 입수의 용이, 거래비용의 절감 및 거래시간의 단축, 거래대상지역 및 거래시간제약의 해소, 무역서류 및 대금결제의 전자화, 새로운 물류시스템의 도입 등이다.

5) 전자무역의 한계

전자무역은 시간과 비용절약 등의 이점과 기대효과를 가지고 있다. 그러나 무역거래의 모든 절차를 전자적으로 처리하는 데는 여러 가지 문제점이 남아 있다. 전자무역을 안전하고 확실하게 이행하기 위해서는 데이터의 복제나 변조 등에 대한 충분한 대응조치가 필요하다. 이 문제점을 해결하기 위해서는 국제적으로 통용되는 전자계약서, 전자서명, 인증기관 및 등록기관에 관한 국제적 통일규칙이 제정되어야 한다.

전자무역의 한계를 극복하는 전략으로 온라인마케팅과 오프라인마케팅을 병용 접목함으로써 그 시너지효과를 극대화할 수 있다.

2. 전자무역 마케팅

1) 전자무역 수출마케팅

오프라인 마케팅과 전자무역 마케팅의 비교는 아래 [표 11-4]와 같다.

표 11-4 오프라인 마케팅과 전자무역 마케팅의 비교

항목구분	오프라인 마케팅	전자무역 마케팅
마케팅 방법	불특정 다수를 대상으로 하는 Mass Marketing	Direct Marketing, Interactive Marketing, Database Marketing, One to One Marketing
마케팅 목표	수출시장점유율, 수출액(량)의 증가	수입업자 욕구의 충족도 향상
시장조사방법	오프라인 방법: 자료에 의한 조사, 현장조사, 전문기관조사위촉	온라인 방법: 인터넷, 무역전문 데이터베이스, 해외상용데이터베이스, 일반 PC
커뮤니케이션 (Communication)	단방향	양방향, 다방향
수출입지역 및 거래상담시간	특정지역에 대한 수출(장소제한) 거래상담시간은 영업시간 내 한정	장소와 시간을 가리지 않는 Global Marketing과 24시간 및 연중무휴
수출입 거래장소	시장, 백화점, 도매점, 슈퍼마켓, 양판점, 소매점 등(물리적 장소)	인터넷과 EDI의 정보기술(IT)을 이용하여 PC와 Network가 구축한 가상공간
비용과 시간	사무실 운영비, 통신비가 많이 듦	Internet, EDI, E-mail 이용으로 비용이 저렴하고 신속성이 있음

2) 전자무역 수출마케팅 전략

(1) 전자무역 수출마케팅 전략과 웹 프로모션 마케팅

① 전자무역 수출마케팅 전략의 정의

전자무역 수출마케팅 전략이란 4P 전략요소인 제품(Product), 가격(Price), 유통(Place) 및 판매촉진(Promotion)을 그 시장에 가장 적합하게 마케팅 믹스(Marketing Mix)하는 것을 말한다. 즉, 해외바이어로부터 주문을 받기 위한 전자무역 수출마케팅 전략은 전자무역 수출시장조사의 결과에 따라 해외바이어의 욕구에 맞는 제품전략, 소득수준에 맞는 가격전략, 적절한 유통경로전략 및 그 시장에 적합한 판매촉진전략을 채택하여 수출활동을 실행하고 수출계약이 체결될 때까지의 활동이라고 말할 수 있다.

② 웹 프로모션 마케팅(Web Promotion Marketing)

전자무역 수출마케팅 전략을 수립, 이행하기 전에 먼저 해외바이어들이 자사의 웹 사이트에 많이 방문하도록 효과적인 웹 프로모션 마케팅을 전개해야 한다.

전자무역에서의 웹 프로모션 마케팅이란 검색엔진, 이메일, 유즈넷, 베너광고 등을 효과적으로 동원하여 해외바이어들이 자사의 웹 사이트에 많이 방문하도록 하는 일종의 마케팅 전략이다. 성공적인 전자무역을 위해서는 웹 사이트 구축보다 자사 웹 사이트의 웹 프로모션 마케팅이 더 중요하다.

웹 프로모션 마케팅 방법에는 국내외의 유명 무역거래알선 웹 사이트, 검색엔진 및 메일링리스트에 등록하는 소극적 방법 이외에도 오프라인 홍보방법인 TV, 신문, 잡지, 광고, 전시회 광고를 활용하는 적극적인 방법이 있다.

(2) 전자무역 수출마케팅의 4P 전략

① 제품(Product) 전략

전자무역의 수출품에는 무형체의 제품(digital goods)과 유형체의 제품(non-digital goods)이 있다. 소프트웨어 등의 무형체의 제품은 온라인으로 전송하므로 별도의 운송비가 들지 않는 장점이 있다.

전자무역 수출마케팅에서는 인터넷으로 고객, 경쟁자의 정보를 입수하여 제품계획(Product Planning)을 세울 수 있고 신제품에 대하여 인터넷을 통해 광고를 할 수 있다.

인터넷 취급품목은 제품의 크기가 소형이고 눈으로 보거나 만져보지 않아도 그 품질이나 성능을 알 수 있는 제품, 컴퓨터 소프트웨어, 서적 등이 유리하다.

② 가격(Price) 전략

수출가격전략은 수출업자가 자사의 수출목표를 가장 효율적으로 달성하기 위해서 해외바이어에게 수출하는 제품의 가격을 결정하는 것을 말한다. 수출가격전략은 원가중심, 목표가격중심, 해외수요중심 및 해외경쟁중심전략 중 어느 것에 큰 비중을 두는가에 따라 달라진다.

해외시장에서 경쟁할 수 있도록 수출가격을 결정하기 위해서는 수출목표시장의 경쟁제품 및 대체제품의 가격을 비교 조사하여 결정해야 한다.

③ 유통(Place) 전략

전자무역은 때와 장소를 가리지 않는 인터넷이 구축한 가상공간에서 이루어지기 때문에 인터넷 유통전략은 특정한 지역을 벗어나 전 세계를 상대로 제품을 수출하는 것을 말한다. 인터넷이용 유통체계의 관리를 위해서는 신속하고도 정확한 배달, 배달 추적, 반품서비스, 품질보증, 사후 서비스에 이르기까지의 효율적 운영전략이 필요하다.

전자무역 유통이 오프라인유통에 비해 유리한 점으로는 시간과 장소의 제약이 없는 전시공간 및 제품정보, 저렴한 가격 등을 들 수 있다.

④ 판촉(Promotion) 전략

전자무역 판촉이란 해외의 바이어들에게 자사가 생산한 수출품을 인터넷을 통하여 온라인상에서 널리 알려 수입을 유도하는 마케팅 활동을 말한다. 전자무역 판촉은 광고뿐만 아니라 기업홍보, 소비자보호, 제품정보 등의 마케팅 활동을 인터넷을 통하여 이행할 수 있게 한다. 인터넷광고는 기존의 광고매체에 비해 광고 제작비가 저렴하고 효과도 크다.

3. 전자무역을 통한 수출입

1) 전자무역 네트워크 및 업무 프로세스

우리나라 전자무역기반시설인 전자무역 네트워크의 현황 및 전자상거래 수출기업과 유관기관 전자상거래 업무 프로세스는 <그림 11-1>, <그림 11-2>와 같다.

그림 11-1 전자무역기반시설: 전자무역네트워크 현황

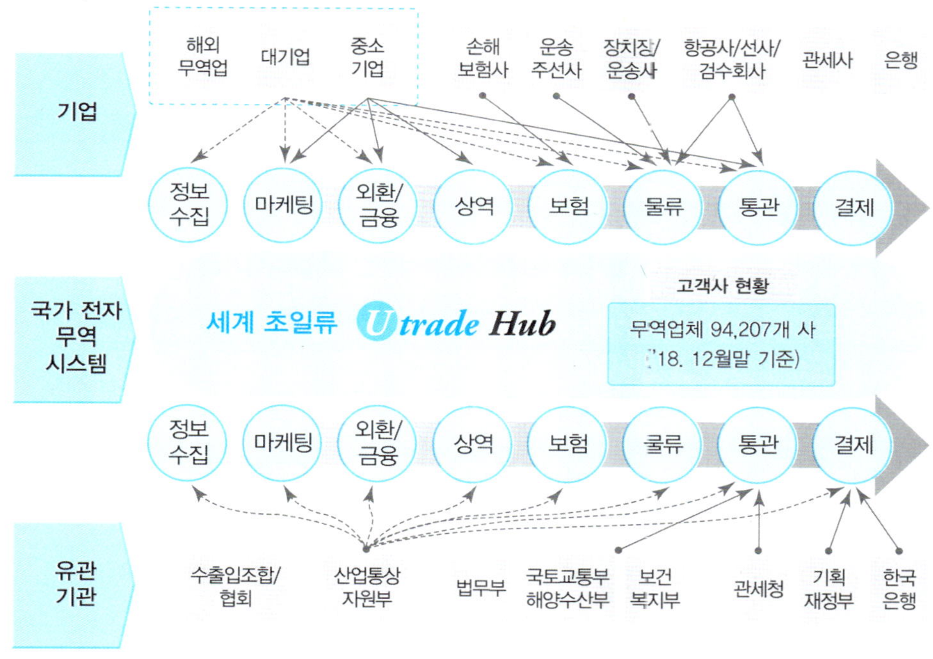

자료: KTNET, 2019.

그림 11-2 전자상거래 수출기업과 유관기관의 전자상거래 업무 프로세스

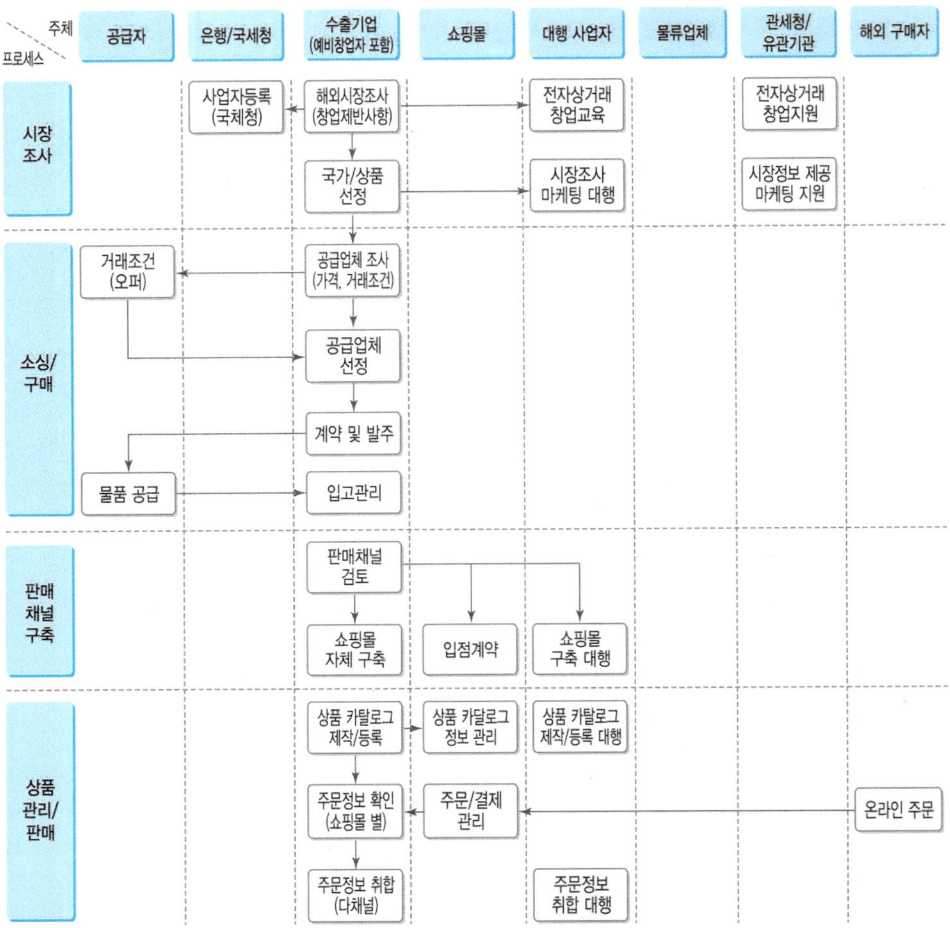

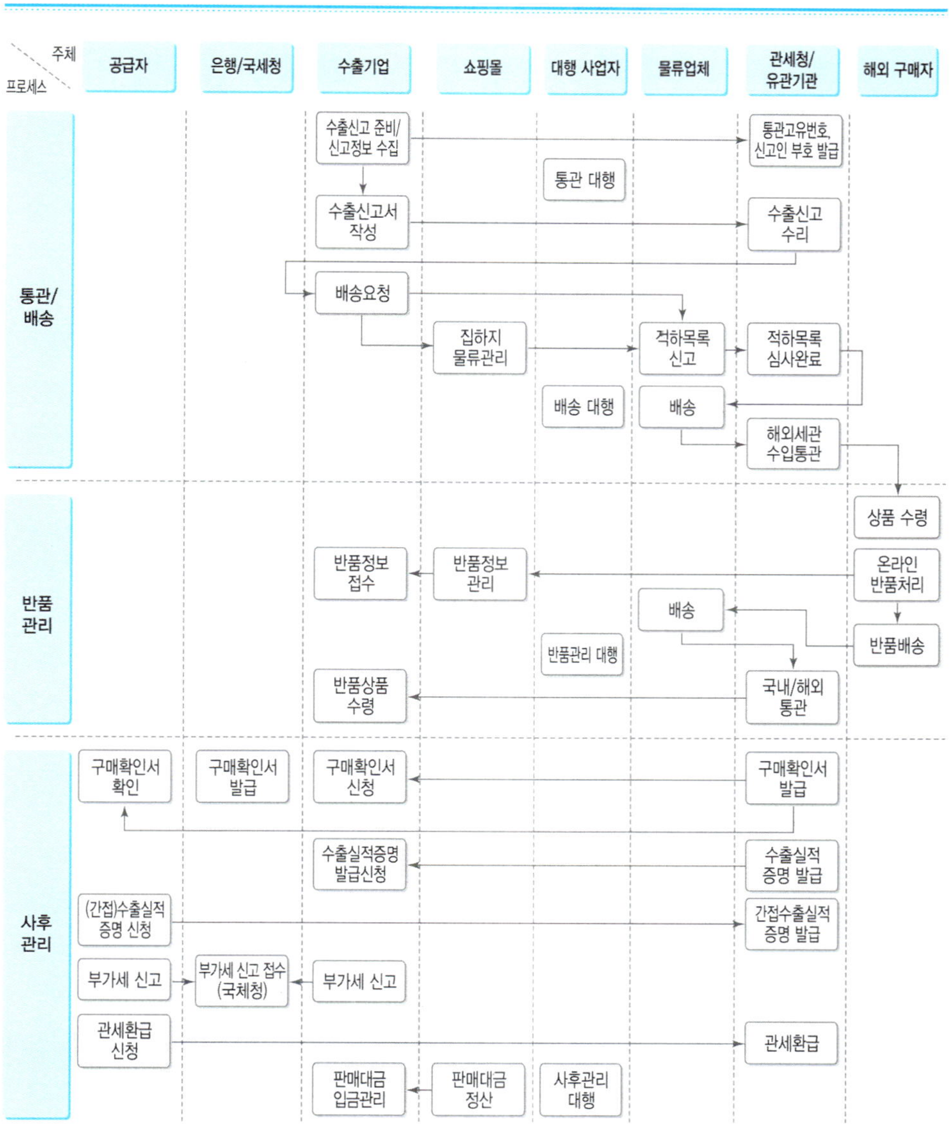

자료: 산업통상자원부, 무역협회, 2019.

그림 11-3 초연결 디지털 무역플랫폼 구축 방향

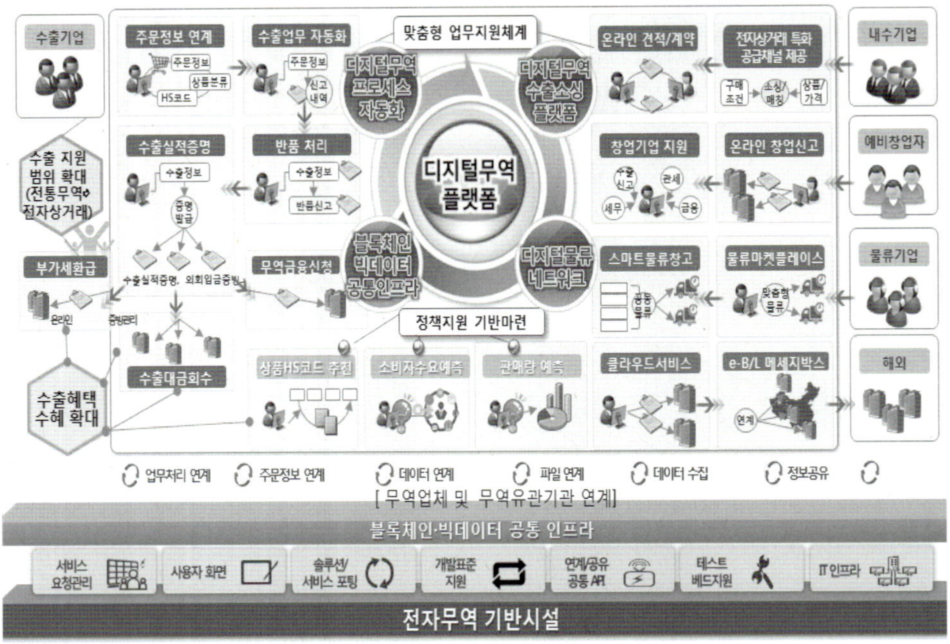

자료: KTNET, 2019.

2) Trade Card와 Bolero Project

(1) Trade Card

Trade Card 시스템은 전자무역 서류의 전송과 대금결제방법을 전자화하려는 목적으로 WTCA(World Trade Center Association; 세계무역센터협회)가 주관하고 있는 사업이다.

Trade Card 시스템은 신용장 없는 무역대금 결제방법으로 이행하기 위한 전자시스템의 일종이다. Trade Card에서는 신용장거래에서의 서류심사업무가 은행에서 Trade Card 시스템으로 이관된다는 것이 특이하다. 은행은 단지 자금의 공여와 지급업무를 수행할 뿐이다.

Trade Card를 활용하면 국제간 무역거래에서 서류작성에서 대금결제까지 인터넷으로 할 수 있다. Trade Card는 현행 L/C, D/A, D/P, T/T 등의 무역거래방식을 대체하는 새로운 전자무역 방식의 Financial Supply Chain 이다.

Trade Card를 이용하면 은행이 바이어의 거래금액의 100%를 지급보증(protection)하므로 수출업자는 바이어의 채무불이행에 대한 불안을 가질 필요가 없다. 또한 수출입 서류처리 및 부대비용을 절감시킬 수 있다.

(2) Bolero Project

1994년에 영국, 미국, 스웨덴, 네덜란드, 홍콩의 해운회사, 은행, 통신사 등이 참여하여 컨소시엄 형태로 시작된 Bolero Project(Bill of Lading Electronic Registry Organization)는 무역거래에 필요한 종이서류를 전자메시지로 전환하여 안전하게 교환할 수 있는 기반을 제공하는 것을 목표로 하고 있다. Bolero Project에서는 전자식 선하증권(Electronic B/L)을 포함하여 무역서류 전반에 걸친 전자화를 추구하고 있다.

Bolero Project는 SWIFT와 TT Club(Through Transport Mutual Club; 영국의 3개 P&I 클럽의 공동설립상호보험조합)에 의해 주도되고 있다.

Bolero는 국제 금융결제서비스를 전담하고 있는 SWIFT와 무역운송관련 보험시장을 장악하고 있는 TT Club에 의해서 주도되고 있다는 점에서 앞으로 전자무역 거래와 대금결제방식에 커다란 영향을 줄 것이다.

4. 전자무역의 과제

전자무역은 정보의 합리적인 전달, 교환, 처리, 기록의 문제에 중심이 있는 것이므로 상거래의 전체가 모두 전자화가 가능한 것은 아니다. 실제로는 아직 무역거래의 전자화는 시작에 불과하고, 또한 다수의 전자거러 시스템이 국내거래, 무역거래에 보급되어 사용하기 위해서는 앞으로의 동향을 주시해야만 한다.

무역거래가 가까운 장래에 전자화되어 종이 중심의(paper based) 거래에서 전자 데이터 중심(paperless)의 거래로 이행되는 것은 확실하지만, 그렇게 되기 위해서는 법제의 정비와 탁월한 기술표준의 확립이 반드시 필요하다.

06 무역거래의 절차

1. 수출거래의 절차

수출절차를 광의로 해석하면 수출업자가 수입업자에게 오퍼를 보내는 단계로부터 계약상품을 선적하고 은행에서 매입(Nego)대금을 받은 후 수입상에게 선적서류를 보내는 단계까지를 포함한다.

우리나라에서 무역업을 하고자 하는 자는 사업자 소재지의 관할세무서에 사업자등록을 해야 하고 한국무역협회장으로부터 무역업고유번호를 부여받아야 한다.

수출계약에서부터 그 거래가 완료할 때까지의 서식과 화물의 흐름을 단계별로 요약하면 다음과 같다.

(1) 거래처 선정 및 수출계약

수출거래를 처음 시작하는 수출업자는 해외의 거래처(수입업자)의 선정이 가장 어려운 문제이다. 거래처를 선정하기 전에 먼저 수출시장을 선정하고 그 중에서 가장 믿을 수 있는 거래처를 선정하여야 한다. 거래처의 동의를 얻게 되면 수출계약을 체결하게 된다.

(2) 외국수입업자의 신용장 개설의뢰

외국수입업자는 한국의 수출업자와 무역계약을 체결하면 무역계약서의 대금결제조건에 따라 자사의 거래은행에 신용장의 발행을 신청한다.

(3) 신용장의 통지

외국의 신용장 개설은행으로부터 신용장 통지의 지시를 받은 통지은행(advising bank)은 그 지시나 신용장이 외관상 진정성이 있는가를 점검한 다음, 수출업자(수익자; beneficiary)에게 신용장을 통지한다.

(4) 수출신용장 내도(수출신용장의 수취)

신용장 통지은행은 수출업자에게 신용장 내도를 통지한다. 외국의 수입업자가 우리나라 수출업자로부터 물품을 수입하기 위하여 그 수입업자의 요청으로 외국의 외국환은행이 발행한 신용장이 우리나라 수출업자에게 도착된 신용장을 수출신용장(export L/C)이라고 한다.

(5) 수출승인 및 쿼터배정 신청

수출승인품목을 수출하고자 하는 자는 수출입승인기관의 장으로부터 수출승인을 받아야 한다. 이때 수출입승인기관의 장은 수출신용장과 수출승인신청서의 일치여부 및 무역관계법규의 저촉여부를 확인한다.

섬유사, 섬유직물, 의류 등을 미국, EU, 캐나다, 터키 지역으로 수출하는 경우 쿼터배정주관기관을 통해 쿼터를 배정받아야 한다.

(6) 수출금융 융자신청

수출업자는 직접 수출품을 제조하거나, 수출품 제조업자로부터 매입한다. 수출품을 매입할 때 제조업자 앞으로 내국신용장(local L/C)을 개설하는 방법으로 매입할 수 있다. 수출업자는 수출품의 제조·가공·집하·매입 등에 소요되는 자금을 수출지원 금융제도에 의거하여 은행으로부터 융자받을 수 있고, 또 수출용 원자재를 해외에서 수입하여 수출품을 제조할 수 있다.

(7) 완제품, 원자재구매 신청 및 외국원자재 수입

수출물품을 확보하는 방법은 수출업자의 자가 공장에서 수출물품을 직접 제조·생산하는 경우와 다른 회사에서 제조·생산한 수출물품(완제품)을 국내에서 구매하는 경우로 나눌 수 있다. 또한 수출물품을 제조·생산하기 위한 원자재의 확보는 국내에서 구입하는 경우와 외국에서 수입하는 경우가 있는데, 수출물품 또는 원자재를 국내에서 확보하는 방법은 내국신용장에 의한 방법과 구매확인서에 의한 방법이 있다.

(8) 국제규격인증 취득

EU에 수출하려는 경우 소비자 안전과 관련된 품목은 CE 마크를 부착해야 수출할 수 있다. 일본으로 수출하려는 경우 일반기기 및 전자기계, 자동차 등은 JIS 인증을 취득해야 수출할 수 있다. 따라서 한국표준협회에서 JIS 인증을 취득해야 한다. 이 밖에 국제표준화기구(ISO)가 제정한 ISO시리즈가 있다.

(9) 운송계약

CIF 또는 CFR 조건의 수출인 경우 해상운송계약 및 해상운임은 수출업자의 부담이다. 운송계약에는 정기선(liner)에 의한 개품운송계약, 부정기선(tramper)에 의한 용선운송계약이 있고, 컨테이너(container) 선의 등장으로 육해공을 연결하여 운송하는 복합운송계약이 있다.

(10) 해상보험계약

CIF 조건의 수출인 경우 수출업자가 해상보험계약을 체결한다. 보험계약의 증거로 해상보험증권(insurance policy)을 받는다. 또한 수출업자는 비상위험(외환거래의 제한 또는 금지, 전쟁 등)이나 신용위험(상대방의 파산 또는 지급불능 등) 등, 통상의 해상보험으로 담보할 수 없는 여러 가지 위험에 수출보험을 부보한다.

(11) 수출통관신고

수출업자는 화물을 보세지역에 반입하기 전에 수출신고서를 세관에 제출하여 수출신고필증을 받아 선적을 한다. 수출통관신고는 관세사를 채용한 화주, 관세사, 관세사법인 또는 통관법인만이 할 수 있다. 따라서 관세사를 채용하지 않는 화주(수출업자)는 관세사 등에게 통관업무를 대행시킨다. 통상 통관 및 선적은 통관법인 또는 해운화물 취급업자에게 위임한다.

(12) 본선 선적 및 (13) 선하증권의 발행

수출통관을 마친 화물(관세법상 외국물품)은 보세지역에서 본선 선측까지 운송하여 본선에 선적한다. 화주가 선적지시서(shipping order: S/O)를 본선에 제시하면 선장의 차석인 일등항해사가 화물인도지시서(delivery order: D/O)와 화물을 대조하여 화물을 인수하고 화물인수의 증거로 본선수취증(mate's receipt: M/R)을 화주에게 교부한다. M/R과 상환으로 선박회사는 화주에게 선하증권(B/L)을 교부한다.

(14) 수출환어음매입의뢰(수출대금 회수)

수출업자가 수출품을 선적 완료한 다음, 선적서류인 선하증권(B/L) · 해상보험증권(marine insurance policy) · 상업송장(commercial invoice) 및 포장명세서(packing list)를 준비한다. 이 서류를 담보로 화환어음(documentary bill)을 발행하고 매입은행에 매도(negotiation)함으로써 수출대금을 회수한다.

(15) 관세환급

관세환급은 수출품 제조에 소요된 원재료의 수입시 납부한 관세 등을 수출 등에 제공한 때에 수출업자에게 관세를 환급해 주는 것을 뜻한다.

수출업자가 환급을 신청한다. 완제품 공급시는 화주, 수출 대행시는 수출위탁자가 환급을 신청한다.

(16) 어음 및 선적서류 발송

국내 외국환은행(매입은행; negotiating bank)은 선적서류를 첨부한 수출환어음을 매입하고 수출환어음 및 선적서류를 외국 개설은행에 발송한다.

(17) 수출환어음 및 선적서류 제시

개설은행이 수입업자(신용장발행의뢰인)에 수출환어음 및 선적서류를 제시한다.

(18) 어음결제 및 선적서류 수취

수입업자는 수출환어음을 결제하고 선적서류를 수취한다.

(19) B/L의 제시 및 D/O의 수취

수입업자는 선하증권(B/L)을 선박회사에 제시하고 화물인도지시서(Delivery Order: D/O)를 받는다.

(20) D/O 제시 및 화물인수

선장에게 화물인도지시서(D/O)를 제시하고 화물을 인수한다.

이상의 일반 수출절차를 도해하면 <그림 11-4>와 같다.

그림 11-4 일반수출절차

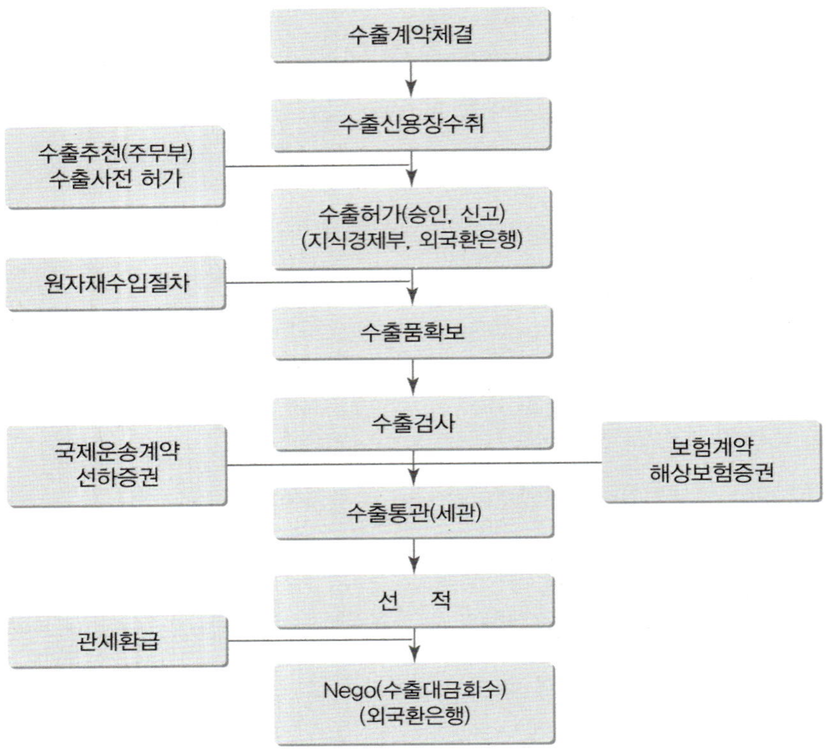

2. 수입거래의 절차

(1) 국내수요자와 매매계약체결

수입업자가 외국에서 물품을 수입·판매하는 경우에는 독점판매권을 가지고 수입·판매하는 경우, 독점판매권을 갖지 않고 수입·판매하는 경우, 제조업자가 수입하는 경우, 도매업자가 수입하는 경우, 소매업자가 수입하는 경우, 소비자가 수입하는 경우 등이 있다.

(2) 수입계약

수입업자는 해외시장 및 국내시장에 대해서 조사·분석하여 해외 공급시장 및 국내수요시장을 선정한다.

수입승인을 받기 위해서는 국내무역대리업자가 거래상대국의 물품공급자와 체결한 물품매도확약서(offer) 발행에 관한 합의서 또는 계약서에 따라 발행된 물품매도 확약서를 받거나 외국의 수출업자로부터의 국외발행 물품매도 확약서를 받아야 한다.

(3) 수입승인신청

대외무역법에 의거하여 수출입 승인 및 사후관리 수탁기관은 종전의 외국환은행에서 수출입 승인품목의 승인을 담당하도록 산업통상자원부장관이 지정한 관계행정기관, 단체(종전의 추천기관)로 변경되었다. 산업통상자원부장관이 지정하여 고시하는 관계행정기관 또는 단체의 장은 수출입공고, 수출입별도공고, 수출입통합공고에 산업통상자원부장관이 지정 고시한 기관, 단체(승인기관)의 장을 말한다.

(4) 수입신용장의 개설신청

수입업자는 물품매도확약서의 대금결제조건에 따라 외국환은행을 통하여 수입신용장을 개설하여야 한다. 수입신용장은 물품매도확약서(offer)와 동일한 내용으로 개설되어야 한다. 신용장금액은 물품매도확약서의 금액을 초과할 수 없고 표시통화는 물품매도 확약서에 기재된 통화와 같은 통화이어야 한다.

(5) 신용장 통지

국내 외국환은행(개설은행)은 외국 외국환은행(통지은행)을 통하여 신용장을 외국의 수출업자(수익자)에게 통지한다.

(6) 신용장 내도통지

외국 외국환은행(통지은행)은 수출업자(수익자)에게 신용장 내도를 통지한다.

(7) 운송계약

수입업자는 FOB조건의 경우 외국선박회사와 운송계약을 체결한다. CIF 및 CFR조건의 경우 수출업자가 운송계약을 체결한다.

(8) 선하증권 발행

외국 선박회사는 수출업자로부터 선복신청서(Shipping Request)를 접수하고 화물을 선적한 다음에 선하증권을 발행한다.

(9) 어음, 선적서류 매도

수출업자는 선적서류를 첨부하여 화환어음(Documentary Bill)을 발행한 다음 외국 외국환은행(Negotiating Bank)에 매입(Negotiation)을 의뢰한다.

(10) 어음 및 선적서류 송부

외국 외국환은행(매입은행)은 국내 외국환은행(개설은행)에 화환어음과 선적서류를 송부한다.

(11) 어음 및 선적서류 제시

국내 외국환은행(개설은행)은 수입업자(신용장 개설의뢰인)에게 화환어음 및 선적서류를 제시한다.

(12) 어음결제

수입업자는 선적서류와 신용장조건이 일치하면 어음의 대금을 지급한다.

(13) 선하증권 제시 및 (14) 화물의 인수

수입업자는 B/L을 선박회사 대리점에 제시하고 화물인도지시서(Delivery Order: D/O)를 받고 D/O를 선박회사 창고직원에게 제시하고 화물을 인수한다.

(15) 수입신고

수입업자는 세관에 수입신고서를 제출하고 수입신고수리가 된 후, 보세구역으로 부터 화물을 반출한다.

(16) 만약에 수입상품에 손상이 발견되었을 경우에는 그 책임에 따라 보험회사 또는 선박회사 등에 클레임(claim)을 제기한다.

(17) 화환어음의 만기일 이전에 수입대금을 결제한다.

이상의 일반수입절차를 도해하면 <그림 11-5>와 같다.

그림 11-5 일반수입절차

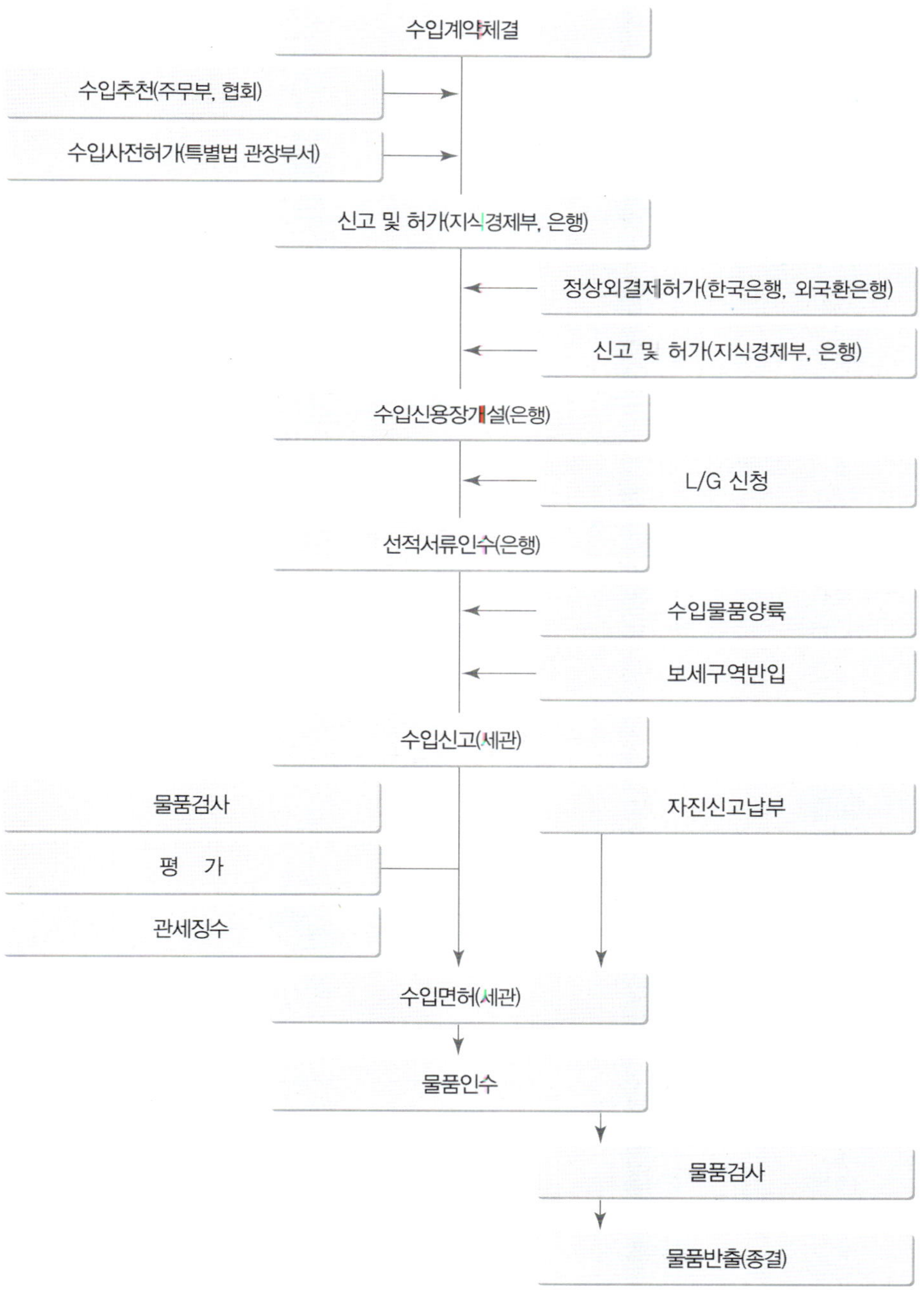

3. 수출입 주요 프로세스

(1) 수출입 주요 프로세스

그림 11-6 수출입 주요 프로세스

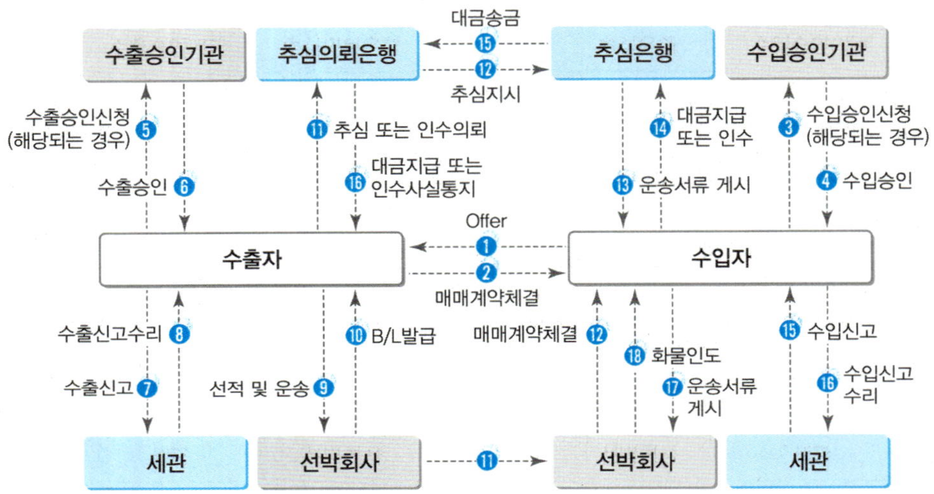

(2) 수출입 프로세스 개념도

그림 11-7 수출입 프로세스 개념도

□ 수출 프로세스

마케팅	계약/신용장 개설	요건확인	물류/통관	결제
시장조사	수출신용장 내도	요건확인	검사/검역 신청	네고 서류 취합
거래처발굴	수수료 통지 · 납부	원산지증명	수출신고	네고 신청
신용조사	수출물품 확보 및 공급		선적	대금회수
계약체결	수출금융 확보		적하목록신고	
	적하보험 발급			

ㅁ 수입 프로세스

수입계약 체결	수입신용장 개설	요건확인	선적서류내도/결제	수입신고
계약체결	신용장 개설	요건확인	적하보험발급	수입 신고
		원산지증명 수취	선적서류 내도	
			대금결제	
			L/G 발급	
			D/O 발급	

(3) 수출 프로세스

그림 11-8

그림 11-9 수출 프로세스

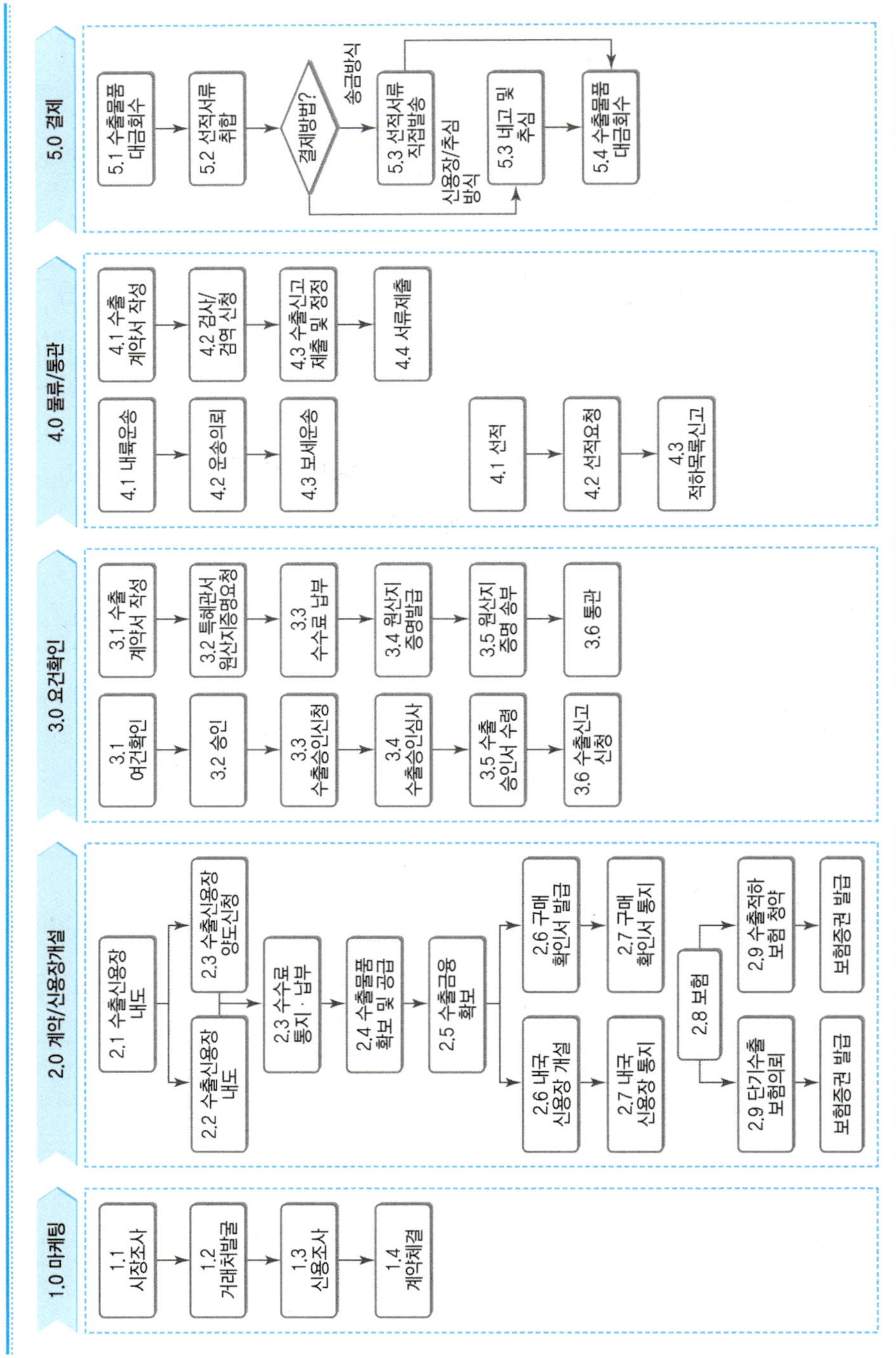

(4) 수입 프로세스

그림 11-10 수입 프로세스

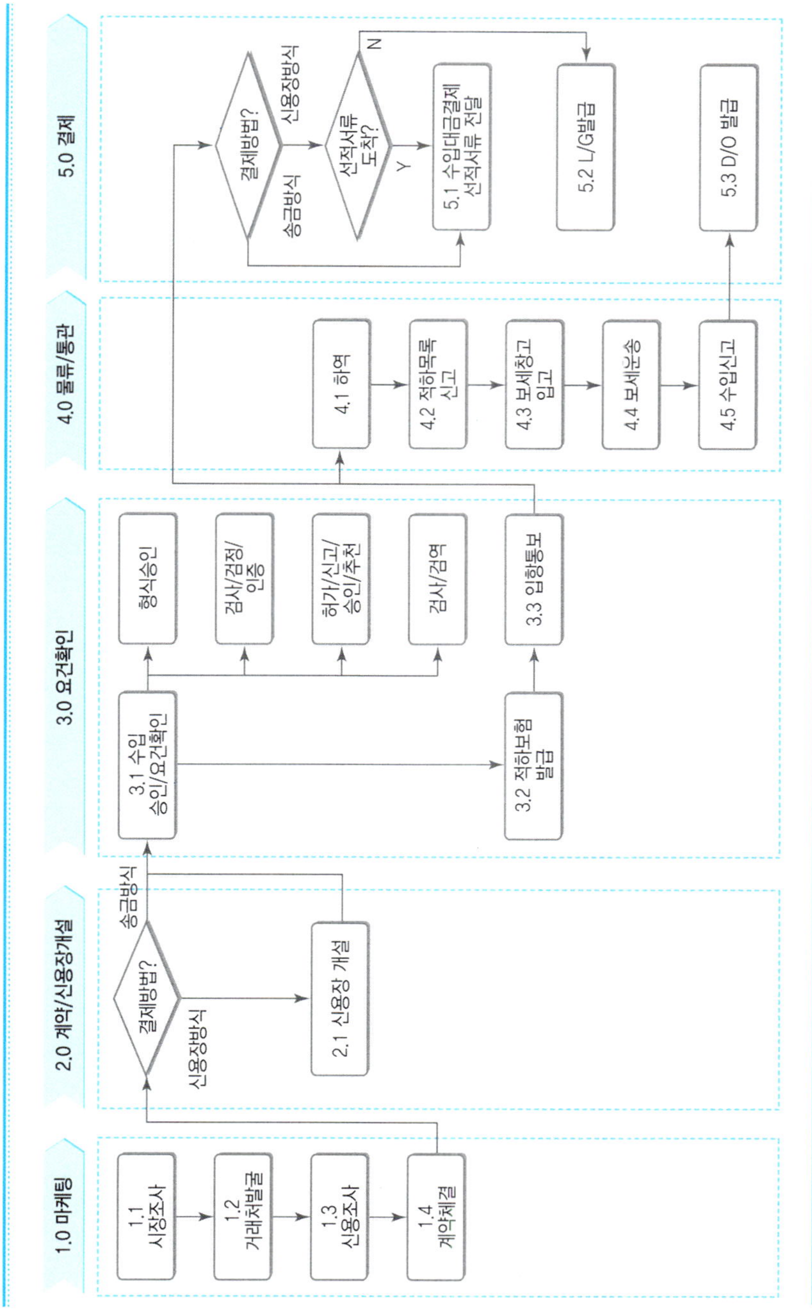

CHAPTER 12 무역계약

01 거래상대방의 선정

1. 거래관계의 설립

1) 목표시장의 탐색

무업업자가 시장개척이나 업무확장을 위한 새로운 무역거래관계를 설립하려고 할 때, 첫 번째로 수행해야 하는 일이 바로 목표시장의 탐색 및 선정이다. 곧 과학적인 해외시장조사(overseas market research)에 기초를 둔 목표시장의 탐색 · 선정이야말로 무역거래에 있어서 가장 기초가 되는 일이며, 해외의 목표시장을 물색한 다음, 그 시장의 상관습 및 동종 상품의 상정(商情)을 조사 · 분석해야 한다.

2) 새로운 거래처의 선정방법

유망한 목표시장을 선정하고 그 상정 및 관습을 파악하게 되면, 그 목표시장에서 신뢰할 수 있는 유력한 거래처를 물색하여야 한다. 해외에서 좋은 거래처를 발견하기 위해서는 다음과 같은 방법들이 이용된다.

제3편

(1) 무역거래 알선기관의 활용

한국무역협회 및 대한무역진흥공사의 거래알선 서비스를 받거나 직접 방문하여 국별 수출입업체 상공인명록, 국별 수출입통계, 지역별 시장동향정보 등을 활용한다. 외국의 상업회의소 및 주한 외국대사관 상무관에게 거래처 선정을 의뢰하기도 하고, 수출입은행이 발행하는 각국의 시정정보를 활용할 수도 있다.

(2) 국내외 전시회 참가

국내외 무역전시회에 참가하는 것이 새로운 거래처를 발굴하는데 가장 효과적인 방법이다. 수출업자는 해외전시회(Trade Fair)를 통하여 시장동향, 신상품 개발, 경쟁동향에 대한 전체적인 흐름을 알 수 있고, 현지에서 직접 거래처와 상담을 할 수 있으며, 직접 주문도 받을 수 있다.

(3) 해외광고의 활용

해외 거래처를 발굴하기 위해서는 해외홍보용 카탈로그(Catalog)나 홍보물(Bulletin, Brochure 등)을 제작하여 잠재 거래처에게 배포하거나 국내외의 광고매체를 통한 해외홍보를 해야 한다.

(4) 상공인명록(Directory)의 활용

세계 각국에서 간행되고 있는 상공인명록에서 거래처 후보자를 선정하여 판매권유장(Sales Circular)을 보낸다. 상공인명록은 세계 각국의 저명한 무역상사, 제조업자, 해운업자, 보험업자 등의 이름, 주소, 이메일 주소 등이 수록되어 있다. 우리나라에서는 대한무역진흥공사, 한국무역협회, 상공회의소 등이 세계 각국의 상공인명록을 비치하고 있다.

(5) 해외무역사절단 참가 및 해외세일즈 출장

한국무역협회나 대한무역진흥공사가 주관하는 무역사절단에 참가하여 현지에서 직접 상담하여 거래처를 발굴한다. 품목에 따라 기능설명이 필요하거나 1차 상품과 같이 표준화가 안 되는 상품의 경우에는 거래처가 상품에 대한 품질을 확인한 후 가격상담이 이루어진다. 이러한 경우 직접 해외출장을 해야 한다.

(6) 해외대리점 및 마케팅 대리인(Marketing Agent) 활용

중화학제품이나 기계설비 등을 수출하는 업체는 해외대리점을 수출대상국에 설치하여 시장정보를 신속하게 입수하여 거래처의 요구에 대응해야 한다. 미국에는 3만여 마케팅 대리인들이 활동하고 있다. 후진국시장에서의 국제입찰은 현지의 입찰 대리인의 능력에 따라 수주가 결정되므로 유능한 현지 대리점(Local Agent)을 설치하는 것이 거래처 발굴의 효과적인 방법이다.

3) 거래관계의 권유

수출업자는 해외시장조사 결과 목표시장이 결정되면 그 목표시장에서 수출마케팅을 전개하여 믿을 수 있는 거래처를 선정한다. 이와 같이 선정된 거래처에게 거래제의 서한(Circular Letter)을 보낸다.

거래제의 서한에서는 첫머리에 상대방을 추천(소개)한 기관 또는 상대방을 알게 된 경위 등을 기재한다. 거래제의 서한은 거래처 또는 일반회사 등 다수의 상대방에게 동문으로 내는 안내장이며, 이는 알지 못하는 거래 상대방에게 자사를 소개하는 첫 번째 서신이므로 이를 받는 상대방으로 하여금 좋은 인상과 호감을 갖도록 매력적인 것이어야 한다.

4) 신용조사

아무리 유망한 목표시장이 발견된다 하더라도 현실적으로 거래에 임하는 상대방의 신용상태 여하에 의하여 매매거래의 신장이 크게 좌우됨은 물론이다. 따라서 전술한 거래처의 물색방법에 의거하여 선정된 거래처 후보들이라 할지라도 정밀한 신용조사(credit inquiry)로 옥석(玉石)을 구분할 필요가 있다. 또한 거래제의를 받았을 때에도 신용조사를 한 다음에 이를 수락해야 한다.

이 경우, 특히 조사해 두어야 할 사항은 일반적으로 3C라고 호칭되는 다음 세 가지 점들이다.

(1) Character(社風)

거래업계에서의 평판, 계약이행에 대한 일반적 자세, 거래규칙 준수 등의 경영자의 인격, 경영이념, 신뢰성, 성실성 등을 뜻한다. 이 항목은 상대방의 사업 형태를 파악할 수 있는 가장 중요한 항목이다.

(2) Capital(재무상태)

회사의 재무비율, 경영지표, 운용자금 등 재산상태를 뜻한다. 납입자본 및 수권자본뿐만 아니라 유동자산과 고정자산의 비율, 자기 자본과 타인자본의 비율(B/S 비율), 재무제표(손익계산서 및 대차대조표), 은행예금액 등 상대방의 지급능력과 관련된 항목들을 조사한다.

(3) Capacity(경영능력)

상대방의 거래능력, 신제품 개발능력, 기술력, 판매력, 마케팅력 등을 뜻한다. 영업종목, 거래량, 판매망, 수출액, 회사의 형태, 회사의 설립연도, 영업권 보유

현황, 경영진의 수완, 주요거래처 등 상대방의 경영능력과 관련되는 사항을 조사한다.

한편, 상대방 회사의 신용조사를 하는 방법으로서 업계에서는 보통 다음과 같은 방법을 채택하고 있다. 기업정보는 동향정보와 기업현황 및 영업실적 등이며, 매출액, 주요생산품, 회사연혁 등에 대한 정보로 구성된다.

(1) 전자무역 신용조사 방법

① 한국무역보험공사(www.ksure.or.kr)

한국무역보험공사는 수출업체가 수출보험에 부보한 후 수출대금을 회수할 수 없게 된 경우에 보상하여 주고 있다. 한국무역보험공사는 외국의 유수한 전문 신용조사기관과 제휴관계를 맺고 있어, 회원가입자에게 외국기업의 기본정보, 재무정보 및 불량 거래처에 대한 정보 등 신용조사 보고서를 제공한다.

② 대한무역투자진흥공사(www.kotra.or.kr)

KOTRA는 전 세계 해외무역관과 연계하여 시장조사 및 해외거래처 연락처, 기업 신용조사 정보를 유・무료로 제공하고 있다.

③ 나이스 Dun & Bradstreet 한국지사(http://koreadnb.com.hk/default.htm)

나이스 D&B는 세계적인 신용평가기관인 Moody's Investors Service 등의 자회사를 거느리고 전 세계 240여 개국에 지사를 설치하고 있는 기업정보서비스 회사이다. 전 세계 약 2.7억개 회사의 데이터베이스와 240여 개국의 해외상장사 기업정보, 재무정보, 국가별 주요 통계자료, 국가위험도 신용등급, 주요국가 리포트 등의 보고서를 보유하고 있다.

④ 기타 인터넷 신용조사 사이트

- Kompass: www.kompass.com
- Thomas Resister: www.thomasnet.com
- Company Link: www.businessfactory.com
- Company Online: www.companiesonline.com
- Keidanren: www.keodanren.com
- 한국기업정보: www.kedkorea.com

(2) 오프라인 신용조사 방법

① 상업흥신소(Commercial or Mercantile Agency)의 이용

상업흥신소는 상사의 신용조사를 본업으로 하고 있는 기관이며, 유력한 흥신소는 국내는 물론 세계 주요 도시에 지소 또는 통신원을 두고, 또한 동업자와 긴밀한 연락을 취하며 널리 세계 각지의 상사에 대한 신용조사를 담당하여 고객의 요구에 따라 거래상 유익한 서비스(service)를 제공하고 있다.

② 외환은행(Exchange Bank)의 이용

무역상사가 가장 손쉽게 이용할 수 있는 신용조사의 방법은 자기가 거래하고 있는 외환은행을 이용하는 방법이다. 모든 외환은행은 그 고객들의 요구에 응하기 위하여 주로 해외지점, 출장소 혹은 거래은행으로부터 얻은 자료에 의하여 각국 무역상사별 신용조사철(credit file)을 작성하여 비치하고 있다.

③ 동업자의 이용(Trade Reference)

새로 거래를 개시하려고 하는 해외의 수입업자는 자발적으로 또는 수출업자로부터의 요청에 따라 자기의 신용조회처(credit reference)를 제시하는 일이 많다. 이 신용조회처로서 제시되는 것이 은행일 때에는 은행조회처(bank reference)라고 하며, 동업자일 때에는 동업자조회처(trade reference)라고 한다.

2. 일반거래조건의 협정

상대방 상사에 대한 신용조사의 결과 상대방에 신뢰성이 있으면 비로소 실제 거래가 이루어질 단계에 들어간다. 그러나 그에 앞서서 후일의 물의를 피함과 동시에 거래를 간단하고 신속하게 수행하기 위하여 앞으로의 거래기준으로 삼게 될 거래에 관한 일반적 조건(general terms and conditions)을 명백히 협정하고 이에 관한 협정서(agreement) 또는 각서(memorandum)를 상호간에 확인하여 교환해 두는 것이 원칙이며 상례이다.

거래를 실현하는 데 있어서 매수인측이 발송하는 주문서(order sheet)와 매도인측이 작성하는 계약서(contract sheet)는 모두 이것을 기본으로 하여 작성되며, 그 밖의 거래에 수반되어 발생되는 여러 가지 문제도 이 협정서에 의하여 해결된다.

한편 일반거래조건 협정서를 구성하는 주요 내용은 다음과 같다.

1) 거래형태에 관한 조건: 본인거래(principals) 혹은 대리거래(agents)
2) 거래상품에 관한 기본조건: 상품 자체의 품질(quality), 수량(quantity), 가격(price), 선적(shipment), 보험(insurance), 결제(payment) 등의 제 조건
3) 매매계약에 관한 조건
4) 분쟁해결에 관한 조건

이들 제 조건은 어느 것이나 계약구성상 빼놓을 수 없는 것이며, 이들 조건의 불완전 및 이해의 불철저는 반드시 클레임(claim)을 발생시켜 그 회사에 막대한 손실을 가져오는 원인이 된다.

Agreement on General Terms and Conditions

AGREEMENT

March 10, 2020

BETWEEN

A & Co., Ltd. …… as the seller
B & Co., Ltd, …… as the buyer

1. Business: Business shall be conducted as Principal to Principal, i.e. both Sellers and Buyers shall act one their own account and responsibility.

2. Goods: Goods in business, their unit to be quoted, and their mode of packing shall be stated in the attached list.

3. Prices: Unless otherwise specified in cables or letters, all prices submitted by "A" or "b" shall be understood C.I.F. New York in U.S. Dollars.

4. Offers: All cable offers are to be considered "firm" subject to reply within the period stated in respective cables. When "immediate reply" is used, it shall mean that a reply is to be received within three days from and including the day of the despatch of a firm offer. In either case, however, Sundays and all official bank holidays are excepted.

5. Orders: Except in cases where firm offers are accepted by "B", no orders are binding until acknowledged by "A."

6. Letter of Credit: Banker's Confirmed Letter of Credit shall be opened in favor of "A" immediately upon confirmation of sale; credit shall be made a available twenty one(21) days beyond the contracted time of shipment in order to provide against unavoidable delay in shipment.

7. Payment: Drafts shall be drawn under credits at thirty(30) days after sight, documents attached, for the full invoice amount.

8. Shipment: All goods sold in accordance with this Agreement shall be shipped within the stipulated time. The date of Bill of Lading shall be taken as conclusive proof of the day of shipment. Unless otherwise agreed upon, the port of shipment shall be at "A"s option.

9. Force Majeure: "A" shall not be responsible for the delay in shipment due directly or indirectly to force majeure including mobilization, war, riots, civil commotion, hostilities, blockade, requisition of vessels, prohibition of export, fires, floods, earth– quakes, tempests, strikes, lockouts, and any other contingencies, which prevent shipment within the period stipulated. In the event of any of the aforesaid causes arising, documents proving its occurrence of existence shall be submitted by "A" to "B" without delay.

10. Delayed Shipment: In all cases of force majeure provided in Article 9, the period of shipment stipulated shall be extended for a period of twenty one(21) days. In case shipment within the extended period should still be prevented by a continuance of the causes mentioned in Article 9 or the consequences of any of them, it shall be at "B" s option either to allow the shipment of late goods or to cancel the order by giving "A" a notice of cancellation by cable.

11. Marine Insurance: "A" shall effect insurance on all shipments on W.A. and for a sum equal to the amount of the invoice plus ten(10) percent, if no other conditions are particularly agreed on. War Risk or any other additional insurances, if required, shall be covered for account of "B." All policies shall be made out in U.S. Dollars and claims payable at New York.

12. Claims: Claims, if any, shall be filed by cable within fourteen(14) days from the date of final discharge of the goods at destination. Claims after the elapse of fourteen days shall be considered as null and void. Claims and disputes which can not be amicably settled between "A" and "B" shall be settled by arbitration in Korea by the Korean Commercial Arbitration Board according to the arbitration rules of the said Board.

In witness whereof, A & Co., Ltd. have hereunto set their hand in duplicate on the First Day of ······, Twenty Hundred ······, in Inchon, Korea, and B & Co., Ltd. have hereunto set their hand in duplicate on the ······ Day of ······, Twenty Hundred ······, in New York, U.S.A. This Agreement shall be valid on and from the First Day of ……, Twenty Hundred …… and any of the Articles in this agreement shall not be changed or modified unless by mutual consent.

(Buyers):	(Sellers) :
B & Co., Ltd.	A & Co., LTD.
(Signature)	(Signature)
General Manager	Export Manager

주해

- as principal 본인으로서 · as agent 대리인으로서
- Force Majeure 불가항력. mobilization(동원), war(전쟁), riots(폭동), prohibition of export(수출금지), hostilities(교전), blockade(봉쇄), requisition of vessels(선박징발), fires(화재), floods(홍수), earthquakes(지진), tempest(폭풍우), strike(파업), lockout(공장봉쇄) 등이 포함 된다.
- insurance 보험. 보험금액은 송장가액의 110%로 10%는 희망이익(expected profit)이다.

02 무역계약의 체결

1. 무역계약의 체결

1) 조회(Inquiry) 및 회답

무역매매계약 성립의 첫 번째 단계로서 통상 매수인이 매도인에 대하여 자기가 수입하고자 하는 상품에 대한 거래조건을 문의하거나 카탈로그나 가격표의 발송을 요구하는 조회로부터 시작된다.

그러나 이것들을 오퍼의 준비행위에 지나지 않는 오퍼의 유인(invitation to offer) 또는 무역계약 체결의 예비적 교섭(preliminary negotiation)이라고 부르고 있다.

무역계약은 오퍼(offer)와 그 승낙(acceptance) 또는 주문(order)과 그 승낙(acknowledgment)에 의하여 성립된다. 예비적 교섭단계는 오퍼 및 주문 이전의 단계로서 특별한 법률적인 의미를 가지고 있지 않다.

2) 오퍼의 발행

우선 거래 권유장을 받게 된 수입업자가 좀 더 구체적인 거래조건을 문의할 경우에는 수출업자에게 정식으로 오퍼를 보내줄 것을 요청한다.

조회단계에서 상대방의 의중을 살핀 다음에는 일정한 조건으로 계약을 체결하고 싶다는 의사표시를 하게 되는데 이를 오퍼라고 한다. 즉, 오퍼는 청약자가 피청약자에게 일정한 조건으로 계약을 체결하고 싶다는 의사표시이다. 우리나라의 대외무역법에서는 이 오퍼를 물품매도확약으로 표현하고 있다.

3) 오퍼의 종류

(1) 판매오퍼(selling offer)와 구매오퍼(buying offer)

수출업자가 판매조건을 제시하는 경우가 판매오퍼이고, 수입업자가 먼저 구매조건을 제시하여 수입의사를 표시하는 경우가 구매오퍼이다. 구매오퍼는 주문생산에 의한 특수기계의 수입이나 관공서의 입찰시에 많이 이용되고 있다.

(2) 확정오퍼(firm offer)와 불확정오퍼(free offer)

수출업자가 외국의 매수인에 대하여 오퍼를 제기하는 경우에, 매수인의 승낙회답기간을 지정하고 그 지정기간 내에 회답할 것을 조건으로 하는 오퍼를 확정오퍼(firm offer)라고 한다. 승낙회답기간, 곧 유효기간을 정한 오퍼는 그 기간 내에는 청약자를 구속하며 원칙적으로 이를 철회할 수 없다.

불확정오퍼란 회답기간이 정해져 있지 않은 오퍼로서 매도인이 수시로 가격을 변경 또는 취소할 수 있는 오퍼이다.

(3) 재고잔유조건오퍼 또는 선착순판매조건오퍼(offer subject to being unsold or offer subject to prior sale)

이는 상품, 수량, 가격 및 선적시기 등을 명시하고 다수의 거래처에 신청하여 그 상품의 매진과 동시에 그 효력이 소멸되는 오퍼를 말한다. 다시 말해서 가장 빨리 승낙통지를 내는 자에게 매도할 것을 조건으로 하는 오퍼이다. 흔히 조건부오퍼(conditional offer)라고도 한다.

(4) 예약불능오퍼(offer without engagement)

이는 오퍼의 가격을 시장시세의 변동에 따라 어느 때나 자유롭게 변경할 것을 조건으로(subject to market fluctuation) 하거나, 또는 사전통지 없이 변경할 것을 조건으로(subject to change without notice) 하는 오퍼이다. 따라서 이 오퍼는 단순한 시세의 통지에 지나지 않는다.

(5) 반대오퍼(counter offer)

매도인의 확정오퍼에 대하여 매수인이 그 제시가격에 불만이 있다든지 또는 수량, 선적시기, 기타 조건에 대하여 이의가 있을 때는 매수인은 이에 대하여 별개의 요구를 제기할 수 있는데, 이 요구를 반대오퍼라고 한다. 보통은 상담이 성립될 때까지 수차에 걸쳐서 반대오퍼가 교환·반복되는 것이 통례이다.

특히 이때에 유의하여야 할 것은 반대오퍼란 법적으로는 원오퍼(original offer)에 대한 거절임과 동시에, 피청약자측의 새로운 오퍼(new offer)라는 점이다.

Offer Sheet for Canned Top-Shell, Seasoned

OFFER

In accordance with your inquiry No. *OH 135* dated *April 20, 2020* we are pleased to offer you as follows:

Destination: *New York, U.S.A*
Delivery: *May/June*
Terms of Payment: *By irrevocable L/C in our favor*
Offer Period or Subject to: *Our final confirmation*
Brand Origin: *Republic of Korea*
Packing: *Export standard packing*
Remarks: *Partial shipments: allowed*

containing 48/7 oz.
per case

DESCRIPTION	QUAN-TITY	UNIT PRICE	TOTAL PRICE
Canned Top-Shell, Seasoned 48 tins/7 oz. per case. Remarks. 1. Inspection to be made by Central Fisherise Inspection Station Korea, is final. 2. Label can be designed according to your request. Maker : Daeyang Fisheries Commercial Co., Ltd., Yeosu, Korea.	300 Cases	CIF New York @$17.50 per case	US$ 5,250

We are awaiting your orders :

Yours faithfully,

주해

- **export standard packing** 수출용 수준 포장
- **Central Fisheries Inspection Station** 한국 중앙수산물 검사소

4) 오퍼의 승낙(Acceptance)

승낙이란 매매당사자 중 어느 한편이 표시한 의사를 상대방이 수락한다는 것이다. 즉, 오퍼를 승낙했다는 것은 매매당사자간의 계약성립에 합의(合意)를 본 것이 되며, 이 승낙은 오퍼의 내용과 완전히 일치가 되어야 한다.

양자 간에 합의된 내용대로 모든 것이 이행되기 위해서는 정식으로 무역계약이 체결되어야 한다. 무역계약을 체결하는 것은 매매당사자들이 상호 의도하는 바를 법률적으로 명확히 하고, 실제 매매거래에 필요한 모든 조건들을 명시하며 또한 당사자를 구속하는 규칙을 설정함으로써 거래를 원활히 하고 분쟁을 사전에 방지하는 데 있다.

5) 주문(Order)

주문서(Order Sheet)란 매수인이 자기가 구입하고자 하는 상품의 품명, 단가, 단위, 합계수량, 결제통화, 합계금액, 선적시기, 지급조건, 보험조건, 포장명세, 하인(荷印), 경우에 따라서는 카탈로그 번호, 견본번호, 기타 거래에 필요한 제 조건

으로 주문하고 싶다는 취지를 기재하고 서명을 한 상용(商用) 문서로서, 매수인이 매도인에 대해서 매입을 신청하는 것이다.

6) 주문의 승낙(Acknowledgment of Order)

주문승낙서란 매도인이 당해 상품의 거래에 필요한 제 조건이 기재된 매수인의 주문서를 승낙한다는 취지를 기재하고 서명한 상용문서로서 매수인에게 보낸다.

통상의 경우에는 매수인으로부터의 주문서에 대해 매도인이 주문승낙서를 발송함으로써 매매계약은 성립되고, 이 경우 그 주문승낙서는 매매계약을 입증하는 서류가 된다.

2. 무역계약서의 작성

1) 판매서(sales note)

이는 매도인이 작성하여 매수인에게 보내는 물품의 판매확인서이다. 매도인이 최종적으로 수락된 오퍼의 내용과 동일하게 판매서를 정 · 부(正 · 副) 2통을 작성하여 서명한 후 매수인에게 송부하면, 매수인은 그 내용에 이의가 없을 경우 정식 서명하여 한 통은 보관하고 한 통은 매도인에게 반송하게 되는데 이것이 곧 정식 계약서가 된다.

2) 구매서(purchase note)

이는 매수인이 일정한 조건으로 물품을 구매하겠다는 구매주문서이다. 매수인이 자사 양식에 일방적으로 기재 · 서명하여 2통을 매도인에게 송부하면, 매도인은 이의가 없을 경우 자기 측 서명 난에 서명하여 한 통은 보관하고 한 통은 매수인에게 반송하게 되는데 이것이 곧 매매계약서가 된다.

Sales Note

SALES NOTE NO. GDT-R11-102

We confirm our sale to you of the following goods on the terms and conditions set forth below and on the reverse side hereof :

Description of Goods	Quantity	Unit Price	Amount
"TaylorMade" Brand, Golf river Model R11－S 9* Other details are as per spec. and catalog	1,000 clubs	CPT Gwangyang per club @ $500	US$ 500,000

Terms of Payment: Draft at sight under an irrevocable L/C

Shipment: By June 30, 2014, from New York

Insurance: To be covered by buyer

Packing: Appropriate packing to be done by you for the transportation by a container vessel

Destination: Gwangyang, Korea

Remarks: Please return to us the duplicate signed.

Buyer: Seller:

주해

- we confirm our sale to you of ~ ~을 귀사에게 판매하는 것을 확인함
- Sales Note 매약서(賣約書). 계약의 성립 후에 그 계약내용을 확인하는 문서로서 수출업자가 수입업자 앞으로 보내는 것이다.

Purchase Order

PURCHASE ORDER NO. TMG-DR-1

We confirm our sale to you of the following goods on the terms and conditions set forth below and on the reverse side hereof :

Description of Goods	Quantity	Unit Price	Amount
"TaylorMade" Brand, Golf river Model R11－S 9* Other details are as per spec. and catalog	1,000 clubs	CPT Gwangyang per club @ $500	US$ 500,000

Terms of Payment: Draft at sight under an irrevocable L/C

Shipment: By June 30, 2014, from New York

Insurance: To be covered by buyer

Packing: Appropriate packing to be done by you for the transportation by a container vessel

Destination: Gwangyang, Korea

주해

- **the reverse side hereof** 이것(주문서)의 뒷면
- **shipping marks** 하인(荷印). 포장의 윗면에 인쇄하는 표시이다. 주표시(main mark), 목적항(port of destination), 포장번호(packing number), 원산국(country of origin)이 인쇄된다.

Reverse of Purchase Order

General Terms and Conditions

Intellectual Property

Seller shall be responsible for any infringement with regard to intellectual property rights such as patent, utility model, trademark, design, copyright, technical know-how, and so forth in the merchandise, whether in Buyer's country or any other country or place. In the event of any dispute with regard to the above right and/or rights, Buyer shall have the right to cancel this contract at Buyer's discretion and shall be under no liability arising therefrom. Seller shall be responsible for and shall defend, reimburse, indemnify and hold Buyer harmless of and from any and all liabilities, claims, expenses, losses and/or damages caused thereby.

Claims

Any dispute or difference arising out of or relating to this contract or the breach thereof which cannot be amicably settled without undue delay by the interested parties shall be arbitrated in Seoul, Korea, in accordance with the arbitration rules of The Korea Commercial Arbitration Association. The arbitral award shall be final and binding upon both parties.

Trade Terms

The trade terms to be used in this contract shall be governed and construed by the provisions of INCOTERMS 2010, ICC Publication No. 715, unless otherwise specifically stipulated.

Governing Law

This contract shall be governed by and construed under the laws of Koera.

주해

- **intellectual property (right)** 지적소유권. 특허권(patent), 실용신안(utility model), 상표(trademark), 의장(design), 저작권(copyright) 등을 총체적으로 의미한다.
- **be responsible for** ~에 대하여 책임이 있다.
- **infringement** 저촉, 침해
- **arbitration** 중재
- **(arbitral) award** 중재판정
- **The Korea Commercial Arbitration Association** 대한 상사중재원
- **governing law** 준거법
- **unless otherwise specifically stipulated** 달리 규정되어 있지 않는 한
- **construe** 해석되다

* Order Sheet, Sales Note, Purchase Note 등의 뒷면에는 일반거래조건의 약관이 인쇄되어 있다. 이면 약관은 추후 분쟁을 회피하기 위하여 당사자 간에 미리 합의할 필요가 있다.

3) 각서(memorandum)

매매당사자들이 한 자리에 모여서 오퍼를 중심으로 모든 매매조건을 상의한 후 계약서를 작성·서명·날인하는 경우인데, 이러한 형식의 계약서를 각서라고 한다.

이 밖에 매도인이 판매서를 작성·서명하여 매수인에게 송부하면 매수인은 구매서를 작성·서명한 후 매도인에게 송부하는 경우가 있다. 또한 매수인이 주문서(order sheet)를 작성·서명하여 매도인에게 송부하면, 이것에 대하여 매도인은 주문확인서(confirmation of order)를 작성·서명한 후 매수인에게 송부하는 경우도 있다.

3. 무역계약의 종류

1) 개별계약(case by case contract)

이는 특정 품목의 거래가 성립될 때마다 매매당사자가 거래조건에 합의하여 계약서를 작성하는 경우이다. 판매서나 구매서가 이에 해당되며 대개가 매도인이 오퍼 내용대로 「We confirm having sold to you...」와 같은 형식으로 작성하며 모든 조건을 하나도 빠짐없이 기재한다.

2) 포괄계약(master contract)

포괄계약은 매매당사자간에 서로 오랜 기간 동안 거래를 하여 잘 알고 있는 경우 지정품목에 대해서 일정기간 또는 연간계약을 체결하고 필요할 때마다 선적해주는 경우에 사용되는 계약형태이다. 이 계약을 체결할 때는 지정품목에 대하여 일반적 조건을 합의한 일반거래조건협정서(agreement on General terms and condition of business)를 당사자 간에 교환하며 계약서의 형식은 개별계약과 같다.

3) 독점계약(exclusive contract)

이는 특정 품목의 수출입에 있어 수출업자는 수입국의 지정수입업자 외에는 동일품목을 오퍼하지 않으며, 수입업자는 수출국의 다른 업자들로부터 동일품목을 수입하지 않는다는 조건의 독점판매계약이다. 이 형태의 계약을 체결하는 목적은 당사자 간의 이윤극대화에 있기 때문에 매도인은 해당 물품의 품질과 저렴한 가격을 보장하고, 매수인은 연간 최소판매량을 보장해 주어야 한다.

03 무역계약의 기본조건

1. 품질조건

1) 품질결정의 방법

무역거래에 있어서 거래상품의 품질을 결정하는 방법은 일반적으로 견본에 의한 방법(sales by sample)이 대부분을 차지하고, 미수확 농산물의 경우와 같이 견본을 제시하기 어려운 때에는 견본유사품, 곧 표준품에 의해 결정되기도 한다(sales by standard). 또한 상표(trade mark)나 상표명(brand)으로 통하는 상사의 제품에 대해서는 그 품질이 국제시장에 널리 알려져 있으므로 구태여 견본을 제시하거나 품질명세를 설명할 필요가 없이 상표 또는 상표명에 의하여 거래가 이루어지는 경우가 많다(sales by trade mark or brand). 이 밖에도 특수한 상품인 경우 명세서매매(sales by specification), 점검매매(sales by inspection), 규격매매(sales by grade) 등의 방법이 있다.

2) 품질의 결정시기

외국무역에 있어서는 상품의 수송은 원격지간에 걸치고 있으므로 상품의 종류 여하에 따라서는 수송 도중에 사고가 없어도 그 품질에 약간의 변화가 생기는 경우가 있다. 따라서 이러한 종류의 상품에 대해서는 그 품질을 적재시의 품질로 결정할 것인가 또는 양륙시의 품질로 결정할 것인가를 계약시에 협정하여 품질에 따른 분쟁을 미연에 방지하는 것이 필요하다. 전자의 경우가 선적품질조건(shipped quality terms)이고, 후자의 경우가 양륙품질조건(landed quality terms)이다.

3) 품질의 증명방법

계약상품의 품질의 증명방법에 관해서는 매매계약에 협약하여야 한다. 선적품질조건일 때에는 수출업자는 선적지의 사증기관(surveyor)을 통해서 품질에 대한 사증을 받고 그 증명서(certificate of inspection)를 수입업자에게 송부하여야 하며, 양륙품질조건일 경우에는 만일 수입업자가 품질불량을 발견하게 되면 양륙지의 사증기관에 의뢰하여 감정을 받아 감정보고서(survey report)를 수출업자에게 송부하여 손해배상을 청구한다.

2. 수량조건

무역상품의 수량에는 중량(weight), 용적(measurement), 개수(piece, dozen, gross), 개장단위(case, bag, bale), 길이(length) 등이 있는데, 무역상품의 수량에 있어서 가장 문제되는 것은 중량이다.

1) 수량의 결정시기

무역상품의 중량을 결정하는 조건은 전항의 품질조건과 마찬가지로 선적시의 중량에 의하느냐 또는 양륙시의 중량에 의하느냐에 따라 선적중량조건(shipped weight terms)과 양륙중량조건(landed weight terms)으로 구분되며, 선적중량조건이 일반적이다. 양자는 다시 총중량(gross weight)과 순중량(net weight)으로 세분되는데, 참고로 이것을 예시하면 다음과 같다.[1)]

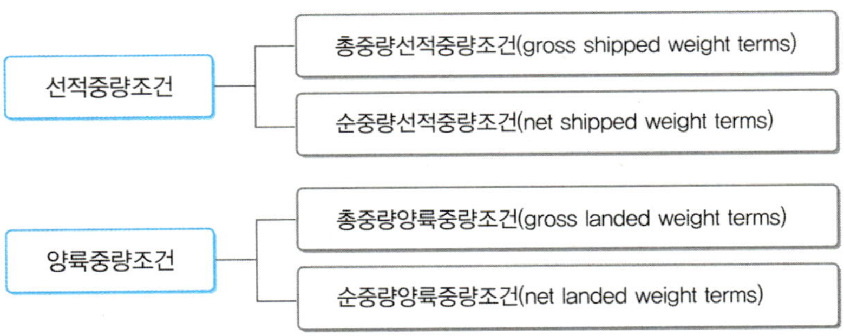

1) 上坂酉三, 貿易實務(東洋經濟新報社, 1982), pp. 44~46.

무역매매계약이 FOB나 CIF 등의 적출지조건에 의하여 체결된 경우에는 특약이 없는 한 선적수량조건이 적용된다. 또한 양조건 중 어느 것을 사용하는 경우에도, 상대방의 승인을 얻은 사정기관(査定機關: surveyor), 또는 공인검량기관(公認檢量機關: public weigher)이 발급한 중량·용적증명서(certificate of weight/measurement)에 의해서 의무의 이행을 입증해야만 한다.

2) 과부족용인조건

선적수량조건과 양륙수량조건의 어느 경우에도 화물의 성질상 정확하게 계약상의 수량을 인도하기 어려운 때에는 약간의 과부족이 용인되고 있다. 즉, 광산물이나 곡류와 같이 감량이 예상되는 품목의 경우에는 계약시 일정비율의 과부족을 인정받는 More or Less조건으로 계약을 체결한다. 예를 들어, More or Less 5%로 계약하면 5% 이내의 과부족이 발생해도 매도인은 면책이 된다.

또한 More or Less조건을 활용하지 않더라도 수량표시 단위에 "about", "approximately" 등의 표현이 있으면 신용장통일규칙 제39조에 의해 10% 과부족이 허용된다.

3. 가격조건

무역거래에 있어서의 가격은 계약상품의 인도장소와 가격에 포함되는 제비용의 종류에 따라 여러 가지로 구분되고 있는데, 무역계약시에는 이러한 거래가격의 조건도 명백히 하여야 한다.

오늘날 무역거래에 사용되는 가격표시는 여러 가지 관점에서 이를 분류할 수 있으나, Incoterms 2010에는 [표 12-1]에서처럼 11가지 거래조건이 규정되어 있다. 이들 조건은 운송수단에 상관없이 모든 운송에 사용가능한 거래조건과 해상 혹은 내수로 운송에서만 사용할 수 있는 거래조건으로 분류되어 있다.

표 12-1 Incoterms 2010

구분	거래조건	전신약호
모든 운송에 사용하는 거래조건	작업장인도(Ex Works) 운송인인도(Free Carrier) 운송비지불인도(Carriage Paid To) 운송비 · 보험료지불인도(Carriage and Insurance Paid to) 터미널인도조건(Delivered At Terminal) 목적지인도조건(Delivered At Place) 관세지급인도(Delivered Duty Paid)	EXW FCA CPT CIP DAT DAP DDP
해상운송, 내수로 운송에 사용하는 거래조건	선측인도(Free Alongside Ship) 본선인도(Free On Board) 운임포함인도(Cost and Freight) 운임 · 보험료포함인도(Cost, Insurance and Freight)	FAS FOB CFR CIF

이들 각각의 정형거래조건에 관한 상세한 내용은 '04절 무역계약과 인코텀즈'에서 상술하기로 한다.

4. 선적조건

1) 선적시기의 결정

선적시기는 일반적으로 확정일을 규정하지 않고 단월(單月) 또는 연월(連月)로 표시하는 것이 국제적인 관례이다. 단월조건이란 1개월 내에 선적을 완료해야 하는 조건이며 원칙적으로 분할선적(installment shipment or partial shipment)은 허용되지 않는다.

2) 선적일의 증명

선적에 관한 클레임(claim)의 대부분은 지연된 선적으로 말미암아 발생하므로 선적일을 어떻게 결정하느냐가 문제가 된다. 선적일은 1하구(one lot)의 화물 전부를 적재 완료한 날짜이며 선적을 입증하는 것은 선적화물을 표시하는 선화증권이므로 다른 반증이 없는 한 선화증권의 날짜(B/L date)를 가지고 실제로 선적된 날로 간주하는 것이 상관습이다.

3) 지연된 선적의 처리방법

지연된 선적은 불가항력에 기인하는 경우와 매도인의 과실이나 고의에 기인하는 경우가 있다. 불가항력(force majeure)에 의한 지연된 선적은 원칙적으로 매도인의 면책사항이 되나 이때에는 매도인은 자국주재 수입국영사관이나 상공회의소 등 공공기관으로부터 그 불가항력의 사실을 증명받고 이를 매수인에게 발송하여야 한다. 그러나 불가항력이라 해서 매수인의 이익을 무시할 수 없으므로 가령 자동적으로 30일만 약정 선적기간을 연장하고 이 기간을 초과하고도 선적하지 못할 때에는 또 한번 재 연기하느냐 그렇지 않으면 무조건 해약하느냐에 대해서는 매수인이 임의로 할 수 있도록 그 처리방법을 계약에 명시해야 한다.

5. 보험조건

적하보험에서는 협회적하약관의 규정에 따라 다음의 세 가지 기본조건이 있다.

① Institute Cargo Clause (A): 전위험담보조건(all risks: A/R)

② Institute Cargo Clause (B): 분손담보조건(with average: WA)

③ Institute Cargo Clause (C): 분손부담보조건(free from particular average: FPA)

이 보험조건은 어떠한 기본조건을 선택하고 또 화물과 운송의 특수사항을 고려하여 어떠한 부가위험을 추가할 것이며 전쟁위험과 동맹파업위험 등은 어떻게 할 것인가를 결정하여야 한다.

6. 결제조건

무역상품의 대금결제방법에는 여러 가지 종류가 있으나, 외국무역에 있어서 상례적인 것은 송화(送貨)를 담보로 하는 환어음에 의한 결제방법이다. 이 경우에 있어서는 상품 자체와 상환하지 않고, 상품을 증권화한 선적서류(shipping documents)와 상환으로 대금이 지급된다.

무역거래의 결제조건으로서 당사자가 서로 협정하여야 할 중요한 사항은 ① 대금결제의 방법, ② 화환어음에 관한 조건, ③ 신용장에 관한 조건 등이다.

1) 대금결제의 방법

무역상품의 대금결제의 종류에는 여러 가지가 있으나 우선 대금결제방식에 의한 분류에 따라서 약술하면 다음과 같다.

(1) 송금결제

이는 수입업자가 수출업자 앞으로 수입대금을 송금하여 주는 방식으로서 여기에는 수입업자가 수입대금 해당액만큼의 은행수표를 수출업자 앞으로 발행받아 이를 수출업자 앞으로 우송하는 방식인 D/D(demand draft) 송금방식과 수입업자의 요청에 따라 은행간에 체결된 환거래계약기구에 의거하여 우편으로 은행간에 송금을 취결, 수출업자에게 지급토록 해 주는 방식인 M/T(mail transfer)방식, 우편이 아니라 전신으로 체결하는 T/T(telegraphic transfer)방식 등이 있다.

(2) 추심결제

수입업자로부터의 송금을 기다리지 않고 수출업자가 수입업자 앞으로 환어음(bill of exchange)을 발행하여 선적서류를 첨부해서 은행에서 할인받거나 또는 은행에 추심을 의뢰하는 것으로 소위 화환에 의한 결제방법이다. 이 방법에 의하면 매도인은 화물을 선적하면 곧 대금회수가 가능하고 매수인은 화물이 도착한 후에 지급하면 되므로 상호간에 다 같이 만족할 수 있는 방법이 될 수 있다.

(3) 교호계산

교호계산(account current)이란 매매 당사자간에 상호간 수출입 거래가 빈번하게 있을 때에 각 거래마다 대금을 수수(授受)하지 않고 일정기간의 거래에서 발생하는 채권·채무의 총액을 서로 상계(相計)하고 그 잔액만 지급하는 결제방법을 말하며 일반적인 방법은 되지 못한다.

2) 화환어음에 관한 조건

(1) 어음의 기한

어음은 만기일의 결정 여하에 따라서 다음과 같은 구별이 있다.

① 일람출급어음(sight bill, demand bill)

지급인에게 제시되었을 때에 즉시 지급하는 환어음이다.

② 기한부어음(time bill, term bill, usance bill)

a) 확정일후 정기출급어음(after-date bill): 어음의 발행일로부터 기산하여 어음면에 기재된 일정기간내에 지급해야 할 어음이다.

b) 일람후 정기출급어음(after-sight bill): 어음의 제시일, 즉 인수일로부터 기산하여 어음면에 기재된 일정기간 내에 지급해야 할 어음이다.

(2) 어음의 조건(부속선적서류인도조건)

화환어음의 담보로 부속된 선적서류의 인도조건에 따라 인수인도조건(documents against acceptance: D/A)과 지급인도조건(documents against payment: D/P)의 두 가지가 있다.

① D/A조건

화환어음조건의 하나로서 수입업자는 은행으로부터 화환어음의 제시를 받았을 때 어음대금을 지급하지 않고 이를 인수함으로써 선적서류의 인도를 받을 수 있는 조건이다.

② D/P조건

화환어음의 송부를 받은 은행이 어음대금의 지급과 상환으로 선적서류를 인도하는 조건이다. 이 조건으로는 신용장을 발행하지 않고 화물과 함께 송부되어 온 선적서류를 대금지급과 동시에 인수할 수 있다.

3) 신용장에 관한 조건

신용장에 관한 조건으로서는 ① 신용장의 종류, ② 신용장금액, 유효기간 및 갱신조건, ③ 신용장의 발행방법 등을 협정하여야 한다.

04 무역계약과 인코텀즈(Incoterms)

무역매매계약에 있어서의 양당사자는 통상, 원격지간에서 거래를 수행하게 된다. 따라서 거래의 상세한 항목까지도 오해가 발생하지 않도록 약정을 해둘 필요가 있다. 그러나 계약할 때마다 세부조항까지 일일이 결정한다는 것은 매우 비효율적이다. 그리하여 오랜 세월 동안에 상인 간에서 표준적 거래조건이 자연히 형성되기에 이르렀고, 이것이 국제 간에 양해가 이루어져 정형화(定型化)되었으며, 이것에 따라서 오늘날 무역거래가 행하여지고 있다. FOB계약이나 CIF계약으로 불리어지고 있는 것이 바로 이에 해당되며, 이처럼 표준화된 거래조건을 정형거래조건(typical trade terms)이라고 한다.[2)]

1. 국제규칙의 제정

표준적 거래조건은 국제무역에 종사하는 거래당사자의 편의를 위해서 거래의 관습이 자연발생적으로 정형화된 것으로 계약당사자의 공통의 기반이 되어야 한다. 따라서 만일 그 해석에 관해서 당사자 간에 오해가 있게 되면 중대한 분쟁의 요인이 될 수 있다. 이러한 오해와 분쟁을 회피하기 위하여 종래에 몇 개의 국제기관에 의한 국제규칙의 제정이나 발표가 이루어져 왔으나 현재 널리 사용되고 있는 것은 다음 두 가지이다.[3)]

1) Incoterms(인코텀즈)

Incoterms는 International Commercial Terms의 앞 두 단어의 In과 Co를 Terms에 붙여서 약칭한 것으로, 정식의 명칭은 International Rules for the Interpretation of the Trade Terms(무역거래조건의 해석에 관한 국제규칙)라고 한다.

Incoterms는 1936년에 국제상업회의소(International Chamber of Commerce)에 의해서 제정되었으며 여기에는 11가지의 정형거래에 관한 매도인(seller)과 매수인

---

2) 朝岡良平, 貿易賣買と商慣習(布井出版, 1982), p. 50.
3) 新堀聰, 貿易取引入門(日本經濟新聞社, 1992), pp. 100～105.

(buyer)의 최소한의 의무와 책임이 규정되고 있다. 그 후 제2차 세계대전 후의 새로운 국제정세의 변화에 따라서 1953년에 전면적으로 개폐되어 9가지의 조건이 제정되었다. 이는 다시 1967년, 1976년, 1980년에 개정 또는 추가되었으며 또한 1990년에 대폭으로 개정되어 13가지 조건으로 축소 · 정리되었다.[4] Incoterms 1990은 ① 전자문서교환(EDI: Electronic Data Interchange)시스템의 도입에 대비하고, ② 컨테이너화 · 복합운송의 발달 등 운송형태의 다양화에 부응하고, ③ 각 거래조건의 내용에 대한 이해도를 제고시키기 위해서 개정되었다.

Incoterms 2000은 1990년 개정 때와 같이 모두 13거 거래조건으로 구성되어 있으며, FCA조건이 해상무역거래에서와 같이 FOB인수지점, 즉 선측난간(ship's rail)이 아닌 컨테이너화(containerization)에 의한 육지의 특정지점이 인수지점으로 되는 빈번한 경우를 처리하기 위해 개정되었다. 또한 종이서류 대신에 사용되고 있는 EDI메시지를 증거서류로 인정하였다.

현재는 2010년도에 개정된 Incoterms 2010이 사용되고 있다. Incoterms 2010은 운송방식에 따라 정형거래조건을 분류하고 있으며, 아래의 [표 12-2]와 같다.

표 12-2 Incoterms® 2010의 분류

<table>
<tr><th>표현형식에 따른 구별</th><th>인도장소에 따른 구별</th><th>인도형태에 따른 구별</th><th>운송방식에 따른 구별</th><th>거래조건</th></tr>
<tr><td rowspan="7">지정장소 인도조건</td><td rowspan="4">선적지 인도조건</td><td rowspan="9">현실적 인도조건</td><td rowspan="2">복합운송</td><td>EXW</td></tr>
<tr><td>FCA</td></tr>
<tr><td rowspan="2">해상운송</td><td>FAS</td></tr>
<tr><td>FOB</td></tr>
<tr><td rowspan="3">양륙지 인도조건</td><td rowspan="5">복합운송</td><td>DAT</td></tr>
<tr><td>DAP</td></tr>
<tr><td>DDP</td></tr>
<tr><td rowspan="4">특수비용포함 조건</td><td rowspan="4">선적지 인도조건</td><td>CPT</td></tr>
<tr><td>CIP</td></tr>
<tr><td rowspan="2">상징적 인도조건</td><td rowspan="2">해상운송</td><td>CFR</td></tr>
<tr><td>CIF</td></tr>
</table>

4) C. Schmitthoff, *op. cit.*, p. 66.

또한 「Incoterms 2010」은 「Incoterms 2000」과 마찬가지로 매도인과 매수인의 의무조항을 다음과 같이 각각 소항목 10 가지로 통일하고 대치・배열하여 매매당사자들의 의무를 분명히 하고 있다([표 12-3] 참조).

한편 Incoterms는 법적 구속력을 지닌 국제조약(convention)이 아니라 일종의 임의규칙이므로 매매당사자간의 합의에 의해서만 사용될 수 있다. 국제규칙은 채택된 당시에는 최신의 내용을 담고 있지만, 시일이 경과함에 따라서 낡은 것이 되기 마련이고 또한 당시의 거래관습은 최대공약수 부분을 반영하지만, 전면적으로 수용・채택되고 있는 것도 아니다. 따라서 국제규칙에서 미흡한 점을 양당사자의 합의에 의해 계약서 중에서 보충해 두어야만 한다.

표 12-3 매도인과 매수인의 의무(Incoterms® 2010)

A. The Seller's Obligations (매도인의 의무)	B. The Buyer's Obligations (매수인의 의무)
A1. General Obligations of the seller (매도인의 일반적 의무)	**B1.** General Obligations of the Buyer (매수인의 일반적 의무)
A2. Licences, authorizations, security clearances and other formalities (허가, 승인, 안전확인 및 기타절차)	**B2.** Licences, authorizations, security clearances and other formalities (허가, 승인, 안전확인 및 기타 절차)
A3. Contracts of carriage and insurance (운송 및 보험계약)	**B3.** Contracts of carriage and insurance (운송 및 보험계약)
A4. Delivery(인도)	**B4.** Taking delivery(인도의 수령)
A5. Transfer of risks(위험의 이전)	**B5.** Transfer of risks(위험의 이전)
A6. Allocation of costs(비용의 배분)	**B6.** Allocation of costs(비용의 배분)
A7. Notice to the buyer(매수인에 대한 통지)	**B7.** Notice to the seller(매도인에 대한 통지)
A8. Delivery document(인도서류)	**B8.** Proof of delivery(인도의 증거)
A9. Checking-packaging-marking (점검・포장・확인)	**B9.** Inspection of goods(물품의 검사)
A10. Assistance with information and related costs(정보에 의한 협조와 관련비용)	**B10.** Assistance with information and related costs(정보에 의한 협조와 관련비용)

2) 개정미국무역정의(Revised American Foreign Trade Definitions)

1919년 12월에 New York의 India House에서 전미무역협의회(全美貿易協議會; National Foreign Trade Council)가 주축이 되고 각 실업단체 및 무역단체가 참

가하여 무역총회가 개최되었으며 이 회의에서 「수출가격조건의 정의(Definitions of Export Quotations)」가 채택되었다.[5] 이 정의에는 ① FOB, ② FAS, ③ CIF, ④ C&F의 4종의 표준정의가 규정되고 있다.

그 후 20여 년간 미국은 세계질서의 변화와 더불어 명실공히 세계무역의 지도적 입장에 서게 되자, 미국의 거래관행에도 적지 않은 변화가 생겼다. 이러한 이유로 전미무역협의회, 전미수입업자협의회(National Council of American Importers Inc.) 및 미국상공회의소의 합동위원회에서 개정작업이 이루어졌으며, 그 결과 1941년의 전미무역회의에서 「1941년 개정미국무역정의(Revised American Foreign Trade Definitions, 1941)」가 채택되기에 이르렀다.[6]

이 정의는 이전의 India House Rule에다 Ex(Point of Origin)과 Ex Dock의 2종을 추가함으로써 6종으로 늘어났으며, 두 번째 조항인 FOB는 다음 6가지로 세분화되어 있어 여전히 미국류의 해석기준을 채택하고 있다.

(1) FOB (named inland carrier at named inland point of departure)
(2) FOB (named inland carrier at named inland point of departure) Freight prepaid to (named point of exportation)
(3) FOB (named inland carrier at named inland point of departure) Freight allowed to (named point of exportation)
(4) FOB (named inland carrier at named point of exportation)
(5) FOB Vessel (named port of shipment)
(6) FOB (named inland point in country of importation)

한편 개정미국무역정의도, Incoterms와 마찬가지로 거래관습의 해석기준에 지나지 않으며, 법적 구속력을 지닌 것은 아니기 때문에 매매당사자간의 합의·채택에 의해서만 사용할 수가 있다. 따라서 개정미국무역정의가 점차 그 빛을 잃어가게 될 것이 예상되나, 오랜 관습의 탓으로 아직까지도 많은 미국업자들은 Incoterms보다 개정미국무역정의의 내용을 선호하고 있음이 사실이다.

---

5) 이 회의가 New York의 India House에서 개최되었기 때문에 이 정의를 「FOB에 대한 인디아 하우스 규칙」(India House Rules for FOB)이라고 한다.
U.S. Dept. of Commerce, *Paper Work in Export Trade*(Washington, D.C., 1920), p. 14.
6) C. Schmitthoff, *op. cit.*, p. 48.

1990년에 개정된 개정미국무역정의에서는 Ex(point of origin), FOB, FAS, CFR, CIF 및 EX Dock 6가지 거래조건이 규정되어 있다.

2. 정형거래조건(Incoterms® 2010)의 이해

1) 국제무역조건(International Terms of Trade)

각각의 국제매매를 위해서는 아래의 여러 단계 중에서 수출업자와 수입업자의 책임을 결정하는 것이 중요하다.

① 수출국 국내운송(Pre-carriage): 수출국에서의 국내운송
② 주요 운송(Main-carriage): 수출국과 수입국 간의 국제운송
③ 수입국 국내운송(On-carriage): 수입국에서의 국내운송
④ 국제운송에서 포함되는 위험들
⑤ 수입국에서의 세관 통관

Incoterms® 2010은 정식으로 국제매매의 다음 측면을 규정하고 있다.

① 어떤 과업이 수출업자에 의해 수행되어야 하는가
② 어떤 과업이 수입업자에 의해 수행되어야 하는가
③ 어떤 활동이 수출업자에 의해 지불되어야 하는가
④ 어떤 활동이 수입업자에 의해 지불되어야 하는가
⑤ 수출업자로부터 수입업자에게 이전되는 상품의 정확한 책임의 분기점

Incoterms® 2010에는 EXW, DAP, FOB 등과 같이 모두 3자리로 단축된 두문자어(頭文字語)로 11개의 다른 거래조건이 있다.

2) Incoterms® 2010 조건의 선택

올바른 인코텀즈 조건의 선택은 회사의 수출전략에 달려있다.

① 매매되는 제품의 유형(중량, 용적, 부패 용이성, 가치, 온도변화에 민감성 등)
② 선적의 방법

③ 관계된 과업을 이행하기 위한 수출업자와 수입업자 양쪽의 능력과 의지
④ 거래 상대방 간의 신뢰도

3) Incoterms® 2010 규칙

각 인코텀즈 규칙들은 아래의 사항들을 포함하고 있다.

① 범위(scope): 사용될 수 있는 제품의 유형
② 운송방식(modality): 사용될 수 있는 운송방식
③ 문장형식(syntax): 송장과 서류에 언급되어야 하는 형식

각 인코텀즈 규칙들은 아래의 사항들을 명시하고 있다.

① 수출업자의 책임
② 수입업자의 책임
③ 수출업자로부터 수입업자로 이전되는 상품의 책임이전 특정 분기점

3. 정형거래조건(Incoterms® 2010)의 분류 및 내용

국제상업회의소는 모든 운송에서 사용가능한 7개의 인코텀즈 조건(해상, 도로, 항공, 철도)과 해상 혹은 내수로 운송에서만 사용 가능한 4개의 인코텀즈 조건(가장 오래된 무역거래조건)으로 두 그룹의 인코텀즈 조건을 명기하고 있다.

1) 모든 운송에서 사용가능한 조건

이 그룹에 속하는 거래조건은 육상, 해상, 항공 등 운송수단에 관계없이, 단일의 운송수단을 이용하든 복합운송수단을 사용하든 상관없이 사용할 수 있는 거래조건이다.

(1) 작업장 인도조건〔Ex Works: EXW(named place of delivery)〕

이 조건은 매도인이 계약물품을 작업장 또는 공장 구내에서 현상 그대로 매수인에게 인도하는 조건이다. 이때의 작업장(works)이란, 물품이 생산과정을 마치고 매매의 목적물로서 정비되어 임시 장치되고 있는 장소를 말한다. 이 현장으로부터 그 물품을 이동시키는 책임과 비용은 모두 매수인의 부담이 된다. 그러므로 이 조

건은 매도인에게는 최소한의 의무가 부여된다. 따라서 매수인이 수출국가에서 수출절차를 이행할 수 없는 경우에는 FCA조건을 사용하는 것이 더 적절하다. 물품의 대금은 별도의 약정이 없는 한, 물품의 인도 시에 지급하여야 한다.

구체적으로는 공장인도(Ex Factory, Ex Mill), 창고인도(Ex Warehouse, Ex Godown), 광산인도(Ex Mine), 농장인도(Ex Plantation), 점두인도(Ex Store) 등이 있다. Ex Works는 이들의 대표로서 사용되고 있다.

(2) 운송인 인도조건〔Free Carrier: FCA(named place of delivery)〕

이 조건은 복합운송의 대표적인 것으로 매수인이 지정한 장소에서 지정된 운송인의 관리하에(into the charge of the carrier) 수출 통관된 물품을 인도하였을 때 매도인의 의무가 완료되는 정형무역조건이다. 이때의 운송인(carrier)이란 철도, 도로, 해상, 항공, 내륙수로운송, 또는 이들 제수단의 결합에 의한 복합일관운송의 운송계약을 체결 · 이행하는 자를 말한다.

이 조건은 철도운송, 육로운송, 해상운송, 항공운송, 내수로운송, 복합운송(multimodal transport) 등 어떠한 운송형태에서도 이용가능하며 매도인이 계약물품을 지정장소에서 수출 통관 필 상태로 운송인에게 인도할 때 매도인의 의무가 종료된다는 점을 제외하고는 FOB계약조건과 기본원칙이 동일하다.

(3) 운송비 지급 인도조건〔Carriage Paid to: CPT(named place of destination)〕

이 조건은 운송의 형태에 관계없이 매도인이 적출지에서 운송인에게 계약물품을 인도해주는 조건이다. 이 조건은 매매계약 형태상 CFR조건과 유사하여 매도인이 지정 도착지까지의 운임을 지급하나, 매도인의 인도의무는 계약물품을 운송인의 관리하에 인도한 때에 종료되고 그 이후의 물품에 관한 멸실 · 손상 및 추가비용은 매수인에게 이전된다.

여기서 운송인이란 육 · 해 · 공 중 어느 한 가지나 이들의 복합방식으로 계약물품을 목적지까지 운송해주기로 약정하는 자를 말한다. 운송서류는 FCA조건과 마찬가지로 반드시 운송도중에 전매(轉賣)될 수 있는 것일 필요는 없다.

매매당사자간의 의무는 목적지까지의 운송계약 및 운임을 매도인이 부담하는 점을 제외하고는 FCA조건과 같다.

이 조건은 복합운송방식과 컨테이너운송 또는 트레일러나 부선에 의한

roll-on/roll-off 운송을 포함하여 모든 운송방식에 사용될 수 있다.

(4) 운송비 · 보험료 지급 인도조건〔Carriage and Insurance Paid to: CIP(named place of destination)〕

이 조건은 CPT조건과 같으나 다만 매도인이 운송도중의 계약물품의 멸실 또는 손상의 위험에 대한 보험까지를 수배해야 한다는 점만 다르다. 즉, 이 조건에서는 매도인은 반드시 계약에서 정한 보험계약을 체결하고 보험료를 지급해야 한다. 이러한 점에서 이 조건은 CIF조건과 유사하다. 매도인은 계약물품을 운송인의 관리하에 인도한 때에 인도의무가 종료되고 그 이후의 물품에 관한 멸실 · 손상의 위험은 매수인에게 이전된다. 운송서류는 FCA조건이나 CPT조건과 마찬가지로 반드시 운송도중에 전매될 수 있는 것일 필요는 없다.

이 CIP조건은 전술한 FCA조건 및 CPT조건과 함께 복합운송에서 주로 이용되고 있는 거래조건인데 이 세 가지 조건의 기본특성을 비교해 보면 [표 12-4]와 같다.

표 12-4 FCA, CPT, CIP의 기본 특성 비교표

<table>
<tr><td colspan="3"></td><td>FCA
(운송인인도)
Free Carrier
(…named place of delivery)</td><td>CPT
(운송비지급인도)
Carriage and Insurance Paid to
(…named place of destination)</td><td>CIP
(운송비 · 보험료지급)
Carriage and Insurance Paid to
(…named place of destination)</td></tr>
<tr><td colspan="3" rowspan="2">Terms(조건)의 표시방법 및 예시</td><td>FCA 지정장소</td><td>CPT 지정목적지</td><td>CIP 지정목적지</td></tr>
<tr><td>FCA Busan</td><td>CPT Chicago</td><td>CIP Baltimore</td></tr>
<tr><td rowspan="3">부담의 범위</td><td rowspan="2">① 비용</td><td>운 임</td><td>수입업자 부담</td><td colspan="2">수출업자 부담</td></tr>
<tr><td>보험료</td><td colspan="2">수입업자 부담</td><td>수출업자 부담</td></tr>
<tr><td colspan="2">② 화물의 위험</td><td colspan="3">모든 조건은 지정장소에서 수입업자에 의해서 지명된 운송인에게 화물을 인도하였을 시점에서 화물의 위험부담이 수출업자로부터 수입업자에 이전</td></tr>
<tr><td colspan="3">선하증권(B/L)이나 항공화물운송장(Air Way-bill)의 운임표시</td><td>FREIGHT COLLECT
(운임도착 지급)</td><td colspan="2">FREIGHT PREPAID
(운임 선지급)</td></tr>
<tr><td rowspan="2">서류</td><td colspan="2">운송서류
(B/L, AWB 등)</td><td colspan="3">수출지 측에서 발행</td></tr>
<tr><td colspan="2">보험증권</td><td colspan="2">수입지 측에서 발행</td><td>수출지 측에서 발행</td></tr>
</table>

제3편

(5) 터미널 인도조건〔Delivered At Terminal: DAT(named terminal at port or place of destination)〕

이 조건은 Incoterms 2010에 처음 소개된 것으로서, 매도인이 지정목적항 또는 지정목적지에 있는 지정터미널의 운송수단으로부터 물품을 하역하여 수입통관을 필하지 않고 이를 매수인의 임의처분상태로 인도하는 조건을 말한다. 여기에서 의미하는 터미널은 덮개의 유무를 불문하며, 부두, 창고, 컨테이너 야드(container yard; CY), 도로·철도 또는 항공화물 터미널을 포함한다.

이 조건의 경우 매매당사자간의 비용 및 위험부담의 분기점은 지정터미널이 된다. 따라서 이 조건을 사용할 경우 터미널 혹은 터미널 내에서의 특정지점을 명확히 해 두어야 한다. 만약 특정 터미널이 합의되지 않았거나 관습에 의해 결정되고 있지 않은 경우, 매도인은 합의된 목적항 또는 목적지에서 자기의 목적에 가장 적합한 터미널을 선택할 수 있다.

이 조건에서 매도인은 자기의 비용으로 합의된 목적항 또는 목적지까지 물품을 운송하기 위한 운송계약을 체결하고, 터미널까지 운송하여 하역하는 데 따른 모든 위험을 부담해야 한다. 한편 매수인은 물품이 지정터미널에서 인도된 이후의 모든 위험과 비용을 부담한다.

(6) 목적지 인도조건〔Delivered At Place: DAP(named place of destination)〕

이 조건은 매도인은 지정목적지에서 수입통관을 필하지 않은 계약물품을 도착된 운송수단으로부터 양하하지 않은 상태로 매수인의 임의처분상태로 인도하는 조건이다.

이 조건에서는 매도인은 자기의 비용으로 지정목적지 또는 경우에 따라 지정목적지의 합의된 지점까지 물품을 운송하기 위한 운송계약을 체결하여야 하고, 지정지까지 물품을 운송하는 데 따른 모든 위험을 부담한다.

만약 특정 지점이 합의되지 않았거나 관습에 의해 결정되고 있지 않은 경우, 매도인은 지정목적지에서 자기의 목적에 가장 적합한 지점을 선택할 수 있다. 한편 매수인은 지정목적지에서 자기가 임의로 처분할 수 있는 상태가 된 이후의 모든 위험과 비용을 부담한다.

(7) 관세지급 인도조건〔Delivered Duty paid: DDP(named place of destination)〕

이 조건은 매도인이 지정목적지에서 수입통관을 필한 계약물품을 도착된 운송수단으로부터 양하하지 않은 상태로 매수인에게 인도하는 조건이다. 이 조건의 경우 매도인은 지정목적지에 도착할 때까지 목적지 국가에서 관세를 포함한 모든 비용과 위험을 부담하여야 한다. 즉, 매도인은 자신의 위험과 비용으로 수출국에서 수출통관을 필하고, 수입항까지의 운송계약과 보험계약을 체결하여, 수입국에서 수입허가를 취득하고, 관세·조세 등을 지급하여 수입통관을 필한 후, 수입국의 지정 목적지까지 계약물품을 운송해야 한다. 따라서 매도인의 경우에 EXW조건이 최소한의 의무를 부담하는 반면 이 조건은 최대한의 의무를 부담한다.

이 조건은 매도인이 수입통관을 하여야 하기 때문에 직간접적으로 매도인이 수입통관을 할 수 없는 경우에는 DAP조건을 사용하여야 한다.

한편 매수인은 계약물품이 지정목적지에서 자기가 임의 처분할 수 있는 상태로 된 이후의 모든 위험과 비용을 부담한다.

2) 해상 혹은 내수로 운송에서만 사용가능한 조건

Incoterms 2010에서 해상운송 혹은 내수로 운송에서만 사용가능한 조건(rules for sea and inland waterway transport)은 아래의 4가지 조건이다. 이들 중에서도 특히 FOB와 CIF는 전통적으로 자주 사용되어 왔었으나, 최근 컨테이너 운송에 의한 복합일괄운송이 일반화됨에 따라 Incoterms 2010에서는 후순위에 규정되어 있다.

(1) 선측인도조건〔(Free Alongside Ship: FAS(named port of shipment)〕

이 조건은 매도인이 지정선적항에서 매수인이 지정한 본선의 선측(alongside ship)에 수출통관을 필한 계약물품을 인도하는 조건이다.

여기서 선측이란 본선상용(本船常用)의 양화기(tackle) 및 그 밖의 선적용구(船積用具)가 도달할 수 있는 범위를 의미한다. 따라서 위험부담의 장소적 분기점은 본선이 부두에 접안된 때에는 부두상(on the quay)이 되고 본선이 해상에 정박해 있을 때에는 부선내(in lighter)가 된다.

특히 본 조건은 적재비용이 많이 소요되는 원맥, 원면, 원목 등의 산화물(bulk

제 3 편

cargo)거래에 자주 이용된다.

이 조건에서 매매당사자간의 비용부담과 책임의 분기점은 선적항의 선측이 된다. 매수인은 이 지점 이후에 발생하는 물품의 멸실 또는 손상에 따른 모든 비용과 위험을 부담해야 하며, 선박을 수배하고 선박명, 선적장소 및 선적시기를 매도인에게 통지하여야 한다.

(2) 본선 인도조건〔Free On Board: FOB(named port of shipment)〕

이 조건은 매도인이 지정선적항에서 수출통관을 필한 계약물품을 매수인이 지명·통보한 선박의 본선상(on board the vessel)에서 인도하는 조건이다. 따라서 이 조건의 경우, 매매당사자간의 비용부담 및 책임부담의 분기점은 계약물품이 본선 상에 적재되는 시점이다.

이 조건에서는 매도인은 합의된 선적기간 내에 매수인이 지정한 운송선박에 계약물품을 선적하게 되면 자신의 책임이 끝나며, 선적 이후의 모든 책임과 비용은 매수인이 부담하게 된다. 한편 매수인은 계약물품을 수입지까지 운송할 선박과 운송계약을 체결하고 선박명, 선박지점 및 인도시기를 매도인에게 통지해야 한다.

Incoterms 2000의 FOB, CFR, CIF 조건에서 위험의 분기점을 계약물품이 본선의 난간(ship's rail)을 통과 할 때로 규정되어 있었으나 Incoterms 2010에서는 본선상에 적재되는 시점으로 변경되었다.

표 12-5 FOB

Free On Board: FOB(insert named port of shipment), Incoterms® 2010, 본선 인도조건	
범위(Scope)	어떤 유형의 상품에도 사용 가능
운송방식(Modality)	해상운송이나 내수로 운송에서만 사용 가능
문장형식(Syntax)	FOB [상품이 인도되는 출발항 부두(혹은 선박)], Incoterms® 2010. FOB · Gaolan Terminal, Zhuhai Port, Zhuhai, Guangdong, CHINA, Incoterms® 2010.
수출업자의 책임	• 국제항해를 위한 상품의 포장 • 수입국의 통관에 필요한 서류들을 수입업자에게 제공 • 출발항까지의 수출국 국내운송(Pre - carriage)의 운송계약을 체결하고, 운송비용 지불 • 수입업자가 지정한 선박에 선적
수입업자의 책임	그 밖의 모든 것(수입통관 등)
책임의 분기점	수출업자가 출발항 선박의 본선상에서 상품을 인도하는 시점

비고	(Incoterms 2000) ▪ 상품의 책임이전 분기점은 본선의 난간(ship's rail) ▪ 본선의 난간은 전체 선박을 둘러싸고 있는 가상의 선(line) ▪ 상품이 일단 본선의 난간을 통과한 후에는 수입업자의 책임 (Incoterms® 2010) ▪ 책임이전의 분기점을 "본선상(on board)"으로 대체 ▪ 선하증권은 상품이 본선상에 있을 때 발행되는 사실을 반영

(3) 운임포함 인도조건 〔Cost and Freight: CFR(named port of destination)〕

이 조건은 상품의 원가(cost)에 지정목적지까지 해상운임(freight)이 포함된 조건이다. 이 조건에서 매매당사자간의 책임한계점은 FOB 조건과 마찬가지로 선적항의 본선이다. 따라서 계약물품이 선적항의 본선 상에 적재되면 물품과 관련된 모든 책임은 매수인에게 이전된다.

매도인은 지정된 목적항까지 계약물품의 운송에 적합한 선박과 통상적인 해상운송계약을 체결하고 운임을 지불해야 한다. 그리고 계약물품에 대한 수출통관을 필하여 본선에 인도하고 통상의 운송서류를 지체 없이 매수인에게 전달해야 한다.

매수인은 물품이 선적항의 본선에 인도된 이후 발생하는 모든 위험과 인도 이후 해상운임을 제외한 모든 추가비용을 부담해야 한다.

(4) 운임 · 보험료포함 인도조건 〔Cost, Insurance and Freight: CIF(named port of destination)〕

이 조건은 CFR조건에 지정된 목적항까지의 보험료가 포함된 조건이다. 이 조건의 경우 매도인은 계약물품의 해상운송계약과 해상보험계약을 체결하고 운임 및 보험료를 지급하고 그 책임은 선적항의 본선상에 계약물품 적재시에 완료된다. 따라서 매도인의 책임은 FOB조건이나 CFR조건과 마찬가지로 계약물품이 선적항의 본선에 선적될 때 끝나기 때문에 만약 운송 도중 사고가 발생하더라도 이에 대한 책임은 매수인에게 있다.

이 조건은 무역상품의 원가(cost), 보험료(insurance) 및 운임(freight) 등 3가지 요소가 하나의 거래조건에 통합된 합리적인 매매형태라고 할 수 있다.

이 조건은 매도인이 계약물품을 선적하고 운송중의 위험에 대하여 부보한 후 선적서류를 구비하여 매수인에게 제공해야 하며, 매수인은 선적 이후의 위험을 부담하고 선적서류와 상환으로 물품의 대금을 지급해야 하는 서류인도 계약조건이다. 그러므로 이 조건은 선적 후 화물이 멸실·손상되어도 매도인은 온전한 선적서류만 갖추면 대금결제를 요구할 수가 있다.

또한 소유권은 선적 후에 일단은 매수인에게 이전되나, 매도인은 선적서류에 의하여 담보권(擔保權)을 유보하여 대금지급을 확보하게 된다. 그리고 매수인에 의한 환어음의 인수·지급에 의하여 선적서류는 매수인에게 인도되고 이때에 소유권도 완전히 이전된다.

CIF조건은 다른 여러 정형거래조건과 상이한 두 가지 특징을 가지는데, 하나는 물품의 위험부담의 한계점과 비용부담의 한계점이 불일치한다는 점이다. 또 하나의 특징은 CIF조건은 물품 자체의 현실적 인도가 아니라, 인도가 운송품을 화체(化體)한 선화증권에 의해서 행하여지는 상징적 인도(symbolical delivery)이다. 즉, 매도인은 서류 대신에 물품을 제공할 수는 없고, 매수인도 또한 서류 대신에 물품의 인도를 요구할 수 없다는 것이 본래의 해석이다.

한편 근년에 컴퓨터를 매개로 하여 Paperless B/L에 의한 새로운 CIF계약이 등장하고 있는데 앞으로 주목할 만한 사실이다.

표 12-6 CIF

Cost, Insurance and Freight: CIF(insert named port of destination), Incoterms® 2010, 운임·보험료포함 인도조건	
범위(Scope)	어떤 유형의 상품에도 사용 가능
운송방식(Modality)	해상운송이나 내수로 운송에서만 사용 가능
문장형식(Syntax)	CIF [상품이 인도되는 도착항의 부두 주소], Incoterms® 2010. CIF · DeCeTe Duisburger Container Terminal Alte Ruhroter Strasse 20 - 22, 47119 Duisburg, GERMANY, Incoterms® 2010.
수출업자의 책임	• 국제항해를 위한 상품의 포장 • 수입국의 통관에 필요한 서류들을 수입업자에게 제공 • 출발항까지의 수출국 국내운송(Pre - carriage), 국제운송(Main - carriage)의 운송계약을 체결하고, 운송비용 지불 • 도착항까지 보험계약을 체결하고 보험료 지불
수입업자의 책임	그 밖의 모든 것(수입통관 등)
책임의 분기점	수출업자가 출발항 선박의 본선상에서 상품을 인도하는 시점
보험	– CIF 조건에서 보험: 수출업자는 상품에 대한 보험을 제공해야 하나, 이것은 최소한의 보험[협회적하약관 보상범위 C (I.C.C. C)]이다. 보험금액은 항상 상품가격의 110%이다.

	– 여러 가지의 인코텀즈 규칙: 수출입업자는 보다 높은 수준의 보험(보상범위 I.C.C. A)에 동의할 수 있다. 이 경우, 인코텀즈 문장형식(syntax)은 아래와 같이 변화한다. CIF · DeCeTe Duisburger Container Terminal Alte Ruhroter Strasse 20 - 22, 47119 Duisburg, GERMANY, Incoterms® 2010, maximum cover.

이 CIF조건은 전술한 FOB조건 및 CFR조건과 함께 무역거래에서 가장 많이 이용되고 있는 거래조건인데 이 세 가지 조건의 기본특성을 비교해 보면 [표 12-7]과 같다.

표 12-7 FOB, CFR, CIF 조건의 기본특성 비교표

<table>
<tr><th colspan="3"></th><th>FOB
(수출항본선인도)
Free on Board</th><th>CFR
(운임포함인도)
Cost and Freight</th><th>CIF
(운임 · 보험료
포함인도)
Cost, Insurance and Freight</th></tr>
<tr><td colspan="3" rowspan="2">Terms(조건)의
표시방법 및 예시</td><td>FOB 수출항명</td><td>CFR 수입항명</td><td>CIF 수입항명</td></tr>
<tr><td>FOB Busan</td><td>CFR Los Angeles</td><td>CIF New York</td></tr>
<tr><td rowspan="3">부담의
범위</td><td rowspan="2">①
비용</td><td>운 임</td><td>수입업자부담</td><td colspan="2">수출업자부담</td></tr>
<tr><td>보험료</td><td colspan="2">수입업자 부담</td><td>수출업자 부담</td></tr>
<tr><td colspan="2">② 화물의 위험</td><td colspan="3">모든 조건은 수출지의 항(港)에서 선박의 본선상에 화물을 적재한 시점에서 화물의 위험부담이 수출업자로부터 수입업자에 이전</td></tr>
<tr><td colspan="3">선하증권(B/L)이나
항공화물운송장(Air Way-bill)의 운임표시</td><td>FREIGHT
COLLECT
(운임 도착지급)</td><td colspan="2">FREIGHT
PREPAID
(운임 선지급)</td></tr>
<tr><td rowspan="2">서류</td><td colspan="2">운송서류
(B/L, AWB 등)</td><td colspan="3">수출업자 발행</td></tr>
<tr><td colspan="2">보험증권</td><td colspan="2">수입업자 측에서 발행</td><td>수출업자 측에서 발행</td></tr>
</table>

4. 인코텀즈의 전략적 활용

1) 국내거래에서의 인코텀즈 규칙

ICC는 의도적으로 새로운 인코텀즈 규칙(2010)이 국내거래에도 사용되도록 만들었다.

이러한 변화의 주요한 이유는 국내거래와 국제거래에서 전문적인 무역용어(예를 들어, FOB는 미국 내 거래조건에서 빈번하게 사용)를 보통 함께 사용하지만, 서로 간에 다른 의미로 통용되고 있다. FOB 조건에 대하여, ICC의 버전과 다른 의미를 가지고 있는 여러 나라들과 사업을 하는 기업은 문제가 발생할 여지가 많다. 따라서 ICC는 이러한 거래를 단순화시키기 위하여, 인코텀즈 규칙을 국제선적은 물론이고 국내거래에도 사용하고자 의도하고 있다.

2) 인코텀즈 사용시 흔히 발생하는 실수들

(1) 국내 거래조건과의 혼동 및 구식 인코텀즈 규칙과의 혼동

미숙한 수출업자는 올바른 인코텀즈 규칙인 FCA(Free Carrier Seller's Premises)보다는 "FOB factory"를 사용하는 혼동을 겪을 수 있다.

ICC는 인코텀즈를 1980, 1990, 2000 그리고 2010년에 개정하였다. 각 개정에서는 일부 인코텀즈 규칙을 제거하거나 수정하였으며 몇 개의 새로운 것을 만들어 내었다. 여러 가지 사정으로 일부 수출업자들은 이들 변화에 적응하지 못하고, 구식 인코텀즈 규칙을 사용하는 혼동을 겪을 수 있다.

(2) 정확한 인코텀즈 규칙을 부적절하게 사용

일부 인코텀즈 규칙들은 특정 운송방식과 화물유형을 분명히 하여 그 이외의 조건에는 사용할 수 없다.

표 12-8 국제운송(main carriage)별 적합한 인코텀즈 규칙

조건 / 임무(Task)	모든 운송에서 사용 가능한 조건							해상 운송에서만 사용 가능한 조건			
	EXW	FCA	CPT	CIP	DAT	DAP	DDP	FAS	FOB	CFR	CIF
해양(Ocean)	△	○	△	△	○	○	○	○	○	○	○
항공(Air)	★	○	○	○	△	○	○	×	×	×	×
철도(Rail)	△	★	○	○	★	★	○	△	△	△	△
도로(Road)	★	○	○	○	△	○	○	×	×	×	×
복합운송(FCL)	△	★	○	○	★	○	○	★	○	★	★
복합운송(LCL)	△	★	○	○	★	○	○	○	○	○	○

★: 매우 적합, ○: 적합, △: 비권장, ×: 부적합

가장 빈번히 잘못 사용되는 것은 FOB가 항공선적(air shipment)에 사용되는 경우이다. FOB는 해상선적(ocean shipment) 조건에서만 사용되도록 고안되었다.

항공선적에 사용할 수 있는 인코텀즈 규칙은 수출입업자의 책임이 명확하게 명시되어 있는 FCA이다.

(3) 인코텀즈 규칙 버전(version)을 명시하지 않는 것

최근의 인코텀즈 규칙은 2000에서 2010으로 변화되었다. 인코텀즈 2010 규칙이 견고하게 확립되기 까지는 "Incoterms® 2010"이라고 항상 명시하는 것이 바람직하다. 인코텀즈 2000과 인코텀즈® 2010에서의 FOB 인도지점이 달라졌기 때문에, 만약 인코텀즈® 2010이라는 버전을 명시하지 않는 경우, 선박에 적재하는 동안 화물에 손상이 발생한다면 어떤 문제의 소지가 발생할 수도 있다.

4) 마케팅 도구(marketing tool)로서 인코텀즈

미숙한 수입업자인 경우에는 수출업자가 선적 취급을 도와줌으로써 그 상품의 매매를 용이하게 할 수 있고, 반면에 숙련된 수입업자인 경우에는 수입업자 자신이 선적 관련 업무의 전부 혹은 대부분을 의도적으로 수행한다. 이렇게 전략적 이점(strategic advantage)을 가지고 마케팅 도구로서 인코텀즈 규칙을 활용할 수 있다.

대부분의 수출업자들은 그들이 열거하는 몇 개의 가능한 인코텀즈에 견적을 제공하여, 수입업자 자신이 선호하는 인코텀즈를 선택·결정하게 하는 유연성을 발휘함으로써 전략적 이점을 얻기도 한다.

FCA, 1475 Folsom ST #183, Boulder, Colorado, USA	$ 723,000
FOB, M/V APL Florence, Sanfrancisco, Losangles, USA	$ 738,000
DAT, Gwangyang Container Terminal, Gwangyang, Korea	$ 773,000

CHAPTER
13 무역대금결제방식과 신용장

01 대금결제방식

과거 한국 무역을 견인한 것은 주로 대기업의 수출거래였으나 최근 중소기업의 수출거래가 늘면서 수출결제방식의 패러다임이 변화되고 있다. 전통적인 무역거래 방식인 신용장(Letter of Credit; L/C)과 추심결제(D/P, D/A) 거래방식이 송금거래 방식으로 바뀌고 있다. 2018년의 송금방식(T/T, COD 등)을 통한 수출은 70%에 근접하였다. 특히 T/T와 같은 단순송금방식의 비중이 전체의 57.2%로 과반을 차지했다.

1998년에는 신용장 결제의 비중(38.83%)이 송금방식(37.16%)을 웃돌았으며, 특히 일람출급(At sight) 신용장의 비중은 전체 수출의 3분의 1을 차지했다. 그러나 2018년에는 송금방식(68.29%)이 결제비중의 대부분을 차지하면서 신용장방식(9.46%)과 추심방식(7.07%)은 감소하는 추세이다.

이는 정보기술(IT) 산업과 인터넷의 발달로 L/C나 D/A보다 송금방식이 높아지고 있기 때문이다. 국제무역 시장에서 신용위험을 회피하기 위하여 신용장이나 추심결제 방식이 필요한 것은 사실이지만 앞으로 이들 거래방식의 비중은 점점 축소될 것으로 보인다.

또한 신용장이나 추심결제 방식의 거래가 줄어드는 것은 송금방식에 비해 절차가 복잡하고 은행비용도 많이 드는 것도 하나의 이유이다. 신용장 방식은 신용장 개설을 위해서 은행에 신청서를 제출하고, 물품을 인수할 때에도 은행에서 선적서류를 찾아와야 하는 등 절차가 복잡하고 수수료나 담보 등의 비용부담도 적지 않다. 최근 글로벌 시장에서는 제품 간 경쟁이 치열해지고 그에 따라 수익률도 줄어들어 수입업자들이 금융비용 등을 줄이려는 시도를 하고 있다.

그러나 외화를 통제하는 일부 개발도상국에서는 신용장을 통한 무역거래가 보편적이다. 신용도가 낮은 국가의 거래처와 거래할 때, 수출업체에서는 여전히 비교적 안전한 신용장 거래를 선호하기도 한다. 어느 쪽이든, 무역업체 입장에서는 거래에 적합한 결제방식을 알맞게 선택하고 안전장치 등의 옵션을 활용해 성공적으로 거래를 마무리할 수 있도록 하는 것이 가장 중요하다.

표 13-1 수출대금결제방식의 비중

수출결제방식의 구조적 변화

수출결제 방식	2018년	2013년	2008년	2003년	1998년
송금	68.29%	64.70%	58.48%	50.12%	37.16%
추심	7.07%	9.27%	6.94%	15.18%	20.35%
신용장	9.46%	12.54%	18.86%	22.89%	38.83%
기타	14.46%	13.49%	15.71%	11.81%	3.66%

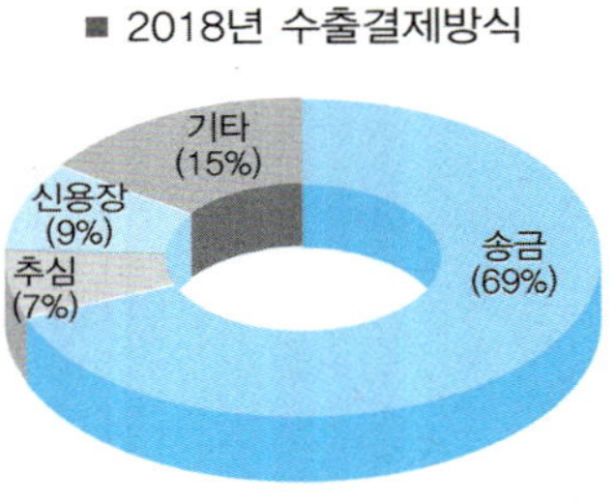

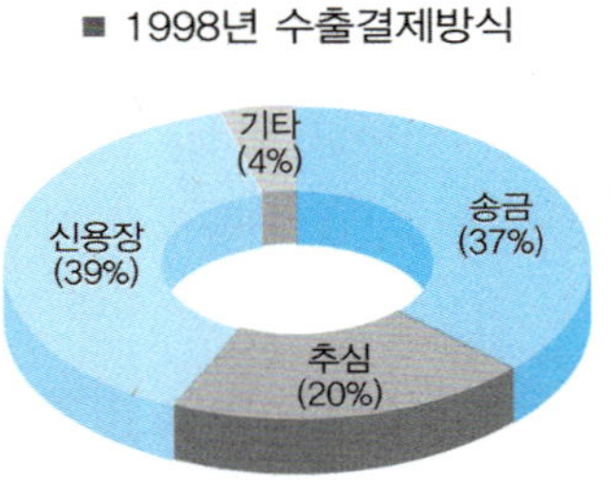

자료: 한국무역협회.

무역대금결제방식에는 송금방식, 무신용장(추심결제방법; D/P, D/A) 방식, 신용장방식, 국제팩토링(Factoring) 결제, 포페이팅(Forfaiting) 등이 있다.

1. 송금방식

1) 사전송금방식(Payment in Advance)

매수인이 주문과 동시에 그 상품의 대금을 지급하는 방법이며, 주문불(cash with order; C.W.O)이라고도 부른다.

2) 서류상환불(Cash against Documents: CAD)

수출업자가 선하증권(bill of lading: B/L) 등의 운송서류, 보험서류(insurance documents), 상업송장(commercial invoice) 및 기타 부속서류를 수입업자에게 직접 또는 수입업자의 대리점이나 거래은행에 제시하여 서류와 상환으로 현금을 지급받는 방법이다.

3) 대금교환불(Cash on Delivery: COD)

수출물품이 목적지에 도착하면 수입업자가 직접 상품의 품질을 검사한 후 수입대금을 상품과 상환으로 현금으로 지급하는 방식이다. CAD와 COD는 물품의 인도와 동시에 또는 인도 후 수출대금을 외화로 영수하는 조건의 대금교환으로서 조건부 수출방식이며, 송금방식에 의한 수출에 해당한다.

2. 추심결제방식

화환어음의 담보로 첨부된 선적서류의 인도조건에 따라 인수도조건(documents against acceptance, D/A)과 지급인도조건(documents against payment: D/P)의 두 가지가 있다.

1) D/A 조건

화환어음 조건의 하나로서, 수입업자는 은행으로부터 화환어음의 제시를 받았을 때 어음대금을 지급하지 않고 이를 인수함으로써 선적서류의 인도를 받을 수 있다. 신용장의 보증 없이 화물이 적송되는 점에 있어서는 D/P와 마찬가지이다. D/P 조건에 있어서는 은행이 어음대금의 지급을 받고 선적서류를 수입업자에 인도하는데 반하여 D/A 조건에 있어서는 외상으로 선적서류를 인도하는 점이 다르다.

2) D/P 조건

화환어음의 송부를 받은 은행이 화물인수에 필요한 선적서류를 어음대금 지급과 상환으로 인도하는 조건을 말한다. 이 조건에 있어서는 수입업자는 신용장을 개설할 필요가 없고, 화물과 함께 송부되어 온 선적서류를 외국환은행에서의 대금 지급과 동시에 인수할 수 있다.

3. 신용장방식

신용장부화환어음(Documentary Bill of Exchange with Letter of Credit)을 신용장결제라고 부르고 우리나라에서는 수출입 거래에서 가장 많이 이용되고 있다. 신용장결제의 경우에는 매매계약의 성립과 동시에 매수인은 자기회사 거래은행에 신용장의 발행을 의뢰하고 그 거래은행(개설은행; issuing bank)은 신용장을 개설한다. 신용장이란 개설은행이 수입업자(개설의뢰인: applicant)의 의뢰에 의하여 수출업자 앞으로 발행하고 수출업자에 대하여 선적서류를 첨부한 화환어음을 발행하는 권한을 부여하고 그 인수, 지급 및 매입을 보증한 확약서이다. 발행된 신용장은 수출지의 통지은행(advising bank)을 통하여 수출업자에게 통지된다.

4. 기타방식

1) 국제팩토링(Factoring)

국제팩토링이란 신용장 없이 외상으로 무역거래를 하면서도 수출업자는 선적과 동시에 수출채권을 현금화할 수 있고 수입업자는 손쉽고 편리하게 외상으로 상품을 구입할 수 있는 무역거래방식을 말한다. 즉, 팩토링(factoring)이란 제조업자(supplier; client)가 구매자(debtor; customer)에게 상품 등을 외상판매 한 후 발생한 매출채권을 팩토링회사(factor)가 지속적으로 매입하면서 제조업자(상품 또는 용역의 공급자)에게 대금회수, 매출채권관리, 부실채권보호, 금융제공 등의 혜택을 부여하는 서비스를 말한다.

국제팩토링은 국제간의 무역거래에서 국내거래와 마찬가지로 무역업자간에 서로의 신용을 바탕으로 신용장 개설 없이 이루어지는 거래방식이다. 즉, 세계의 팩토링회사가 그룹을 결성하여 수출업자 및 수입업자에 대하여 제공하는 새로운 금융서비스로서 수출국 팩토링회사(수출팩터; export factor)가 수출업자와 거래계약을 체결한 후 금융을 제공하며, 수입국팩토링회사(수입팩터; import factor)는 수입업자에 대한 신용조사 및 신용승인(credit approval)등 팩토링서비스를 제공하는 거래이다.

2) 국제포페이팅(Forfaiting)

포페이팅이란 현금을 대가로 채권을 포기 또는 양도한다는 뜻이다. 무역어음을 판 수출업자는 미리 수출대금을 받은 후 나중에 발생할 수입업자의 대금지급 거절이나 연기에서 오는 손해를 일체 부담하지 않아도 된다.

특히 국가 위험도가 높은 새로운 시장을 개척하려는 수출업자가 널리 활용할 수 있다. 포페이팅을 이용하면 수출품을 선적하자마자 관련서류를 제출하여 현금을 확보할 수 있기 때문이다. 수출업자는 이로 인해 자금을 원활히 회전시켜 새로운 투자를 할 수 있는 여유를 갖게 된다.

포페이팅의 대상이 되는 어음은 통상 양도하기 쉽고 국제무역에서 많이 통용되는 수출환어음이나 약속어음이고 신용장에 의거하여 발행된 기한부어음(Usance Bill)의 기한이 90일 이상에서부터 최장 10년까지 가능하다. 금액은 건당 3만 달러에서 최고 2억 달러까지 매입되고 있다. 포페이팅 요율은 리보금리(Libor · 런던 은행간 금리)에 국가 및 신용장 발행은행의 신용위험도를 감안한 가산금리가 더해져서 결정된다.

단 포페이팅을 이용하고자 하는 수출업자는 소구권포기 조건으로 어음을 매각하므로 포페이팅과 관련된 모든 서류를 면밀히 점검해야 되며 수입업자에게 포페이터(Forfaiter)가 인정하는 보증서를 제출하도록 요구해야 한다. 그리고 포페이터가 신용장이 아닌 별도의 지급보증서를 요구할 경우 포페이팅 비용이 여타 수출금융 비용보다 높을 수도 있으므로 가격경쟁력을 잘 비교 분석해야 한다.

포페이팅을 취급하는 은행은 외국계 은행을 비롯해 유니온 금융투자와 HSBC 포페이팅 등이 있다.

02 신용장

1. 신용장의 의의

1) 무역매매와 신용장제도

무역매매는 언어 · 문화 · 법률 · 상관습 등이 다르고, 정치적 · 경제적 · 사회적 · 역사적인 배경 등을 달리하는 서로 다른 국가에 속하는 매매당사자들 간에 이루어지므로 국내매매와는 달리 매우 복잡한 특성의 위험을 지니고 있다. 그 중에서도 특히 거래 상대방의 신용상태의 변화로 야기되는 위험으로, 수출업자로서는 대금회수불능의 위험(credit risk)과 수입업자로서는 상품입수불능의 위험(mercantile risk) 등을 들 수 있다. 특히 국제거래에서는 무역매매의 이러한 위험 때문에 은행이라는 공정성을 띤 제3자를 중간매개체로 개입시켜 불안을 해소시키려 한다. 그러나 은행에게 상품의 실질적 등급파악이나 당사자의 계약이행과 관련된 법률관계에 대한 판단까지 요구한다면 이러한 업무는 은행의 현실적 여건상 감당할 수 없게 된다. 따라서 신용장은 결국 은행의 이러한 행동제약 요인을 제거하여 은행의 책임과 의무를 최대한 간편화하고 가볍게 하기 위한 제도로서 매매당사자가 자신들의 거래에 은행을 개입시키기 위해 매매계약의 이행을 은행 측 입장에 맞추어 재편성한 것이다.

신용장은 은행이 매매당사자간에 개입하여 신용위험, 즉 대금회수불능 위험과 상품입수불능 위험을 해소하여 무역거래가 원활하게 수행되도록 하는 현재 무역거래에서 가장 많이 사용되는 제도이다.

이러한 신용장의 거래규칙은 이미 오랫동안 국제적인 관습을 바탕으로 국제상업회의소(International Chamber of Commerce: ICC)가 1933년에 제정하여 지금까지 몇 차례의 개정작업을 거쳐 현재에는 2007년에 개정된 ICC Publication No. 600인 제6차 "화환신용장에 관한 통일규칙 및 관례"(Uniform Customs and Practice for Documentary Credits: UCP)이다.

또한 현재 UCP를 보완하고 전자신용장에 관한 통일규칙을 마련하기 위하여 국제상업회의소에서 "전자적 제시를 위한 UCP의 추록(supplement to UCP for

Electronic Presentation version 1.1)"으로 소위 eUCP를 제정하여 2004년 4월 1일부터 적용하고 있다.

2) 신용장의 정의

오늘날 무역매매의 대금결제는 대부분 신용장에 의하여 이루어지고 있다. 특히 무역매매에 있어서는 거의 화환신용장이 사용되고 있다.

화환신용장이란 무역거래에서 대금결제의 신속화 및 정확성을 위하여 수입업자의 거래은행(개설은행)이 수입업자(개설의뢰인)의 요청으로 수출업자(수익자)로 하여금 일정기간 및 일정조건하에서 선적서류를 담보로 하여 신용장 개설은행 또는 신용장 개설은행이 지정한 매입은행을 지급인으로 하는 화환어음을 발행하도록 하여, 이 어음이 제시될 때에는 지급, 인수 또는 매입할 것을 수출업자 및 선의의 어음소지인에 대하여 보증하는 증서이다.

이러한 신용장이 개설되고 신용장에 의거하여 화환어음이 발행되면 신용장부화환어음은 비록 수입상이 지급불능이 된다고 할지라도 개설은행이 책임지기 때문에 부도의 염려가 없다. 즉 신용장의 본질은 신용장 개설은행이 수익자인 수출업자가 발행하는 화환어음의 인수·지급을 확약하고 있는 것이라고 말할 수 있다.

이와 같이 신용장은 불확실할 수도 있는 상업신용을 확실한 은행신용으로 전환함으로써 무역거래에서 대금회수와 상품입수를 원활히 하는 금융수단이다.

3) 신용장의 기능과 효용

오늘날 무역거래 시 대금결제의 수단으로 화환신용장이 가장 널리 사용되는 데에는 다음의 기능들이 인정되기 때문이다.

첫째의 기능은 대금결제의 가장 확실한 수단으로서 수출입거래 시 매매 당사자들의 일방적인 상품 대금지급의 위험을 제거해 주는 것이다. 둘째의 기능은 매매당사자들의 금융수단으로서 수출업자는 상품을 선적하는 즉시 대금을 받을 수 있으며, 수입업자는 상품의 도착과 더불어 대금을 지급해도 되기 때문에 매매당사자들의 금융상의 부담을 가볍게 해주는 것이다.

이와 같이 신용장은 주로 대금결제수단과 금융수단으로서의 기능을 하고 있는데 국제간의 거래에 있어서 신용장이 수출업자와 수입업자의 양측에 어떻게 유리하게 기여하는가를 구체적으로 설명하면 다음과 같다.

(1) 수출업자에게 유리한 점

① 대금회수가 확실하므로 안심하고 거래에 임할 수 있게 된다. 수출업자가 신용장조건에 일치하는 서류를 제시하는 한 개설은행은 무조건 대금을 지급해야 하고 신용장조건은 자신이 동의해 주지 않는 한 변경될 수 없는 것이므로 수출업자는 대금회수에 불안감을 가질 필요가 없게 된다.

② 수출대금의 조기회수가 가능하다. 수표나 어음에 의한 대금결제의 경우에는 추심을 하여야 하고 추심에는 상당한 시일이 걸리지만, 신용장에 의한 수출은 추심에 필요한 시일에 해당하는 이자만 공제하고 매입하여주기 때문에 빠른 시간 내에 대금을 수령할 수 있게 된다.

③ 인수도(documents against acceptance: D/A)조건이나 지급도(documents against payment: D/P)조건과 같이 수출대금이 추심결제방식에 의한 수출의 경우에는 은행이 어음매입을 승낙하였을 경우에도 대금회수가 일시에 이루어지지 않는데 비하여, 신용장의 경우에는 담보가 필요 없고 일시에 대금전액을 지급한다.

④ 제조자금을 쉽게 융자받을 수 있다. 수출업자는 생산자금이나 원자재 수입, 구매자금 등 무역금융을 수혜할 수 있도록 제도적으로 보장되어 있으므로 자금부담을 갖지 않아도 된다. 우리나라에서도 수출금융규정에 의거하여 금융상의 지원을 해 준다.

(2) 수입업자에게 유리한 점

① 유리한 가격으로 매매계약을 체결할 수 있다. 수입업자는 자신의 신용을 은행의 신용으로 대체시켜 대금회수에 대한 수출업자의 불안을 제거해 줌으로써 수출업자와 계약시 물품의 가격 · 인도 및 기타 모든 계약조건을 유리하게 체결할 수 있다.

② 수입금융을 이용할 수 있다. 수입상품이 수출용 원자재인 경우에는 무역금융을 일으킬 수 있고, 내수용 수입인 경우(일람지급조건) 수입업자가 운송서류 도착시 결제자금을 마련하지 못했을 때는 개설은행으로부터 대도(trust receipt: T/R)의 편의로 운송서류를 인수받아 상품을 수입통관 후 판매하여 그 판매대금으로 수입대금을 결제할 수 있다.

③ 수출업자는 수입업자가 요구한 신용장상의 조건대로 상품을 선적하지 않으

면 수출대금을 받지 못하므로 수입업자는 계약조건대로 선적이 이행될 것으로 믿고 안심할 수 있다.

④ 신용장에는 그 유효기일(expiry date)과 최종 선적기일(latest shipping date)이 명시되어 있으므로 수입업자는 자신이 원하는 시기에 상품을 입수할 수 있다. 만약 수출업자가 선적기일과 유효기일을 경과하여 선적한 경우에는 수입업자가 대금지급을 거절할 수 있기 때문에 어떠한 일이 있어도 선적기일을 지킬 것이다. 따라서 수입업자로서는 신용장의 효용 중에서 가장 중요하고 유익한 조건이 되는 것이다. 특히 계절상품은 적기(適期)가 있으므로 운송기간을 고려하여 최종선적기일을 정하면 수입업자는 늦어도 언제까지 계약상품이 수입지에 도착하리라는 예측을 할 수 있다.

(3) 신용장의 한계성

신용장은 오늘날 무역거래에서 매매당사자에게 여러 가지 효용을 주고 있는 반면에 몇 가지 효용의 한계성을 가지고 있다.

첫째로, 수출업자의 입장에서 보면 신용장은 현금, 어음과 같은 절대적이고 독립된 지급수단이 될 수 없다는 점이다. 신용장은 지정된 조건에 일치한 서류를 일정한 기일 내에 제시한 경우에만 은행이 지급한다는 제한적인 조건부 약정에 지나지 않는다.

둘째로, 수입업자의 입장에서 보면 신용장을 개설한다고 해도 상업적인 위험을 전적으로 피할 수는 없다. 신용장 거래의 당사자는 서류거래를 하는 것이지 상품의 거래를 하는 것은 아니다. 따라서 상품의 실태와 관계없이 신용장에 의거하여 제시된 서류거래를 하므로 선적품과 다르게 작성된 서류에 대한 위험은 수입업자가 부담하여야 한다.

신용장은 오랫동안 상인들 간에 상호 불신을 제거하여 편의를 도모하기 위해 창안되어 오늘날 국제거래에 가장 많이 사용되는 수단이지만 이 자체가 완전한 대금결제수단이 될 수는 없다. 결국 매매계약의 이행은 수출업자의 선의 및 계약이행 능력에 따라 좌우되며 이러한 신용장의 한계성은 매매당사자가 각별히 유념해야 할 과제이다.

4) 신용장거래의 흐름

화환신용장거래의 순서는 여러 가지가 있는데, <그림 13-1>에 표시된 거래의 흐름에 따라 화환신용장거래의 순서를 설명하기로 한다.[1)]

① **매매계약서에서의 신용장조건 명시**: 매도인과 매수인이 대금결제방식을 신용장조건으로 할 경우 쌍방이 체결하는 매매계약서 중의 대금결제조건에 신용장의 종류를 명시한다. 특별한 사정이 없는 한 취소불능신용장이 지정되고 개설은행의 공신력에 문제가 있는 경우에는 개설은행 이외의 은행에 의한 확인이 부가되는 확인신용장이 지정된다.

② **매수인에 의한 신용장 개설의뢰**: 매수인은 매매계약서 중에 명시되어 있는 신용장조건에 따라 자기 거래은행에 신용장의 개설을 의뢰한다.

③ **신용장 개설**: 개설의뢰인의 의뢰를 받은 개설은행은 개설의뢰인에 대한 여신한도, 개설신청서에 기재되어 있는 신용장조건 등을 검토하고, 개설의뢰에 응하기로 한 경우에는 신용장개설의 절차를 이행한다.

④ **신용장의 통지**: 개설은행으로부터 신용장 통지의 지시를 받은 통지은행은 그 지시나 신용장이 외관상 진정성이 있는가를 점검한 다음 수익자에게 신용장을 통지한다.

⑤ **상품의 선적 및 지정은행(지급 · 인수 · 매입은행)에의 서류제시**: 신용장의 통지를 받은 매도인인 수익자는 매매계약 및 신용장의 조건에 따라 상품을 선적한다. 동시에 신용장이 요구하고 있는 운송서류를 비롯하여 각종 서류를 갖추어, 이들 서류에 신용장을 첨부하여 거래은행 또는 신용장에 의거하여 지급, 인수 또는 매입하는 은행으로 지정된 은행(지정은행)에 제시한다.

⑥ **지급 · 인수 · 매입 및 서류발송**: 서류의 제시를 받은 은행이 지급, 인수 또는 매입의 권한을 가진 은행인 경우에는 서류가 신용장조건과 일치하고 또한 지급, 인수, 매입을 거절해야 할 이유가 없으면 지급, 인수 또는 매입을 한다. 서류 및 송부해야 될 어음이 있으면, 어음을 개설은행 또는 신용장에 명시된 은행 앞으로 발송한다.

⑦ **개설은행에의 상환청구**: 지급, 인수 또는 매입으로 인하여 발생한 지출에 대하여 개설은행에 직접 상환을 청구하기로 되어 있는 경우에, 앞 항⑥의 서류를 발

---

1) 東京銀行編, 新版 貿易と信用狀(1987), pp. 25～29.

송할 때에 송부되는 서류 면에 상환에 대한 지시를 기재하는 방법으로 청구한다.

상환을 개설은행이 지정한 상환은행에 청구하기로 되어 있는 경우에는, 신용장에 명시된 시기에 명시된 방법으로 상환은행에 상환을 청구한다.

⑧ **개설의뢰인에의 상환청구 및 서류의 인도**: 지급, 인수 또는 매입을 한 은행으로부터 서류 및 어음(필요하면)의 송부를 받은 개설은행은 서류가 신용장조건과 일치하고 있는가를 점검하고 서류를 수리할 것인가의 여부를 결정한다.

⑨ **화물의 인수**: 개설은행으로부터 서류를 입수한 개설의뢰인은 선화증권이나 신용장개설은행 발행의 화물인도지시서와 같은 화물인수에 필요한 서류를 운송인에게 제시하고 화물의 인도를 받는다.

그림 13-1 화환신용장거래의 흐름

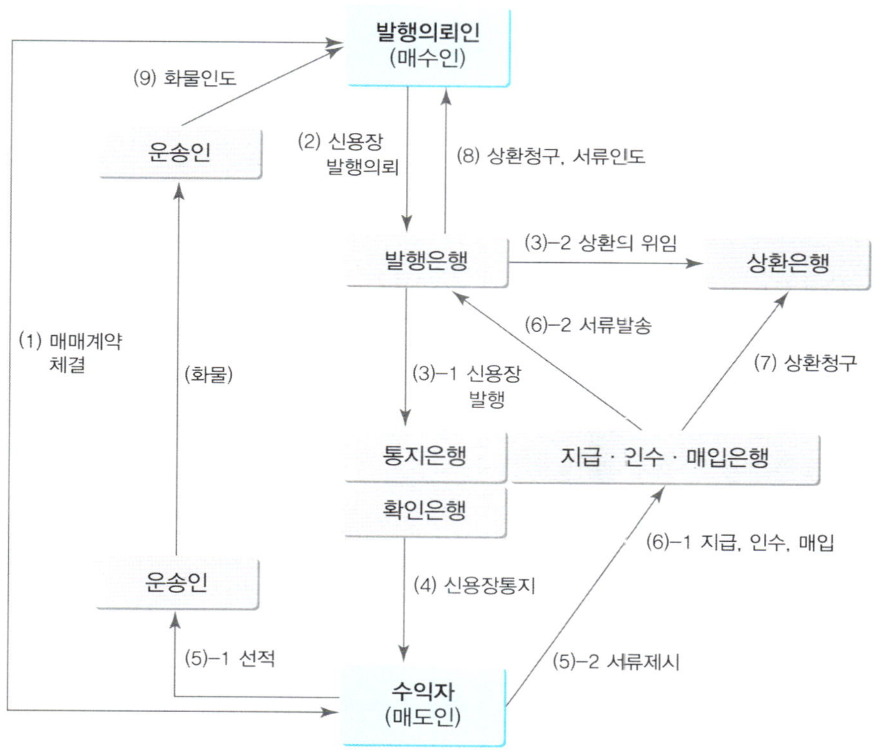

자료: 東京銀行編, *op. cit.*, p. 27.

제 3 편

또한 서류가 개설은행에 도착하기 전에 화물이 도착한 경우에는 개설은행에 의뢰하여 운송인 앞 수입화물선취보증장(letter of guarantee: L/G)에 개설은행의 연대보증을 받든가, 화물대도계약(trust receipt: T/R)을 체결하여 운송인 앞 화물인도지시서를 발행받고 그 화물선취보증장 또는 화물인도지시서를 운송인에게 제시하여, 개설은행에 서류가 도착하는 것을 기다리지 않고 화물을 인수할 수도 있다.

5) 신용장의 특성

(1) 신용장의 독립추상성

무역거래에 있어서 매매당사자가 매매계약 중 대금결제방법 조항에서 신용장방식을 채택하기로 약정하면 수입업자는 자신의 거래은행에 신용장개설을 의뢰하게 된다. 그러나 매매계약에 근거하여 일단 신용장이 개설되면 신용장에 관련되는 여러 당사자는 신용장을 매매계약이나 기타의 계약관계로부터 완전히 독립되어 자체적으로 별도의 법률관계를 형성하게 되는데, 이를 신용장의 독립성(independency of the credit)이라고 한다. 따라서 신용장의 당사자인 은행과 매도인 및 매수인은 신용장거래에서 야기된 문제를 매매계약의 내용을 들어 영향을 미치게 할 수는 없다.[2] 이러한 신용장의 독립성에 의하여 수출지에 있는 매입은행은 자신이 알지 못하는 매매계약의 내용에 구애받을 필요없이 신용장상에 명시된 문언에만 유의하여 안심하고 수출업자가 제시하는 선적서류의 매입에 응하게 된다.

또한 신용장거래에 있어서 모든 관계 당사자는 서류상의 거래를 행하는 것이며, 이들 서류에 관련될 수도 있는 상품, 용역 및 기타의 계약에 의해 거래하는 것은 아니다.[3] 신용장과 관련하여 선적서류를 자기자금으로 매입하거나 지급하는 당사자인 은행은 상품에 대한 전문지식 결여 및 복잡한 계약관계 개입기피라는 기본입장 때문에 매매당사자간의 사실상의 거래내용에는 관여하기 어려운 특성을 가지고 있다. 따라서 은행이 매입이나 지급에 응할 때 부담하는 의무는 수출업자가 제시하는 여러 가지 서류가 신용장상의 요구사항과 일치 여부 또는 서류 상호간의 모순 여부를 제출된 서류만을 근거로 심사하게 된다.

이를 신용장거래의 추상성(the abstraction of the credit)이라 한다. 서류가 신용장조건과 일치하는 한, 모든 관계당사자는 서류와 원인관계에 있는 물품과 그 품

---

2) 신용장통일규칙(UCP 600), 제4조.
3) 신용장통일규칙(UCP 600), 제5조.

질에 관해서는 면책된다.

이러한 신용장거래의 추상성으로 인하여 우선 매입은행 등은 선적사실을 조사할 의무나 책임이 없이 서류만 검토한 후 매입에 응하게 되므로 만일 수출업자가 성실하지 못할 때 수입업자는 불량상품 입수나 위조서류 제출로 인한 사기를 당할 수도 있다.

또한 성실히 선적을 한 수출업자라도 서류준비에 소홀하여 사소한 실수라도 하는 경우 대금지급을 거절당할 위험에 직면하게 되는 것이다.

이와 같이 신용장은 신용장개설의 원인이 되는 매매계약 또는 기타의 계약과는 별개의 거래이고 또한 그러한 계약이 대상으로 하고 있는 물품, 용역 등의 거래가 아니고 서류의 거래라는 두 가지 중요한 특성을 가지고 있다. 신용장의 이러한 특성은 신용장거래를 원활하게 하는 데 필요불가결한 것이며 신용장의 독립추상성(獨立抽象性)이라고 부르고 있다.

(2) 엄격일치의 원칙과 상당일치의 원칙

신용장 거래는 상품의 거래가 아니고 서류 거래이므로 수익자가 제시한 서류가 문면(文面)상 신용장조건과 일치하는 것을 조건으로 신용장에 의거하여 지급이 이루어진다. 따라서 신용장조건과 불일치하는 서류를 거절한다는 원칙이 엄격일치의 원칙(doctrine of strict compliance)이다. 신용장통일규칙에서는 신용장개설은행은 신용장조건과 일치하는 서류와 상환으로 어음의 인수, 지급을 확약하고 어음의 지급, 인수, 매입을 수권하고 있으며, 또한 서류의 신용장조건일치에 관한 은행의 심사의무를 규정함으로써 서류엄격화의 원칙을 신용장 거래의 전제조건으로 하고 있다.

신용장통일규칙에서 「상업송장에 있어서 물품의 기술(description)은 신용장에 있어서의 기술과 일치하여야 된다. 기타의 모든 서류에 있어서 물품은 신용장의 물품의 기술과 모순되지 않는 일반적인 용어로 기술할 수 있다」고 규정함으로써 서류의 엄격일치의 원칙에서 서류의 상당일치원칙(doctrine of substantial compliance)으로 바뀌는 가능성을 시사하고 있다.

2. 신용장의 당사자

신용장의 개설, 통지, 매입, 지급, 인수, 상환 등과 관련하여 매매당사자 및 은행들은 신용장통일규칙에 의거하여 각자가 맡은 고유업무의 처리방법을 정하게 되는데 이때의 업무담당자를 신용장의 당사자(concerned parties)라고 하며, 그 행하는 기능에 따라 다음과 같이 구별된다.

1) 개설의뢰인(applicant)

물품매매의 당사자인 수입업자가 매매계약에 따라 자기 거래은행에 대해서 수출업자 앞으로 신용장을 개설할 것을 의뢰하게 되므로 수입업자를 신용장개설의뢰인이라고 한다.

2) 개설은행(issuing bank)

수입업자의 거래은행으로부터 수입업자의 요청과 지시에 의하여 수출업자가 발행하는 화환어음을 지급 · 인수 또는 매입할 것을 확약한다는 신용장을 개설하는 은행이다.

3) 통지은행(advising bank)

수출국에 있는 수입지 개설은행의 본 · 지점이나 환거래은행으로 개설된 신용장을 단순히 수익자에게 통지해 주는 은행으로서 거래에 관해서 하등의 책임을 지거나 약정을 하는 것은 아니며, 통상 통지은행이 매입은행이 되는 것이 국제금융업계의 관례이다.

4) 지급 · 인수 · 매입은행(paying, accepting or negotiating bank)

수익자가 제시한 환어음에 대해서 직접 지급을 해주는 은행으로 개설은행이나 수익자가 있는 나라의 개설은행의 코레스 은행 또는 제3국에 있는 은행이 될 수 있다.

지급통화가 수익자의 통화로 지급되는 신용장일 때는 대개 개설은행이 수익자 나라의 통지은행을 지급은행으로 지정하는 지급신용장(straight credit)을 개설하게 되며, 이러한 지급행위를 위탁받은 은행이 지급은행이 된다.

은행에 제시되는 어음이 일람불이 아니고 기한부어음(time bill, usance draft)일 경우, 이러한 기한부어음을 인수하는 은행을 인수은행(accepting bank)이라고 하며, 인수은행은 그 어음의 만기일에 가서 지급은행이 된다.

신용장 대금의 지급을 특정 은행에 국한시키지 않고 있는 신용장에서 개설은행이나 수익자가 있는 나라의 지정은행 앞으로 발행된 환어음에 대해 대금을 결제해 주는 은행을 매입은행(negotiating bank)이라고 한다.

5) 확인은행(confirming bank)

개설은행의 의뢰에 의하여 신용장을 확인해 주는 은행을 확인은행이라고 하며, 이 확인은행은 개설은행의 재력이나 존폐에 관계없이 신용장에 의해 발행되는 화환어음을 지급, 인수 또는 매입해 주어야 한다.

수출업자로서는 이와 같이 자기 지역에 있는 권위 있는 은행의 확인을 받은 신용장이면 원래 개설은행이나 개설의뢰자의 신용 유무에 관계없이 안심하고 생산에 임할 수 있고 선적을 할 수 있다. 원래 외국에 코레스 관계가 없거나 널리 알려지지 않은 개설은행은 스스로 확인은행의 확인을 받아 수익자에게 통지해 준다. 그러므로 확인신용장은 별도로 통지은행을 거치지 않고 확인은행 자체가 통지은행의 역할을 겸하게 된다.

6) 수익자(beneficiary)

신용장 개설의뢰인인 수입업자의 지시에 따라 신용장 개설의 혜택을 받는 사람, 즉 신용장을 받는 수출업자를 수익자라고 한다.

7) 결제은행(settling bank)

신용장의 결제통화가 수입국이나 수출국의 통화가 아닌 제3국의 통화일 때는 이러한 제3국에 있는 개설은행의 예치환거래은행(depositary correspondent bank)이 그 신용장의 결제은행(settling bank)이 되며, 어음을 매입한 은행에 대금을 상환해 주는 은행이라고 해서 상환은행(reimbursing bank)이라고도 한다.

3. 신용장의 종류

1) 취소가능신용장과 취소불능신용장

취소가능신용장(revocable credit)이란 신용장을 개설한 은행이 수익자에게 사전 통지 없이 일방적으로 신용장 자체를 취소하거나 신용장의 내용을 변경할 수 있는 것이다.

취소불능신용장(irrevocable credit)이란 신용장이 일단 개설되어 수익자에게 통지된 이상 신용장 관계당사자를 구속하여 신용장상의 유효기간 내에는 신용장 관계당사자[4]의 합의 없이는 신용장을 취소하거나 신용장의 조건변경이 불가능한 것을 말한다.

신용장통일규칙에서는 신용장은 취소불능 또는 가능의 표시를 분명히 하도록 규정하고 있으며, 만일 취소가능 여부에 대한 아무런 표시가 없으면 취소불능신용장으로 간주되고 있다.[5]

Irrevocable Letter of Credit

ABC BANK, New York
Irrevocable Letter of Credit

No. 1000
Date August 10, 2020
U.S.A. $ 9,760,00

HONAM TRADING CO., LTD.
Yeosu, Korea

Gentlemen:

We hereby establish our irrevocable letter of credit in your favor for account of New York Trading Co., Inc., New York for a sum or sums not exceeding U. S. $ 9,760.00 (U.S. Dollars Nine Thousand Seven Hundred and Sixty Only) valid in Yeosu until September 30, 2020 and available by your drafts at sight drawn on us accompanied by

· Commercial Invoices in triplicate

4) 신용장 관계당사자라 함은 개설은행과 수익자, 확인은행(확인신용장의 경우)이다.
5) 신용장통일규칙(UCP 600), 제3조.

· Negotiable Insurance Policy or Underwriter's Insurance Certificate in duplicate for 10% over the CIF value covering All Risks and War risk from Gwangyang Port to New York U.S.A. payable in U.S. Dollars in New York.

· Full set of clean on board bills of lading made out to order of shipper and blank endorsed, marked notify New York Trading Co., Inc., New York, evidencing shipment of following commodities from Gwangyang port to New York, dated not later than September 15, 2020.

· Commodities: Cotton Undershirts 1,600 doz. at U.S. $ 3.00 per doz. and 1,600 doz. at U.S. $ 3.10 per doz. CIF New York.

· Transshipment is not allowed.

· Partial shipments are permitted.

Draft drawn under this credit must bear the clause "drawn under Letter of Credit ABC Bank, New York, No. 1000 dated August 10, 2020.

The negotiating Bank must forward documents to us in two separate airmail. The amount of any draft drawn under this credit must concurrently with negotiation, be endorsed on the reverse hereof and the presentation of any such draft shall be a Warranty by the negotiating bank that such endorsement has been made and that the documents have been forwarded as herein required.

We hereby agree with the drawers, endorsers and bona fide holders of draft drawn under and in compliance with the terms of the credit that the said drafts will be honored by us on presentation.

Yours faithfully,
ABC Bank, New York

Unless Otherwise stated herein, this credit is "Subject to Uniform Customs and Practice for Documentary Credits 2007 Revision, International Chamber of Commerce, Publication No. 600"

제3편

2) 확인신용장과 미확인신용장

확인신용장(confirmed credit)이란 신용장의 개설은행 이외의 제3의 은행, 특히 국제적으로 신용 있는 은행이 개설은행의 요청에 따라 개설은행과는 별도로 수익자에게 지급, 연지급, 환어음의 인수 또는 매입의 확약을 추가한 신용장을 말하며,

미확인신용장(unconfirmed credit)이란 이런 확약이 없는, 즉 제3의 은행이나 통지은행의 추가보증 없이 발행된 신용장을 말한다.

신용장의 확인은 대부분 수출국에 있는 개설은행의 환거래은행이 개설은행의 요청에 따라 신용장을 통지하면서 이를 추가하게 된다. 통지은행이 확인을 추가하여 신용장을 통지한 경우 통지은행은 확인은행이 되며, 이로 인하여 통지은행은 환어음의 발행인, 배서인 및 선의의 소지인에 대하여 신용장의 개설은행과 동등한 지급책임을 지게 된다.[6]

3) 상환청구가능신용장과 상환청구불능신용장

상환청구가능신용장(with recourse credit)이란 신용장에 의하여 발행된 어음이 개설은행의 도산 등에 의하여 인수 또는 지급불능이 되었을 경우에 또는 지급불능은 아니더라도 그 어음이 신용장조건과 일치하지 않을 경우에 지급인은 지급을 거절할 수 있는데, 이 경우에 어음의 소지인인 매입은행이 어음발행인에게 매입대금의 상환을 청구할 수 있는, 즉 소구할 수 있는 신용장을 말한다. 그리고 이러한 경우에도 매입은행이 상환을 청구할 수 없는 신용장을 상환청구불능신용장(without recourse credit)이라 한다.

4) 매입신용장과 지급신용장

매입신용장(negotiation credit)이란 수익자가 발행한 환어음이 매입될 것을 예상하여 개설은행이 수익자뿐만 아니라 배서인 및 선의의 소지인에게도 지급확약을 하고 있는 신용장을 말한다.

지급신용장(straight credit)이란 환어음의 배서인이나 선의의 소지인에 대한 약정이 없고 단지 수익자가 개설은행이나 그 지정은행에 직접 환어음을 제시하면 지급하겠다는 약정만이 있는 신용장을 말한다.

5) 특정신용장과 보통신용장

특정신용장(special or restricted credit)이란 신용장상의 수익자가 선적을 완료한 후 수출대금의 회수를 위하여 발행하는 환어음의 매입은행을 신용장에 금융관계, 자금의 수배 또는 업무상의 연락 등으로 특정은행에 한정하고 있는 것을 말한다.

---

6) 신용장통일규칙(UCP 600), 제8조.

보통신용장(general or open credit)이란 신용장에서 어음의 매입을 특정한 은행에 제한하지 않고 아무 은행에서나 매입할 수 있도록 한 것이다.

6) 화환신용장과 무담보신용장

화환신용장(documentary credit)이란 수출상이 객관적인 위치에 있는 제3자가 발행한 운송서류인 선화증권 및 보험증권 등을 은행에 저시하고, 은행은 이 서류와 상환하여 신용장대금을 지급하는 방식의 신용장을 말한다. 현재 통용되고 있는 대부분의 신용장이 이 범주에 속한다.

무담보신용장(documentary clean credit)이란 거래당사자들이 이미 오랜 기간 동안 거래를 하여 서로 믿을 수 있는 사이거나 수출업자가 수입업자의 지점이나 대리인인 경우에는 담보 없이, 즉 관계 선적서류의 첨부 없이 수익자가 발행한 단순한 어음 하나만으로 그것을 지급, 인수 또는 매입하는 것을 약정하는 신용장을 말한다.

7) 일람출급신용장과 기한부신용장

일람출급신용장(sight credit)이란 신용장에서 수익자가 일람출급환어음(sight draft)을 발행하거나 선적서류를 직접 개설은행, 확인은행 또는 지정은행에 제시하면 이를 일람한 즉시 지급한다고 약정된 신용장을 말한다.

기한부신용장(usance credit)이란 신용장에서 수익자가 선적서류와 함께 기한부 환어음을 제시하면 이 환어음을 인수하고 그 만기일(at maturity)에 지급한다고 약정된 신용장을 말한다.

8) 양도가능신용장과 양도불능신용장

양도가능신용장(transferable credit)이란 신용장상에 양도가능(transferable)의 명시적인 표기를 두어 원수익자가 지급, 인수, 매입은행에 대하여 신용장의 전부 또는 일부를 제2수익자에게 양도하도록 요청할 수 있는 신용장을 말한다.[7)]

반면에 양도불능신용장(non-transferable credit)이란 신용장상에 양도가능(transferable)의 명시적인 문언이 없어 이를 다른 당사자에게 양도할 수 없는 것을 말하며, 오직 신용장상에 지정된 원수익자만이 이를 사용할 수 있다.

---

7) 신용장통일규칙(UCP 600), 제38조.

9) 회전신용장

동일 거래처로부터 원자재를 고정적으로 공급받기 위하여 일정기간마다 동일한 물품을 계속 반복하여 매입할 필요가 있는 수입업자는 매 거래시마다 신용장을 개설하려면, 많은 시간과 노력과 비용이 들게 되며, 또 거래 예상액 전액을 한꺼번에 개설한다면 너무 과중한 자금부담이 생기므로 이런 경우 일정한 기간 동안 일정한 금액의 범위 내에서 자동적으로 갱신되도록 되어 있는 신용장을 회전신용장(revolving credit)이라고 한다.

10) 전대신용장

전대신용장(red clause or packing credit)이란 수출업자의 원료구입비나 물품수집비용으로 신용장 개설의뢰인이 통지은행에게 일정한 조건 하에서 수익자에게 수출대금의 전불(前拂; advance payment)을 허용하는 것을 말한다.

이러한 전대신용장은 선적 전에 대금지급을 허용하는 것이므로 특별히 수입업자의 대리인이나 수입업자가 믿을 수 있는 수출업자에게만 개설되며 전대할 때 필요한 서류는 영수증과 선적 후 운송서류를 은행에 제시하겠다는 진술서(statement)이다.

11) 연장신용장

연장신용장(extended credit)이란 수출업자의 자금조달의 편의를 위하여 개설의뢰인의 요청에 따라 약정물품의 선적 전에 수익자가 개설은행 앞으로 무담보어음(clean draft)을 발행하면 이것을 통지은행이 매입할 것을 허용하고 무담보어음이 발행된 후 일정기간 이내에 약정물품에 관한 일체의 서류를 어음매입은행에 제공할 것을 조건으로 하는 신용장을 말한다.

12) 현금신용장

현금신용장(cash credit)이란 수입업자의 요청에 따라 수입지의 은행이 수출지에 있는 자신의 지점이나 거래은행 앞으로 자금을 송금하면 이를 예치하고 있다가 수출업자가 이들 은행 앞으로 일정한 선적서류를 첨부한 환어음을 발행할 때 현금으로 지급한다고 확약한 신용장을 말한다.

13) Payment on Receipt Credit

Payment on Receipt Credit이란 Cash Credit과 유사하나 환어음 대신 수익자가 서명한 수령증과 상환으로 대금을 지급하도록 명시하그 있는 신용장을 말한다. 이 신용장은 환어음을 사용하지 않기 때문에 어음지급불능에 따른 수익자의 상환의무가 발생하지 않는다.

14) Back to Back Credit

Back to Back 신용장은 원신용장을 견질(backed)로 하여 그 신용장의 수익자가 자신의 거래은행에게 물품공급업자 앞으로 이에 대응하는 제2의 신용장을 개설하여 오는 경우에만 유효하게 되는 조건의 신용장을 말한다.

15) Escrow Credit

Escrow Credit은 수출입의 균형을 유지하기 위한 구상무역의 경우 사용되는 신용장으로서 수출업자가 선적 후 수입업자로부터 수출대금을 지급받는 것이 아니고 이를 기탁계정(Escrow Account)에 기탁하여 두었다가 그 수익자가 원신용장 개설국으로부터 수입하는 상품의 대금결제에만 사용하도록 규정한 신용장을 말한다.

16) Tomas Credit

Tomas Credit은 구상무역에 이용되며 수출입 양측이 서로 동액의 신용장을 개설하는 데, 한 쪽은 먼저 신용장을 개설하고 상대방측은 동액만큼의 신용장을 일정기간 후에 개설하겠다고 보증서를 발행하여야 하는 조건으로 개설된 신용장을 말한다.

17) 내국신용장

외국의 수입업자로부터 원신용장을 받은 수출업자가 수출상품 생산에 필요한 원료공급업자나 하청업자 앞으로 자기가 받은 신용장을 견질로 하여 자기 거래은행으로 하여금 제2의 신용장을 개설하도록 요청하여 개설된 신용장을 내국신용장이라고 한다.

이 내국신용장에서의 국내원료공급업자는 금융・세제 면에서 원신용장과 똑같은 혜택을 받을 수가 있고 수출업자는 국내공급업자에 대하여 대외거래비밀의 유지가 가능하다는 장점이 있어서 이용도가 날로 늘어나고 있다.

18) 보증신용장

보증신용장(Stand-by Credit)이란 수입물품 대금의 결제를 목적으로 발행되는 신용장이 아니고 금융의 목적으로 발행되는 일종의 무담보신용장(clean credit)을 말한다. 예컨대 국내상사의 해외지점이 본사 물품을 수입하기 위하여 신용장을 개설한다든가 또는 현지, 즉 해외지사 소재지의 외국은행으로부터 금융의 편의를 받고자 하는데 담보가 부족한 경우에 국내 본사가 국내 거래은행에 의뢰하여 해외지사의 거래은행을 수익자로 하는 보증신용장을 개설해주면 해외지사의 거래은행은 이것을 담보로 하여 수입신용장을 개설해 주어 금융 혜택을 줄 수 있게 된다.

특히 최근에는 대규모 해외건설공사 입찰보증(bid bond), 이행보증(performance bond)용으로도 많이 이용되고 있다.

19) Transit Credit

Transit Credit은 직접 무역거래를 한 실적이 적고 화폐가 직접 태환(conversion)되지 않으며, 서로 상대국의 환거래은행을 갖지 않은 두 나라 사이에서 무역거래를 할 때, 두 나라가 거래하고 있는 제3국의 통화로 표시된 신용장을 말한다.

Transit Credit에서의 개설은행이나 제3국은 은행의 편의를 제공하는데 불과하며 실제로 상품의 이동과는 아무런 관계가 없게 된다.

4. 신용장의 양도

1) 신용장 양도의 사유

제1수익자는 신용장을 양도할 때 ① 신용장금액 및 단가를 감액하거나, ② 신용장 유효기한, 서류의 제시기일 및 선적기간을 단축하거나, ③ 양도된 금액에 대한 부보비율은 원신용장 또는 신용장통일규칙에 따른 부보금액까지 증액할 수 있다.[8] 특히 신용장금액 또는 단가를 감액했을 경우 제1수익자는 제2수익자의 송장

8) 신용장통일규칙(UCP 600), 제38조.

을 자신의 것으로 대체하고 그 차액에 대하여 환어음을 발행하여 이를 청구할 수 있다. 또한 제1수익자는 신용장을 양도할 때 신용장의 개설의뢰인 대신에 자신의 명의를 기재하여 양도할 수 있다. 이는 제2수익자가 신용장의 개설의뢰인을 알지 못하게 하여 제1수익자의 이익을 보호하기 위함이다.

최초의 수익자가 신용장을 양도하게 되는 데는 다음과 같은 이유가 있다. 즉, ① 제1의 수익자가 일종의 수수료를 목적으로 하는 경우, ② 최초의 수익자가 자가생산보다도 유리한 하청을 줄 수 있는 경우, ③ 최초의 수익자가 수수료를 받고 명의만을 제2의 수익자에게 대여해 주는 경우, ④ 특정 품목의 수출창구가 일원화되어 있어 최초의 수익자 명의로는 수출이 불가능할 경우 제2의 수익자의 명의를 빌려 대행식으로 행하는 경우 등이다.

2) 신용장의 단순양도와 조건변경부 양도

(1) 단순양도

신용장의 제1수익자가 원 신용장의 조건변경 없이 원 수익자의 명칭만 변경하여 신용장을 제2수익자에게 양도하는 것을 단순양도라고 하며 국내신용장의 양도는 대부분이 이에 해당된다. 원 신용장에 대한 수출업무는 양수인이 이행하고 양도인에게는 수수료를 지급한다.

(2) 조건변경부 신용장 양도

조건변경부 신용장 양도란 원 신용장의 수익자가 신용장 양도에 따른 양도차익 취득을 목적으로 원 신용장의 금액, 단가, 유효기일, 서류제시기일, 최종선적기일을 감액 또는 단축하여 제2수익자에게 원 신용장을 양도하는 것을 말한다. 조건변경부 신용장 양도는 신용장 수익자나 금융기관 모두에게 유리한 거래이고 세계적으로 많이 이용되고 있다.

표 13-2 신용장 양도시 변경할 수 있는 점

감액, 단축할 수 있는 점	· 금액, 단가, 유효기한, 선적일 후의 서류제시의 최종기일, 선적기한 · ~중의 어느 것 또는 모든 것
증가될 수 있는 점	· 원 신용장 또는 신용장통일규칙에 명시된 부보금액을 만족시키는 방법으로 부보해야 되는 율
신용장 발행의뢰인명	· 제1수익자 명으로 대체

CHAPTER 14

무역운송과 해상보험

01 무역운송

1. 무역운송의 주요 방법

1) 해상운송

해상운송의 운임은 비교적 저렴하지만 보통 항공운송에 비해 운송시간이 길다. 그러나 최근에는 국제무역에서 고속 컨테이너선이 운항되고 있어 운송시간이 단축되고 있다. 정기선(Liner)에 의한 해상운송에서는 종전에는 화물을 하역노동자가 수작업으로 선적하는 형태였는데, 최근에는 화물을 컨테이너(Container)에 적입하여 운송하는 컨테이너선이 압도적으로 늘고 있다.

2) 항공운송

항공운송은 운임이 해상운송에 비해 고가이지만 운송시간이 짧은 것이 최대의 장점이다. 따라서 반도체, 전자기기, 생선, 식료품, 의약픔 등처럼 운송 중에 부패하기 쉬운 상품이나 고가품의 운송에 이용되고 있다. 항공운송은 직접 항공회사와 운송계약을 체결하는 방법 이외에 항공화물운송주선업자(혼재업자)가 다수의 소량 화물 화주와 운송계약을 체결하는 방법도 있다. 이 경우의 운임은 항공회사와의 계약보다 저렴하다.

3) 복합운송

국제복합운송(Multimodal Transport)은 한사람의 운송인, 즉 복합운송인(Multimodal Transport Operator; MTO)이 선박과 항공기(Sea & Air 복합운송), 또는 선박과 철도(Siberian Land Bridge) 등의 두 가지 이상의 운송수단을 결합하여 일관하여 운송책임을 지는 운송형태로서 컨테이너의 출현으로 발달된 운송형태이다.

컨테이너 운송에서는 화물의 하역은 기후에 관계없이, 또한 컴퓨터로 자동제어할 수 있게 되었고 다른 운송수단에 환적도 보다 쉽게 되었다.

그림 14-1 무역운송의 종류

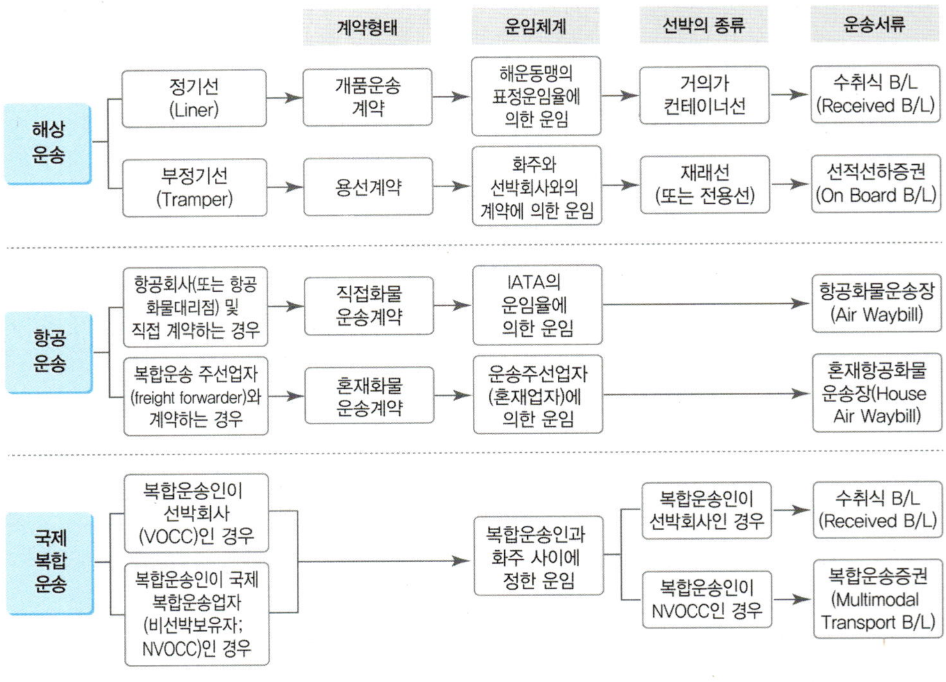

4) 기타 운송방법

① **국제 택배편(International Courier)**: 국제 택배편은 하나의 계약 하에서 경량 소형의 서류 또는 물품(통상 20kg 이하, 3면의 합계 300cm 이하)에 대해서 항공운송 서비스를 제공한다. 그 특징은 door to door의 일관운송일 것, 소유시간이 항공운송보다 짧고 정확할 것, 수입관세는 매수인인 수입자가 부담하여 통관필 배달일 것 등이다. 예를 들어, 온라인 쇼핑몰에서 신용카드로 결제하여 상품을 구입하고, 발송은 택배편을 이용한다. DHL, UPS 등이 많이 이용된다.

② **국제우편**: 서류, 인쇄물, 소량화물도 일반우편으로서의 소포우편으로 발송되고 있다.

2. 해상운송

1) 해상운송의 의의

해상운송, 즉 해운이란 해상에서 선박을 수단으로 하여 상업적 목적하에 화물 및 여객을 운송하는 것을 말한다.

해상운송은 육상운송이나 항공운송에 비해 다음과 같은 몇 가지 특성을 가지고 있다.

첫째로, 해상운송은 다른 운송에 비해 대량운송이 가능하다. 선박건조기술의 발달로 오늘날의 선박은 다른 운송수단에 비해 일시에 대량의 화물을 수송할 수 있다.

둘째로, 해상운송은 경제성이 있다. 해상운송은 대량운송이 가능하기 때문에 단위당 운송비가 여타 운송수단에 비해 저렴하다.

셋째로, 해상운송은 원거리의 국제운송에 적합하다. 해상운송은 특정 국가에 국한되는 육상운송과는 달리, 공해상에서 국적에 관계없이 상거래활동을 할 수 있기 때문에 원격지간의 무역운송에 적합하다.

이러한 특성으로 인하여 해상운송은 국제무역의 운송수단으로서 막중한 위치를 차지하고 있다. 특히 우리나라의 경우는 육상운송에 의한 국제교역이 불가능하기 때문에 대부분의 수출입물동량은 해상운송에 의존하고 있는 실정이다.[1)]

2) CY 및 CFS

컨테이너선에 화물을 적재, 양하할 때에는 항만에 있는 컨테이너 터미널(Container Terminal)이라는 거대한 시설에서 적재, 양하가 이루어진다.

「컨테이너 터미널」은 주로 「컨테이너 야드(CY; Container Yard)」 및 「컨테이너 프레이트 스테이션(CFS; Container Freight Station)」으로 구성되어 있다.

컨테이너선이 접안(接岸)하는 버드(Berth)는 각 구역마다 특정의 선박회사에 대여되어 각 선박회사가 「야드 오퍼레이터(Yard Operator)」로서 「컨테이너 야드」 전체를 관리하고 있다.

1) 원종근 외, 전게서, p. 403.

제3편

그림 14-2 컨테이너 수송의 흐름

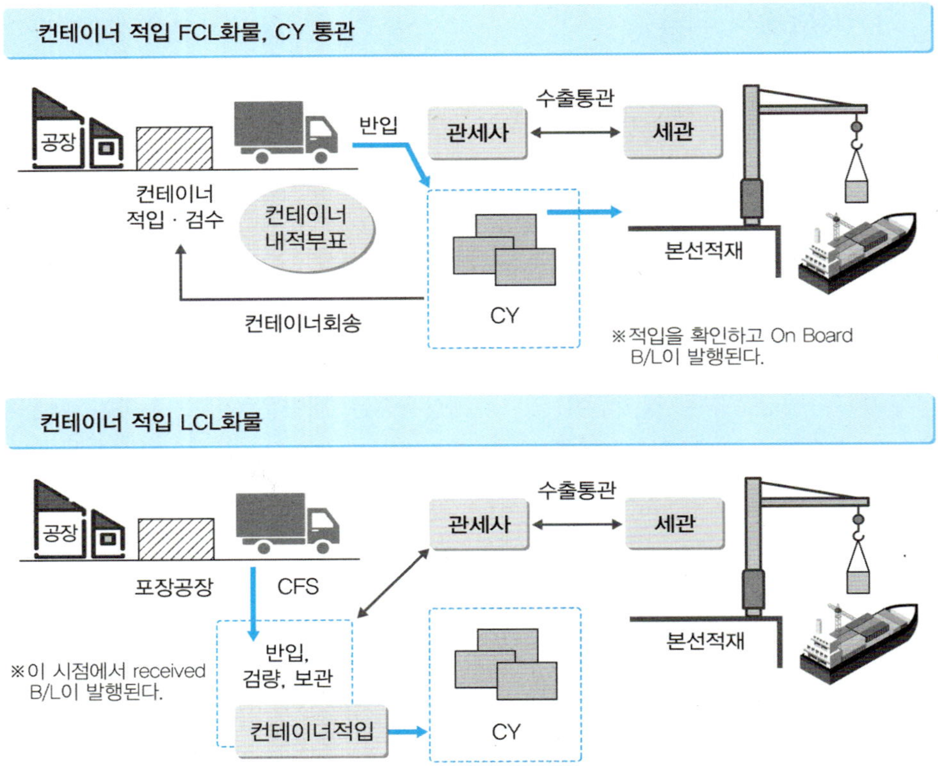

* FCL(Full Container Load): 컨테이너 1개 전부를 사용
LCL(Less Than Container Load): 컨테이너의 일부 space 사용

(1) 컨테이너 야드(CY; Container yard)

CY란 컨테이너를 본선에 적재하거나 양하하는 장소, 즉 해상운송과 육상운송과의 접점의 역할을 담당하는 지역을 말한다. 화주의 화물로서 컨테이너에 만재하는 대량화물, 즉 만재화물(FCL; Full Container Load)의 수출의 경우에는 컨테이너는 직접 이 CY에 반입되어 그대로 선적된다. 또한 FCL화물이 목적항에 도착된 경우에도 목적항의 CY에 양하된 화물은 컨테이너 그대로 CY에서 수입자측에 인도된다.

(2) 컨테이너 프레이드 스테이션(CFS; Container Freight Station)

CFS란 화물의 양이 컨테이너 1단위를 채우지 못하는 소량화물, 즉 혼재화물(LCL; Less than Container Load)을 집하하여 컨테이너에 적입하거나 선박에서 양하한 컨테이너에 적입되어 있는 소량(혼재)화물을 끄집어내는 장소를 말하고 통상 CY의 일부 또는 CY에 근접한 지역에 설치되어 있다.

(3) 컨테이너화물의 운송형태

컨테이너 화물의 운송형태는 화물의 양, 목적지, 집하방식 및 운송형태의 범위에 따라 다르며 운송형태에 따라 운임구조 및 책임한계 등이 다르다.

① CFS/CFS(LCL/LCL) 운송

선적항의 CFS로부터 목적항의 CFS까지 컨테이너에 의해서 운송하는 방법으로서, 가장 초보적인 이용방법이다. CFS/CFS 운송은 Pier to Pier 또는 LCL/LCL 운송이라고도 부르며 운송인이 여러 화주로부터 컨테이너에 가득 채울 수 없는 LCL 화물을 인수받아 목적지별로 분류하여 한 컨테이너에 혼재(混載)운송하고 목적항의 CFS에서 여러 수하인에게 화물을 인도하는 운송방법이다. 따라서 LCL화물의 수송형태는 송하인과 수하인이 여러 사람으로 구성되며 운송인은 선적항과 목적항 간의 해당 해상운임만을 징수하고 이에 따른 운송책임도 선적항 CFS에서 목적항 CFS까지 이다.

② CFS/CY(LCL/FCL) 운송

운송인이 지정한 선적항의 CFS로부터 목적지의 CY까지 컨테이너에 의해서 운송되는 화물운송 형태로서 운송인이 여러 송하인들로부터 화물을 선적항의 CFS에 집하하여 컨테이너에 적입한 후 최종목적지의 수하인의 공장 또는 창고까지 화물을 운송한다. 이 운송형태는 CFS/CFS에서 한 단계 발전한 운송방법으로서 일반적으로 대규모 수입업자가 여러 송하인들로부터 각 LCL화물들을 인수하여 일시에 자기 지정창고까지 운송하고자 하는 경우에 이용하기 좋으며, 현재 우리나라에 가장 많이 보급되고 있다.

③ CY/CFS(FCL/LCL) 운송

CY/CFS 운송형태는 선적지의 운송인이 지정한 CY로부터 목적항의 지정 CFS까지 컨테이너에 의한 화물운송방식이며, 한 사람의 송하인과 여러 사람의 수하인으로 구성되어 있다. 즉, 적지에서 수출업자가 FCL화물로서 컨테이너로 운송하여 수입항의 CFS에서 화물을 내려 수하인들에게 인수하도록 하는 운송방법이다. 이 방법은 한 수출업자가 수입국의 여러 수입업자에게 일시에 화물을 운송하고자 할 때에 많이 이용된다.

④ CY/CY(FCL/FCL; Door to Door) 운송

컨테이너의 장점을 최대한도로 이용한 운송방법으로서 수출업자의 공장 또는 창고에서부터 수입업자의 창고까지 육·해·공을 연결하는 컨테이너에 의한 국제복합일관 운송형태로 수송되는 방법이며, 운송 도중 컨테이너의 개폐 없이 수송된다. 이것은 수송의 3대원칙인 신속성, 안전성, 경제성을 최대한으로 충족시켜 컨테이너의 목적을 완전하게 달성시키는 수송형태로서 수입업자의 창고까지 상품을 수송하는 경우에 이용된다.

3) 해상운송의 형태

(1) 정기선 운항

정기선(liner)은 여객, 우편물 및 공업제품 등을 운송의 주대상으로 하여 공시된 운항일정(schedule)에 따라 정기항로를 규칙적으로 반복운항하고 있는 선박을 말한다. 이는 일반적으로 운임동맹(shipping conference)이 제정한 공통 운임률표(tariff)를 적용하여 장기적·안정적으로 일정량의 선복을 화주에 제공한다. 국제조약에서 규정한 운송인의 의무를 충족하고 집화능력을 높이기 위해서는 속력, 설비능력 등의 점에서 양질의 서비스를 제공할 수 있는 신예(新銳)의 선박이 이에 충당된다.

(2) 부정기선 운항

부정기선(tramper)은 정기선의 경우와는 달리 고정된 항로가 없이, 화주가 요구하는 시기와 항로에 선복을 제공하여 불규칙적으로 운항하는 선박이다. 오늘날 부정기선은 곡물, 광석, 원유, 목재를 비롯한 일반 원료 등을 주 대상으로 하고 있으며, 운임이 그 당시의 수요와 공급에 의하여 결정되기 때문에 수시로 변동한다. 그러나 치열한 경쟁을 통하여 운임이 결정되므로 정기선의 경우에 보게 되는 카르텔(cartel)의 형성이 어렵고, 또한 정기선보다 상대적으로 낮은 운임률이 적용된다.

(3) 특수전용선 운항

특수전용선(specialized carrier)은 광의로 말하면 부정기선의 일종이라고 할 수 있으나, 선박의 구조상 일반선박과는 상이하기 때문에 특별히 구별하게 된다. 특수전용선에는 유조선, 냉동선, 광석전용선, 목재전용선, 자동차전용선, 가스전용선 등이 있으며, 운송화물의 성질상 선박에 특수시설이 구비되어 있고, 대개가 용선계약으로 운송된다.

4) 해상운송계약의 종류

(1) 개품운송계약

개품운송계약(contract of affreightment in a general ship)이란 개개의 물품을 대상으로 선박회사와 다수의 화주간에 개별적으로 운송계약을 체결하는 것을 말하며, 다수의 화주로부터 많은 물품을 인수하여 혼적하게 되므로 주로 정기선에 의하는 경우가 많다.

(2) 용선운송계약

용선운송계약(contract of carriage by charter party)이란 송화인이 선박회사로부터 선복(ship's space)의 전부 또는 일부를 빌려 화물을 운송하는 경우에 체결하는 계약을 말한다.

3. 항공운송

1) 항공운송의 의의

(1) 항공화물의 비중

전통적인 무역운송은 대형 컨테이너선을 이용한 해상운송이 대부분이었다. 그러나 최근 직구, 역직구 등의 등장으로 전체 수출에서 항공운송의 비중이 급속히 증가하고 있다. 항공화물 수출의 지속적인 증가는 수출 고도화, 전자상거래 시장 확대, 항공운송 다변화 등에 기인한다. 반도체, 무선통신기기, 의약품 등 크기가 작고 단가가 높아 대부분 항공으로 운송되는 고부가가치 품목의 수출이 증가하면 그에 따라 수출화물의 항공운송도 늘어나게 된다.

항공화물을 통한 수출은 2013년 23.6%에서 급증해 2017년 약 30%를 차지하고 있다.

그림 14-3 항공화물의 비중 증가 추이 (단위: 억달러, %)

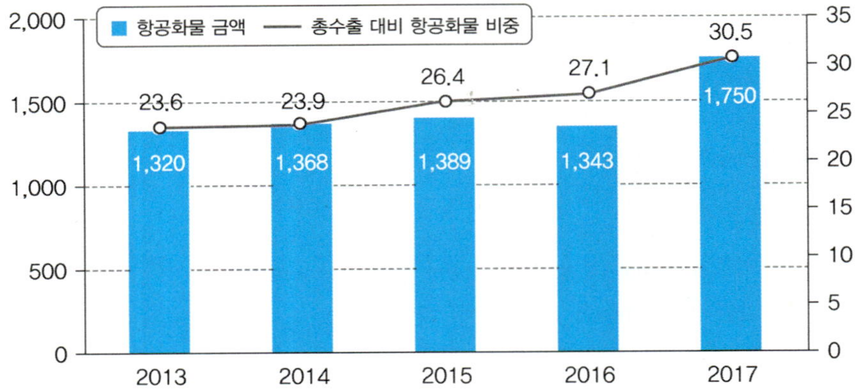

자료: 한국무역협회.

(2) 항공운송의 특성

항공운송은 육상운송이나 해상운송에 비해 신속하다는 점은 두말할 나위가 없다. 그러나 높은 운임, 소량 운송 등의 단점이 있어 주로 IT, 고부가가치 품목을 중심으로 운송되고 있다. 최근 항공화물 비중의 증가도 IT 제품의 약진, 전자상거래 시장의 확대 그리고 제품의 고부가가치화에 따른 것이다.

2) 항공운송대리점과 항공운송주선업자

항공운송대리점(Air Cargo Agent)이란 항공사 혹은 총대리점을 위하여 유상으로 항공기에 의한 화물운송계약 체결을 대리하는 사업을 영위하는 업체이다. 항공운송대리점은 항공사를 대리하여 화물을 유치하고 항공화물운송장을 발행하는 등 모든 업무를 수행하고 수수료를 받는다. 소량화물(LCL)은 항공운송주선업자에게 의뢰한다.

항공운송주선업자(Air Freight Forwarder)는 타인의 수요에 응하여 유상으로 자기명의로 항공사의 항공기를 이용하여 화물을 여러 송하인으로부터 인수하여 운송하는 자를 말한다. 항공운송주선업자는 현실적으로 항공기를 소유하고 있지 않기 때문에 항공사와 새로운 운송계약을 체결하여 항공사 발행 화물운송장을 발급받는다.

4. 국제복합운송

1) 컨테이너운송

컨테이너(container)는 육로, 해로, 공로상의 모든 과정에서 화물의 수송 도중 이적(移籍)없이 일관운송을 실현시키는 규격화된 운송용기이다. 이러한 컨테이너에 화물을 적재하여 목적지까지 흐트러짐 없이 일관되게 운송하는 시스템을 일반적으로 컨테이너운송이라고 한다.

(1) 장 점

① 정박기간이 단축될 수 있다. 즉, 컨테이너는 대형운송용기이기 때문에 대량의 화물을 규격화된 장비로 일시에 하역할 수 있어 하역시간을 재래식보다 거의 절반 이상으로 줄일 수 있다.

② 포장비용이 절감될 수 있다. 컨테이너는 그 자체가 물품을 보호하는 외장(外裝) 역할을 할 수 있기 때문에 종래와 같이 견고한 포장재를 사용할 필요가 없다.

③ 창고료가 절감될 수 있다. 컨테이너는 하나하나가 별개의 독립된 창고의 역할을 하게 되므로 부두의 유료창고에 보관할 필요가 없다.

④ 보험료가 절감될 수 있다. 화물이 완전히 견고하고 밀폐된 용기에 의해 운반되므로 도난이나 파손의 위험이 줄어들어 그만큼 보험요율이 낮아진다.

⑤ 인건비가 절감될 수 있다. 컨테이너는 거의 기계화된 장비에 의하여 하역이 가능하기 때문에 재래선에서와 같이 화물을 적화·양화하는데 많은 인부의 동원이 필요하지 않다.

⑥ 운임이 절감될 수 있다. 단일운임(through rate)[2]에 의한 할인운임, 빠른 회전율 등에 의한 저율의 운임이 적용된다.

2) Through rate란 복수의 운송수단에 의해 운송되는 화물의 전 구간에 적용되는 단일운임률을 말한다.

(2) 단 점

① 컨테이너화를 위한 막대한 자금과 기술적 지원이 필요하다.

② 화물의 종류나 성질상 컨테이너에 적입·운송하지 못할 화물들이 있다.

③ 컨테이너선에서는 상당부분이 갑판상에 적재되어야 하는데, 보험회사에서는 갑판적재화물에 대해 높은 할증보험료를 적용한다.

④ 컨테이너 야적장(container yard)이 연결된 터미널에서만 사용 가능하다.

2) 복합운송의 개념

복합운송(combined transport or multimodal transport)이란 특정화물을 운송인이 전 운송구간에 대하여 책임을 지고 최종목적지까지 육·해·공 가운데 두 가지 이상의 운송형태를 결합하여 일관운송하는 방식을 말한다.

복합운송의 경우 반드시 컨테이너를 이용하여야 하는 것은 아니나, 수송의 효율성을 높이기 위해서는 컨테이너를 이용하는 것이 더 유리하다. 복합운송 중에서도 실제로 가장 많이 이용되는 것은 해·육복합운송 시스템인데, 이는 단일운임에 의한 유통비용의 절감과 컨테이너에 의한 Door to Door System의 일관운송이라는 두 가지 측면이 결합되어 이루어진 것이다.[3)]

3) 복합운송의 주요 경로

우리나라 무역업자들이 현재 이용하고 있는 국제복합운송의 주요 경로는 한국(극동) - 북미간 항로 및 한국(극동) - 유럽간 항로이다. 특히 복합운송경로로써 제대로 틀이 갖추어진 대표적인 것으로는 시베리아 랜드 브리지(Siberia Land Bridge: SLB)와 미니 랜드 브리지(Mini Land Bridge: MLB)를 들 수 있다.

(1) 시베리아 랜드 브리지(Siberia Land Bridge: SLB)

이 운송경로는 시베리아대륙을 횡단하는 철도(trans siberian railroad)를 이용하여, 극동/유럽·중동간을 극동 - 동해 - 시베리아 철도 - 유럽·중동 각지의 해운항로 및 철도로 연결되는 대형 컨테이너 복합운송경로이다. 이 운송경로는 극동과 유럽·중동을 연결하는 최단수송거리로서 수송일수도 최대한 줄일 수 있다.

---

3) 박대위, 무역개론(박영사, 2006), pp. 454~456.

(2) 미니 랜드 브리지(Mini Land Bridge: MLB)

미니 랜드 브리지는 극동과 미국대서양이나 걸프(gulf) 연안 혹은 유럽과의 항로에서, 각각 미대륙(美大陸)을 교량으로 하여 태평양과 대서양연안을 연결하는 운송경로이다. 즉, 극동에서 북미태평양연안까지는 컨테이너선으로 해상운송을 하고, 여기서 미대륙의 횡단철도를 이용하여 대서양연안 또는 걸프연안에 도착, 철도터미널에서 수화인에게 인도하거나 또는 다시 유럽까지 컨테이너선으로 해상운송을 하는 방식이다. 이 경우 운임은 SLB와 마찬가지로 품목별 무차별운임을 적용한다.

4) 복합운송증권

복합운송증권은 복합운송에 의하여 물품이 인수된 것과 계약상의 조항에 따라 물품을 인도할 것을 약속한 복합운송계약을 증명하는 증권이다.[4)]

복합운송에서는 전 세계적으로 통일된 복합운송서류가 사용되고 있지 않다. 현재 사용되고 있는 복합운송서류로는 기존의 선화증권을 약간씩 변형한 선화증권 형태의 복합운송증권(multimodal transport B/L, combined transport B/L)과 복합운송에 관한 국제규칙에 따라 새롭게 창안한 복합운송증권(combined transport document: CTD)이 있다.

02 선적서류

1) 선적서류의 종류

수출화물의 선적과 계약이행의 증명이 되는 선적서류(shipping documents)는 주요서류와 부대서류로 분류된다.[5)]

(1) 주요서류

① 운송서류(transport document)

② 보험증권(insurance policy)

4) 1980년 UN국제복합운송조약 제1조 4항.

5) 大崎正瑠, 基本貿易取引(白桃書房, 1991), pp. 205～206.

③ 상업송장(commercial invoice)

(2) 부대서류

[1] 통상 첨부되는 서류

① 포장명세서(packing list: P/L)

② 용적중량증명서(certificate and list of measurement and/or weight)

[2] 특정 목적국에 한하여 필요한 서류(수입국의 통관용)

① 영사송장(consular invoice)

② 세관송장(customs invoice)

③ 원산지증명서(certificate of origin: C/O)

[3] 특수상품에 한하여 필요한 서류

① 검사증명서(certificate of inspection)

② 분석증명서(certificate of analysis)

③ 검역증명서(certificate of quarantine)

④ 위생증명서(certificate of health)

Commercial Invoice

SINWOO TRADING CO., LTD.

Seoul, Korea

Invoice NO. 102
February 15, 2020
Bank Certificate No. BC-213

INVOICE of Four(4) Cases of Imitation Pearls shipped per S/S "Pacific Bear" from Gwangyang to New York for account and risk of American Trading Co., Inc., New York, N.Y., U.S.A., by the undersigned against Order No. 101 dated December 1, 2020.

Marks & Nos.	Particulars	Unit Price	Amount
		CIF New York	
ATC	Imitation Pearls		
	S/No. 441 500 doz.	@ $ 1.50	$ 750
New York	〃 451 500 〃	1.80	900
# No. 1－4	〃 465 700 〃	2.00	1,400
Made in Korea	〃 485 800 〃	2.50	2,000
	4 cases 2,500 doz.		$ 5,050
	Export Licence No. LTB－5－11208		
	Net Weight: 104.5 kgs		
	Gross Weight: 315.8 kgs		
	Measurement: 25.5 cft.		

Insured with The Hyundai Marine & Fire Insurance Co., Ltd. for $ 5,555
L/C No. D3104 issued by The National Bank of New York, New York.
Draft drawn through The Bank of Woori, Seoul.

SINWOO TRADING CO., LTD.

제 3 편

Certificate of Origin

<table>
<tr><td colspan="3">Goods consigned from (Exporter's business name, address, country)</td><td colspan="3" rowspan="2">CERTIFICATE OF ORIGIN

(Combined Declaration and Certificate)
issued by
KOREA CHAMBER OF COMMERCE AND INDUSTRY
Seoul, Republic of Korea</td></tr>
<tr><td colspan="3">Goods consigned to (Consignee's name, address, country)</td></tr>
<tr><td colspan="3">Notify party</td><td colspan="3" rowspan="3">For official use</td></tr>
<tr><td colspan="2">Port of loading</td><td>Port of discharge</td></tr>
<tr><td colspan="2">Carrier</td><td>Date of shipment</td></tr>
<tr><td>BTN</td><td>Marks and number of package</td><td>Number and kind of package: description of goods</td><td>Gross weight or other quantity</td><td colspan="2">Number and date of invoices</td></tr>
<tr><td colspan="3">Invoice price :</td><td colspan="3">No. & date of Export License :</td></tr>
<tr><td colspan="3" rowspan="2">Declaration by the exporter
The undersigned hereby declares that the above details and statement are correct: that all the goods were produced in the Republic of Korea.

Place and Date :

Signature :

Signature of authorized signatory</td><td colspan="3">Certification
We hereby certify that the goods specified above have been duly attested as being of Korean origin.

Signature :

Managing Director
Korea Chamber of Commerce and Industry</td></tr>
<tr><td colspan="2">Date of issue</td><td>Reference No.</td></tr>
</table>

2) 운송서류

운송서류(transport documents)란 국제운송물품의 적재(loading on board), 발송(dispatch) 또는 복합운송의 경우 인수(taking in charge)를 표시하는 서류를 말한다.

주요한 운송서류를 열거하면 다음과 같다.

① 선화증권(Bill of Lading: B/L): 이른바 port-to-port B/L이다.

② 복합운송증권(Combined Transport Document; Multimodal Transport Document; Intermodal Transport Document): Document 대신에 Bill of Lading(B/L)이란 말이 사용되기도 한다.

③ 해상화물운송장(Sea Waybill: SWB): 단순한 화물수령을 표시한 증거증권이다.

④ 항공화물운송장(Air Waybill: AWB)

⑤ 내륙수로운송증권(Inland Waterway Document)

⑥ 화물주선업자발행 화물수취증(Forwarder's Cargo Receipt)

⑦ 우편소포수령증(Postal Receipt)

⑧ 전자정보통신문(EDI message)

3) 선화증권(Bill of Lading)

(1) 선화증권의 의의

선화증권이란 화주와 선박회사간의 해상운송계약에 의해 선박회사가 발행하는 유가증권(有價證券)을 말한다. 즉, 선화증권은 선박회사가 화주로부터 화물운송을 위탁받은 사실과 화물을 목적지까지 운송하여 이를 선화증권의 소지자에게 인도할 것을 약속하는 증권이다. 통상 송화인이 운송계약을 체결하고 화물을 본선에 선적하여 선장으로부터 본선수취증(M/R)을 발급받아 이것을 운임과 함께 선박회사에 제출하면 선화증권을 발행받게 된다.

(2) 선화증권의 기능

① 선화증권은 선적된 화물의 수취증(receipt of goods)이다.

② 선화증권은 운송인과 화주간에 운송계약(contract of carriage)이 체결되었다는 사실을 입증하는 증거서류이다.

③ 선화증권은 증권상에 기재된 물품을 대표하는 권리증권(documents of title)이다.

(3) 선화증권의 종류

선화증권은 선적의 기재 유무, 고장적요 유무 및 수화인의 표시방법 등에 따라서 여러 가지 유형으로 구분할 수 있다.

① 선적선화증권과 수취선화증권

선적선화증권(shipped or on board B/L)은 운송화물이 본선에 적재된 후에 발행되는 선화증권이며, 증권상에 "Shipped in apparent good order and condition"의 문언이 기재되어 있다. 재래선용화물(在來船用貨物)에 대해서는 통상 선적선화증권이 발행된다.

수취선화증권(received for shipment B/L)은 화물이 본선에 선적되기 전에 발행되는 선화증권으로, 이는 화물을 적재할 선박이 항구에 정박하지 않아서 화물을 선박회사의 부두창고에 보관할 때 발행된다.

수취 후 다시 본선에 적재한 취지를 기재한 본선적재부기(on board notation; on board endorsement)가 있는 것은 선적배서선화증권(on board notation [endorsement] B/L)이라고 한다. 이것은 실질상 선적선화증권과 동등한 취급을 받게 된다. 또한 선적의 형태상 컨테이너화물에 대해서는 수취선화증권이 발행된다.

② 무사고선화증권과 사고부선화증권

무사고선화증권(clean B/L)이란 화물이 본선에 양호한 상태로 또는 운송계약의 수량대로 적재되어 선화증권의 비고(remarks)란에 사고문언(事故文言)의 표시가 없는 완전한 선화증권을 말한다.

사고부선화증권(foul or dirty B/L)이란 적재물품의 포장이나 수량 등이 계약과 상이하여, 결함상태를 명시한 사고문언이 비고란에 기재된 선화증권을 말한다.

사고부선화증권은 현행의 화환결제에서는 은행이 수리를 거절하므로 송화인은 파손화물보상장(letter of indemnity: L/I)을 선박회사에 제출하여 무사고선화증권을 발급받게 된다.

Letter of Indemnity

LETTER OF INDEMNITY

2020

S.S./M.V. "   " Voy. No.   Sailed

Dear Sirs,

In consideration of your handing us clean Bill of Lading for our shipment by the above vessel as described below, the mate's receipt at which bears the following clause :

We hereby undertake and agree to pay on demand any claim that may thus arise on the said shipment and/or the cost of any consequent reconditioning and generally to indemnify yourselves and/or agents and/or the owners of the said vessel against all consequences that may arise from your action.

Further, should any claim arise in respect of this goods, we hereby authorize you and/or agents and/or owners of the vessel to disclose this Letter of Indemnity to the underwriters concerned.

Your faithfully,

B/L. No.

Marks & Nos.	No. of Pkgs.	Description	Destination

③ 기명식선화증권과 지시식선화증권

기명식선화증권(straight B/L)이란 화물을 수취하는 특정인의 성명이 수화인란

(受荷人欄)에 기재되어 있는 선화증권을 말하며, 화물의 소유권은 특정인에게 귀속된다.

지시식선화증권(order B/L)은 수화인이 특정인으로 지정되어 있지 않고, 단순히 "Order", "Order of A" 또는 "Order of ×× Bank"로 표시되어 있는 선화증권을 말한다. 무역거래에서는 이 지시식선화증권이 원칙이며 수입상의 성명 · 주소는 수화인란이 아니라 착화통지처(notify party)의 란에 기입된다.

④ 통과선화증권

통과선화증권(through B/L)은 약정화물을 목적지까지 운송하는데 해상운송과 육상운송 등을 교대로 이용하여 운송할 경우, 최초의 운송업자가 전 운송구간에 대하여 모든 책임을 지고 발행하는 선화증권이다. 미국에서는 육상과 해상운송을 겸한 선화증권을 Overland B/L(또는 overland common point B/L)이라고 하여 많이 이용하고 있다.

⑤ 환적선화증권

환적선화증권(transshipment B/L)은 화물을 목적지까지 운송하는 도중 중도항에서 다른 선박에 환적하여 최종목적지까지 운송할 때 발행하는 선화증권이다. 이 경우 환적을 하더라도 별도의 선화증권에 각 구간의 선사가 연쇄서명을 하여 공동책임을 진다.

⑥ 약식선화증권

약식선화증권(short form B/L)은 원래의 정규선화증권(regular long form B/L)을 간소화시킨 선화증권을 말한다. 약식선화증권의 전면에는 정규선화증권과 마찬가지로 법적 기재사항이 기재되나 그 이면에는 운송약관을 모두 인쇄하지 않고 단지 정규선화증권상의 전 약관이 인쇄되어 있는 것과 동일한 효력을 발휘한다는 문언만 인쇄되어 있어 매우 간단하다.

⑦ 제시기간경과선화증권

제시기간경과선화증권(stale B/L)은 선화증권의 어느 형태를 말하는 것이 아니라, 선화증권의 제시기간이 필요 이상으로 지연된 선화증권을 말한다. 모든 선화증권은 발행된 일자로부터 21일이 경과되면 Stale B/L이 된다. 그렇게 될 경우 은행은 특별히 신용장상에 "Stale B/L Acceptable"이란 조항이 없는 한 수리를 거절하기 때문에, 화주는 선화증권을 발급받은 후 21일 이내에 은행에 제시하여야 한다.

(4) 선화증권의 위기와 EDI

① 선화증권의 위기

근년에 이르러, 컨테이너선 등의 고속화에 의해 수입화물이 양륙지에 도착하였는데도 불구하고 우편의 지연, 수익자의 선적서류 제출지연, 인수절차지연 또는 매입은행에서의 매입절차의 지연 등으로 인해 선화증권이 적기에 도착하지 않는 경우가 발생하곤 한다. 이것이 「선화증권의 위기(the B/L crisis)」,[6] 또는 「고속선의 문제(the fast ships problem)」[7]라고 불리어지는 현상이다. 이 원칙은 선화증권이 본선보다도 빨리 목적지에 도착하는 것을 당연한 전제로 하는 것이었지만 고속선의 출현으로 이 거래 메커니즘의 파탄을 가져 온 것이 바로 「선화증권의 위기」이다.

이러한 불합리하고 비능률적인 문제에 대한 가장 현실적인 해결책으로서 현재 실무계에서 널리 사용되고 있는 것이 수입화물선취보증장(letter of guarantee)과 해상운송장(seawaybill)이다. 그러나 수입화물선취보증장과 해상운송장은 권리증권은 아니기 때문에 서류의 처분에 의한 화물의 전매가 가능하지 않다. 또 수입화물선취보증장은 단지 단순한 보증장이기 때문에 화물의 인도에는, 인도하는 선박회사와 운송인에게 위험이 발생한다.

따라서 해상운송장으로도 해결할 수 없는 경우, 「선화증권의 위기」를 극복하는 방법으로서 생각할 수 있는 것은 컴퓨터통신망을 사용한 전자식 선화증권(electronic bill of lading)의 사용이다. 즉, 선화증권의 Paperless화이다.

② 전자식 선화증권과 EDI(전자문서교환)

전자식 선화증권이란 선화증권을 발행하는 대신에 그 내용을 운송인이 컴퓨터에 보존하고 운송인과 송화인(매도인) 혹은 양수인(매수인 혹은 전매인)이 서로 EDI 메시지를 전송하고, 권리의 증명으로서 개인 키(key)[8]를 사용함으로써 운송품에 대한 지배・처분권의 이전과 운송품의 인도를 하는 방법이다. 이와 관련하여 CMI

---

6) 江頭憲治郎, "海上運送狀と電子式運送書類", 海法會誌復刊 32號(1988), p. 4.

7) Paul Todd, *Cases and Materials on Bill of Lading*(London: Lloyd's of London Press, 1990), p. 334.

8) 개인 키(private key)란 전송의 진정성(authenticity) 및 완전(integrity)을 보증하기 위하여 당사자간에 합의한 숫자 또는 문자를 조합시킨 암호번호이다(전자식 선화증권을 위한 CMI통일규칙 제2조 f항). 또한 소지인(holder)마다 별개의 개인 키가 주어지지만 소지인은 개인 키를 양도하는 것이 금지되어 있다(동 규칙 제8조 a항).

는 1990년 6월 「전자식 선화증권을 위한 CMI규칙(CMI Rules for Electronic Bill of Lading)」을 채택하였다.

EDI란 컴퓨터로부터 컴퓨터에의 거래 메시지의 전자적 이동을 의미하고 「기업간에서 거래에 관한 정보를 통신회선을 통하여 컴퓨터간에 교환하는 일」[9]이다.

Bill of Lading

<table>
<tr><td colspan="2">① Shipper</td><td rowspan="4"></td><td>⑩ B/L No.</td></tr>
<tr><td colspan="2">② Consignee</td><td rowspan="3">(회사명)
~(약관)~</td></tr>
<tr><td colspan="2">③ Notify Party</td></tr>
<tr><td>④ Local Vessel</td><td>⑦ From</td></tr>
<tr><td>⑤ Ocean Vessel</td><td>⑧ Voyage No.</td><td>⑪ Flag</td><td>⑫ Final Destination</td></tr>
<tr><td>⑥ Port of Loading</td><td>⑨ Port of Discharge</td><td colspan="2">⑬ For transshipment to</td></tr>
</table>

<table>
<tr><td>⑭ Marks and Numbers</td><td>⑮ No. of Pkgs</td><td>⑯ Kind of Pkgs.
Description of Goods.</td><td>⑰ Gross Weight</td><td>⑱ Measure-ment</td></tr>
<tr><td colspan="5">

⑲ Total number of
Packages or unites(in words)</td></tr>
</table>

<table>
<tr><td>⑳ Freight & charge</td><td>㉑ Revenue tons</td><td>㉒ Rate</td><td>㉓ Per</td><td>㉔ Prepaid</td><td>㉕ Collect</td></tr>
<tr><td colspan="6"></td></tr>
</table>

9) 社團法人日本電子機械工業會, EDI推進センター入會のしおり(1990), p. 5.

㉖ Rate	㉗ Freight Prepaid at	㉙ Freight payable at	㉛ Place and date of issue
	㉘ Total Prepaid in	㉚ No. of original B/L	
Laden on Board the Vessel			
㉜ Date	㉝ by		㉞ (회사명) BY ____________

Bill of Lading

SHIPPED① in apparent good order and condition, unless otherwise stated hereon②, by the shipper hereinafter named, on board the undermentioned vessel, in or off the port of loading mentioned below, with liberty③ to delay sailing, to deviate for the purpose of saving or attempting to save life or property, to call at any ports or places once or often, in or out of the customary advertised route, in any order, forward or backward, for discharging and/or loading goods and/or mails, embarking and disembarking passengers, taking in fuel and other necessary supplies and for any other purpose whatsoever, to dry-dock with or without cargo on board if the COMPANY considers it necessary or convenient, to adjust compasses, to sail without pilots, to tow or be towed, and/or to assist vessels in all situations and circumstances: the following goods or packages said to contain④ goods hereinafter mentioned being marked and numbered as below, and to be delivered over the ship's side, when and where the ship's responsibility shall cease, in like good order and condition⑤ at the port of discharge, hereinafter named, or so near thereto as the ship may⑥ safely get and leave, always afloat at all stages and conditions of water and weather unto party or parties herein named as consignee, or his or their assigns, subject to the conditions and exceptions enumerated hereon and on the back hereof whether written, typed, stamped, or printed. If the goods in whole or in part are shut out⑦ from the ship named herein for any cause, the carrier shall have liberty to forward them under the terms of this bill of lading on the next available ship of this or at carrier's options, of any other line.

Freight for the said goods and primage⑧, if any, to be paid by the shipper in advance, on delivery of this bill of lading, in cash without discount, or at destination by the consignee as may be agreed upon and declared below ⑨ and to be considered as earned⑩ whether the ship or the goods be lost or not or the voyage be broken up or abandoned at any stage of the entire transit.

Vessel: "VICTORY" Voy: Master:

Shipper: DONGBANG LUMBER IND. CO., LTD., SEOUL

Port of Loading: INCHEON, KOREA { Destination : If goods to be transshipped }

Port of Discharge: NAGOYA, JAPAN at port of discharge

Consignee: TO ORDER or assigns

Notify Party: YAMAMOTO CO., LTD., NAGOYA

PARTICULARS FURNISHED BY SHIPPER OF GOODS

MARKS AND NUMBERS	NO. OF PIECES OR PACKAGES	DESCRIPTION OF GOODS	VALUE	WEIGHT	MEASURE MENT
VCL 43218 NAGOYA C/NO, 1－67 MADE IN KOREA	67 CRTS. SAY :	SAID TO CONTAIN : PARTICLE BOARD 18MM×4'×6' 2,000 PCS SIXTY(60) CRATEs ONLY "FREIGHT PREPAID"		58,060KGS.	3,764'

OCEAN RATE AND CHARGES RATES, WEIGHTS AND/OR MEASUREMENTS(SUBJECT TO CORRECTION FOR FREIGHT PURPOSE ONLY)				FREIGHT
Value	@	% ad valorem	=	US$ 1,025.69 US$ 141.15
3,764' feet	@ $ 10.90	per 40 cft	=	
BUNKER SURCHARGE	@ $ 1.50		=	
lbs	@		=	
	@		=	

Exchange rate @₩	TOTAL US$ 1,166.84
	PREPAID at SEOUL
	PAYABLE at

IN WITNESS WHEREOF the agent or master of the said ship has signed THREE(3) Bills of Lading, all of this tenor and date, one of which being accomplished, the others to stand void.

B/L NUMBER
TN-7

Dated at SEOUL, KOREA MAY 1, 2020

Letter of Guarantee

LETTER OF GUARANTEE

(Bank No.)

Revenue Stamp

To Korea Marine Transport Co., Ltd.
S/S "DONG YANG" (Korean flag) Voy. No. 8
Arrived at Gwangyang, Korea From Yokohama, Japan
On August 2020

B/L Nos. & Shipping Marks ⑧	Quantity & Description of Goods ⑨
YOP-103 EMBLEM EX SAMHO GWANGYANG # 1-8 MADE IN JAPAN	8 cases(3,973 lbs. or 1,802 kgs) of ART PAPER(Flying Horse Brand) "SAY: EIGHT(8) CASE ONLY" (Invoice Value US$ 561-)

Shipper's Name & Address	Ashai Trading Co., Ltd., Tokyo Office 7th F1., Zuksen Bldg., #1. 2 chome Nihonbashidori, Chuo-ku Tokyo, Japan
Number of Package (in words) :	EIGHT(8) CASES ONLY/

In consideration of your granting us delivery of the abovementioned cargo which we declare to have been shipped to our consignment, without production of Bill(s) of Lading which has/have not yet come to our hand, we hereby engage to hand you the said Bills of Lading immediately upon receipt and further guarantee to indemnify yourselves and/or the owner(s) of the said vessel against any claims that may be made by other parties on account of the aforesaid cargo and to pay to you on demand any freight or other charges that may be due here or that may have remained unpaid at the port of shipment in respect to the abovementioned goods.

We hereby certify that the Bill(s) of Lading covering the above consignment is/are not hypothecated to any other Bank, Company, Firm or person. In the event of the said Bill(s) of Lading being hypothecated to any other Bank, Company, Firm or person, we further guarantee to hold you harmless from all consequences whatsover arising therefrom and furthermore undertake to inform you immediately in the event of Bill(s) of Lading being so hypothecated.

Yours faithfully,

____

Party claiming the right of delivery

We, the undersigned, hereby join in the above indemnity and jointly and severally guarantee due performance of the contract and accept all the liabilities expressed therein.

Executed this day of , 2020

This guarantee shall be deemed null and void upon your receipt of the corresponding Bill(s) of Lading duly endorsed by us to be surrendered for only purpose of redemption of this guarantee.

Authorized Signature
Foreign Department
The Bank of Seoul, Ltd.

03 해상보험

1. 해상보험의 정의

해상보험이란 해상운송 도중에 일어나는 사고에 대해서 보험자가 보험금의 지급을 통해 손해를 보상하여줄 것을 약속하고, 피보험자는 그 대가로서 보험료를 지급할 것을 약속하는 손해보험의 일종이다.

한국 상법은 「해상보험계약의 보험자는 해상사업에 관한 사고로 인하여 생길 손해를 보상할 책임이 있다」고 규정하고 있다.[10] 이 규정은 해상보험자의 책임을 규정함으로써 간접적으로 해상보험의 정의를 규정하고 있다.

국제물품매매의 당사자는 원거리에 있는 매수인의 소재지까지 운송 도중에 많은 위험에 직면하게 된다. 이 중에서 중요한 위험은 해상위험이고 해상보험은 피보험자를 이 해상위험으로부터 보호하는 것이 목적이다.

해상보험에서 말하는 위험이란 우연한 사고이며 우연이란 그 발생이 가능하지만 불확실한 것을 말한다.

2. 해상보험의 중요용어

1) 해상보험의 당사자

해상보험의 당사자는 이해관계에 따라 다음과 같이 구분된다.

(1) 보험자(insurer)

보험계약을 체결할 때 보험계약자에 대비되는 한쪽의 당사자이고 보험사고가 발생할 때에 보험금지급의 의무를 부담하는 자이다. 보험자는 물품의 해상운송 중에 발생하는 위험을 인수하고 이들 위험에 기인한 손해가 발생하였을 경우 피보험자에게 그 손해액을 보상할 것을 계약하고 그 보수로서 보험계약자로부터 보험료를 지급받는다.

10) 한국 상법 제693조.

제 3 편

(2) 보험계약자(policy holder) 및 피보험자(insured)

보험계약자는 보험회사와 보험계약을 체결하고 보험료를 지급하는 자를 말한다.

피보험자는 피보험목적물에 대하여 경제적 이해관계, 즉 피보험이익을 갖고 이 피보험재산에 손해가 발생하면 보험자로부터 보상을 받는 자를 말한다. 여기서 보험계약자와 피보험자는 매매계약조건에 따라서 동일인이 될 수도 있고 다른 사람이 될 수도 있다.

(3) 보험대리점(insurance agent)

보험대리점은 보험계약의 체결을 대행한다. 보험대리점의 자격은 보험업법에 규정되어 있으나 우리나라에서는 해상보험의 대리점제도가 발달되어 있지 않아 피보험자(보험계약자)가 직접 보험회사와 협의하여 보험계약을 체결하고 있다.

(4) 보험중개인(insurance broker)

우리나라에는 보험중개인제도가 없다. 유럽, 특히 영국에서는 보험자 및 보험계약자 또는 피보험자 사이에서 보험계약체결을 매개하는 사람을 보험중개인이라고 부른다.

2) 피보험목적물(subject-matter insured)

위험에 대하여 멸실 · 손상(loss or damage)을 받을 우려가 있는 대상물을 피보험목적물 또는 보험목적물이라고 한다. 즉, 피보험목적물이란 보험사고가 발생하는 객체를 말하고 해상적화보험에서는 화물이 이에 해당한다.

3) 피보험이익(insurable interest)

보험에는 반드시 피보험자가 보험의 목적물과 재산상의 이해관계가 있어야 하며, 이런 재산상의 이해관계를 보호함으로써 특정인이 갖게 되는 이익을 피보험이익이라고 한다.

예컨대 화주(shipper 또는 consignee)에 있어서는 화물의 소유자이익이 피보험이익이고 동시에 그 화물을 수화인(consignee)이 제3자에게 전매하게 되면 전매희망이익도 또한 또 다른 피보험이익이 된다.

(1) 희망이익(imaginary profit)

희망이익이란 적화품이 수입지에 도착되어 전매되었을 때 얻어질 수 있다고 외국의 매수인이 예상하는 이익을 말한다.

예컨대 CIF계약의 경우에는 CIF송장(invoice)상 가액의 10%를 희망이익으로 하여 통상의 적화보험(화주의 소유자이익을 피보험이익으로 하는 보험)과 함께 부보한다.

(2) 증가(increased value)

항해 중에 화물의 가액(시가)이 등귀한 경우, 당초의 가액과의 차액을 화물에 대한 보험과는 별개로 증가보험(increased value insurance)으로서 부보한다.

(3) 중개수수료

화물의 매매계약에 중개인이 개입하는 경우, 중개인은 화물의 멸실에 의하여 수수료의 취득이 불가능하게 된다. 이러한 중개인의 수수료 수익도 피보험이익으로서 부보할 수가 있다.

(4) 수입세

화물이 파손상태로 수입되어도 그 손해의 비율에 따라 종량세나 종가세가 감액된다고는 할 수 없다. 따라서 수입세액이 높은 화물에 대해서는 화물의 손상에 의한 수입세의 손실을 부보할 필요가 있다.

(5) 후불운임(collective freight)

선불운임(prepaid freight)은 송장상 가액에 포함되는데, 후불운임은 전기의 수입세와 마찬가지로 화물이 손상을 입고 도착되어도 정상품과 동액의 운임을 지급하여야 하므로 그 경우에 대비하여 화주는 운임보험(freight contingency insurance)을 부보한다.

4) 보험가액(insurable value)과 보험금액(amount insured)

보험가액이란 피보험이익에 대한 주관적 이해관계를 객관적으로 평가한 금액으로서 구체적으로 적화, 선박, 운임 등 피보험목적물의 경제적 가치, 즉 보험사고가 발생한 경우에 피보험자가 입게 되는 손해액의 최고한도액을 뜻한다.

보험금액이란 보험계약 체결시 피보험자가 실제로 보험에 가입한 금액으로서 보험자의 입장에서는 손해배상의 최고책임한도액이 된다.

5) 보험금(claim amount)

보험금은 담보위험에 의하여 손해가 발생한 경우 보험자가 피보험자에게 지급하는 금액으로 손해보상액을 말한다. 전부보험인 경우에는 보험사고가 발생한 경우 손해액 전액을 보험금으로 지급하지만, 일부보험의 경우에는 법령이나 보험약관에 따라 보상방법이 달라진다.

6) 보험료(insurance premium)

보험료는 보험자가 담보위험에 의하여 피목적물에 손해가 발생했을 경우 피보험자에게 보험금을 지급하겠다고 확약한 대가로 보험계약자에게서 받는 대금으로서, 보험계약 성립의 기초가 된다.

7) 위험(risk)

위험(perils or risk)이란 재해 또는 사고를 말한다. 우연적으로 발생하는 위험이 보험의 대상이며 필연적으로 발생하는 위험은 보험의 대상이 아니다. 해상위험은 항해에 기인하고 항해에 부수하여 발생하는 사고를 말한다. 해상위험에는 보험자가 담보할 수 있는 위험과 담보할 수 없는 위험이 있다.

8) 담보와 보상(to cover & to pay)

보험자가 손해발생의 가능성, 즉 위험을 부담하는 것을 일반적으로 담보(cover)한다고 말하며, 위험의 발생에 의해서 생긴 손해를 부담 또는 지급하는 일을 보상(pay or indemnity)한다고 말한다. 그러나 영국 해상보험법상의 담보(warranty)란 특정조건의 준수를 보증하는 보험계약자에 의한 약속이다. 예컨대 '보험계약자는 화물이 전문적으로 포장되는 것을 담보한다'로 기재되어 있는 계약상의 문언은 화물이 그와 같이 포장되는 것을 명시적으로 약속하는 것이다.

3. 해상보험증권

1) 해상보험증권의 양식

해상보험증권은 1779년 로이즈 보험자총회에서 그때까지 사용되어 오던 여러 가지 양식의 보험증권을 통일한 Ship and Goods Form의 보험증권이 영국 해상보험법 부록에 표준해상보험으로 채택됨으로써 공식적으로 사용되었으며, 이 보험증권에 포함된 내용은 오늘날까지도 해상보험의 골격을 이루고 있다.

UNCTAD에서는 간단・명료하고 세계 각국에서 공통적으로 사용할 수 있는 해상보험증권의 개정안을 발표하였다. 이러한 현재의 신양식은 기존의 해상보험증권에 있던 본문 약관 중 주요 내용은 협회 적화보험약관(institute cargo clause)에 포함시키고, 나머지 본문약관과 이탤릭서체약관(italic clause) 및 난외약관(欄外約款; marginal clause) 등은 모두 삭제됨으로써 매우 간결하게 되어 있다.

2) 해상보험증권의 기재사항

(1) 피보험자의 성명(name of assured)

(2) 선적항과 도착항(port of shipment & destination)

(3) 선박명(name of vessel)

(4) 보험금액(insured amount)

(5) 피보험 목적물

3) 본문약관(body clause)

(1) 준거법약관

이 약관은 모든 해상보험의 클레임에 대한 보험자의 책임 유무와 클레임의 정산에 관한 사항은 영국의 법률과 관습에 따르도록 규정한 것이다.

(2) 타보험약관(other insurance clause)

이는 본 해상보험증권하의 보험계약이 다른 해상보험이나 화재보험과 중복관계에 있는 경우, 본 보험증권에서는 그 손해를 전액 보상하지 않고 다만 다른 보험증권에 의하여 보상될 금액을 공제한 나머지 손해부분에 대해서만 보상한다는 내용이다.

(3) 약인약관(consideration clause)

이 약관은 피보험자가 보험료(premium)를 지급하여야만 보험금을 지급받을 수 있음을 규정한 것이다. 여기서 말하는 "Consideration"은 보험료의 영수를 의미하는 것으로 보험자의 손해배상 약속에 따라 피보험자가 그 대가로서 보험료를 지급하였음을 뜻한다.

(4) 선서약관(attestation clause)

보험증권의 가장 하단에 보험자, 즉 해상보험회사의 이름, 보험증권의 발행 연월일 및 작성지 등이 기재되어 있는데 이는 해상보험계약을 체결한 증거로서 보험회사의 책임자가 보험증권에 서명하였음을 나타내는 것이다.

4. 협회적화약관

현재 국제무역거래에서 이용되고 있는 보험조건은 런던보험자협회(Institute of London Underwriter: ILU)가 제정한 협회적화약관(Institute Cargo Clauses: ICC)에 규정되어 있는 조건이다.

협회적화약관은 ILU에 의해 1982년 1월 1일부터 개정되어 시행되고 있으며, 우리나라에서도 1983년부터 종래의 보험조건과 ICC의 개정에 따른 새로운 보험조건을 병행하여 사용하고 있다.

1) 종래의 보험조건

(1) 전손담보

전손담보조건(Total Loss Only: TLO)이란 피보험목적물이 전손되었을 경우에만 손해를 보상하는 조건이며 분손, 즉 공동해손이나 단독해손의 경우에는 보상하지 않는 조건으로서 실제로는 거의 이용되지 않고 있다.

(2) 분손부담보

분손부담보조건(Free from Particular Average: FPA)이란 피보험목적물의 전손의 경우는 물론이고 분손중 공동해손의 경우와 손해방지용 · 구조비 · 특별비용 · 특정분손 등의 손해를 보상하는 조건으로서 단독해손 이외의 모든 손해를 보상하므로 단독해손부담보조건이라고도 한다.

(3) 분손담보

분손담보(With Average: WA; With Particular Average: WPA)란 피보험목적물의 전손과 공동해손은 물론이고, 단독해손에 의한 손해까지도 보상해 주는 조건을 말한다.

(4) 전위험담보

전위험담보조건(All Risks: A/R)이란 항해에 관한 우연한 사고로 발생한 모든 손해를 포함하는 보험조건으로서, 이 경우 보험료가 가장 고율이며 손해 보상의 범위가 넓다. 그러나 전쟁위험 · 파업 · 폭동위험은 제외되며, 특히 화물고유의 하자 또는 성질에 의한 손해와 수송지연으로 인한 멸실 · 손상 또는 비용은 제외된다.

2) 개정 보험조건

종래의 보험조건은 보험자의 담보범위에 대해 각종 면책위험의 불명확성 때문에 분쟁의 소지가 있었으며, 특히 분손부담보조건(FPA)과 분손담보조건(WA)간의 담보범위에 있어서 그 차이가 불분명했기 때문에 피보험자들이 보험조건을 선택하는 데 어려운 점이 많았다. 따라서 개정된 보험조건에서는 담보범위를 명확히 하고 있는데, 이는 다음과 같다.

(1) 협회적화약관 A Clauses

ICC(A)는 종래의 보험조건 중 전위험담보조건(A/R)과 유사한 조건으로서 명칭만 변경되었을 뿐이고 실질적인 내용상의 차이점은 별로 없다.

ICC(A)에서 보험자는 다음에 열거된 면책위험을 제외하고는 모든 위험을 담보하여야 한다. 즉, ICC(A)에서는 다음과 같은 면책위험을 제외하고 피보험목적물에 발생한 멸실 · 손상 또는 비용 일체를 담보한다.

① 일반적인 면책위험(general exclusions)

② 불내항성 및 부적합성 면책위험(unseaworthiness and unfitness exclusions)

③ 전쟁면책위험(war exclusions)

④ 동맹파업 면책위험(strike exclusions)

제 3 편

(2) 협회적화약관 B Clauses

ICC(B)는 종래의 보험조건 중 분손담보조건(WA)의 담보위험이 명확하지 않았던 점을 보완하여 보험자가 보상하여야 할 담보위험을 구체적으로 열거함으로써 피보험자가 담보위험의 범위를 쉽게 이해할 수 있도록 하였다.

ICC(B)에서 보험자의 면책위험은 앞에서 설명된 ICC(A)의 면책위험을 제외하고 다음에 의한 멸실·손상의 경우에 보상한다.

① 화재 또는 폭발
② 본선 또는 부선의 좌초·교사(膠沙)·침몰 또는 전복
③ 육상 ~~운송용구~~의 전복 또는 탈선
④ 본선·부선 또는 ~~운송용구~~와 물 이외의 타물과의 충돌 또는 접촉
⑤ 피난항에서의 적화의 양화
⑥ 지진·화산의 분화 또는 낙뢰
⑦ 공동해손희생
⑧ 투하 또는 파도에 의한 갑판상의 유실
⑨ 본선·부선·선창·~~운송용구~~·컨테이너·지게자동차 또는 보관소에 해수·호수·강물의 유입
⑩ 본선 또는 부선에의 선적 또는 양륙작업 중 바다에 떨어지거나 갑판에 추락하여 발생한 포장당 1개의 전손

(3) 협회적화약관 C Clauses

ICC(C)는 보상범위가 가장 제한된 보험조건으로, 종래의 보험조건 중 분손부담보조건(FPA)과 담보위험이 유사하다. ICC(C)에서도 보험자의 면책위험은 ICC(A)의 면책위험과 동일하며 보험자는 다음과 같은 멸실 또는 손상의 경우에 보상한다.

① 화재 또는 폭발
② 본선 또는 부선의 좌초·교사·침몰 또는 전복
③ 육상 ~~운송용구~~의 전복 또는 탈선
④ 본선·부선 또는 ~~운송용구~~와 물 이외의 타물과의 충돌 또는 접촉
⑤ 피난항에서의 적화의 양화

⑥ 공동해손희생

⑦ 투하

(4) 협회전쟁약관(institute war clauses; cargo)

① 담보의 범위

이 약관은 보험자가 전쟁위험도 담보한다는 특약이다. 구체적으로 다음의 위험으로 인한 피보험목적물의 멸실 또는 손상을 보험자는 담보한다.

i) 전쟁, 내란, 혁명, 모반, 반란 또는 이로 인하여 발생한 국내 투쟁 또는 교전국에 의하여 또는 교전국에 대하여 행해진 적대행위

ii) 상기 i)에서 담보되는 위험으로 인한 포획(capture), 나포(seizure), 강류, 억제 또는 억류 및 그러한 행위의 결과 또는 그러한 행위의 기도

iii) 유기된 기뢰(derelict mines), 어뢰(torpedoes), 폭탄 또는 기타의 유기된 전쟁무기

② 면책의 범위

협회전쟁약관에서도 보험자가 원천적으로 보상하지 않는 일반면책약관(general exclusion clause) 및 불내항성 및 부적합성 면책약관(unseaworthiness and unfitness exclusion clause)이 적용되는데, 구체적으로 i) 피보험자의 비행(위법행위), ii) 통상의 누손 등, iii) 포장의 불완전 등, iv) 고유의 하자 등, v) 지연, vi) 선주 등의 파산, vii) 핵무기 등, viii) 선박 등의 불내항성 · 부적합성, ix) 담보위반의 면제 등은 보험자의 면책사유에 해당된다.

(5) 협회동맹파업약관(institute strikes clauses; cargo)

이 약관은 협회적화약관에서 담보하지 않는다고 규정한 동맹파업의 위험에 기인하여 발생하는 손해도 보험자가 보상한다는 약관이다.

즉, i) 동맹파업, 직장폐쇄(lock-out)를 당한 노동자 또는 노동분쟁, 소요, 폭동에 가담한 자, ii) 테러리스트 또는 정치적 동기에 의하여 행동하는 자들로 인하여 발생한 피보험목적물의 멸실 또는 손상은 보험자가 담보한다.

그러나 협회전쟁약관과 마찬가지로 협회동맹파업약관에서도 보험자의 일반면책약관과 불내항성 및 부적합성약관이 적용되고 있다.

5. 해상손해

해상에서의 화물손해는 적화품이 해상운송 중 우연히 일어나는 해상위험(maritime perils)으로 입은 손해의 정도와 그 손해를 누가 부담하느냐에 따라 <그림 14-4>와 같은 종류로 구분할 수 있다.

그림 14-4 화물손해의 분류

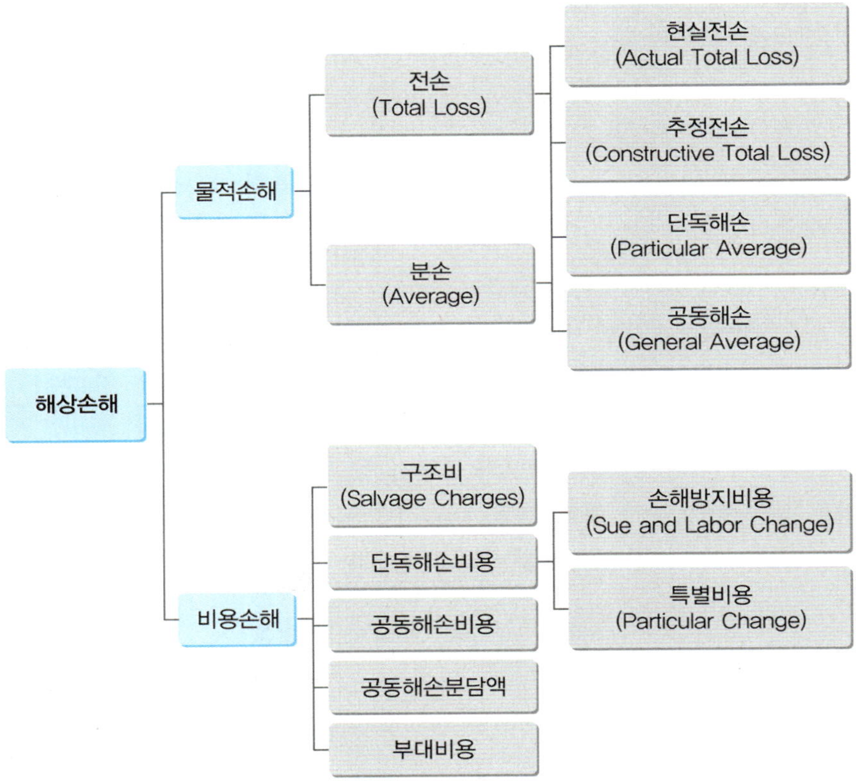

1) 전 손

적화보험에 있어서 전손은 피보험이익을 구성하는 피보험목적물인 화물이 전체로서 물리적 또는 경제적으로 그 가치를 상실한 것을 말하는데, 화재로 인하여 완전 소실되어 화물 자체의 형태가 없어져 버린 경우, 경제적으로 원래의 가치를 회복하는 것이 전혀 불가능하게 된 경우 등이다.

2) 단독해손

단독해손 또는 단독해손 손해(particular average loss)란 「피보험위험으로 인하여 일어난 피보험목적물의 분손이며 공동해손(손해)이 아닌 것을 말한다」고 정의되어 있다.[11] 분손(partial loss)이란 피보험목적물이 담보위험에 의하여 손해를 입었을 때 그 손해의 정도가 일부분의 손해에 지나지 않는 경우를 말한다.

3) 공동해손

공동해손의 본질은 선박, 적화, 운송비가 공동의 위험에 직면하였을 때 이 위험을 면하기 위하여 선장 또는 선장대리인이 피보험목적물에 대하여 고의 또는 합리적으로 가한 이례적인 희생적 조치에 의하여 발생한 손해 또는 피보험목적물에 관하여 정당하게 지출한 이상(異常)비용이 있는 경우에, 이들의 희생 또는 비용이 이것 때문에 구조된 재산(선박, 적화, 운송비)에 의하여 부담되는 것을 말한다.

Certificate of Marine Cargo Insurance

<table>
<tr><td colspan="2">Assured(s), etc THE MIRE CORPORATION</td><td></td></tr>
<tr><td colspan="2">Certificate No.
002599A65334</td><td>Ref. No. Invoice No. DS-990228
L/C No. IOMP20748</td></tr>
<tr><td colspan="2">Claim, if any payable at:
GELLATLY HANKEY, MARINE SERVICE
842, Seventh Avenue New York 10018
Tel(201)786-0631
Claims are payable in</td><td>Amount insured
USD 65,120.-
(USD 59,200 XC 110%)</td></tr>
<tr><td colspan="2">Survey should be approved by
THE SAME AS ABOVE</td><td rowspan="2">Condition
· INSTITUTE CARGO CLAUSE(A) 1982
· CLAIMS ARE PAYABLE IN AMERICA
IN THE CURRENCY OF THE DRAFT.

Subject to the following clauses as per back hereof institute Cargo Clauses</td></tr>
<tr><td>Local Vessel or Conveyance</td><td>From(interior port or place of loading)</td></tr>
</table>

11) 영국해상법 제64조.

<table>
<tr><td>Ship or Vessel called the
Arirang-Ho A-35</td><td>Sailing on or about
MARCH 3, 2014</td><td rowspan="3">Institute War Clauses(Cargo)
Institute War Cancellation Clauses(Cargo)
Institute Strikes Riot and Civil Commotion Clauses
Institute Air Cargo Clauses(All Risks)
Institute Classification Clauses
Special Replacement Clause(applying to machinery)
Institute Radioactive Contamination Exclusion Clauses
Co-Insurance Clause Marks and Numbers as</td></tr>
<tr><td>at and from
Gwangyang, KOREA</td><td>transshipped at</td></tr>
<tr><td>arrived at
NEW YORK</td><td>thence to</td></tr>
<tr><td colspan="3">Goods and Merchandise
12,500 PCS Tennis Racquets</td></tr>
</table>

Place and Date signed in SEOUL, KOREA MARCH 2, 2020 No. of Certificates issued. TWO

This Certificate represents and takes the place of the policy and conveys all rights of original policyholder(for the purpose of collecting any loss or claim) as fully as if property was covered by a Open Policy direct to the holder of this Certificate.

This Company agrees losses, if any, shall be payable to the order of Assured on surrender of this Certificate.

Settlement under one copy shall render all other null and void.

Contrary to the wording of this form, this insurance is governed by the standard from of English Marine Insurance Policy.

In the event of los or damage arising under this insurance, no claims will be admitted unless a survey has been held with the approval of this company's office or Agents specified in this Certificate.

SEE IMPORTANT INSTRUCTIONS ON REVERSE
Dongbang Insurance Co., Ltd.

AUTHORIZED SIGNATORY

This Certificate is not valid unless the Declaration be signed by and authorized representative of the Assured

CHAPTER 15

클레임과 중재

01 클레임의 개요

1. 클레임의 의의

국제무역거래에서 클레임(claim)이란 매매계약의 한 당사자가 계약을 위반함으로써 계약의 다른 당사자, 곧 손해를 입은 측(claimant)이 그 손해를 일으키게 한 측(claimee)에게 손해배상을 청구하는 것을 말하며, 단적으로 표현해서 무역에 관한 병(disease in trade)이라고 할 수 있다.

무역은 국제간의 물품매매거래이기 때문에 계약의 성립으로부터 상품인도의 완료까지에는 적지 않은 시일과 장소의 격리로 인하여 상품 자체의 변질이나 가격의 변화, 수송상의 지연 및 천재지변 등 여러 가지 위험이 따르기 마련이다. 이 때문에 무역행위에 있어서는 거래의 성립이나 수행에 관하여 당사자간에 종종 클레임이 발생하기 쉽다.

이러한 클레임을 분류하면 매매당사자간에 야기되는 상업적인 분쟁(claims for trade dispute)과 운송 도중에 발생한 사고로 인하여 청구하게 되는 손해화물의 배상청구(claims for loss and damage of cargo)로 구분되는데, 일반적으로 클레임이라고 말할 때는 전자를 가리키며 이를 흔히 무역클레임이라고 호칭한다. 한편, 불평(complaint)과 클레임의 차이를 보면 불평 내지 불만 호소는 클레임의 전단계(前段階)로서 클레임에 들어가기 전의 경고(warning)의 단계라 할 수 있다.

클레임은 계약당사자 중 어느 한편이 상대방에게 제기할 수 있으나, 클레임의 거의 90% 이상은 수입업자가 수출업자에 대하여 제기한다. 가끔 어느 한편이 고의적으로 클레임을 야기시키는 경우도 있으나 대개는 각국의 언어, 관습, 법률 및 문화배경의 차이에서 야기되는 불명확한 의사소통에 기인하는 것이 많다.

2. 클레임의 청구내용

전술한 바와 같이 클레임은 국제무역거래에서 피해자가 가해자에게 피해의 보상을 요구하는 것으로, 그 청구내용은 금전의 청구, 금전 이외의 방법에 의한 청구 및 양자를 합한 청구 등으로 대별할 수 있다.

첫째, 금전의 청구로는 ① 대금지급의 거절, ② 손해배상금 청구, ③ 해약변상금 청구, ④ 대금감액의 청구 등이 있다.

둘째, 금전 이외의 청구로는 ① 잔여계약(殘餘契約)의 해제, ② 계약이행의 청구, ③ 물품의 인수거절, ④ 대체품의 청구, ⑤ 부족분의 추가송부 등이 있다.

셋째, 금전의 청구와 금전 이외의 청구를 합하여 청구하는 경우는 예컨대, 대체품을 송부하되 상기(商機)를 놓치거나, 현지의 수요자에 대한 인도의 지연에 따른 과징금으로서의 손해배상금을 함께 청구하는 것 등이다.

3. 클레임의 발생원인

무역클레임의 발생원인을 보면 대략 다음과 같다.

(1) **품질에 관한 것:** 품질불량(inferior quality), 품질상위(different quality)

(2) **수량에 관한 것:** 출하부족(short shipment), 착하부족(shortage), 감량(diminution)

(3) **인도에 관한 것:** 선적불이행(non-delivery), 하역손상(stevedore damage), 선적지연(delayed shipment), 포장불완전(incomplete packing)

(4) **가격 · 결제에 관한 것:** 가격조정(price adjustment), 초과지급(overpayment), 재포장비(repacking charge), 반송비(expense for return)

(5) **서류에 관한 것:** 부정송장(incorrect invoice), 기재사항의 상이(misdescription)

(6) **계약에 관한 것:** 계약불이행(breach of contract), 계약취소(cancellation)

(7) **기타에 관한 것:** 그 밖의 클레임으로는 수출입국법규에 관한 것, 보험에 관한 것 등이 있다.

4. 클레임의 해결방법

클레임을 제기하였을 때 상대방이 이를 충분히 납득하고 클레임제기자의 청구내용에 이의 없이 따를 경우에는 아무런 문제가 없지만, 상대방이 청구를 무시하거나 항변할 경우에는 클레임이 분쟁으로 발전하게 된다. 그러나 사법적 절차인 소송으로 해결할 경우에는 많은 시간과 비용이 소요되고 재판과정에서 회사기밀이 노출될 수가 있다. 따라서 당사간의 우호적인 협의에 의하여 자주적 해결을 하는 것이 바람직하나 그러하지 못할 때는 제3자의 공정한 판단에 의한 강제적인 해결을 할 수밖에 없게 된다.

무역클레임은 법원을 통한 분쟁해결, 즉 소송(Litigation)보다 「대체적 분쟁해결방법(ADR; Alternative Dispute Resolution)」인 화해, 알선, 조정, 중재 등으로 해결하는 것이 관례이다.

1) 클레임의 포기(waiver of claim)

클레임이 액수도 적고 다루기에 미미한 클레임에 대해서는 이를 포기하고 단순경고(warning)함으로써 다음부터는 하지 않도록 주의를 촉구하는 방법이다. 이 경우는 피해자가 일방적으로 가해자에게 클레임제기를 철회(withdrawal)함으로써 일단락되는 것이다.

2) 타협(compromise)

당사자간의 직접교섭에 의하여 합리적인 타협안을 모색함으로써 제3자의 개입없이 원만하게 해결(amicable settlement)하는 방법이다. 클레임의 해결을 가급적 당사자간의 타협과 화해를 통하여 매듭짓는 것이 응어리를 남기지 않고 가장 바람직한 것이라 할 수 있다.

3) 알선(intercession; arrangement)

당사자의 일방 또는 쌍방의 의뢰에 의하여 국제상공회의소, 대사관 등 공정한 제3자가 개입하여 클레임의 원만한 해결을 위하여 조정해주는 경우이다. 알선은 강제력은 없지만 알선을 담당하는 제3자가 유력하거나 당사자에게 영향력을 행사할 수 있는 경우에는 성공률이 높다.

4) 조정(conciliation; mediation)

당사자의 쌍방이 공정한 제3자를 조정인(conciliator)으로 선정하여 이 조정인이 제시하는 조정안에 대하여 합의함으로써 클레임을 해결하는 방법이다. 조정은 중재의 전단계(前段階)로서 실제로 가장 많이 쓰이며, 현재 대한상사중재원에 접수되는 건들 중에도 이와 같은 중간 조정인(mediator)에 의해 조정되는 사례가 가장 많다.

조정인은 대개 해당 분야의 전문적 지식과 경험이 풍부하고 신용이 있는 자들로 선임하며, 조합, 협회, 학회 및 사계(斯界)의 권위자로 구성된다. 이렇게 구성된 조직위원회는 분쟁내용을 판단하기보다는 화해로 해결하도록 조정하는 데 주목적이 있다. 따라서 중재보다는 절차가 간편하나, 조정안의 수락 여부가 당사자의 자유의사에 속하므로 구속력이 없는 것이 단점이라 하겠다.

5) 중재(arbitration)

중재는 분쟁의 당사자들이 제3자를 중재인(arbitrator)으로 선정하여 중재인의 판정에 복종함으로써 클레임을 해결하는 방법이다. 이에 대해서는 다음에서 자세히 살펴보고자 한다.

6) 소송(litigation)

앞서 설명한 방법들에 의해 클레임을 해결하지 못하면 최후 단계로 소송을 통하여 클레임을 해결할 수밖에 없다.

소송이란 당사자의 일방이 국가기관인 법원에 제소함으로써 법원의 판결에 의하여 강제적으로 분쟁을 해결하는 방법이다. 소송에 의한 해결방법은 많은 시간과 경비의 부담이 있고, 또 상대방이 타국에 있기 때문에 그 법적 효력이나 강제집행상에 많은 문제점들이 있어 이 최후수단은 많이 이용되지 않고 있다.

따라서 이 강제적 수단이 지니는 부정적 면들을 고려하여 당사자간의 원만한 타협에 의해 해결하든가 아니면 중재로 신속히 해결할 수 있도록 합의하는 것이 바람직하다.

02 중재제도

1. 중재(arbitration)의 의의

중재는 당사자간의 합의로 사인(私人)인 제3자를 중재인(arbitrator)으로 선정하고 그에게 구속력 있는 판정(award)을 구함으로써 최종적인 해결을 기하는 자주적인 분쟁해결방식이다.

우리나라의 중재법에서는 「이 법은 당사자간의 합의르 사법상의 분쟁을 법원의 판결에 의하지 아니하고 중재인의 판정에 의하여 신속하게 해결함을 목적으로 한다」라고 규정하고 있다.[1)]

말하자면 중재란 재판소 이외의 장소에서 재판관 이외의 사인인 중재인이 행하는 합법적인 사적 재판(私的裁判)이다. 판결에 대신하여 판정이 내려지고 이 판정의 집행에 대하여 국가가 강제력을 갖는다.

2. 중재제도의 장점

중재제도는 소송과 비교할 때 다음과 같이 많은 장점을 가지고 있다.

첫째, 중재는 분쟁을 신속히 해결한다. 보통 소송은 3심제의 절차를 밟게 되는데 반하여, 중재는 단심제이므로[2)] 매우 짧은 단계를 거쳐서 최종판정에 도달하게 된다. 또한 중재제도는 당사자들의 합의에 의하여 중재계약에서 그 기간을 명시하여 단축시킬 수 있으며, 그렇지 아니한 경우에는 3개월 이내에 중재판정이 내려지도록 규정되어 있어 분쟁해결의 신속성이 강조되고 있다.

둘째, 중재는 비용이 적게 든다. 중재는 분쟁을 신속하게 해결함으로써 그만큼 비용을 절약하게 된다. 또한 법원에서 소송에 의한 경우에는 위탁변호사보수, 소송기간의 연장에 따라 비용이 많이 소요되나, 중재의 경우에는 이러한 비용이 많이 절약된다. 특히 상설중재기관의 경우에는 미리 합리적으로 책정된 중재요금표

1) 중재법 제1조.
2) 중재법 제12조.

가 작성 · 공표되어 있어 경제적이다.

셋째, 중재는 법관(중재인)을 실정에 맞게 선정할 수 있다. 현재 대한상사중재원의 중재인단은 실업계, 법조계, 학계, 공공단체 및 기타 단체의 조사기구의 대표자, 공인회계사, 주한외국인상사의 대표자들로부터 엄선된 다수의 인사들로 구성되어 있다. 따라서 분쟁 당사자들은 중재인을 이 중재인 명부에서 선정하여 그 전문적 지식을 활용할 수 있다.

넷째, 중재는 비공개리에 진행된다. 법원의 소송절차는 공개주의에 의하여 진행되므로 기업의 사업내용과 경영상의 기밀이 외부에 누설될 위험이 있으나, 중재에 있어서는 심문절차의 비공개를 원칙으로 하기 때문에 모든 사업상의 기밀이나 회사의 대외신용을 계속 유지할 수 있다.

다섯째, 중재는 판정효력을 국제적으로 미칠 수 있다. 재판은 국가공권력의 발동이므로 원칙적으로 재판관할권을 넘어서, 곧 국경을 초월하여 그 효력을 미칠 수 없으나, 중재는 민간인의 자주적인 분쟁해결방법이기 때문에 국제조약이나 상사중재협정에 따라서 국제적으로 그 효력을 미칠 수 있다.

여섯째, 중재는 평화적인 분위기 속에서 진행된다. 법원에서의 소송절차는 제소(提訴; complaint)와 소환(召喚; summons)의 수단에 의하여 위압적인 분위기 속에서 진행되나, 중재는 상호교섭과 평화로운 분위기 속에서 진행된다.[3)]

3. 중재의 수속절차

당사자의 자주적인 해결방법으로서의 사적 재판이라는 성격을 지닌 중재는

① 당사자의 합의에 의하여 성립하고,

② 재판을 받을 수 있는 권리를 포기해야 하며,

③ 제3자인 중재인의 판정은 최종적인 것이고 당사자는 그 판정에 복종해야 한다는 것이 그 기반을 이루고 있다.

그리고 이러한 요건들을 터전으로 하여 당사자간의 분쟁 해결을 중재인에 의한 중재판정에 복종함으로써 해결할 것을 목적으로 하는 중재계약(arbitration agreement)이 체결된다.

---

3) C. M. Schmitthoff. *op. cit.*, pp. 646~648.

중재계약에는

① 매매계약서에 미리 중재약관(arbital clause)을 삽입하여 앞으로 만약 거래상의 분쟁이 발생할 경우에는 중재에 회부한다는 취지의 합의를 해두는 방법과

② 실제로 분쟁이 발생한 연후에 당사자가 중재에 위탁한다는 취지의 합의를 보는 부탁계약(submission agreement)이 있다.

한편, 분쟁에 대한 중재의 절차는 아래의 순서에 따라 진행된다.

① 중재계약에 따라 당사자들은 중재기관에 중재신청을 한다.

② 중재신청을 접수한 중재기관은 신청인과 피신청인에게 각각 등록통지를 한다.

③ 중재기관은 먼저 조정의 절차를 거치게 되나, 이의 실패시에는 중재장소에 대한 합의와 중재인의 선정을 한다.

그림 15-1 상사중재절차

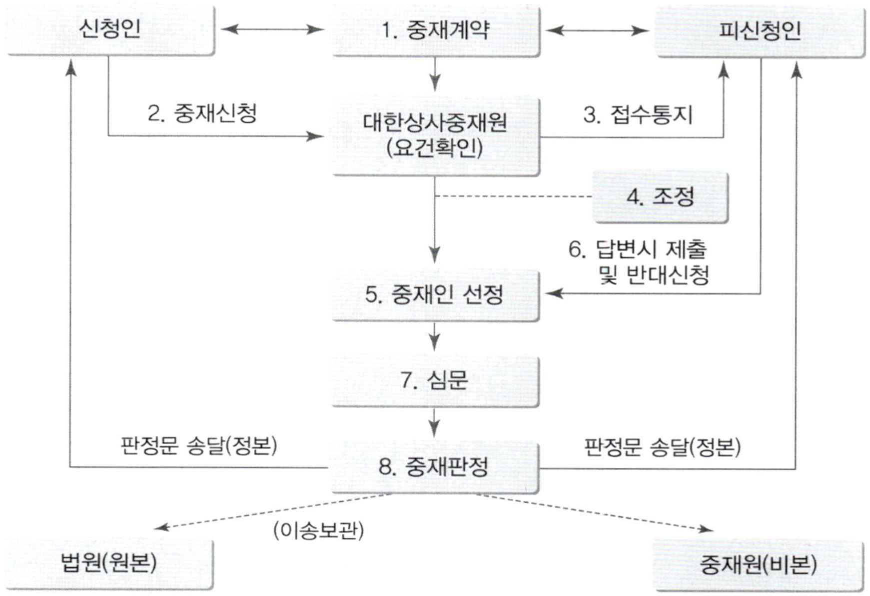

자료: 한국무역협회.

④ 선정된 중재인은 당사자들의 주장과 증거에 의거하여 양당사자를 심문 · 판정한다.

⑤ 중재인은 판정문을 양당사자에게 송부하고 또한 법원에 판정문을 이송 · 보관한다.

중재인은 심문이 종결되는 대로 판정을 신속히 해야 하며, 중재판정부는 당사자의 합의 또는 별도의 규정이 없는 한, 심문일로부터 30일 이내에 판정을 내려야 한다.

4. 중재의 판정

중재판정이란 중재계약의 당사자가 부탁한 분쟁의 해결을 위하여 중재인이 내리는 최종적인 결정(final decision)을 말한다.[4] 중재판정은 양당사자들을 구속하기 때문에 공평하고 정당하면서 확정적으로 판정이 되어야 한다.

그러나 중재인은 중재계약의 범위내에서 판정을 내려야하므로 그 범위를 벗어날 때는 효력이 인정되지 아니한다. 따라서 중재인은 그 범위 안에서 계약의 이행은 물론 공정하고 정당한 배상이나 기타의 구제 등에 관하여 명할 수 있다. 또한 중재인은 판정에서 책임 있는 당사자에게 중재에 필요한 비용의 부담을 명하여야 한다.

한편, 중재판정은 중재계약에 별도의 규정이 있는 경우를 제외하고는 중재인이 여러 명인 경우에는 그 과반수의 찬성으로써 판정하게 되는 것이 통례이다.

5. 중재판정의 효력과 집행

중재판정이 확정되면 당사자간에 있어서는 법원의 확정판결과 동일한 효력을 가진다.[5] 따라서 중재판정이 형식적으로 확정되면 중재인이라 하더라도 자기가 내린 중재판정을 철회하거나 변경할 수 없다. 특히 우리나라의 중재법에서는 중재판정문의 원본을 법원에 이송 · 보관하도록 함으로써 나중에 중재인 또는 중재기관에 의한 변조(變造)나 수정을 방지하고 있다.

4) 고범준, 국제상사중재법해의(대한상사중재원, 1991), p. 148.
5) 중재법 제12조.

한편, 중재판정이 법원의 확정판결과 동일한 효력을 인정받고 있지만 중재판정의 기판력(旣判力)은 본안(本案)의 종국판정(終局判定)에 대해서만 발생하는 것이므로 강제집행을 위해서는 그 절차의 기본이 되는 채무명의(債務名儀)를 얻어야 하며, 이를 위하여 따로 법원의 집행판결을 받아야 한다.

또한 중재판정은 판정이 내려진 장소가 국내인가 또는 외국인가에 따라서 국내중재판정과 외국중재판정으로 구분할 수 있다. 이처럼 중재판정을 구분하는 이유는 판정의 궁극적인 성질인 집행의 문제 때문이다.

국내중재판정의 집행은 우리나라의 경우 당사자간에서는 법원의 확정판결과 동일한 효력이 있기 때문에 집행도 법으로써 보장하고 있다. 그러나 중재판정은 준사법적(準司法的)인 절차에 의한 결과이고 또한 비법률가인 중재인에 의해 절차가 적용되었다는 점에서 그 절차의 적법성에 대한 법원의 심사를 받도록 하고 있다.

한편, 외국중재판정은 우리나라에서 상호주의원칙(相互主義原則)에 따라 다루어지게 되는데, 외국중재판정이 사법상의 과정을 준수한 것이고 해당국내에서 판정취소의 소송이 계류되어 있지 않을 것을 전제로 그 집행이 허용될 수 있다.

그리고 법원의 확정판결은 여하한 경우에도 취소될 수 없는 데 반하여 중재판정은 일반법원의 판결에 의하여 취소될 수가 있다. 왜냐하면, 법원의 확정판결은 법관에 의하여 엄격한 소송절차를 거쳐 내려진 것이지만, 중재판정은 간이절차(簡易節次)에 따라서 중재인이 내리기 때문에 불공정하게 적용될 가능성이 있기 때문이다.

중재판정이 법원의 판결에 의하여 취소가 될 경우에는, 중재의 결과는 무효가 된다. 즉, 중재의 전체 절차상에 하자가 있는 것이기 때문에 선정된 중재인들은 처음 단계부터 중재를 다시 진행하여야 한다.

6. 중재에 관한 국제협약

무역은 국제거래이므로 중재판정의 집행이 타국에 있어서 그 효력을 미칠 수 없다면 의미가 없게 된다. 이러한 점을 감안하여 국제협력을 이룩하기 위한 몇 가지 중재에 관한 국제조약이 체결되고 있다.

1) 제네바의정서

1923년에 체결된 중재에 관한 첫 번째의 다국간 조약이며, 정식으로는 「중재조항에 관한 의정서(Protocol on Arbitration Clauses)」라고 한다.

2) 제네바협약

1927년에 서명된 「외국중재판정의 집행에 관한 협약(Convention on the Execution of Foreign Arbitration Awards)」이며, 자국영내(自國領內)에서 행하여진 중재판정의 집행을 보장한다는 제네바의정서보다 한 걸음 나아가 외국에서 행하여진 중재판정의 승인과 집행을 보증하려고 하는 협약이다.

3) 뉴욕협약

1958년 뉴욕의 UN본부에서 체결된 「외국중재판정의 승인 및 집행에 관한 협약(Convention on the Recognition and Enforcement of Foreign Arbitral Awards)」이며, 제네바협약의 규정이 중재판정의 승인·집행의 요건에 있어서 복잡하고 충분히 실효를 올리지 못했던 것을 수정한 것이다.

이 협약은 뉴욕에서 채택되었기 때문에 뉴욕협약(New York Convention)이라고 약칭하기도 하는데 세계의 주요 국가들이 대부분 회원국으로 가입되어 있다. 우리나라는 1968년 3월 뉴욕협약에 그 가입을 위한 서명을 한 후 1973년 5월 9일자로 42번째의 회원국이 되었다.

뉴욕협약은 전문 16조로 되어 있으며, 중재판정의 승인 및 집행뿐만 아니라 중재계약의 승인 및 집행도 규정하고 있다.

또한 중재판정의 승인 또는 집행의 청구인은 중재합의서와 중재판정문을 해당법원에 제출함으로써 집행청구측의 입증책임이 완료되며, 이를 거부할 수 있는 입증책임은 피청구인측에 있도록 규정함으로써 집행판결 방해요소를 제약하고 있다.

그리고 집행판결 거부에 관하여서도 중재판정의 이유가 없는 것은 거부사유가 되지 못하도록 규정함으로써 판정이유에 관한 각국간의 이의를 배제하였으며, 중재에 관한 준거법(準據法)의 문제에 있어서도 당사자 자치원칙(當事者 自治原則)을 우선하도록 하고 있다.

그 밖에 전술한 국제협약 이외에도 2국간에서 중재협정을 체결하고 있는 경우가 있는데, 이 경우에도 2국간의 당사국끼리는 중재도 효력을 발생하게 된다.

03 전자무역의 클레임과 ADR

1. 전자무역의 클레임

1) 전자무역 클레임의 특징

최근 전자무역이 활성화되면서 클레임이 증가하고 있다. 이것은 무역거래가 온라인상에서 이루어져서 거래의 속도가 빠르고 거래범위도 전 세계적이며, 법률적 요인 이외에 기술적 요소가 포함되어 거래가 복잡하기 때문이다. 아직 국제적인 상사중재규칙이 제정되지 않아 해결하기 어려운 특징이 있다.

2) 전자무역 클레임의 종류

전자무역의 클레임에는 매매당사자가 합의하여 체결한 무역계약을 어느 한 쪽이 위반하여 발생하는 경우, 매매당사자간에 어떠한 무역계약도 체결하지 않았음에도 불구하고 어느 한 쪽이 상대방의 권리와 이익을 침해하여 발생하는 경우, 전자무역의 특성상 발생하는 경우 등 세 가지가 있다.

① **무역계약위반에 따라 발생하는 클레임**: 오프라인무역의 클레임과 유사하고 주로 계약상품의 미도착, 인도지연, 계약과 다른 물품의 인도, 상품의 품질불량 등으로 발생하는 클레임

② **무역계약의 근거 없이 발생하는 클레임**: 컨텐츠 내용, 지적재산권, 이-메일 네임 등 기술적 내용에 의거하여 발생하는 클레임

③ **전자무역의 구조 및 특성으로 발생하는 클레임**: 웹사이트 구축에 따른 클레임, 웹사이트 주소, 이-메일 네임, 지적재산권에 관한 클레임, 조작실수 및 전자문서의 인증에 관한 클레임, 전자결제에 관한 클레임

제 3 편

2. 전자무역 클레임의 해결

온라인 ADR은 모든 절차를 인터넷과 같은 정보통신기술을 활용하여 분쟁을 신속히 처리할 수 있다. ADR은 소송에 비하여 시간과 비용이 절감되고 효율적인 제도이다.

온라인 ADR은 소규모 전자상거래 클레임에서만 활용되었으나, 최근에는 지식재산권 분쟁, 명예훼손, 국제상거래 분쟁, 사생활보호 분쟁 등에서 많이 활용되고 있다.

현재 한국상사중재원에서는 이메일을 통한 클레임제기 시스템, 사이버조정 시스템, 사이버중재 시스템 등 온라인 ADR 서비스를 제공하고 있다. 전자거래진흥원의 전자거래분쟁조정위원회에서도 온라인에 의한 분쟁 조정서비스 및 상품, 서비스의 온라인과 오프라인에 의한 국내외 거래에서 발생한 클레임을 온·오프라인 방법으로 조정하고 있다.

04 무역 클레임 방지 대책

무역 클레임은 객관적인 사실로 뒷받침해야 하지만, 그 중에는 주관적인 색체가 강한 마케팅 클레임(긴급한 시장변동 등의 이유로 일방적인 해약, 가격변경의 요구 등)과 같은 경우도 있으므로 주의가 필요하다. 클레임 발생을 대비하기 위한 완벽한 예방책은 없지만, 클레임 발생 가능성을 최소화하기 위한 노력은 매우 중요하다. 예를 들면, 수출업자는 모든 상품에 대한 품질향상 및 개선의 노력과 선적일자 준수가 불가피하다.

무역 클레임 방지를 위하여 아래의 사항을 유념하여야 한다.

우선 철저한 신용조사 내지 시장조사의 이행이 요긴하다. 사전조사, 특히 거래상대방의 신용조사는 1회에 그치지 않고, 정기적으로 한다.

둘째, 국제 매매 계약서는 철저하고 신중하게 작성하여야 한다. 국제상관습·국제조약 및 상대국의 법규, 통상정책에 관한 지식, 도량형이나 규격의 차이점 등에 관한 인식, 상세하고 세밀한 거래조건의 규정 등이 필요하고, 매매계약서의 일반거래조건에 대한상사중재원의 중재조항[6]을 삽입하는 것이 권장된다. 그리고 계약조건에 「화물의 도착 후 15일 이내에 클레임을 제기해야 한다」 등 클레임 제기의 기한을 비롯해서 클레임 해결에 관한 조건을 완비하는 것도 유효한 분쟁방지책의 하나이다. 그 밖에 운송화물의 성질에 따라서, 적절한 포장의 검토, 운송경로의 검토 및 화물의 성질이나 운송경로에 적합한 부보조건 등도 검토해야만 한다.

셋째, 신용장으로 대금결제를 할 때는, 신용장통일규칙 적용문언의 유무, 신용장의 종류나 성격, 은행의 정확한 지불확약의 문언, 계약조건과의 일치, 상품에 따라 과부족 문언의 유무와 같은 신용장에 관한 지식이 필수적이다.

마지막으로 국제거래에서는 언어, 관습, 법률 및 문화적 배경의 차이에서 발생하는 불명확한 의사소통에 기인하는 점이 많다. 따라서 상품의 공급자는 신의성실의 원칙(principle of sincerity and truthfulness)에 입각하여 확신할 수 있는 상품의 공급, 양심적인 검품(檢品), 포장, 선적의 이행에 성실을 다해야 함은 당연하다. 국내상거래와 마찬가지로 무역거래도 상호신뢰를 그 바탕으로 삼아야만 한다. 이러한 당연한 행위가 바로 클레임 발생의 근원을 단절하는 데 직결되는 것이다.

6) 클레임 발생시 중재의뢰, 중재장소, 중재기관 등에 대한 사전합의 요건.

찾아보기

ㄱ

ㄴ

ㄷ

ㄹ

ㅁ

ㅂ

ㅅ

ㅇ

ㅊ

기타

저자 소개

■ 강 태 구

전남대학교 상과대학 무역학과 졸업
전남대학교 대학원 무역학과 석사과정 수료
전북대학교 대학원 무역학과 박사과정 수료(경제학박사)
University of Wisconsin-Madison 객원교수
University of California-Los Angeles 객원교수
전남대학교 경영대학장·경영대학원장
한국국제경영학회 회장
전남대학교 교무처장, 부총장
현, 전남대학교 명예교수
　　한국국제경영학회 고문

• 저서 및 역서

국제경영(박영사, 1989, 1997, 전정판 2002, 개정3판 2007, 개정4판 2012)
글로벌기업(무역경영사, 1995, 전정판 2000, 개정3판 2008, 개정4판 2013)
무역학개론(무역경영사, 1995, 공저, 전정판 2000, 개정3판 2006, 개정4판 2012)
다국적기업론(전남대학교 출판부, 1995, 공역)
다국적기업의 장래(전남대학교 출판부, 1995, 역서)
국내기업의 국제사업활동(전남대학교 출판부, 1998, 역서)
광주지역의 투자환경(전남대학교 지역개발연구소, 2000, 공저)
사이버 수출마케팅(무역경영사, 2001)
중국 조선족사회의 경제환경(집문당, 2005, 공저)
중국 조선족 기업의 경영활동(북코리아, 2006, 공저)
온라인 수출마케팅(무역경영사, 2015, 공저)
그 외 국제경영분야 논문 다수

■ 김 태 기

서울대학교 무역학과(경제학사)
서울대학교 대학원 국제경제학과(경제학석사, 박사)
University of California, San Diego, 객원교수
University of Colorado at Boulder, 객원교수
태국 Khone Kaen University, 객원교수
한국국제경제학회 회장
현, 전남대학교 경제학부 교수

• 저서 및 역서

"R&D, Trade, and Productivity Growth in Korean Manufacturing," *Weltwirtschaftliches Archiv*, 2003.
"The Effects of Patent on productivity Growth in Korean Manufacturing: A Panel Data Analysis," *Pacific Economic Review*, 2009.
"Product Quality, Preference Diversity and Intra-Industry Trade", *The Manchester School*, 2011.
국제경제론(법문사, 2016, 공저)

■ **박 복 재**

전남대학교 대학원 무역학과(경영학석사, 박사)
일본와세다(早稻田)대학 상학연구과 연구원
University of Colorado at Boulder 객원교수
전, 전남대학교 문화사회과학대학 학장
현, (사)한국통상정보학회 회장, (사)한국무역학회 부회장
전남대학교 물류통상학부 국제통상학전공 교수

• 저서 및 역서

제4차 산업혁명 시대의 벤처창업전략(공저, 전남대학교출판부, 2017)
무역상무론(전남대학교 출판부, 2014)
무역영어(전남대학교 출판부, 2013)
"메가이벤트 전후 개최지역에 미치는 효과에 관한 동태적 분석", 통상정보연구, 2015.
"우리나라 환경산업의 무역구조와 국제경쟁력에 관한 연구", 통상정보연구, 2013.
"디지털 콘텐츠 교역의 확산이 조세수입에 미치는 영향에 관한 국가 간 비교 연구", 전자무역연구, 2012.

무역학개론

2019년 8월 20일 초판 인쇄
2019년 8월 25일 초판 발행

공저자 강태구 · 김태기 · 박복재
발행인 배 효 선

발행처 도서출판 法 文 社

주 소 10881 경기도 파주시 회동길 37-29
등 록 1957년 12월 12일/제2-76호(윤)
전 화 (031)955-6500~6 FAX (031)955-6525
E-mail (영업) bms@bobmunsa.co.kr
(편집) edit66@bobmunsa.co.kr
홈페이지 http://www.bobmunsa.co.kr
조 판 법 문 사 전 산 실

정가 27,000원 ISBN 978-89-18-10260-3